2025

EBS 교육방송교재

유통관리사

2급 한권합격

Since 2006
유통물류분야
19년 전통

최신
출제기준
완벽반영

테마별 이론+문제

- 10개년 기출문제 완벽 분석
- 핵심이론과 대표 기출문제의 테마별 정리
- 효율적 학습을 위한 이론과 문제의 분권화
- 실전모의고사 3회분 수록

머리말

유통관리사 자격시험과 관련해서 2024년에 출제기준이 변경되어 신 목차(항목)가 제시되었습니다. 이에 따라 시범적인 신유형 문제들이 등장하기도 했으므로 향후 그 추이는 주의 깊게 관찰하되, 80% 이상은 기존 기출문제를 변형하는 추세는 그대로 유지되고 있습니다.

변경된 출제기준의 주요 내용을 살펴보면, 제1과목인 유통·물류일반관리는 전통적인 내용으로 재구성하여 목차 편제를 심플하게 하였으며, 물류경영관리의 주요 내용인 공급사슬관리(Supply Chain Management)가 유통정보로 이전하였습니다. 제2과목 상권분석은 큰 변화가 없으나 제3과목인 유통마케팅과 4과목인 유통정보는 가장 큰 변화가 있었습니다. 유통마케팅은 목차 정리와 함께 디지털 마케팅(Digital Marketing) 분야가 새롭게 추가되어 앞으로 중요한 출제 포인트가 될 것입니다. 또한 유통정보도 목차정리와 더불어 공급사슬관리(SCM)의 추가, 신융합 기술의 개념 및 활용, 전자상거래 등의 내용들이 크게 강화됨으로 인하여 유통관리사 자격시험에 대한 만반의 준비가 필요할 것으로 보입니다.

이에 따라 저자들은 수험생분들의 혼란을 최소화하고 합격이라는 목표를 달성하기 위해, 수험생분들 입장에 서서 가장 효율적인 방법으로 최단기 합격에 적합한 수험서를 쓰기에 이르렀습니다. 새로운 목차와 새로운 내용 그리고 새로운 편집을 통해 완전히 탈바꿈하는 산고와 같은 고통이 있었습니다. 수험생분들의 편의성을 고려하여 중요 포인트별로 가장 출제가 많이 되었던 빈출 주제를 간략하게 출제되는 지문 위주로 정리하였고, 이에 해당하는 기출문제들을 선별함으로써 실제 시험장에서 쉽게 익숙할 수 있도록 배려하였습니다.

아울러 유통관리사 자격시험 14년 강의 경험으로 새롭게 저술한 본 수험서를 선택하신 수험생분들이 최단 시간 합격이라는 지상과제를 달성할 수 있도록 충분한 콘텐츠를 제공하고자 노력을 경주하였으며, 이하에서는 본 수험서의 활용을 간략히 전하고자 합니다.

본 수험서는 최근 10여 년간 출제되었던 내용을 중심으로 주제를 분류하고, 주제에 맞는 키워드를 하나하나 정리해서 1과목 32개 테마, 2과목 15개 테마, 3과목 28개 테마, 4과목 18개 테마로 구성하였습니다. 각 테마에는 출제 포인트를 3~4개씩 넣어 실제 출제되는 지문과 유사하게 만들어 단기 합격을 지향하는 수험생의 니즈에 맞도록 하였습니다. 학습 시에는 강의를 빠른 시간 내 1회 수강한 후 수강내용을 토대로 해당 테마별 기출문제를 풀어보고, 틀린 부분을 정리하는 형식으로 공부하면 됩니다. 틀린 부분에 대한 암기가 어느 정도 된 이후에는 실전모의고사를 통해 시간 내 푸는 연습을 하면 합격증은 여러분 손안에 있을 것입니다.

마지막으로 본 수험서를 선택하신 수험생 여러분들의 빠른 합격을 바라며, 본 수험서가 목표하신 바에 한 발짝 더 다가갈 수 있는 작은 단초가 되길 기대합니다.

공편저 전표훈 · 변달수 드림

시험안내
유통관리사 국가자격

1 유통관리사

대한상공회의소에서 시행하는 국가공인 유통관리사 자격시험에 합격하여 소비자와 생산자 간의 커뮤니케이션, 소비자 동향 파악 등 판매 현장에서 활약하는 전문가로, 백화점이나 대형할인점, 대형전문점 등에서 유통실무와 유통관리, 경영지도, 판매관리, 판매계획의 수립 및 경영분석 등의 업무를 담당한다.

2 검정기준

자격명칭		검정기준
유통 관리사	1급	유통업 경영에 관한 전문적인 지식을 터득하고 경영계획의 입안과 종합적인 관리업무를 수행할 수 있는 자 및 중소유통업의 경영지도능력을 갖춘 자
	2급	유통에 관한 전문적인 지식을 터득하고 관리업무 및 중소유통업의 경영지도의 보조업무 능력을 갖춘 자
	3급	유통실무에 관한 기본적인 지식과 기술을 터득하고 판매업무를 직접 수행할 수 있는 능력을 갖춘 자

3 시험과목 및 합격기준

등급	시험방법	시험과목	출제형태	시험시간	합격기준
1급	필기시험	유통경영 물류경영 상권분석 유통마케팅 유통정보	객관식 100문항 (5지선다형)	100분	매 과목 100점 만점에 과목당 40점 이상, 평균 60점 이상
2급	필기시험	유통·물류일반관리 상권분석 유통마케팅 유통정보	객관식 90문항 (5지선다형)	100분	
3급	필기시험	유통상식 판매 및 고객관리	객관식 45문항 (5지선다형)	45분	

4 2025년도 시험일정

회차	구분	등급	인터넷 접수	시험일자	합격발표일
1회	필기	2·3급	4. 10~4. 16	5. 3	6. 3
2회	필기	1·2·3급	8. 7~8. 13	8. 30	9. 30
3회	필기	2·3급	10. 30~11. 5	11. 22	12. 23

5 응시자격

① 1급
- 유통분야에서 7년 이상의 실무경력이 있는 자
- 유통관리사 2급 자격을 취득한 후 5년 이상의 실무 경력이 있는 자
- 경영지도사 자격을 취득한 자로서 실무경력이 3년 이상인 자

② 2급 : 제한 없음

③ 3급 : 제한 없음

6 과목별 출제항목(2급)

구분	평가 항목		문항수
〈1과목〉 유통·물류 일반관리	• 유통의 이해 • 유통경영관리 • 유통기업의 윤리와 법규	• 유통경영전략 • 물류경영관리	25
〈2과목〉 상권분석	• 유통상권조사 • 개점전략	• 입지분석	20
〈3과목〉 유통마케팅	• 유통마케팅 전략기획 • 점포관리 • 유통마케팅 조사와 평가	• 디지털 마케팅전략 • 상품판매와 고객관리	25
〈4과목〉 유통정보	• 유통정보의 이해 • 유통정보의 관리와 활용 • 유통혁신을 위한 정보자원관리	• 주요 유통 정보화기술 및 시스템 • 전자상거래 • 신융합기술의 유통분야에서의 응용	20

7 가점혜택(2급)

유통산업분야에서 3년 이상 근무한 자로서 산업통상자원부가 지정한 연수기관에서 40시간 이상 수료 후 2년 이내 2급 시험에 응시한 자에 대해 10점 가산

기출분석(2024년)

1 제1과목 유통 · 물류일반관리

구분	1회	2회	3회	합계	비율(%)
유통의 이해	9	9	6	24	32%
유통경영전략	2	2	4	8	10.7%
유통경영관리	5	6	6	17	22.7%
물류경영관리	7	6	8	21	28%
기업윤리와 법규	2	2	1	5	6.7%
총계(문항수)	25	25	25	75	100%

* 유통 · 물류 일반관리는 유통관리 및 물류에 대한 전반적인 내용을 다루기 때문에 학습범위가 넓은 편이라 할 수 있습니다. 하지만 1과목에서 개념을 이해하고 흐름을 알게 되면 '유통마케팅'과 '유통정보' 과목에서 시너지 효과를 낼 수 있는 장점이 있으며, 2024년부터 출제 범위가 축소되어 득점의 용이성이 높아졌습니다.

2 제2과목 상권분석

구분	1회	2회	3회	합계	비율(%)
유통상권조사	11	9	7	27	45%
입지분석	6	6	9	20	33.3%
개점전략	5	5	4	13	21.7%
총계(문항수)	20	20	20	60	100%

* 상권분석은 유통관리사 4과목 중 내용이 가장 적기 때문에 80점 이상의 고득점을 맞을 수 있는 과목입니다. 기출문제들이 반복적으로 나오기 때문에 고득점을 목표로 기출문제를 집중적으로 공부해야 합니다.

3 제3과목 유통마케팅

구분	1회	2회	3회	합계	비율(%)
유통마케팅 전략기획	12	8	12	32	42.7%
디지털 마케팅 전략	5	6	4	15	20%
점포관리	3	3	3	9	12%
상품판매와 고객관리	3	5	4	12	16%
마케팅조사와 평가	2	3	2	7	9.3%
총계(문항수)	25	25	25	75	100%

＊STP전략과 마케팅믹스 4P, 유통점포환경, CRM(고객관계관리) 등이 중심된 내용이 되며, 2024년부터 '디지털마케팅' 파트가 도입되나 디지털마케팅 관련 기본 용어들을 숙지하고 학습하시면 큰 어려움은 없을 것입니다.

4 제4과목 유통정보

주용역역/구분	1회	2회	3회	합계	비율(%)
유통정보의 이해	2	1	2	5	8.3%
주요 유통정보화기술 및 시스템	4	5	4	13	21.7%
유통정보관리와 활용	2	1	2	5	8.3%
전자상거래	1	2	1	4	6.7%
유통혁신을 위한 정보자원관리	5	5	6	16	26.7%
신융합기술의 유통분야에서의 응용	6	6	5	17	28.3%
총계(문항수)	20	20	20	60	100%

＊4차 산업혁명과 더불어 관련 신조어가 많이 등장했기 때문에 다소 어렵게 느껴질 수 있습니다. 그러나 대부분 용어 중심 문제가 많이 출제되고 있기 때문에 빈출 용어를 암기하고 기존 출제가 많았던 지식의 계층구조, POS, 데이터베이스, 정보시스템, SCM(공급사슬관리) 위주로 학습을 하다면 합격하는 데 큰 문제가 되지 않습니다.

구성과 특징

1 핵심테마로 구성된 이론 + 문제풀이를 한 권에 수록!

테마별 이론과 문제풀이를 2권으로 분권화하여 학습 집중력과 효율성 Up!

[테마별 이론편]

10개년 기출의 정밀 분석을 통해 시험 빈출 용어 및 내용을 엄선하여 테마별 이론을 과목별, 단원별로 정리

[테마별 문제풀이편]

10개년 기출문제를 테마별로 정리하여 대표 기출문제를 추출, 수록

＊테마별 학습의 장점

• **학습 집중력** : 정보의 구조화를 통해 특정 테마에 집중함으로써 학습자의 주제에 대한 깊은 이해를 통해 학습 집중이 용이합니다.

• **효율적인 학습** : 테마별로 내용을 정리하면 학습과 이해가 더욱 효율적입니다. 관련 정보를 한데 모아 놓음으로써 학습과정이 보다 일관되고 효율적으로 이뤄집니다.

• **심층적 이해** : 학습자가 특정 주제에 대해 심층적인 이해를 할 수 있어 표면적인 지식뿐 아니라 해당 주제의 원리나 개념에 대한 깊이 있는 이해가 가능합니다.

• **기억과 이해 촉진** : 테마별로 내용을 정리하고 구조화함으로써 해당 주제에 대한 기억과 이해를 촉진할 수 있습니다.

2 실전모의고사 3회분 수록!

최종 실력점검 및 실전대비를 위한 실전모의고사 수록으로 실전감각 Up!

- 최종 마무리 학습과 함께 실력점검을 위해 기출과 동일한 유형의 실전모의고사 3회분 수록
- 최근 출제경향과 유형을 완벽 반영한 문제들로 구성
- 정답과 함께 상세한 해설을 수록하여 보충학습 진행

3 2024 출제기준 완벽 반영!

새로운 출제기준에 맞춘 학습 내용 재구성 및 신규 추가 · 강화 등의 내용 보완으로 학습 만족도 Up!

- 제1과목 유통 · 물류일반관리 : 전통적인 내용으로 재구성하여 목차를 단순화
- 제2과목 상권분석 : 큰 변화 없음
- 제3과목 유통마케팅 : 출제기준에 맞춰 목차를 재정리하고, 새롭게 추가된 디지털 마케팅 분야 추가
- 제4과목 유통정보 : 공급사슬관리(SCM)를 추가하고, 신융합기술의 개념 및 활용 · 전자상거래 등의 내용을 강화

미리보기

테마별 핵심이론

Chapter

01 유통상권조사 ①

2 THEME 01 상권의 개념

3 ▶ Point 1 상권의 개념과 상권영향인자

1. 상권의 정의

① 상권의 개념 ★ **4**

ㄱ) 상권이란 상업지역의 영역이 미치는 범위 내지, 한 점포 또는 점포들의 집단이 고객을 흡인할 수 있는 지역적 범위로, 도·소매상권을 모두 포함하는 개념을 의미

ㄴ) **상권**은 교환을 통한 상거래의 힘이 미치는 범위(Range)이며 거래의 대상이 정주하는 **배후지**와 도 같은 개념. 반면 **입지**(Location)는 상권 내에서 특정 부지, 즉 한 지점(Point)을 의미

ㄷ) 상권은 **매출액 및 고객흡인력**에 따라 1차 상권, 2차 상권, 3차 상권(한계상권)으로 구분

ㄹ) 상권의 형태는 원형이 아니라, **아메바**와 같은 부정형 형태가 일반적임

5 📋 Tip

> **상권과 유사한 개념들**
> • **상권**: 한 점포 또는 점포집단이 고객을 흡인할 수 있는 지리적 범위
> • **상세권**: 어느 특정 상업집단(시장 혹은 상점가)의 상업세력이 미치는 범위
> • **판매권**: 소매점이 판매대상으로 삼고 있는 지역을 뜻함
> • **거래권**: 소매업 등에서 사용하는 것으로 거래의 대상이 되는 고객이 거주하고 있는 지역적 범위

② 상권에 영향을 주는 요인들(상권영향인자)

ㄱ) 상권은 지리적·공간적 범위뿐만 아니라 사회적·행정적·경제적 여건에 따라 영향을 받는 가변적이고 신축적인 개념이므로, 현재뿐만 아니라 장래 후보지도 고려해야 함

ㄴ) 상권의 범위는 점포의 크기, 점포의 업종·업태, 상가밀집도, 접근성뿐만 아니라 상품의 구색·가격대, 고객의 Life Style 등에 영향을 받음

ㄷ) 경쟁 상권의 위치와 규모, 지역의 인구밀도, 교통 여건 등도 상권의 범위에 영향을 미침

ㄹ) 소비재를 기준으로 한 상권의 범위: 전문품 > 선매품 > 편의품의 순으로 나타남

③ 상권의 특성 및 분석의 중요성

ㄱ) 특성: 상권은 고정되어 있는 개념이 아니라 사회, 경제, 행정적 요인의 변화에 따라서 항상 변화의 과정에 있는 가변적이고 신축적인 개념이므로 현재 상황뿐만 아니라 장래의 상황도 고려하여야 함

1 2024 출제기준 완벽 반영
2 THEME : 과목별 10개년 기출분석을 통해 테마(THEME)로 정리하여 효율성 제고
3 Point : 테마별 핵심개념을 3~4개 포인트로 하여 실제 출제되는 지문과 유사하게 정리
4 ★표시 : 빈출 내용엔 ★ 표시를 하여 필수학습 영역 강조
5 Tip : 핵심개념에 대한 추가 용어 정리

유통관리사 2급

제**1**과목
유통 · 물류일반관리

대표 기출문제

① THEME 01 유통의 개념과 기능

② **01** 유통에 관련된 내용으로 옳지 않은 것은?

① 제품의 물리적 흐름과 법적 소유권은 반드시 동일한 경로를 통해 이루어지고 동시에 이루어져야 한다.
② 유통경로는 물적 유통경로와 상적 유통경로로 분리된다.
③ 물적 유통경로는 제품의 물리적 이전에 관여하는 독립적인 기관이나 개인들로 구성된 네트워크를 의미한다.
④ 물적 유통경로는 유통목표에 부응하여 장소효용과 시간효용을 창출한다.
⑤ 상적 유통경로는 소유효용을 창출한다.

③ 🔒**해설**
① 제품의 물리적 흐름인 물류와 법적 소유권과 관련된 상류는 반드시 동일한 경로를 통해 이루어지거나 동시에 이루어지는 것은 아니다.

02 유통산업의 다양한 역할 중 경제적, 사회적 역할로 가장 옳지 않은 것은?

① 생산자와 소비자 간 촉매역할을 한다.
② 고용을 창출한다.
③ 물가를 조정한다.
④ 경쟁으로 인해 제조업의 발전을 저해한다.
⑤ 소비문화의 창달에 기여한다.

🔒**해설**
④ 유통은 상적유통기능 및 물적유통기능, 유통조성기능 등을 통해 사회적 효용을 창출하고, 고용을 증가시키는 등 제조업을 발전시키는 데 일조하고 있다.

03 아래 글상자는 유통의 어떤 효용에 관한 내용인가?

유통이 이루어지지 않는다면 소비자는 생산자를 일일이 방문하여 제품을 구매해야 한다. 이를 대신하여 중간상들은 적절한 곳에 물류센터와 도·소매상을 설치하여 운반의 효율성, 신속성 등을 강화하고 소비자가 편의에 맞는 장소에서 쉽게 제품을 구매할 수 있도록 시스템을 갖춘다.

① 존재효용　　② 형태효용
③ 소유효용　　④ 시간효용
⑤ 장소효용

🔒**해설**
유통이 이루어지지 않는다면 소비자는 생산자를 일일이 방문하여 제품을 구매해야 한다. 이를 대신하여 중간상들은 적절한 곳에 물류센터와 도·소매상을 설치하여 운반의 효율성, 신속성 등을 강화하고 소비자가 편의에 맞는 장소에서 쉽게 제품을 구매할 수 있도록 시스템을 갖춘다.
'장소효용'은 생산자와 소비자가 멀리 떨어져 있기 때문에 발생하는 장소적(또는 공간적) 장애를 해소시켜 주는 역할을 한다.

▪정답　01 ①　02 ④　03 ⑤

① **THEME** : 10개년 기출문제를 테마별로 분리하여 정리
② **대표 기출문제** : 대표 기출문제를 추출하여 과목별, 테마별 구성
③ **해설** : 문제별 상세해설을 첨부하여 정답의 핵심 포인트 및 오답 요인 제시

미리보기

실전모의고사

제 1 회 실전모의고사 ①

② 제1과목 유통·물류일반관리(01~25)

01 유통의 도매기능 중 상적유통기능이 아닌 것은?

① 신상품 개발 기능
② 장기보관의 기능
③ 신유통경로 개발 기능
④ 거래처 발굴 및 육성 기능
⑤ 판매촉진의 기능

③ **02** 아래 글상자의 ⊙, ⓒ, ⓒ에서 설명하는 유통경로의 효용으로 옳게 짝지어진 것은?

> ⊙ 소비자가 제품이나 서비스를 구매하기에 용이한 곳에서 구매할 수 있게 함.
> ⓒ 소비자가 제품을 소비할 수 있는 권한을 갖는 것을 도와줌.
> ⓒ 소비자가 원하는 시간에 제품과 서비스를 공급받을 수 있게 함.

① ⊙ 시간효용, ⓒ 장소효용, ⓒ 소유효용
② ⊙ 장소효용, ⓒ 소유효용, ⓒ 시간효용
③ ⊙ 형태효용, ⓒ 소유효용, ⓒ 장소효용
④ ⊙ 소유효용, ⓒ 장소효용, ⓒ 형태효용
⑤ ⊙ 장소효용, ⓒ 형태효용, ⓒ 시간효용

03 입지를 선정할 때 취급상품의 물류비용을 고려할 필요성이 가장 낮은 도매상 유형으로 옳은 것은?

① 직송도매상(drop shipper)
② 판매대리점(selling agents)
③ 제조업체 판매사무소(manufacturer's branches)
④ 일반잡화도매상(general merchandise wholesaler)
⑤ 전문도매상(specialty wholesaler)

04 유통경로(distribution channel)에 관한 설명으로 옳지 않은 것은?

① 유통경로는 제품이나 서비스가 생산자에서 소비자에 이르기까지 거치게 되는 통로 또는 단계를 말한다.
② 유통경로는 생산자의 직영점과 같이 소유권의 이전 없이 판매활동만을 수행하는 형태도 있다.
③ 유통경로는 탄력성이 있어서 다른 마케팅믹스 요소와 마찬가지로 시장환경이 변화하면 다른 유통경로로의 전환이 용이하다.
④ 유통경로는 시간적, 장소적 효용뿐만 아니라 소유적, 형태적 효용도 창출한다.
⑤ 유통경로에서 중간상은 교환과정의 촉진, 제품구색의 불일치 완화 등의 기능을 수행한다.

❶ 기출과 동형의 실전모의고사 3회분 수록
❷ 과목별로 10개년 기출 분석을 통해 빈출이론과 빈출 유형 중심의 문제 출제
❸ 최근 출제 패턴을 완벽 반영한 제시문 및 선지 구성으로 실전 적응력 제고

유통관리사 2급

제 **1** 회 실전모의고사 정답 및 해설

제1과목 유통·물류일반관리(01~25)

① ✎ 정답

01	②	02	②	03	①	04	③	05	①
06	③	07	④	08	①	09	⑤	10	②
11	③	12	①	13	④	14	⑤	15	①
16	③	17	⑤	18	⑤	19	①	20	⑤
21	⑤	22	④	23	⑤	24	⑤	25	③

②

01 도매상의 상류기능은 소유권 이전과 관련된다. 한편, 보관기능은 물적유통기능에 해당한다.

02 ⊙ **장소효용** : 소비자가 제품이나 서비스를 구매하기에 용이한 곳에서 구매할 수 있게 함.
ⓒ **소유효용** : 소비자가 제품을 소비할 수 있는 권한을 갖는 것을 도와줌.
ⓒ **시간효용** : 소비자가 원하는 시간에 제품과 서비스를 공급받을 수 있게 함.

03 직송도매상(drop shipper)은 제조업자로부터 제품을 구매하여 도매상이 제품의 소유권을 가지고 있지만 구매하여 유지하지 않는 도매상이다.

04 ③ 유통경로는 비탄력적이어서 한번 결정되면 다른 유통경로의 전환이 용이하지 않다. 따라서 제품, 가격, 프로모션 등 탄력성이 큰 다른 마케팅믹스 요소와는 달리 처음부터 신중하게 결정하여야 한다.

05 다양한 공급원으로부터 제공된 이질적인 제품들을 상대적으로 동질적인 것으로 구분하는 것은 등급 또는 분류(sorting out)라고 한다.

---

③ ✓ 구색형성 과정

구분	산개(나눔)	집중(모음)
이질적 생산물	1. 등급 또는 분류(sorting out) : 이질적인 것을 동질적 단위로 나누는 과정, 생산자의 표준화 기능	4. 구색(assortment) : 이질적인 것을 모두 다시 모으는 단계
동질적 생산물	3. 배분(allocation) 또는 분배 : 동질적으로 쌓여진 것을 다시 나누는 과정	2. 집적(accumulation) 또는 수합 : 동질적인 것끼리 다시 모으는 수집기능

06 생산자의 소품종 소량생산에 대해 중간상인들의 수합, 분류 및 구색맞춤 기능을 통해 소비자의 다품종 소량 구매 니즈를 충족시켜 구색 및 수량 불일치를 해소할 수 있다.

07 ① 적어도 2단계 이상의 유통경로를 통합하는 것을 말한다.
② 두 가지 이상의 기능을 동시에 수행하므로 관리비용이 많이 드는 단점이 있다.
③ 수직적 통합의 장점으로 관리통제의 용이함이 있다.
⑤ 경로구성원이 소품종 대량생산의 제품을 취급할 경우에 주로 실시한다.

08 선택적(selective) 유통은 일정한 자격(점포규모, 경영능력, 평판)을 갖춘 소수의 중간상에게만 자사의 제품을 취급하게 하는 것이다. 주로 의류·가구 및 가전제품의 경우에 적용되고 있다.
②, ④, ⑤는 전속적 유통, ③은 개방적 유통(집중적 유통)에 대한 설명이다.

09 ⑤ 내부화비용이 시장거래비용보다 높아지면 경로구성원들을 통합하여 내부화하는 것보다는 통합하지 않고 유통경로의 길이를 가능한 길게 설계하는 것이 유리하다.

❶ 문제에 대한 정답을 채점이 편리하도록 도표형식으로 정리
❷ 개념 이해를 위한 상세 해설을 통해 정답 및 오답에 대한 명쾌한 가이드 제시
❸ 반드시 보충학습이 필요한 주요 내용에 대해 별도의 자료 추가

차례

C o n t e n t s

제4과목 유통정보

유통관리사 2급 대표 기출문제

유통관리사 2급 실전모의고사

유통관리사

관리사

2급 한권합격

유통관리사

한권합격

1과목

유통 · 물류 일반관리

01 유통의 이해

THEME 01 유통의 개념과 기능

▶▶ Point 1 유통의 개념

1. 유통의 의의

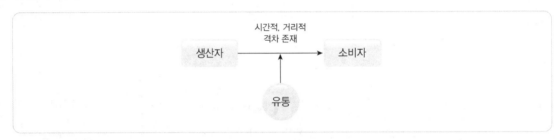

┃ 유통의 개념 ┃

① **유통의 개념**
  - ㉠ 유통(Distribution)이란 생산단계부터 소비단계까지 상품 및 서비스의 사회적 이전에 관련된 모든 인간 활동을 의미
  - ㉡ 유통은 생산자와 소비자 간 시간적, 거리적(공간적) 장애를 해소하여 사회적 효용(Utility)을 창출하는 매개역할을 말함
  - ㉢ **유통산업:** 유통산업은 농산물·임산물·축산물·수산물(가공물 및 조리물 포함) 및 공산품의 도매·소매 및 이를 경영하기 위한 보관·배송·포장과 이와 관련된 정보·용역의 제공 등을 목적으로 하는 산업을 말함(유통산업발전법 제2조 제1호)

② **유통관리**(Distribution Management): 소유권 흐름과 관련된 상적 유통과 운송·보관·포장·하역 등 물적 유통을 효율적으로 관리하여 고객에 대한 서비스 향상과 유통비용 절감, 매출의 증대와 가격안정성 등의 조화를 이루어내는 데 있음

2. 유통의 흐름 및 기능적 분류

① **유통의 흐름**
  - ㉠ **전방 흐름:** 생산자로부터 최종 소비자의 방향으로 상품과 소유권 등이 이전되는 유통흐름
    - 예 물적 소유권, 촉진도 최종 소비자를 대상으로 하므로 전방 흐름에 해당
  - ㉡ **후방 흐름:** 주문(Order)이나 판매대금의 결제와 같이 최종 소비자로부터 '소매상 → 도매상 → 생산자'로 이동하는 유통의 흐름

ⓒ 양방향 흐름: 생산자로부터 소비자의 방향으로, 동시에 소비자로부터 생산자의 방향으로 이루어지는 유통흐름

　　예 협상과 금융, 위험부담기능 등

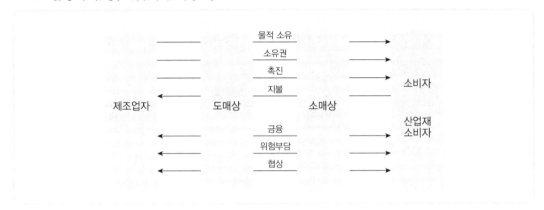

② 유통의 기능적 분류(유통 = 상적 유통 + 물적 유통)

ⓐ 상적 유통(상류): 상품과 서비스의 매매 및 소유권 이전과 관련되는 마케팅 등 상거래 활동을 의미

ⓑ 물적 유통(물류): 상적 유통과정 전·후에서 발생하는 제품의 운송, 보관, 하역, 포장 등과 이에 부가하는 가치를 창출하는 가공, 조립, 분류 등과 같은 물자의 흐름을 원활하게 하는 활동

ⓒ 유통조성기능: 유통환경을 조성하는 표준화 및 등급화 기능, 금융기능, 보험기능, 위험부담기능, 시장정보기능 등을 뜻함

 Tip

상물분리: 유통의 합리화를 위하여 해결해야 할 문제로 상류활동인 영업과 물류를 분리하여, 각각의 전문성을 발휘하는 효율적인 업무추진을 도모함을 의미

Point 2　　유통의 역할과 창출하는 효용(Utility) ☆

1. 유통의 역할

① 사회적 불일치 극복: 유통은 생산과 소비 사이의 매개역할을 하여 사회적인 간격을 해소

② 수요와 공급의 일치: 생산자는 규모의 경제 실현을 위해 대량으로 생산하는 반면, 소비자는 소량으로 구매하므로 유통은 수요와 공급 간 양적 조정을 통해 물가안정 및 가격·품질조정 역할을 수행

③ 시간적 불일치 극복: 유통의 보관과 재고관리는 제품의 생산시기와 소비시기의 차이를 해소

④ 장소적(공간적) 불일치 극복: 유통의 운송기능은 생산자와 소비자 사이의 장소적 불일치를 해소

2. 유통이 창출하는 효용

① 시간적 효용: 유통의 **보관**(재고관리)기능을 통해 제품의 생산시기와 소비시기의 차이를 해소
② 장소적 효용: 유통의 **운송기능**을 통해 생산자와 소비자 사이의 장소적 불일치를 해소
③ 소유적 효용: 제조업체를 대신하여 신용판매나 할부판매를 통해 소유권 이전 기능 수행
④ 형태적 효용: 대량으로 생산되는 상품의 수량을 소비지에서 요구되는 적절한 수량으로 분할, 분배함으로써 창출되는 효용

▎유통경로의 효용 및 기능 ▎

효용	마케팅 기능		사회 · 경제적 역할
시간적 효용	물적 유통기능	보관기능	생산자와 소비자 연결
장소적 효용		운송기능	
소유적 효용	소유권 이전 기능	구매기능, 판매기능	거래의 촉진, 제품구색 불일치 완화
형태적 효용	조성기능	표준화기능	거래의 표준화
기타 효용	조성기능	금융기능, 위험부담기능, 시장정보기능	고객서비스 향상, 상품 · 유행 · 생활정보 제공, 쇼핑의 즐거움 제공

3. 유통산업의 경제적 · 사회적 역할

① 유통산업은 국민경제적 측면에서 생산과 소비를 연결해 주는 기능을 수행
② 유통산업은 국민들로 하여금 상품이나 서비스 소비를 가능하게 함으로써 생활수준을 유지 · 향상시켜 줌
③ 유통산업은 국가 경제를 순환시키는 데 중요한 역할을 담당
④ 유통산업은 생산과 소비의 중개를 통해 제조업의 경쟁력을 높이고 소비자 후생의 증진에 큰 기여
⑤ 고용 창출 및 물가조절의 역할을 담당

THEME 02 유통기관의 종류 – 도매상의 분류와 기능

▶ Point 1   도매상(Wholesaler)

1. 도매상의 의의

① 도매상은 제조업자로부터 제품을 구입하여 소매상 및 다른 중간상인 또는 B2B 형태로 산업체 등에 재판매하는 상인을 뜻함
② 도매상은 최종 소비자에게는 직접 판매하지 않는 것을 원칙으로 함

2. 도매상의 종류

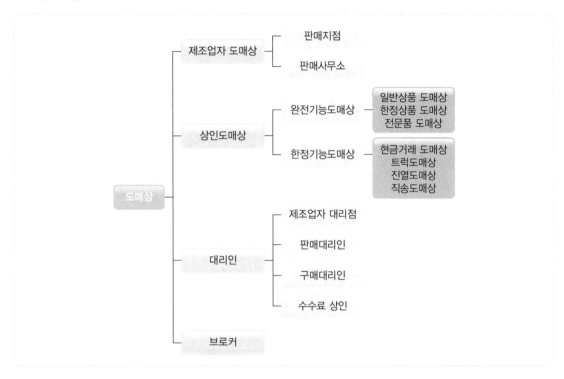

① 상인도매상 ★: 자신이 취급하는 제품에 대해 소유권을 가지는 독립된 사업체로서 가장 전형적인 형태의 도매상

㉠ 완전기능도매상

ⓐ 개념: 제품 소유권을 소유하고 판매촉진, 시장정보제공, 금융기능, 운송·보관, 수급조절, 구색맞춤 등 유통과 관련된 거의 모든 기능을 수행하는 상인

ⓑ 유형

일반상품 도매상	거래 기업 상호 간에 관련성이 없는 다양한 제품을 취급
한정상품 도매상	거래 기업 간에 관련성이 있는 몇 가지 제품들을 동시에 취급
전문품 도매상	불과 몇 가지의 전문품 라인만을 취급

ⓒ 산업재 유통업자: 소매상보다는 제조업자에게 제품을 판매함. 재고유지, 신용제공, 배달 등의 여러 가지 서비스를 제공하며, 여러 종류의 상품을 취급하거나 일반적인 상품계열 또는 전문 상품계열을 취급

㉡ 한정기능도매상: 유통기능 중 소수의 기능에 전문화되어 있고 고객에게 제한된 서비스만을 제공

현금(거래) 도매상	• 현금지불을 거래조건으로 하고, 배달은 하지 않는 반면 저가격으로 공급
트럭도매상	• 한정된 제품을 취급하며 판매와 배달기능을 트럭을 이용하여 직접 수행 • 고객들의 주문에 의해 구매와 보관, 배송을 담당

진열도매상	• 식료품과 잡화류를 취급하는 도매상, 소매상에 재고수준에 대한 조언, 저장 방법 등에 대한 아이디어를 제공하고 선반진열 업무 등을 대신 수행
직송도매상 (Drop Shipper)	• 소매상으로부터 주문이 왔을 때, 해당 상품을 생산자가 직접 구매자에게 배송하도록 중개하는 도매상으로, 재고를 보유하거나 운송하는 기능을 수행하지 않음 • 부피가 크고 무포장 상품인 목재, 중기계 등을 취급

② 대리인(Agent, 대리점)

㉠ 위탁도매상의 일종으로 장기적으로 구매자나 판매자 한쪽을 대리하며 제조업체와의 전속계약에 의한 제조업자 판매대리인이 주된 형태

㉡ 대리인은 제품에 대한 소유권을 보유하지 않으며, 단지 제품 거래를 촉진시키는 역할만 수행

구분	판매대리인	제조업자 대리인
취급 제품	모든 제품 취급	특정 제조업자 제품만 취급
활동범위 및 의사결정	활동범위 넓고, 자율적 의사결정	판매대리인에 비해 좁고, 의사결정 권한 약함
시장지배력	가능한 대부분 지역에서 판매 가능	특정 지역에서 판매대행
신용제공 여부	구매자에게 신용제공 가능	별도로 신용제공하지 못함
제공 기능	제조기업의 판매/마케팅 기능 수행	장기적 계약을 통한 판매대행기능

③ 브로커(Broker, 중개인): 주로 거래를 알선하는 기능을 수행하며 제품의 소유권을 보유하지 않는 제3자로, 구매자와 판매자를 찾아서 거래를 성사시킨 뒤에 거래의 양 당사자로부터 수수료를 받는 도매상

▶ Point **2**　도매상의 기능

1. 생산자를 위한 도매상의 기능

① 제품에 대한 판매기능: 도매상이 제조업자를 대신하여 판매 접촉점으로 기능함으로써 판매원 유지관리 비용 절감

② 제품 재고관리기능: 도매상들이 일정량의 재고를 보유함으로써 제조업자의 재무 부담을 절감시키고 재고 보유에 따른 제조업자의 risk를 감소시킴(집중저장의 원리)

③ 시장의 정보수집 및 전달기능: 도매상이 소매상을 통하여 수집한 고객 정보가 제조업자에게 전달되어 제조업자의 생산 및 마케팅전략 수립에 유용하게 이용

④ 주문처리 및 생산업자를 대신한 서비스 제공: 다수 제조업자들의 제품을 구비한 도매상들은 고객들의 소량 주문을 보다 효율적 처리가 가능하고 생산자를 대신하여 소비자에게 다양한 서비스를 제공하는 역할 수행

⑤ 시장커버리지 제공기능: 미국의 경우 도매상은 광범위한 지역에 퍼져있는 시장을 커버리지하여 고객과 생산자를 연결하는 매개역할을 수행

2. 소매상에 대한 도매상의 기능

① 소매상에게 제품을 공급하는 기능: 생산자와 소매상 간의 연결점 역할을 통해 제품을 공급하는 역할 수행

② 제품 구색맞춤(Assortment) 등의 편의성 제공기능: 소매상의 경우 다양한 제품의 구색을 갖추기를 원하므로 다수 기업의 제품구색을 제공

③ 신용 및 금융 편의성 제공기능: 도매상은 소매상에게 외상판매와 할부판매를 통해 쉽게 제품을 구매할 수 있는 기회 제공

④ 조언 및 기술지원 등 소매상 지원기능: 소매상들이 필요로 하는 제품사용에 대한 기술적 지원 및 컨설팅 기능 제공

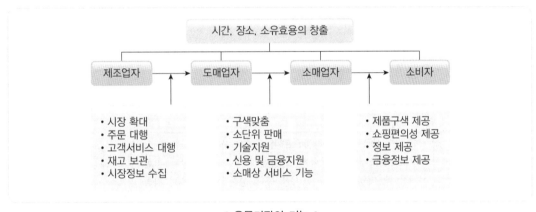

┃ 유통기관의 기능 ┃

> **Tip**
>
> 도매업과 소매업의 차이
> - 도매업: 유통과정에서 다른 사업자(기업, 소매상 등)에게 물건을 판매하는 업종
> - 소매업: 비사업자인 최종 소비자에게 물건을 판매하는 업종

THEME 03 유통기관의 종류 – 소매상의 기능과 종류

▶ Point 1 소매상의 개념 및 기능

1. 업종과 업태

소매업을 분류하는 기준으로, 업종은 '무엇을 파는가(What to sell)'의 관점에서 분류하는 것이고, 업태는 '어떻게 파는가(How to sell)'의 관점에서 분류하는 것을 말함

① 업종(Kind of Business): 업종이란 소매상이 판매하는 상품의 종류에 따른 분류로 의류점, 가전제품점, 가구점, 식품점 등을 말함

② 업태(Type of Management): 업태는 소매점의 영업 전략에 따른 분류이다. 판매방식, 영업시간, 가격전략 등을 기준으로 백화점, 대형마트, 슈퍼마켓, 편의점, 카테고리 킬러, 전자상거래 등으로 구분할 수 있음

구분	시각	분류 기준	점포 크기	주요 유형
업종	생산자 중심	제품 성격	소규모	의류점, 가구점, 식품점 등
업태	소비자 중심	소매 전략	대규모	백화점, 할인점, 카테고리 킬러 등

2. 소매상의 개념

소매상은 최종 소비자를 대상으로 제품 및 서비스를 판매하는 것을 업으로 하는 상인을 뜻하며, 소비자와 직접 접촉하는 B2C를 담당

3. 소매상의 기능 ☆

소비자에 대한 기능	• 다양한 상품구색을 갖춤으로써 고객의 선택폭 증가에 기여 • 광고, Display 등을 통해 고객에게 상품 및 시장에 관한 정보 제공 • 매장 내 다양한 상품 구비를 통해 상품의 재고유지 기능 • 신용판매나 할부판매 등을 통해 고객의 금융기능 제공 • 소비자가 언제 어디서든지 제품을 구매할 수 있도록 교통 등 입지조건을 고려하여 소비자의 구매 편의를 제공
생산자에 대한 기능	• 점포 내 주문처리가 가능해 생산자가 제공해야 할 고객서비스를 소매상이 대행 • 소비자들의 구매욕구, 제품 트렌드 등 소비자 정보를 공급자에게 제공 • 도매업이 담당하는 상품의 구입과 판매시점까지의 보관기능을 수행 • 소매업이 자신들의 판매를 증대시키기 위하여 스스로 광고 및 프로모션을 하게 되는데, 이러한 활동은 결과적으로 생산자 및 도매업자들의 판매촉진에 도움이 됨

▶ Point 2 소매업의 종류

1. 점포 소매업

① 백화점: 다양한 상품을 구매할 수 있도록 현대적 판매시설과 소비자 편익시설이 설치된 점포로서 직영의 비율이 30% 이상인 점포의 집단으로 매장면적 3,000m² 이상인 소매점포

② 대형마트: 식품·가전 및 생활용품을 중심으로 점원의 도움 없이 소비자에게 소매하는 점포의 집단으로 매장면적 3,000m² 이상인 소매점포

③ 슈퍼슈퍼마켓(SSM): 대형 또는 기업형 슈퍼마켓. 일반 슈퍼마켓의 매장면적이 1,000m² 이하인 데

비해, SSM은 1,700~3,000m²의 규모로 생선류나 가공식품 등 풍부한 상품구색을 갖추는 것이 특징
📙 이마트 에브리데이, 홈플러스 익스프레스, 롯데슈퍼 등

④ **하이퍼마켓**: 대형화된 슈퍼마켓에 할인점 및 창고소매업 방식을 접목해 저가격으로 판매하는 업 태로 취급상품 중 상당수가 PB제품(자사 브랜드 제품)으로 구성되어 있는 것이 특징. 식품, 비식 품 등을 다양하게 취급하고 대규모 주차장을 보유한 매장면적 2,500m² 이상의 소매점포

⑤ **전문점**: 특정 범위의 상품군만을 전문으로 취급하는 소매업태로 품질·가격 면에 있어 다양한 종 류의 상품을 보유하고 있고, 상품회전율이 높고 고객에게 풀서비스를 제공

⑥ **편의점(CVS)**: 미국에서 들어온 새로운 소규모 소매업태로 편의품이나 조리된 식료품에 이르기까 지 소비자의 일상생활에 밀접한 비교적 폭넓은 상품을 취급. 고객이 언제든지 상품을 구매할 수 있도록 24시간 영업하는 등의 시간적인 편의성을 갖고 있을 뿐만 아니라 주택지 안이나 주택지에 밀접한 지역에 점포가 있어 공간적인 편의성을 갖추고 있음

⑦ **할인점**: 저가 대량판매의 영업방식을 토대로 하여 특정 제품을 상시적으로 저렴한 가격으로 판매 하는 소매업태로 저가격, 저수익, 고회전율, 저비용 경영을 추구
  ㉠ **종합형 할인점**: 광범위한 상품을 한 점포에서 취급하고 할인뿐만 아니라 쇼핑의 편리함까지도 강조하는 업태
  ㉡ **전문형 할인점**: 카테고리 킬러, 아웃렛 스토어, 오프 프라이스 스토어 등과 같이 특정 상품군에 한정하여 할인해 주는 업태

⑧ **아웃렛**: 제조업자가 백화점의 비인기상품, 재고상품, 사용상에는 아무 문제가 없는 하자상품, 이 월상품 등을 자신의 회사명으로 대폭적인 할인가격으로 판매하는 상설할인점포로, 유명 메이커 의 재고처리점인 팩토리아웃렛(Factory Outlet)과 일반 소매점의 재고처리점인 리테일아웃렛 (Retail Outlet)으로 구분

⑨ **카테고리 킬러 ★**: 일종의 전문품 할인점 또는 전문양판점을 의미함. 다른 소매업태나 백화점보다 는 훨씬 좁은 범위의 상품을 다루며, 깊은 상품구색을 갖추고 싸게 판매하는 소매업태

⑩ **드럭스토어(Drug Store)**: 일반의약품은 물론 화장품, 생활용품, 음료 및 건강기능식품 등까지 함 께 판매하는 점포형태. 우리나라에서는 드럭스토어보다는 H&B 스토어(Healthy & Beauty Store) 라는 용어를 사용 📙 올리브영, 랄라블라 등

⑪ **복합쇼핑몰**: 쇼핑을 하면서 여가도 즐길 수 있도록 의류 및 잡화를 판매하는 매장은 물론 영화관, 식당 등을 포함한 대규모 상업시설을 의미하는 소매업태

2. 무점포 소매업

① **직접마케팅**: e-마케팅(인터넷 소매업 또는 인터넷 쇼핑몰), 카탈로그 판매, 텔레마케팅, TV홈쇼 핑 등을 통한 소매방식

② **인터넷 쇼핑몰**: 인터넷 공간에 상품을 제시하고 판매하는 소매형태. 시간과 공간의 편의성이 극대 화될 수 있고, 유통경로가 짧고 단순하기 때문에 저렴한 가격으로 제품 공급이 가능

③ 텔레마케팅: 직접 전화를 통해 제품과 서비스를 판매하는 아웃바운드 텔레마케팅(O/TM)과 TV 및 카탈로그 등에 기재된 주문 전화를 통해 고객의 주문을 유도하는 인바운드 텔레마케팅(I/TM)으로 구분

④ 카탈로그 판매: 우편을 통하여 고객들이 필요하다고 예상되는 제품을 카탈로그를 이용하여 소개하고 판매계약을 접수한 뒤 제품을 우편으로 전달하는 전통적인 무점포 소매방식

THEME 04 유통경로(Distribution Channel)

▶ Point 1 유통경로의 필요성

1. 유통경로

① 개념

ㄱ 유통경로(Distribution Channel)는 생산물이 최초의 생산자(제조업자)로부터 최종 소비자에게 이동되는 과정에 참여하는 개인 및 조직의 집합체를 의미함(생산자 → 도매상 → 소매상 → 소비자)

ㄴ 유통경로는 개별기업이 자사의 상품을 시장에 공급하기 위해 사용하는 경로라는 점에서 모든 기업이 이용할 수 있는 각각의 판매경로의 종합체라 할 수 있으며, 사회적으로는 상품을 유통시키는 유통기관과 동일시됨

ㄷ 유통경로에는 제조업체, 도·소매상 등과 같은 많은 조직이 참여하고 있으며, 이들은 상호관계에 있음

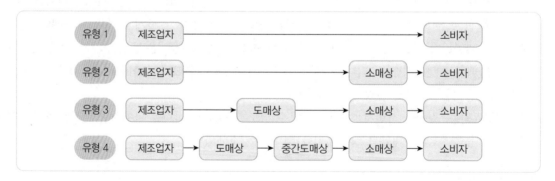

② 기능

ㄱ 교환 과정의 촉진: 중간상의 개입으로 교환 과정을 단순화시킬 수 있으므로 보다 많은 거래가 효율적으로 이루어짐

ㄴ 생산자와 소비자를 연결하는 기능: 생산자들은 중간상을 이용하면 적은 비용으로 더 많은 잠재고객에게 도달할 수 있으며 소비자들도 제품 탐색비용 등의 감소 가능

© 제품구색의 불일치 완화: 생산자는 소수의 제품라인을 대량생산하고자 하며 소비자는 소수의 다양한 제품을 구매하고자 하는데, 양자의 욕구 차이에서 발생하는 제품구색과 생산·구매량의 불일치를 유통경로가 완화시켜주는 기능을 함

② 정보제공: 유통기관 특히 소매업은 유형재인 상품의 판매뿐만 아니라 소비자에게 상품정보, 유행정보를 제공하는 기능까지 수행

⑩ 고객서비스 제공: 유통경로는 제조업자를 대신하여 소비자에게 A/S를 제공하고 제품의 배달, 설치, 사용방법 교육 등의 서비스를 제공

2. 유통경로의 필요성 ☆

① 총거래 수 최소화의 원칙: 유통경로에서 유통기관(중간상)이 없다면 생산자와 소비자가 직접 거래하여야 하므로 거래 수가 많아지지만, 중간상이 개입하면 거래 수가 감소하므로 거래비용도 감소

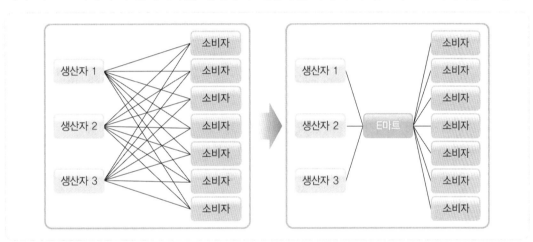

📋 예제

총거래 수 최소화

- 중간상 없는 경우 거래 수: 3×7=21
- 중간상 존재 시의 거래 수: 3×1+1×7=10
- 중간상의 존재로 감소하는 총거래 수: 21-10=11

② 분업의 원칙: 제조와 유통업무를 분담하여 생산자와 중간상이 각자의 업무만을 수행하면 숙련도 및 노하우의 증진으로 일의 전문화가 이루어져 효율성이 높아지는 것으로, 이로 인해 유통기능의 효율성이 높아져 전체 유통비용은 감소하고 상품의 가격도 낮아질 수 있게 됨

③ 변동비 우위의 원칙

㉠ 제조업의 경우 고정비 비중이 크기 때문에 시설규모와 생산량이 증가할수록 단위당 고정비가 하락하여 단위당 비용이 감소하는 **규모의 경제(Economies of Scale)**가 크게 나타남

ⓛ 반면 유통업은 제조업에 비해 변동비의 비중이 크기 때문에 **제조와 유통을 분리**하여 기능을 분담하는 것이 비용 측면에서 효율적임

④ 집중준비(저장)의 원칙

　㉠ 중간상이 존재함으로써 사회 전체가 원활한 소비를 위해 저장해야 할 제품의 총량을 줄일 수 있다는 것(소매상의 필요품목을 도매상이 대량으로 저장 → 소매상의 저장부담을 줄여줌)

　㉡ 집중준비(저장)의 원칙은 도매상의 존재 이유를 설명하는 원리가 됨

▶ Point 2　　유통경로의 구색형성 기능

1. 유통경로의 구색형성 기능

① **분류 또는 등급분류(Sorting out)**: 다양한 생산자들로부터 공급된 이질적 제품들의 색, 크기, 용량, 품질 등을 기준으로 상대적으로 동질적인 집단으로 구분하는 것

② **집적 또는 수합(Accumulation)**: 유통기관들이 소비자들을 위해 다양한 생산자들로부터 제공되는 제품들을 대규모 공급이 가능하도록 대량으로 구매하여 모으는 활동(Pick-up)

③ **분배 또는 배분(Allocation)**: 유통과정상에서 도매상은 소매상에게 소매상이 원하는 단위로, 소매상은 소비자에게 소비자가 원하는 단위로 연속적으로 나누어 제공하는 것

④ **구색맞춤(Assortment)**: 유통기관이 다양한 생산자들로부터 제품을 구매하여 소비자가 원하는 제품을 구비하는 것으로, 판매를 위해 배분된 상품들을 카테고리별로 묶어 매장에 진열하는 것

2. 구색형성 과정 ☆

구분	산개(나눔)	집중(모음)
동질적 생산물	분배(Allocation): 동질적으로 쌓여진 것을 다시 나누는 과정(배분)	집적(Accumulation): 동질적인 것끼리 다시 모으는 수집기능
이질적 생산물	분류(Sorting out): 이질적인 것을 동질적 단위로 나누는 과정, 생산자의 표준화 기능	구색(Assortment): 이질적인 것을 모두 다시 모으는 단계

3. 유통경로관리

① **관리의 필요성**: 유통경로상의 경로구성원들은 상호 의존적 관계에 있으며, 경로구성원들은 교환과정에서 전체 유통경로의 효율성(Efficiency)보다는 자신의 목적 달성을 중시하는 기회주의적 행동을 하는 경우가 많기 때문에 경로 전체의 목표달성을 위해 유통경로관리가 필요

② **유통경로시스템 내의 거래관계 유형**

　㉠ **단속형 거래(Discrete Transaction)**: 유통경로 내의 거래당사자들이 현재의 일시적 거래를 통해 최대의 이윤을 올리고자 하는 관계를 말하며, 거래당사자 간 협상이나 교섭과 같은 경쟁적

메커니즘을 통해 거래의 효율성을 높임

ⓛ **관계형 교환**(Relational Exchange): 유통경로 내 거래당사자들이 현재뿐만 아니라 미래의 장기적인 경로 성과에 관심을 가지며 연속적 거래를 통해 이윤극대화를 추구하는 거래 형태에 해당

THEME 05 수직적 유통경로(Vertical Marketing System)

▶ Point 1 수직적, 수평적 유통경로

1. 수직적 유통경로(VMS; Vertical Marketing System) ★

① 수직적 유통경로의 개념

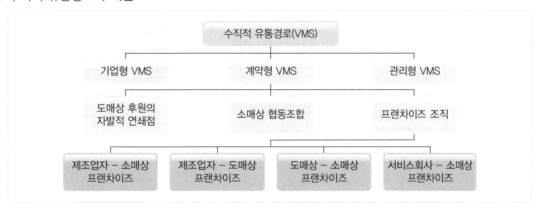

ⓛ **의의**: 수직적 유통경로는 중앙에서 계획된 프로그램에 의해 수직적 유통경로상의 경로구성원들을 전문적으로 관리·통제하는 네트워크 형태의 경로조직을 뜻함

ⓛ 수직적 유통경로의 장·단점

장점	단점
• 총유통비용의 절감 가능 • 자원 및 원재료 등을 안정적으로 확보 가능 • 높은 진입장벽으로 새로운 기업의 진입 어려움	• 막대한 자금의 소요 • 시장이나 기술변화에 민감한 대응 곤란 • 각 유통단계에서의 전문화 상실

② 수직적 유통경로의 유형(VMS)

ⓛ **기업형 VMS**: 기업형 VMS는 한 경로구성원이 다른 경로구성원들을 경제적, 법률적으로 소유·관리하는 유형으로, 전방통합과 후방통합, M&A, 컨소시엄 등의 유형이 있음

전방통합		제조회사가 유통기관을 소유하거나 도매상이 소매업체를 소유하는 유형
후방통합		유통기관이 제조업체를 소유하거나 제조업체가 공급업체를 소유하는 유형
수직적 통합 장·단점	장점	• 안정적인 원료 공급 및 유통망 확보가 가능 • 유통경로 전반에 걸친 지배력이 강화되며, 규모의 경제 발생
	단점	• 조직 규모의 비대화로 환경변화에 대한 유연성이 떨어짐 • 초기투자비용이 많이 발생

ⓛ **계약형 VMS**: 계약형 VMS는 경로구성원들이 각자 수행해야 할 마케팅 기능들을 계약(Contract)에 의해 합의함으로써 공식적인 경로관계를 형성하는 경로조직

> • 도매상 후원의 자발적 연쇄점
> • 소매상 협동조합
> • 프랜차이즈 시스템: 기업 본사(Franchiser)가 계약에 의해 가맹점에게 일정기간 동안 자신들의 브랜드·사업운영방식 등을 사용하여 제품이나 서비스를 판매할 수 있는 권한을 허가하고, 가맹점은 이에 대한 대가로 가입비와 로열티 등을 지급하는 형태

ⓒ **관리형 VMS**: 경로구성원들의 마케팅 활동이 소유권이나 명시적인 계약에 의하지 않고 상호이익을 바탕으로 맺어진 협력시스템으로, 어느 한 경로리더의 규모나 파워, 또는 경영지원에 의해 조정되는 경로유형. 본부의 통제력을 기준으로 보면 세 가지 유형 중 통제력이 가장 낮은 형태

③ 경로구성원에 대한 통제력의 강도

> 기업형 VMS > 계약형 VMS > 관리형 VMS

2. 수평적 유통경로(HMS; Horizontal Marketing System)

수평적 유통경로(HMS)는 공생적(Symbiotic) 유통경로라고도 하며, 동일한 유통경로상에 있는 2개 이상의 기관들이 각기 독자성을 유지하면서 기업이 가지고 있는 자본, 노하우, 마케팅, 유통망 등의 자원 등을 결합하여 '시너지효과'를 얻기 위해 통합하는 것

▶ Point 2 프랜차이즈 시스템

1. 프랜차이즈의 개념

① **개념**: 프랜차이저(Franchiser, 본사)가 프랜차이지(Franchisee, 가맹점)에게 본사의 상호, 상표, 노하우 등의 운영방식을 사용하여 제품이나 서비스를 판매할 수 있도록 허가하는 것
② **프랜차이저**: 프랜차이지를 모집하여 사업을 수행하는 역할을 하며, 프랜차이지를 선정하여 특정 지역마다 사업의 동반자 혹은 대리인으로 영업할 권한을 허용
③ **프랜차이지**: 프랜차이저의 상호 등을 사용하는 권한을 갖기 위해 가입금, 보증금, 로열티 등을 지불하고, 프랜차이저의 경영지도와 지원으로 양자 간의 계속적인 관계가 유지

2. 프랜차이저와 프랜차이지의 장·단점 ★

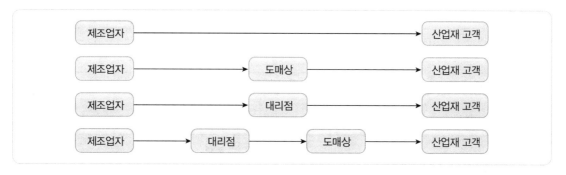

구분	프랜차이저(가맹본사)	프랜차이지(가맹점)
장점	• 사업확장을 위한 자본조달 용이 • 규모의 경제를 달성할 수 있음 • 높은 광고효과 • 사업상품 개발에 전념 가능 • 노사문제에 신경 쓸 필요 없음	• 프랜차이즈 본부의 경영노하우, 상품 등 제공으로 실패의 위험성(Risk)이 적음 • 비교적 소액 자본으로 시작이 가능 • 소비자의 신뢰 획득 용이 • 개별 점포의 판매촉진활동 가능
단점	• 지속적인 가맹점 지도와 원조로 비용과 노력이 소모되기 쉬움 • 가맹점 수가 급격히 증가할 경우 통제가 어려움	• 표준화된 운영을 하기 때문에 특정 점포의 개별성을 고려할 수 없음 • 본사의 실패가 프랜차이즈시스템 전체와 가맹점에 영향을 미침

THEME 06 유통커버리지(Distribution Coverage)

▶▶ Point 1 유통커버리지

1. 유통커버리지의 개요

① 개념: 유통커버리지(Distribution Coverage) 전략이란 자사제품을 판매할 소매점의 수를 몇 개로 정할 것인가에 대한 의사결정으로, 이는 기업이 커버하려는 시장의 범위가 어느 정도인가에 따라 결정

② 결정과정: 유통경로전략은 '유통범위(커버리지)를 결정 → 유통길이를 결정 → 통제수준을 결정'하는 프로세스를 거침

• 1단계 선택

유통커버리지의 결정	
좁음	넓음

←——————————————————————————————————→

전속적 유통	선택적 유통	개방적 유통

• 2단계 선택

경로통제수준의 결정	
약함	강함

←——————————————————————————————————→

개별 유통기관	유사통합	수직적 통합

▎ 유통경로전략의 결정과정 ▎

2. 유통범위(커버리지)의 결정 ★

① 개방적 유통경로(집약적 유통경로)

  ㉠ **의의**: 개방적 유통경로는 가능한 한 많은 점포가 자사제품을 취급하도록 하는 마케팅전략으로 집중적 유통경로라고도 함

  ㉡ **적용 및 문제점**: 개방적 유통경로는 제품이 소비자에게 충분히 노출되어 있고, 제품판매의 체인화에 어려움이 있는 **편의품** 등에 적용할 수 있으나 유통비용이 증가하고, 특히 경로통제가 어렵다는 문제점이 있음

② 선택적 유통경로

  ㉠ **의의**: 선택적 유통경로는 경영능력, 평판, 점포규모 등의 일정 자격을 갖춘 소수의 중간상에게만 자사의 제품을 취급하게 하는 것

  ㉡ **적용 및 특징**: 일반적으로 의류·가구 및 가전제품 등 **선매품**에 적용할 수 있음. 개방적 유통경로에 비하면 중간상의 수가 적기 때문에 유통비용이 절감되며, 전속적 유통경로에 비하면 제품의 노출이 확대됨

③ 전속적 유통경로(배타적 유통경로)

  ㉠ **의의**: 전속적 유통경로는 일정한 지역에서 자사의 제품을 한 점포가 배타적·독점적으로 취급하게 하는 것으로 유통경로 계열화의 가장 강력한 형태에 해당

  ㉡ **적용 및 특징**: 주로 고급 자동차·귀금속·명품 등 **전문품**이나 고관여도 제품 등의 경우에 적용이 가능하며, 제조업체가 도매상이나 소매상을 강하게 통제할 수 있음

④ 다중 유통경로 정책

  ㉠ 소비자 욕구의 다양화로 2개 이상의 유통경로를 동시에 사용하는 유통경로전략

  ㉡ 유통경로 간의 갈등이 심화될 수 있고, 이중가격 형성 등의 부작용 등이 발생

⑤ **옴니채널**(Omni-Channel): 소비자가 Online, Offline, Mobile 등 다양한 유통경로를 넘나들며 상품을 검색하고 구매할 수 있도록 한 서비스를 의미하며, 각 유통채널의 특성들을 결합하여 어떤 채널에서든 같은 매장을 이용하는 것처럼 느낄 수 있도록 한 쇼핑환경을 의미

> **Tip**
>
> 유통채널의 발전 순서
> 하나의 유통채널만 사용(**싱글채널**) → 2 이상의 오프라인 점포 활용(**듀얼채널**) → 경쟁관계인 2개 이상인 온, 오프라인을 활용(**멀티채널**) → 온, 오프라인의 융·복합(**크로스채널**) → 온, 오프라인상의 다양한 채널이 고객경험관리를 중심으로 통합(**옴니채널**)

3. 제품유형별 커버리지전략

범주		경로목표
편의품	필수상품	최대의 노출을 필요로 하므로 낮은 비용으로 광범위하게 유통
	충동상품	필수상품과 유사하지만, 특히 효과적인 진열을 구사
	긴급상품	사용이 있을 법한 시간과 장소에서 가용하도록 함
선매품	동질적 선매품	가격비교가 용이하도록 노출
	이질적 선매품	주요 쇼핑지역에 있어서 유사한 다른 선매품 가까이에 노출
전문품	전문품	제품의 경로는 다소 제한적일 수도 있으나, 전문품으로 인식하지 않고 있는 고객에게 도달하기 위해서는 편의품 및 선매품들과 함께 취급

Point 2   유통경로 길이의 결정

1. 결정요인

유통경로의 길이를 결정할 경우에는 유통되는 제품의 종류 및 시장의 특징, 수요, 공급의 특성, 유통비용구조 등을 고려해야 함

∥ 유통경로 길이의 결정요인 ∥

요인 \ 경로	짧은 경로	긴 경로
제품특성	• 부패성 상품 • 비표준화된 중량품 • 기술적으로 복잡한 제품, 전문품	• 비부패성 상품 • 표준화된 경량품 • 기술적으로 단순한 제품, 편의품
수요특성	• 구매단위가 큰 제품 • 구매빈도가 낮고 비규칙적인 제품	• 구매단위가 작은 제품 • 구매빈도가 높고 규칙적인 제품
공급특성	• 생산자 수가 적고, 진입이 제한적 • 지역적 집중생산	• 생산자 수가 많고, 진입이 자유로움 • 지역적 분산생산
유통비용구조	• 장기적으로 불안정 → 최적화 추구	• 장기적으로 안정적

Tip

> **직접유통**(D2C): 직접유통은 기업이 소비자에게 제품을 직접 판매하는 것으로, 시간과 장소의 제약을 극복할 수 있는 온라인 쇼핑 증가와 파워 리테일러의 성장에 기인해 성장하고 있다.

2. 통제수준의 결정(수직적 통합)

① 유통경로에 대한 통제력이 클수록 수직적 통합이 강하게 발생하는데, 이는 유통경로 간 구성원들의 결속력과 통제력에 영향을 미치게 됨

② 수직적 통합의 이론적 근거는 O. Williamson의 시장거래비용이론(Market Transaction Cost Theory)을 바탕으로 하며, 시장에서 유통경로상의 거래비용이 수직적 통합비용보다 큰 경우 수직적 통합의 타당성이 인정됨

3. 산업재(B2B)의 유통경로 길이

일반적으로 산업재(B2B)는 완제품 생산을 위해 직·간접적으로 필요한 원자재, 부품, 반제품, 설비 등을 말하며, 소비재(B2C)에 비해 경로가 짧은 직접유통경로를 활용

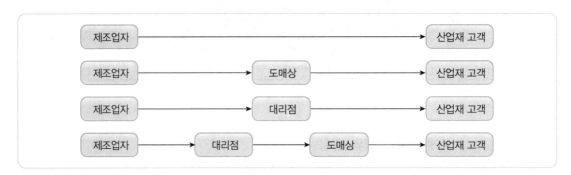

THEME **07** 유통경로 결정이론

Point 1 관련 중요이론

1. 연기-투기이론(Postponement-Speculation Theory)

경로구성원들 중 누가 재고보유에 따른 **위험을 부담하는가**에 따라 경로구조가 결정된다는 이론으로, 경로구성원들은 재고의 부담을 가능한 한 연기하거나 또는 투기에 의해 적극적으로 재고를 부담하는 방법 중의 하나를 선택해야 하는데, 이에 따라 경로길이가 달라진다는 것

① **연기(Postponement)**: 재고보유에 따른 리스크와 불확실성을 다른 구성원에게 전가. 생산자는 도매상의 제품취급이 연기됨에 따라 소매상이나 최종 소비자에게 직접 판매하기 때문에 경로가 짧아짐

② 투기(Speculation): 최초의 생산단계부터 차별화 전략 추구. 제품의 이익이 높을 경우, 중간단계에서 제품을 취급하려는 유통업자들이 많아지기 때문에 경로가 길어짐

  ㉠ 연기의 반대 개념으로 재고를 중간상이 보유하는 현상을 의미함. 결과적으로는 재고를 전방으로 떠넘기는 유통방식

  ㉡ 최초의 생산단계부터 차별화 전략 추구. 제품의 이익이 높을 경우, 중간단계에서 제품을 취급하려는 유통업자들이 많아지기 때문에 경로가 길어짐

③ 유통경로의 길이: 재고보유를 연기하면 경로길이가 짧아지고, 투기적으로 재고를 보유하면 경로길이가 길어짐

2. 기능위양이론(Functional Spinoff Theory)

① 유통기관은 **비용우위**를 갖는 마케팅 기능들만을 수행하고, 나머지 마케팅 기능은 다른 경로구성원들에게 위양한다는 것임

② 이 이론의 핵심은 유통경로에서 다른 경로구성원이 더 저렴하게 수행할 수 있는 기능은 위양하고, 자신이 더 저렴하게 수행할 수 있는 과업은 직접수행하는 것임

③ 사례: 자원의 제약을 받는 중소기업이 경쟁이 치열한 제품시장에 진입할 경우 전문적 능력을 지닌 중간상에게 마케팅 기능의 일부를 위임하는 것이 바람직하지만, 기업의 규모가 커지게 되면 중간상을 이용하는 것보다 직접유통기능을 수행하는 것이 더 효과적임

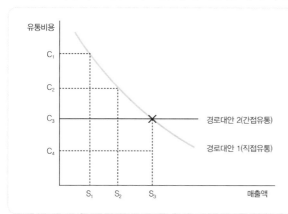

- 제조업자에게 있어서 대안 2의 평균비용은 모든 기능을 위양함으로써 판매량과 상관없이 일정하게 나타나고 있음

- 대안 1의 경우에는 자사의 판매사원과 물류창고를 이용하기 때문에 판매단위당 비용은 매출액이 증가함에 따라 감소하고 있음

3. 시장거래비용이론(Market Transaction Cost Theory)

① 이론의 내용

  ㉠ 윌리엄슨(O. Williamson)의 시장거래비용이론에 의하면 수직적 계열화에 드는 비용과 시장거래에서 발생되는 거래비용 간의 상대적 크기에 따라 유통경로 길이의 범위가 결정된다고 봄

  ㉡ **중간상의 존재 이유**: 일반적으로 시장을 통한 거래비용이 내부조직 구축에 의한 생산비용에 비해 낮으며, 기업의 수직적 계열화 비용이 큰 경우 경로길이는 길어짐. 반면 수직적 계열화에 의해 마케팅 기능을 직접 수행하는 것이 적은 비용이 드는 경우에 유통경로의 수직적 통합이 이루어지고, 짧은 유통경로를 선택함

ⓒ 거래비용에 의한 시장의 실패 때문에 기업내부화(수직적 통합)가 이루어진다는 것

 Tip

- 긴 유통경로 형성 이유: 수직적 통합(내부화)비용 > 시장거래비용
- 짧은 유통경로 형성 이유: 수직적 통합(내부화)비용 < 시장거래비용

거래비용을 감소시키는 경우	거래비용을 증가시키는 경우
• 거래자의 수가 많아 거래빈도가 높은 경우 • 거래당사자 간 정보대칭성이 높은 경우 • 수직적 계열화가 일어난 경우	• 거래환경의 불확실성이 높은 경우 • 거래특유자산이 많은 경우 • 시장의 수요변동이 큰 경우

② **거래비용이론의 기본가정**: 거래비용이론에서 시장의 실패를 설명하는 주요 개념으로는 거래 관련 변수인 ㉠ 자산의 특수성의 존재, ㉡ 거래빈도, ㉢ 불확실성을 들고 있고, 인간행동에 대한 기본 가정으로는 ㉣ 제한된 합리성, ㉤ 기회주의적 행동을 제시

4. 게임이론(Game Theory)

① 수직적인 경쟁관계에 있는 제조업자와 중간상이 각자 자신의 이익을 극대화하기 위해 자신과 상대방의 행위를 조정하는 과정에서 유통경로의 구조가 결정된다는 이론

② 게임이론에서는 중간상의 기능을 수직적으로 통합하여 생산과 유통기능을 제조업자가 동시에 수행할 것인가, 아니면 독립적으로 중간상을 이용하여 생산과 유통기능을 분리시킬 것인가 등의 경쟁업체들 간 힘의 구조를 토대로 설명

5. 대리인이론(Agency Theory)

① **의의**: 의뢰인이 대리인의 결정과 행동에 의존한다는 개념을 배경으로, 유통경로에 개별 경로구성원(의뢰인)에게 가장 큰 성과를 주는 경로구성원(대리인)을 찾아 계약을 맺게 됨에 따라 경로구조가 결정된다는 이론

② **정보 불균형과 유통경로 길이**

㉠ 대리인이론에서는 대리인과 의뢰인 사이에 계약 전과 계약 후의 정보 비대칭이 존재한다고 봄. 이때 계약 전의 정보 불균형이란, 대리인이 과연 의뢰인이 원하는 능력을 제대로 갖고 있는가 하는 것이고, 계약 후의 정보 불균형이란, 대리인이 의뢰인을 위해 제대로 일을 수행하고 있는가 하는 것임

㉡ 따라서 의뢰인이 대리인을 선정할 때는 이러한 정보 불균형을 극복하는 데 소요되는 비용, 즉 정보수집, 감시 및 평가와 관련된 비용이 적게 드는 대리인을 선택하게 된다는 것임

6. Checklist 방법

경로구조 결정 시 경로구성원들의 마케팅 능력 및 소비자의 유통서비스에 대한 요구(Needs)를 구체화한 요인들(시장요인, 제품요인, 기업요인, 경로구성원 등)을 고려하여 경로의 길이를 결정

❙ 체크리스트법에서 고려할 요인들 ❙

시장요인	시장규모, 지역적 집중도, 구매빈도
기업요인	규모, 재무적 능력, 경영전문성, 통제에 대한 욕망
경로구성원요인	마케팅기능 수행의지, 수행하는 서비스의 수와 품질, 구성원 이용비용
환경요인	환경적 고려요인의 수
제품요인	기술적 복잡성, 제품의 크기와 중량 등

THEME 08 유통 경제의 이해

▶ Point 1 시장의 분류

1. 시장의 개념

① 교환이 이루어지는 장소를 시장이라 하며, 개별 경제주체들이 시장에서 형성되는 가격을 지표로 시장에서 만나 생산·교환·소비 활동을 영위하는 과정에서 유통이 존재하게 됨

② 시장에서 결정되는 가격에 의해 경제문제가 자연스럽게 해결되는데, 가격의 이러한 기능을 가격의 자동조절기능이라고 함

2. 경쟁에 따른 시장의 구분

① 완전경쟁시장의 성립조건
   ㉠ 가격 수용자(Price Taker)로서의 수요자와 공급자
   ㉡ 동질적인 상품
   ㉢ 진입과 탈퇴의 자유
   ㉣ 완전한 정보

② 경쟁 정도에 따른 시장의 구분

유형	시장구조의 규정요인			사례
	기업 수	상품 유사성	진출입 난이도	
완전경쟁시장	무수히 많음	완전 동질	지극히 쉬움	주식시장이 유사함
독점적 경쟁시장	무수히 많음	약간씩 다름	매우 쉬움	음식점, 미용실 등
과점시장	소수	완전 동질 또는 차이가 있음	조금 어려움	이동통신사, 4대 정유사
독점시장	하나	완전 동질	매우 어려움	전기, 수도, 철도 등 공기업

▶ Point 2   수요의 가격탄력도 ☆

1. 수요의 가격탄력도 개념

재화의 가격변화에 대한 수요량의 변화 정도를 나타내는 개념으로, 가격이 1% 변화할 때 수요량이 몇 %나 변화하는가를 나타내는 개념

$$수요의 \ 가격탄력도(E) = \frac{수요량의 \ 변화율(\%)}{가격의 \ 변화율(\%)}$$

- $E = 1$ (단위 탄력적)
- $E > 1$ (탄력적): 수요가 가격탄력적인 경우, 소비자들은 가격변화에 아주 민감하게 반응하며, 주로 사치재에 해당
- $E < 1$ (비탄력적): 수요가 가격비탄력적인 경우, 소비자들은 가격변화에 민감하게 반응하지 않으며, 일반적으로 생필품에 해당

2. 수요의 가격탄력도에 영향을 주는 요인

① 상품의 성질: 일반적으로 생필품에 대한 수요의 가격탄력도는 작고, 사치품에 대한 탄력도는 큼
② 대체재의 유무: 대체재의 수가 많아질수록 탄력도는 커짐
③ 가격이 소득에서 차지하는 비중: 상품의 가격이 가계소득에서 차지하는 비중이 클수록 탄력도는 커짐
④ 기간의 장단: 장기는 단기보다 가격변화에 대응할 수 있는 대안이 많아지므로, 수요의 탄력도가 더 커짐
⑤ 용도의 다양성: 재화의 용도가 다양할수록 가격탄력성이 커짐

3. 수요와 공급의 균형

① 시장의 균형: 해당 상품 및 서비스에 대해 수요와 공급이 균형된 상태로 수요와 공급에 영향을 주는 외부요인들이 작용하지 않는다면 시장의 균형은 유지
② 초과공급: 특정 상품 및 서비스의 가격이 시장에서의 균형가격보다 높아 그 가격에 공급하고자 하는 양이 수요하고자 하는 양보다 많은 상태를 의미
③ 초과수요: 어떤 상품의 가격이 시장에서의 균형가격보다 낮아 그 가격에 수요하고자 하는 양이 공급하고자 하는 양보다 많은 상태를 뜻함

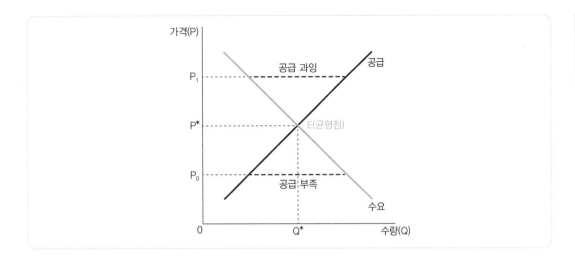

Point 3 손익분기점 ★

1. 손익분기점과 조업중단점

① 완전경쟁시장의 개별기업은 총수입(TR) = 총비용(TC)인 생산량 수준에서는 초과이윤도 손실도 없는 상황

② P(가격) = ATC(또는 AC, 평균비용)에서 결정되는 생산량을 손익분기점이라고 함

③ $BEP(판매량) = \dfrac{총고정비}{단위당\ 가격 - 단위당\ 변동비}$

④ **조업중단점**: 개별기업은 P<ATC(또는 AC)가 되어 손실을 보더라도 생산을 계속하는 것이 유리함. ATC(또는 AC)에 포함된 고정비용(FC)은 생산을 중단하더라도 지출되는 매몰비용이므로 고려할 필요가 없음. 따라서 P>AVC인 한 생산을 계속하는 것이 유리하며, P = AVC가 되면 생산을 중단해야 하는데, 이때의 생산량을 생산중단점(조업중단점)이라 함

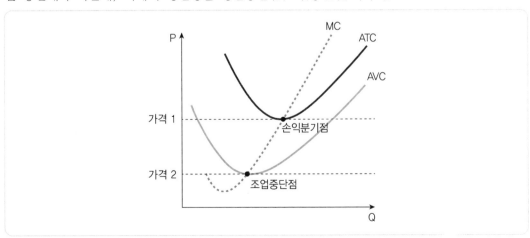

2. 손익분기점 ☒

① 손익분기점(BEP; Break-Even Point)은 일정 기간의 총수익(매출액)이 당해 기간의 총비용과 일치하는 시점의 생산량 또는 매출액을 의미

② 총수익이 총가변비용보다 더 크다면 기업은 여전히 생산을 계속할 것이며, 반대의 경우 생산을 중단함. 이런 이유로 평균가변비용곡선(AVC)의 최하점을 '조업중단점'이라고 함

∥ 손익분기점 공식 ∥

- 손익분기점 판매량 = $\dfrac{\text{총고정비}}{\text{단위당 가격} - \text{단위당 변동비}}$

- 손익분기점 매출액 = $\dfrac{\text{총고정비}}{1 - \text{변동비율}}$

- 손익분기점 목표판매량 = $\dfrac{\text{고정비용} + \text{목표이익}}{\text{가격} - \text{단위당 변동비}}$

▶ Point **4**   규모의 경제와 범위의 경제

1. 규모의 경제(Economies of Scale)

① 개념: 기업이 생산설비를 확대하여 생산량을 대량으로 증가시킬 때 장기평균비용의 하락으로 전체 생산비용이 감소하는 현상을 의미

② 발생 원인: 규모의 경제가 나타나는 가장 큰 이유는 분업 및 전문화, 기술적 요인의 발전을 통해 '대량생산'이 가능해져 비용절감이 가능해짐

③ 사례: 제품을 대량생산하거나 대량의 물동량을 운송하는 경우, 단위당 제조원가 및 단위당 물류비용이 감소하는 경우가 대표적인 예에 해당

2. 범위의 경제(Economies of Scope) ☒

① 범위의 경제는 사업다각화와 관련성이 있으며, 두 가지 이상의 생산물을 별개의 독립된 기업에서 따로 생산하는 것보다 한 기업이 동시에 결합생산하여 비용을 절감하는 경우를 의미

② 한 제품을 생산하는 과정에서 부산물이 생기는 경우에도 나타날 수 있으며, 제조업체에게 비용절감 효과를 가져옴

> **📋 사례**
>
> - 버스와 트럭, 냉장고와 에어컨처럼 성격이 유사 성격 또는 공정이 있는 제품 간 결합생산
>   (기출 예) AOL과 Time Warner 간 합병
> - 생산시설이나 유통망을 공동으로 사용할 수 있는 경우
>   (기출 예) P&G와 같이 다양한 소비재를 생산하는 기업들은 종종 자사의 공장입지를 소매기업의 물류센터와 공유

THEME 09 유통환경의 변화

▶ Point 1 우리나라 유통환경의 변화

1. 우리나라 유통산업의 환경변화 ☆

① 글로벌 유통시장 개방의 가속화

② 대형 유통업체의 다점포 출점전략 가속화

③ 소비자의 변화

　㉠ 소비자의 소득수준 향상 및 레저화된 상품과 서비스를 요구

　㉡ 핵가족화 현상, 야간 및 휴일 쇼핑이 증가, 해외 직접 구매하는 경향 증가

④ 업태 간 경쟁의 심화 및 O2O의 발달로 온·오프라인 간 융합현상

　㉠ 대형할인점과 인터넷 쇼핑·TV홈쇼핑 등 무점포판매의 급속한 성장으로 백화점의 성장세는 둔화되었고, 재래시장의 쇠퇴가 가속화되고 있음

　㉡ O2O(Online to Offline) 커머스의 발달로 **온·오프라인 간 경계가 모호**해지고 있음

⑤ IT 환경의 변화와 이에 따른 전자상거래의 급성장

⑥ 유통 소매기업(Retailer)의 영향력 강화

　㉠ 소비자의 원스톱 쇼핑(One-Stop Shopping) 추구에 따른 유통업의 **대형화와 집중화** 현상

　㉡ 정보처리기술의 발달에 따른 대형 유통업체들의 정보수집능력 증대에 기인

　㉢ 유통업체가 지닌 강력한 데이터를 기반으로 공급업체 및 소비자들과의 우호적 관계 구축

 Tip

> **멀티채널과 옴니채널**
> • **멀티채널**: 소비자 입장에서 온라인과 오프라인의 다양한 채널에서 각각 구매가 가능하나 각 채널은 경쟁관계에 있음
> • **옴니채널**: 온, 오프라인상의 다양한 채널이 고객의 경험관리를 중심으로 하나로 통합된 서비스가 이루어짐

2. 소매업의 최근 추세

① 강력한 소매상(Power Retailer)의 등장

② 소매업의 양극화 현상: 하이테크 → 하이터치

하이테크(Hi-Tech)	하이터치(Hi-Touch)
→ 고회전율, 저마진율, Push Marketing	→ 저회전율, 고마진율, 고서비스, Pull Marketing
• 고회전율, 저마진율에 적합한 업태로 첨단기술을 이용한 규모의 경제 실현 • 디스플레이를 통한 셀프서비스 강화 • 대형마트, 슈퍼마켓 등에서 활용 예 월마트, 코스트코 등의 초대형점포	• 다양한 욕구충족을 위한 고서비스의 풀-서비스전략 • 고품질의 제한된 제품라인을 통해 상표 충성도를 높이는 전략 • 백화점, 전문점 등에 적합한 전략 예 갭(GAP), 토이저러스 등의 전문점 체인

3. 소비자의 변화

① **프로슈머(Prosumer)의 등장**: 생산자(Producer) + 소비자(Consumer)의 합성어로, 소비자가 소비만 하는 수동적인 입장에서 벗어나 제품의 개발과 유통과정에도 참여하는 능동적인 소비자를 의미

② **큐레이슈머(Curasumer)**: 전시회 기획자(Curator) + 소비자(Consumer)의 합성어로, 전시회의 큐레이터처럼 기존의 제품을 꾸미고 다양하게 활용하는 편집형 소비자를 의미

③ **트랜슈머(Transumer)**: 이동하면서 스마트폰을 이용해 상품이나 서비스를 구매하는 소비자

④ **크로스쇼퍼(Cross-Shopper)**: 온라인과 오프라인을 자유롭게 넘나들며 쇼핑을 즐기는 소비자들을 쇼루밍(Showrooming)족, 역쇼루밍(Reverse Showrooming)족이라고도 함

> 📋 **Tip**
>
> **쇼루밍(Showrooming)**: 쇼루밍이란 매장에서 제품을 살펴본 뒤 온라인과 같은 다른 유통경로를 사용해 제품을 구매하는 사람들의 행동을 말한다. 오프라인 매장이 온라인 쇼핑몰의 전시장(Showroom)으로 변했다 하여 쇼루밍이라 일컫는다. e-커머스 시장이 활성화되면서 등장한 개념이다.

⑤ **스마트쇼퍼(Smart-Shopper)**: 구매하려는 제품의 가격과 기능, 품질 등을 꼼꼼히 비교하여 가장 합리적인 구매를 하는 소비자를 의미하며, 인텔리슈머(Intelligent + Consumer)라고도 함

⑥ **크리슈머(Cresumer)**: 앨빈 토플러가 창안한 용어로, 기업의 신상품 개발과 디자인, 판매 등의 활동에 창의성을 가지고 적극적으로 개입하는 소비자를 의미

4. 유통산업 변화에 따른 대응전략

① **AI, 빅데이터, AR/VR, 드론, 블록체인 등 최신 IT 기술 수용**: 고객정보를 능동적으로 활용하여, 소비자의 행동 패턴을 정밀하게 분석하여 업태의 효율성을 증대시키고, 사업다각화를 달성해야 함

② **옴니채널, O2O 커머스 등을 활용한 서비스 확대**: 세계적으로 온라인과 오프라인 커머스의 경계가 사라지고 융·복합된 새로운 유통업태들이 등장하고 있어 이에 대한 전략적 대응이 중요

③ **사회·문화적 환경변화에 대처**: 1인 또는 2인 가구의 급증, 워라벨 중시현상, MZ세대 성장 및 고령화 사회로의 진입, 다문화 인구증가 등 급격한 사회구조적 환경변화에 대처해야 함

④ **국내 유통기업의 해외진출 및 해외기업의 국내 진출**: 글로벌 한류현상에 기인한 국내 유통기업의 동아시아, 중앙아시아 진출, 해외 거대 프랜차이즈 기업들의 국내 진출에 대한 대응 필요

⑤ 유통산업의 글로벌 소싱의 강화 및 정부의 신규 행정적 규제에 대한 대비가 필요

⑥ **직접유통(D2C)의 증가 현상**: ICT 기술 및 유통 관련 시설의 발달로 제조업자와 구매자가 쉽게 만날 수 있는 직접 거래환경이 조성됨. 또한 시간과 장소의 제약을 극복할 수 있는 온라인 쇼핑의 증가에 따라 D2C가 증가하는 추세에 있음

02 유통경영전략

THEME 10 유통경영 환경분석

▶ Point 1 거시적 환경과 미시적 환경

1. **거시적 환경**(Macro Environment): **STEP** ☆

① **사회・문화적 환경**(Social & Culture Environment): 인구구조의 변화와 지역별・성별・연령별 인구구조 등 인구통계학적 환경요인, 생활양식 등 기초적 분석사항

② **기술적 환경**(Technical Environment): 최근에 급격한 기술발전으로 인해 제품생산을 위한 고성능 설비의 구축, 신속한 물류・유통 혁신을 위한 IT 및 정보시스템 발전 등

③ **경제적 환경**(Economic Environment): 임금, 세금, 이자율, 임대료 등과 원재료 가격, 글로벌 경제환경 변화 등

④ **정치・법률적 환경**(Political Environment): 정부나 공공기관에 의한 법률적 규제 및 법 제정을 통한 정치적 환경을 의미

2. **미시적 환경**(Micro Environment)

① **내부적 환경**: 기업 내부의 통제 가능한 요인들로서 기업문화, 마케팅 목표 설정, 자사의 마케팅능력, 목표시장의 선정, 핵심역량, 경영자원 등

② **과업환경**: 유통기업의 미시적 마케팅환경 중에 과업환경은 기업에 제약을 주는 소비자, 공급업체의 공급능력, 경쟁자, 대체재, 정부기관, 대중 등

▶▶ Point 2 유통경영의 외부적·내부적 요인분석

1. 경영의 외부환경 분석

① 포터의 5세력 모델 ★: 경영전략 전문가인 마이클 포터(Michael E. Porter)는 산업과 경쟁을 결정
짓는 5세력 모델(Five-Force Model)을 제시하였다. 포터의 5세력 모델의 목적은 궁극적으로 산
업의 수익 잠재력에 영향을 주는 주요 경제·기술적 세력을 분석하는 것

② 5세력의 분석

기존 경쟁자 간 경쟁	산업에 참여하고 있는 기업 수가 많을수록(경쟁이 심할수록) 산업수익률은 상대적으로 낮아지게 되며, 경쟁 정도가 낮을수록 산업의 수익률은 높아짐
잠재적 진입자의 위협	진입장벽이 낮아 새로운 기업의 진입이 용이하다면, 그 산업 내에서 높은 가격을 받을 수 없기 때문에 수익률은 낮아짐
대체재의 위협	대체가능성이 높고, 가격이 낮고, 성장성이 클수록 이윤 폭이 제한되고 시장침투의 위험이 크므로 산업의 수익률은 낮아짐
구매자의 협상력	구매자집단의 교섭능력이 클수록 기업의 제품에 대한 소비자들의 지속적인 구매력이 낮아지기 때문에 산업의 수익률은 낮아짐
공급자의 협상력	공급자의 교섭능력이 클수록 제품가격에 영향력을 미침으로써 소비자들의 지속적인 구매력이 낮아지기 때문에 산업의 수익률은 낮아지게 됨

2. 경영의 내부환경 분석

• 포터의 가치사슬 분석(Value Chain Analysis)

주된 활동(본원적 활동) Primary Activities	제품의 생산, 운송, 마케팅, 판매, 물류, 서비스 등과 같은 현장업무활동
지원활동(보조활동) Support Activities	조달, 기술개발, 인사, 기업하부구조(재무·기획·회계) 등 주된 활동을 지원하는 업무활동

3. SWOT 분석

① SWOT 분석의 의의: SWOT 분석의 목적은 기회를 최대화하고 위협을 최소화하여 기업의 자원을 가장 효율적으로 사용하려는 것

외부요인＼내부요인	강점(Strength)	약점(Weakness)
기회(Opportunity)	기회활용을 위해 강점을 사용할 수 있는 상황	기회활용을 위해 약점을 보완해야 하는 상황
위협(Threat)	위협을 극복하기 위해 강점을 사용할 수 있는 상황	위협을 극복하기 위해 약점을 보완해야 하는 상황

② 각 상황에서의 전략

SO 상황	• 시장의 기회를 활용하기 위해 강점을 적극 활용하는 전략 • 시장기회 선점전략, 시장·제품 다각화 전략
ST 상황	• 시장의 위협을 회피하거나 극복하기 위해 강점을 활용하는 전략 • 시장침투전략, 제품확장전략
WO 상황	• 약점을 극복하거나 제거함으로써 시장의 기회를 활용하는 전략 • 핵심역량 강화전략, 전략적 제휴 등의 전략
WT 상황	• 시장의 위협을 회피하고 약점을 최소화하거나 없애는 전략 • 철수, 핵심역량 개발, 전략적 제휴, 벤치마킹 등의 전략

THEME 11 유통경영의 경쟁전략

▶ Point 1 경영전략의 수준

1. 경영전략(Channel Strategy)

① 비즈니스 환경의 제약하에서 목표달성을 위해 조직이 사용하는 주요 수단, 즉 조직의 목표를 세우고 기업활동의 제약조건이 되는 환경을 분석하고 환경에 대해 조직이 대응해 나가는 과정을 의미

② 경쟁우위 획득 방안을 찾는 경영활동으로서 기업의 경영목표를 정의하고 사명을 확인함으로써 그 목표를 달성하기 위한 광범위한 프로그램 혹은 환경변화에 적응하는 조직의 능동적 반응패턴으로 정의

2. 비즈니스 수준별 경영전략 ★

기업수준전략	경쟁하는 시장과 산업의 범위를 결정하는 가장 상위의 경영전략 예 사업다각화, 수직적 통합, 인수합병(M&A), 해외사업진출 활용, 시장침투전략, 시장개발전략, 제품개발전략 등
사업부전략	기업이 각각의 시장에서 경쟁하는 구체적인 방법 결정, 기업전략의 하위전략 예 원가우위, 차별화, 집중화 전략 활용
기능별 전략(운영)	• 기업전략과 사업전략에 종속된 하위전략 • 생산·마케팅·재무·인사조직·회계·연구개발 등 경영관리의 기능을 결정

3. 경영전략의 수립절차

> 기업의 사명 정의 → 기업의 목표 설정 → 사업 포트폴리오 분석 → 성장전략의 수립 → 전략의 실행

① **기업사명의 정의**: 기업사명(Mission)은 사업영역의 규정, 시장지향성, 실현가능성, 동기부여적인 내용 등을 포함함
② **목표의 설정**
  ㉠ 기업사명은 구체적인 경영목표(Goals)로 전환되어서 목표에 의한 경영이 수행되어야 함
  ㉡ 목표를 설정하기 위해서는 환경분석이 선행되어야 함
  ㉢ 목표는 기업 전체의 목표와 연계하여 구체적(Specific), 측정 가능(Measurable)하며, 계층화(Hierarchy)시켜 설정하여야 함
③ **사업 포트폴리오(Business Portfolio) 분석**: 기업 목표를 설정한 후에는 기존 사업에 대한 평가를 위해 BCG 또는 GE – 맥킨지 매트릭스 등을 통해 사업 포트폴리오 분석을 하여야 하며, 이는 기업이 가진 한정된 자원을 기업의 각 사업부에 어떻게 배분하여 어떤 사업 포트폴리오를 갖는 것이 가장 효율적인가를 결정하는 것에 해당
④ **성장전략의 수립**
  ㉠ 신규사업에 대한 평가를 통해 성장전략을 수립
  ㉡ 신규사업을 통한 기업 성장전략은 집약적 성장, 통합적 성장, 다각화 성장의 3가지 방법을 통해 이루어짐

Point 2 경쟁우위전략과 시장대응전략

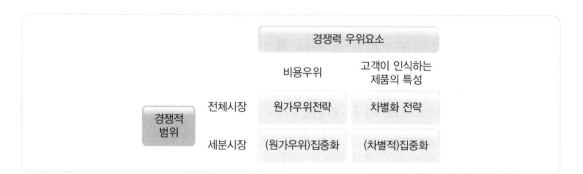

1. 경쟁우위전략

① **원가우위전략**(Cost Leadership Strategy): 동일한 제품을 경쟁자보다 싸게 만들어서 판매하는 방법을 의미

 Tip

> **원가우위 결정요인**: 규모의 경제(Economies of Scale), 학습효과(Study Effect), 생산능력의 이용(Capacity), 사업단위 간 상호 연계성, 수직적 통합(Vertical Integration)의 정도, 시장진입 타이밍, 원가(비용) 또는 차별화에 대한 기업의 방침, 법적·행정적 규제

② **차별화 전략**(Differentiation Strategy): 차별화는 상대적으로 고가이더라도 경쟁자에 비해 차별성 있는 제품을 우수하게 만들고 높은 마진을 통해 목표를 달성하는 프리미엄전략에 해당

③ **집중화 전략**(Focusing Strategy): 집중적 전략은 경쟁영역의 범위가 좁은 경우에 사용할 수 있는 전략. 기업의 자원이 제한되어 있고 경쟁영역의 범위가 좁은 경우, 즉 세분시장을 대상으로 하는 전략에 해당하고 원가우위 집중화, 차별적 집중화 전략이 가능

2. 시장대응전략

경쟁우위전략과 대응되는 시장대응전략에는 제품/시장믹스전략, 제품수명주기전략 및 포트폴리오전략 등이 있음

3. 소매업의 경쟁전략

① 소매점포 믹스전략

　㉠ **입지 선정**: 경쟁우위를 점하기 위한 점포입지 선정이 중요함. 접근가능성, 유동인구, 배후지의 규모와 질, 소득 수준, 경쟁상황 등을 고려해야 함

　㉡ **머천다이징 전략**: 타깃 고객의 욕구에 맞는 마케팅믹스(4P)를 개발·관리하는 과정으로, 점포의 상품구색은 점포 포지션과 일관성을 가지면서 표적시장의 기호 및 선호도를 충족시킬 수 있도록 구성되어야 함

ⓒ 마진율과 회전율 전략: 마진율은 소매점이 상품을 판매해서 얻을 수 있는 이익의 크기이며, 회전율은 일정 기간 동안 재고가 판매되는 횟수로 소매업태와 업종에 적합한 전략을 취해야 함

② 다양성과 전문성 전략

⊙ 다양성과 전문성은 소매상에서 취급하는 제품과 관련된 것으로 제품을 얼마나 취급할 것인지에 대한 결정기준이 되며, MD(Merchandiser)의 상품기획능력에 의해 결정

ⓛ 계열의 다양성과 전문성

ⓐ 상품의 넓이(Width): 점포 내 상품라인의 수(계열 수)

ⓑ 상품의 길이(Length): 제품구색, 해당 제품 내 브랜드의 총 수

ⓒ 상품의 깊이(Depth): 각 브랜드의 평균 재고보유 단위

THEME 12 시장대응전략 – 사업 포트폴리오(Portfolio) 전략

▶ Point 1 BCG 매트릭스: 성장–점유율 매트릭스

1. BCG 매트릭스기법(제품 포트폴리오 전략)

① 제품 포트폴리오 전략(PPM; Product Portfolio Management)

⊙ 각 전략적 사업단위(SBU; Strategic Business Unit)가 속해 있는 시장성장률과 각 사업단위가 시장 내에서 차지하는 상대적 시장점유율을 기준으로 사업 포트폴리오를 평가하는 기법

ⓛ 보스턴 컨설팅 그룹(BCG)에 의해 개발되어 BCG 기법이라 함

ⓒ 기업의 진행 사업을 전략적 사업단위(SBU)로 파악하여 어느 사업을 성장시킬 것인지 또는 포기할 것인지를 전략적으로 결정할 때 활용

② BCG 기법의 가정

⊙ BCG 기법(PPM 격자)은 시장성장률과 상대적인 시장점유율은 기업의 현금흐름(Cash Flow)과 깊은 관계가 있다고 가정

ⓛ 시장성장률이 높으면 시설 및 운전자본에 대한 투자가 많이 필요하므로 현금유출이 증가하고, 상대적인 시장점유율이 높으면 수익성이 높아지므로 현금유입이 증가함을 가정

③ 단계별 전략 ★

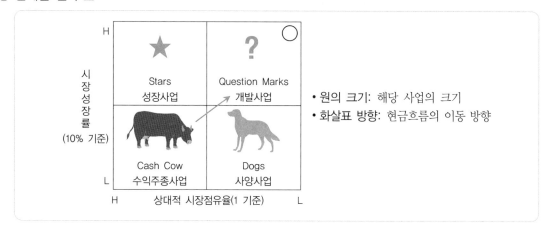

- **원의 크기**: 해당 사업의 크기
- **화살표 방향**: 현금흐름의 이동 방향

㉠ Question Mark: 제품의 수명주기상 **도입기**에 해당하는 단계. 상대적 시장점유율이 낮으나 성장률은 높아 시장점유율 유지와 확대를 위하여 많은 자금 투자를 요함. 적기에 투자를 성공적으로 하면 성장사업으로 진행되나, 반대의 경우에는 사양사업(Dog)으로 진행될 수 있음

㉡ Star: 수명주기상 **성장기**에 해당하며 시장성장률과 상대적 시장점유율이 모두 높은 사업단계. 수익률과 성장률이 높아 **경쟁이 치열**하여 현금흐름 상황은 중립적인 단계에 해당

㉢ Cash Cow: 시장성장률은 낮으나 상대적 시장점유율은 높은 사업부문으로 기업의 자금줄 역할 담당함. 수명주기상 **성숙기**에 해당하며, 시장점유율이 크기 때문에 판매량이 많아 많은 이익을 갖다 줄 수 있어 Question Mark에 현금흐름을 공급해 줄 수 있음

㉣ Dog(개): 상대적 시장점유율과 시장성장률이 낮기 때문에 수익성이 낮고 자금의 유출도 적음. 수명주기상 **쇠퇴기**에 해당하며, 장래성이 없는 사업으로서 남아 있는 부분은 최대한 회수(Harvest)하고 매각·처분·퇴출 등의 조치

2. BCG 매트릭스에 대한 평가

① BCG는 바람직한 사업의 이동 방향으로 '물음표 → 별 → 현금젖소'의 방향을 제시

② Cash Flow는 '젖소 → 물음표 → 별'의 순으로 이동하며, 사업부전략은 현금젖소에서 발생하는 잉여자금으로 성장가능성이 있는 문제아와 초기 Star(별) 단계의 사업부를 지원하여 이를 Star로 육성하는 것이라고 함

③ 한계: BCG 기법은 지나친 단순화와 재무적인 현금흐름에 의한 평가만을 강조하고 있는 점 등이 문제점으로 지적

▶▶ Point 2　　GE-Mckinsey 매트릭스

1. 모형의 의의

GE-Mckinsey 매트릭스는 BCG 매트릭스에 사용된 시장성장률과 상대적 시장점유율 이외의 다양한 변수들을 사용해 사업단위의 해당 시장에서의 기회와 경쟁력을 평가함으로써, 성장-점유율 모형이 갖고 있는 한계점을 극복하기 위해 고안되었음. 산업의 매력도와 사업의 강점이라는 두 차원들로 구성되어 있으며 BCG 모형보다 전략적 측면에서 유용성을 가지고 있다는 평가를 받음

2. GE-Mckinsey 매트릭스의 주요 변수

산업매력도의 주요 변수	시장의 크기, 시장성장률, 수익률, 경쟁 정도, 요구되는 기술 수준, 인플레이션 취약성과 시장에 대한 기술적, 사회적, 법적 영향 등
사업강점(경쟁력)의 주요 변수	시장점유율, 점유율의 성장률, 제품품질, 브랜드 평판, 유통망, 촉진 효과성, 생산능력, 생산성, 단위당 비용, 원자재공급의 확보 등

> 📋 **Tip**
>
> **중간상 포트폴리오 분석**
> 1. **개념**: 중간상의 특정 제품군에서의 **매출성장률**과 그 제품군에 대한 중간상 매출액 중 **자사제품의 시장점유율**이라는 두 개의 차원상에서 거래 중간상들의 상대적 위치를 토대로 각 중간상에 대한 투자전략을 결정하는 기법이다.
> 2. **중간상 포트폴리오의 전략**
>   • **공격적 투자전략**: 특정 제품군에 급속한 매출성장을 보이지만 자사제품의 점유비율이 낮은 중간상
>   • **방어전략**: 특정 제품군에 대한 점포매출액이 급성장하고 자사제품의 점유율이 높은 중간상
>   • 전략적 철수
>   • 포기 전략

THEME 13　다각화 전략과 아웃소싱전략

▶▶ Point 1　　I. Ansoff의 제품 – 시장확장그리드 전략

1. 성장전략(신사업전략)의 개발

① 다각화 성장(Diversification Growth)

　㉠ **개념**: 기업이 속한 산업 밖에서 기회를 발견하고자 하는 전략으로, 기업이 속한 산업이 성장기회를 제공하지 못하는 경우나 산업 외부의 기회가 우수한 경우에 유용

　㉡ **형태**

　　ⓐ **집중적 다각화**: 현재의 제품계열에 기술이나 마케팅에서 시너지를 갖고 있는 신제품을 추가해서 고객에게 호소하는 성장전략

ⓑ **수평적 다각화**: 현재의 제품계열과 관련이 없는 신제품으로 현재의 고객에게 호소하는 성장 전략

ⓒ **복합적 다각화**: 현재의 기술, 시장, 제품과 관련이 없는 신제품을 추가해서 새로운 고객에게 호소하는 성장전략(비관련 다각화)

ⓒ **기업다각화의 목적**

ⓐ 시너지효과 창출, 범위의 경제 실현(관련 사업)

ⓑ 기업 성장의 추구 및 새로운 기회 포착

ⓒ **위험의 분산 목적**: 경기상황 및 사업 수명주기의 변화에 따른 위험을 분산

ⓓ **시장지배력의 확보**: 규모의 경제 또는 범위의 경제 실현에 따른 시장지배력 강화

② **성장전략(신사업전략)의 개발**

통합적 성장 (Integrative Growth)	집약적 성장 (Intensive Growth)	다각화 성장 (Diversification Growth)
후방통합	시장침투	집중적 다각화
전방통합	시장개발	수평적 다각화
수평적 통합	제품개발	복합적 다각화

📑 Tip

통합적 성장(Integrative Growth)
1. **개념**: 관련 산업 내 사업부 간 통합기회를 확인하려는 전략으로, 기업이 속한 산업의 성장전망이 좋을 때나 기업이 산업 내에서 전방·후방 또는 수평적으로 이동함으로써 얻는 것이 많을 경우에 유용
2. **통합적 성장의 형태**
   • **후방통합**: 마케팅 경로상의 공급시스템에 대한 소유나 통제를 강화하는 것
   • **전방통합**: 마케팅 경로상의 유통시스템에 대한 소유나 통제를 강화하는 것
   • **수직적 통합**: 전방통합과 후방통합을 합쳐서 수직적 통합이라 함
   • **수평적 통합**: 동일 마케팅 경로상의 일부경쟁자에 대한 소유나 통제를 강화

2. 앤소프(I. Ansoff)의 제품 – 시장확장그리드

전략적 관리의 대가인 Igor Ansoff 교수가 하버드 비즈니스리뷰에 발표한 기업의 성장에 관한 4가지 방법을 소개한 내용으로, 기업의 제품과 시장의 복합적인 경쟁상황을 바탕으로 기업이 진출하고자 하는 사업에의 접근방향과 미래를 예측하기 위한 마케팅 도구로서 유용한 기법이라 할 수 있음

	기존제품(기존업태)	신제품(신업태)
기존시장	시장침투	제품개발(업태개발)
신시장	시장개발	다각화

① **시장침투전략**: 기존시장에서 현재 제품의 시장점유율을 증가시키는 전략으로, 기존고객의 구매를 증가시키고 경쟁기업의 고객을 유인하며, 미사용 고객층을 설득하는 방법을 사용

② **시장개발전략**: 기존제품으로 충족시킬 수 있는 욕구를 가진 새로운 시장을 개발하는 전략으로, 새로운 판매지역의 탐색과 잠재소비자집단 발견이 중요

③ **제품개발(또는 업태개발)전략**: 기존제품을 대체할 신제품의 개발가능성을 고려

④ **다각화 전략**: 기업이 속한 산업 밖에서 기회를 발견하고자 하는 전략으로, 기업이 속한 산업이 성장기회를 제공하지 못하는 경우나 산업 외부의 기회가 우수한 경우에 유용

> **Point 2** 아웃소싱전략

1. 아웃소싱의 개념 및 효과

한 기업이 자사가 수행하는 다양한 경영활동 중 핵심역량을 지닌 분야에 기업의 인적·물적 자원을 집중시키고, 이외의 분야는 기획에서부터 운영까지 일체를 해당 분야의 전문업체에 위탁함으로써 기업의 경쟁력을 높이려는 전략

① 아웃소싱을 운영하는 경우 기업은 주력사업에 집중할 수 있음

② 관련 시설, 장비 등에 대한 중복 투자로 인한 리스크 회피가 가능

③ 기업의 경쟁우위 확보 및 사회적 비용의 절감과 국가경쟁력 강화에 기여할 수 있음

2. 아웃소싱의 장·단점 ★

장점	• 상호 간 제휴를 통한 상호 Win-Win 효과 • 비용절감 및 핵심역량에 대한 집중 가능 • 인력 채용 및 노동조합의 문제해결 가능
단점	• 근로자의 고용 불안 및 근로조건 악화 우려 • 이직률 상승 및 서비스의 질적 저하 • 소속감 결여 및 충성도 하락

3. 아웃소싱의 발전단계

아웃소싱(Outsourcing)은 '비용절감형 단계 → 네트워크형 단계 → 핵심역량 자체의 아웃소싱 단계'로 발전해 옴

① **비용절감형 아웃소싱**: 하청·용역과 유사한 개념에 해당

② **네트워크형 아웃소싱**: 유통경로 전체의 공급사슬관리(SCM)를 효율적으로 지원하기 위한 것으로, 전문업체와의 전략적 제휴를 통한 기업역량 강화전략에 해당

③ **핵심역량 자체의 아웃소싱**: 현재 ICT 첨단 분야에서 주로 활용되고 있는 아웃소싱 전략

4. 아웃소싱과 3PL의 비교

구분	아웃소싱	3PL(제3자 물류)
운영기간	단기	장기
관계적 특징	일시적 관계	협력적 관계(파트너)
결정권자	중간관리자	최고경영자
관리 형태	분산관리	통합관리
서비스 범위	기능별 서비스	종합물류서비스

THEME 14 해외진출전략과 경영혁신전략

▶ Point 1 해외진출전략

1. 수출(Export)

가장 기본적인 해외시장 진출방법으로 단기적인 일회성 거래의 형태이며, 위험성(Risk)이 낮은 글로벌 진출방식에 해당

유형	개념	장점	단점
간접수출	• 국내외의 전문 무역업체나 해외 바이어를 통한 수출	• 전문 무역업체의 경험, 지식 활용 • 인력과 자본 부담 경감	• 경험축적 기회 상실 • 해외시장 정보습득 기회 제한 • 통제력 약화
직접수출	• 자체 수출 부서(계열 무역회사)를 통한 수출 • 판매대리인을 통한 수출	• 글로벌 경험 및 지식축적 • 유리한 계약조건 가능 • 통제력 강화	• 자금 및 인력 부담 • 시장정보 수집 및 적극적 마케팅 노력 필요

2. 계약(Contract)에 의한 해외진출전략

① 라이선싱(Licensing): 라이선싱은 공여기업이 자사의 제조공정, 등록상표, 특허권 등을 수여기업에게 제공하고 로열티 혹은 수수료를 받는 형태로, **공여기업**은 낮은 위험부담으로 해외시장에 진출할 수 있다는 장점이 있으며, 반면 라이선스 **수여기업**은 생산의 전문성 혹은 브랜드를 자체 개발 없이 사용할 수 있다는 이점이 발생

② 프랜차이즈(Franchise): 본사가 상호, 상표, 기술 등의 사용권을 가맹점(Franchisee)에게 허락해주고 조직, 마케팅 및 운영과 관련한 지원을 지속적으로 제공하는 해외진출 시스템

③ 계약생산(위탁제조방식): 라이선싱과 해외직접투자의 중간적인 성격을 지닌 계약. 제품에 주문자의 상표를 붙이되, 생산은 제3국에서 다른 기업에 의해 이루어지는 주문자 상표부착방식(OEM)이 대표적

유통·물류일반관리 제1과목 / 제2권 상과목분석 / 제3과목 유통마케팅 / 제4과목 유통정보보

④ 턴키 방식(Turnkey Operation): 해외에 시설물이나 프로젝트, 산업시스템을 수입하는 현지에서 정상적으로 가동하여 사용할 수 있도록 관련된 설비, 노동력, 기술 등을 총체적으로 수출하는 방식

3. 합작투자(Joint Venture)

2개 이상의 회사들이 공동으로 소유하는 회사를 설립하는 것으로, 파트너가 지닌 경쟁환경, 문화, 언어, 비즈니스환경에 대한 지식을 얻을 수 있고 위험부담을 나눌 수 있다는 장점이 있음

4. 해외직접투자

투자자의 해외 통제권 강도가 가장 큰 형태의 해외시장 진출방식. 많은 자금과 인력이 투입되고, 투자를 통한 사업 성공 여부에 따른 리스크가 큼. 브라운필드, 그린필드 방식이 있음

▶▶ Point 2   지역경제통합의 유형

1. 경제통합의 개요

경제통합은 통합의 정도에 따라 '자유무역협정 → 관세동맹 → 공동시장 → 경제동맹 → 완전경제통합'의 5개 유형으로 구분

2. 경제통합의 유형

① 자유무역협정(FTA): 회원국 간에는 관세 및 무역장벽을 철폐하고, 비회원국에 대해서는 각국이 독자적인 관세 및 비관세장벽을 유지하는 형태
② 관세동맹: 자유무역협정에서 더 나아가 비회원국에 대해서도 공동의 관세정책을 시행
③ 공동시장: 관세동맹에 회원국 사이에서 생산요소(노동·자본)의 이동이 자유롭다는 점이 추가되는 형태
④ 경제동맹: 생산요소의 자유로운 이동뿐만 아니라 회원국 간 재정·금융 등의 정책에 유기적인 협조와 조정을 추구
⑤ 완전경제통합: 회원국 간의 경제정책을 통일하자는 것으로 EU가 이에 해당

▶▶ Point 3   경영전략의 통제수단

1. 균형성과표(BSC; Balanced Score Card) ★

① 의의
㉠ 캐플란과 노튼에 의해 제시된 조직의 목표와 전략을 효율적으로 실행 및 관리하기 위한 경영관리기법

ⓛ 기존 회계나 재무적 관점으로만 경영성과를 평가하는 계량적 성과평가 방식을 탈피하여 재무, 고객, 내부 프로세스 및 학습·성장 등의 네 가지 관점에서 정성적인 부분, 미래지향적 부분, 외부적 관점에서도 성과평가를 진행하는 경영기법에 해당

② 특징: 비재무적 성과까지 고려하고 성과를 만들어 낸 동인을 찾아내 관리하는 것이 특징

재무적 관점 (Financial)	고객 관점 (Customer)	재무적 관점	• 총자산수익률 • 기업의 CF
		고객 관점	• 고객만족도 • 시장점유율(M/S)
업무 프로세스 관점 (Business Process)	학습과 성장 관점 (Learning & Growth)	업무 프로세스 관점	• 성과달성 프로세스 • Value Chain 점검
		학습과 성장 관점	• 비재무적 성과측정 • 종업원 만족도

비전 전략

Point 4 경영혁신전략 ★

고객관계관리 (CRM)	• 기업이 고객과 관련된 Data를 분석해 고객생애가치를 극대화하고 이를 토대로 고객의 특성에 맞는 1 : 1 마케팅 활동을 계획·지원·평가하는 과정 • 신규고객의 창출보다는 기존고객의 관리에 초점
벤치마킹 (Benchmarking)	• 경쟁우위를 쟁취하기 위해서 선도적 기업들의 기술 혹은 프로세스를 지속적으로 측정, 비교함으로써 얻어진 유용한 정보를 자사의 업무개선 수행에 반영하는 것
리엔지니어링 (Reengineering)	• 기업의 비용·품질·서비스·속도와 같은 핵심적 분야에서 극적인 향상을 이루기 위해 기존의 업무수행 방식을 원점에서 재검토하여 업무처리절차를 근본적으로 재설계하는 것으로, BPR이라고 함
리스트럭처링 (Restructuring)	• 조직의 효율성을 높이고 성과를 개선하기 위하여 조직의 규모나 사업구조 운용내용을 바꾸는 것을 말함
경제적 부가가치 (EVA)	• EVA는 기업 전체와 사업부의 성과측정방식으로, 세후영업이익에서 그 이익을 발생시키기 위해 사용된 자금을 형성하는 데 들어간 비용(총자본비용)을 뺀 값을 의미
전사적 자원관리 (ERP)	• 기업이 구매, 생산, 물류, 판매, 인사, 회계 등 별도의 시스템으로 운영되던 것을 하나의 통합적인 시스템으로 구축하여 경영자원을 효율적으로 관리하는 것 • 기업 전반의 업무 프로세스를 통합적으로 관리, 경영상태를 실시간으로 파악하고 정보를 공유하게 함으로써 빠르고 투명한 업무처리의 실현을 목적으로 함
전략적 제휴 (Strategic Alliance)	• 각자의 독립성을 유지하면서 특정 분야에 한해서 상호 보완적이고 지속적인 협력적 제휴를 맺음으로써 둘 이상의 기업이 약점을 보완하고 경쟁우위를 강화

제약이론 (TOC)	• 기업이익의 극대화와 자원의 효율적 사용 간 장애가 되는 제약(Constraint), 즉 **병목 공정**을 어떻게 관리할 것인가를 제시한 전략으로, 최근 물류의 핵심 엔진이론으로 각광받고 있음
전략적 지연	• 다양한 제품들에 대한 수요변화에 대응할 수 있도록 제품 구조, 제조 및 공급사슬 프로세스를 적절히 설계하여 제품의 완성시점을 연기하여 유연성을 높이려는 전략을 말하며 시간지연, 장소지연, 형태지연 등의 유형이 있음

Tip

전략적 제휴(Strategic Alliance): 특별한 관계를 갖고 있지 않았던 기업들이 각자의 독립성을 유지하면서 특정 분야에 한해서 상호 보완적이고 지속적인 협력관계를 위한 제휴를 맺음으로써 둘 또는 그 이상의 기업들이 각각의 약점을 서로 보완하고 경쟁우위를 강화하고자 하는 방법으로 다음의 형태를 지님
- **비지분 제휴**(계약): 라이선싱, 조달 및 유통협정
- **조인트벤처**(지분 소유): 독립적 기업이 설립됨

Chapter

03 유통경영관리

▶▶ Point 1 유통경영관리의 개요

1. 유통경영관리

유통경영관리란 경영에서 업무 수행을 효과적으로 행하고 경영조직을 체계적으로 운영하기 위해 '계획화 → 조직화 → 지휘 → 통제'하는 일련의 모든 과정을 말함. 제2장 유통경영전략에서는 계획화에 대해 학습하였고, 제3장에서는 조직화와 지휘활동에 대해 학습함

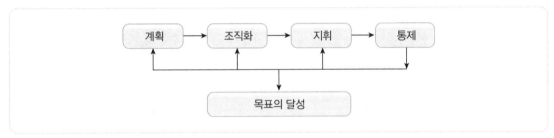

① **계획화(Planning)**: 유통기업의 사명과 목표를 달성하고 기업의 경쟁우위를 확보하기 위해 필요한 활동들을 거시적으로 개관하는(Overview) 활동
② **조직화(Organizing)**: 조직의 목표를 효과적으로 달성하기 위해 수행해야 할 직무 내용과 인적자원 간의 상호관계를 설정하는 경영활동
③ **지휘(Directing)**: 기업구성원들을 계획에 따라 적극적으로 직무를 수행할 수 있도록 동기부여하고 리더십을 발휘하는 경영활동
④ **통제(Control)**: 최종적으로 전략수행의 성과를 측정하고 바람직한 결과를 달성하게 하는 활동

2. 조직의 변천과정

① **생산성 강조 시대**: Taylor의 과학적 관리론(생산성 향상을 위한 차별적 성과급제)과 Fordism(경영의 목적은 사회에 대한 봉사), Fayol의 경영관리론(계획, 조직, 지휘, 조정, 통제)
② **인간성 중시 시대**: Mayo의 호손실험(인간관계의 중요성 인식, 비공식집단 중요성 강조)
③ **행동과학**(생산성, 인간성 동시추구): 조직에서 인간행위에 영향을 미칠 수 있는 다양한 요소 관심

3. 조직문화

① 개념

    ㉠ 조직문화란 한 조직의 구성원들이 공유하는 가치관, 신념, 이념, 지식 등을 포함하는 종합적인 개념에 해당

    ㉡ 특정 조직구성원들의 사고판단과 행동의 기본전제로 작용하는 비가시적인 지식적, 정서적, 가치적 요소

    ㉢ 조직구성원들이 공통적으로 생각하는 방법, 느끼는 방향, 공통의 행동 패턴의 체계

    ㉣ 조직 외부 자극에 대한 조직 전체의 반응과 임직원의 가치의식 및 행동을 결정하는 요인을 포함

② 학자별 이론

    ㉠ **로버트 퀸(Robert Quinn)의 경쟁가치모형**: 조직문화의 연구에서 모순적이고 배타적인 다양한 조직문화의 가치요소들을 포괄적으로 분석할 수 있는 모형으로 공동체형 조직문화(관계형), 혁신지향적 조직문화, 위계형 조직문화, 시장지향형 조직문화로 구분

    ㉡ **샤인(Schein)의 모형**: 조직문화에 대한 조직구성원의 일반적인 인식 수준에 대한 구성요소(가공물과 창조물/가치관/기본전제)와 이들 간의 상호작용에 의한 조직문화를 설명하였음. 이 중 인지가치와 행위가치로 구분할 수 있는 가치관이 인식적 수준에 가장 부합한다고 함

4. 조직의 원리

① 조직구조의 기본변수

    ㉠ **복잡성(Complexity)**: 조직 내 분화의 정도로 수직적·수평적·지역적 분화를 뜻함

    ㉡ **집권화(Centralization)와 분권화(Decentralization)**

        ⓐ 조직의 의사결정권이 어디에 존재하느냐에 관한 것으로 권한의 분산 정도를 의미함

        ⓑ 업무 특성이 정적이고 유동성의 정도가 낮은 경우 집권화가 유리하며, 반대로 업무 특성이 동적이고(Dynamic) 유동성이 큰 경우 분권화 조직이 적합

    ㉢ **공식화(Formalization)**: 조직 내에서 누가, 어떤 업무를, 언제, 어떻게 수행할 것인가와 같이 표준화되어 있는 정도를 말함

② 조직의 원리

    ㉠ 조직의 원리는 조직을 합리적으로 구성하고, 그것을 능률적으로 운영하는 데 필요한 원리를 의미함

    ㉡ 조직의 원리에는 전문화/분업화의 원리, 조정의 원리, 통제범위의 원리, 계층제의 원리, 명령통일의 원리, 조직목표 우선의 원리 등이 있음

📋 **Tip**

> **조정의 원칙(Principle of Coordination)**: 조직의 공통목적을 달성하기 위하여 각 부문이나 각 구성원의 충돌을 해소하고 조직의 제 활동의 내적 균형을 꾀하며, 조직의 느슨(Slack)함을 조절하려는 원칙

Point 2 목표에 의한 관리(MBO)

1. MBO의 개념

MBO(Management by Objectives)는 드러커 & 맥그리거가 주장, 측정 가능한 비교적 단기 목표 설정 과정에 상급자와 하급자가 협의를 통하여 목표를 설정하고 설정된 목표달성을 위해 주기적으로 평가하는 관리기법

2. 구성요소

목표의 설정	측정 가능하고 비교적 단기적인 목표를 설정하는 것(결과지향적)
참여	하급자를 목표 설정에 참여시키는 것
피드백	상급자와 하급자 사이의 주기적인 상호작용이 있어야 함

3. MBO 설정의 SMART 원칙

- S(Specific): 목표는 세밀하고 구체적이어야 함
- M(Measurable): 목표는 측정 가능해야 함
- A(Achievable): 목표는 달성 가능한 정도여야 함
- R(Results-oriented): 목표는 결과지향적이어야 함(과정지향 ×)
- T(Time-bounded): 평가기간 내에 달성 가능한 정도여야 함

4. MBO의 특징 및 한계

특징	한계점
• 목표 설정과 관리 과정을 동시에 강조 • 종업원의 동기부여에 큰 효과가 있음 • 조직은 구성원과 능동적으로 상호작용 • 의사소통이 원활해짐 • 목표의 질보다 양을 중요시	• 단기적 목표를 강조하는 경향이 있음 • 모든 구성원의 참여가 현실적으로 쉽지 않음 • 부문 간에 과다경쟁이 일어날 수 있음 • 신축성 또는 유연성이 결여되기 쉬움 • 계량화할 수 없는 성과가 무시될 수 있음

5. MBO의 성공요건

① 최고경영자의 MBO 실시에 대한 지지와 솔선수범이 필요

② MBO를 수용하기 위한 조직구조의 구축과 절차가 마련되어야 함

③ MBO와 기업 내 관리기능(예산, 훈련, 보수관리, 인사평정 등)과의 상호 통합이 요구

④ 조직 내에 원활한 의사전달과 피드백의 과정이 형성되어 있어야 함

⑤ MBO가 효용을 발휘하려면 기업의 안정성이 담보되어야 함

Point 3 유통조직의 형태 ★

1. 전통적인 조직구조

① **라인조직**: 조직의 목표달성을 위하여 상급자의 명령체계가 수직적으로 하급자에게 전달되는 조직 형태로 군대식 조직(하향식 의사결정)에 가까움

② **라인-스태프조직**(= 직계·참모식 조직)

  ㉠ 조직에서 주된 역할을 수행하는 라인과 라인을 지원하고 최고경영자를 보좌하는 스태프를 결합한 조직

  ㉡ 라인조직의 '명령일원화의 원칙'에 전문적 지식을 지닌 스태프의 지원을 결합한 조직형태

  ㉢ 명령체계와 조언, 권고적 참여가 혼동되기 쉽고, 집행 부문의 종업원과 스태프(Staff) 부문의 직원 간에 불화를 가져올 우려가 있음

③ **기능식 조직**(직능별 조직)

  ㉠ 전체 조직을 인사·생산·재무·회계·마케팅 등의 공통된 경영기능 중심으로 부문화한 형태. 인사·생산·재무·회계·마케팅 등 각 기능별로 성과를 비교·측정할 수 있으며, 이는 기능식 조직의 장점에 해당

  ㉡ 기업환경이 안정적인 경우 효율성이 높지만, 다른 기능과의 협업 또는 의사소통이 원활하지 않을 수 있음

  ㉢ 최고경영자에게 과다하게 업무가 집중되는 경향

  ㉢ 명령통일이 곤란하여 관리가 어렵고 책임소재가 불명확

2. 현대적인 조직구조

① 사업부제 조직(Divisional Organization)

개념	• 제품별·시장별·지역별로 사업부를 분화하여, 각 사업부별로 독립 경영을 하도록 하는 조직구조
특징	• 기업 전체의 전략적 결정과 관리적 결정기능을 분화시켜 각 사업부에 전략적 결정 부분을 분권화시킴 → 최고경영층은 일상적인 업무결정에서 해방되어 기업 전체의 전략적 결정에 몰두 가능 • 의사결정에 대한 책임이 일원화되고 명확해짐 • 사업부는 하나의 이익 단위로 독립성을 갖고, 독자적인 책임을 갖게 됨
문제점	• 각 사업부가 독자적인 경영활동을 수행하므로 전체적으로 손해를 미치는 부문은 이기주의적 경향을 나타냄 • 사업부문 상호 간 조정이나 기업 전체로서의 통일적인 활동이 어려움 • 자원의 중복투자로 인한 자원이용의 효율성이 저하됨

② 프로젝트 조직(Project Organization)

개념	• 기업환경의 동태적 변화, 기술혁신의 급격한 진행에 따라 구체적인 특정 프로젝트(Project)별로 형성된 조직형태
특징	• 특정 과업 수행을 위해 여러 부서에서 파견된 사람들로 구성되어 과업해결 시까지만 존재하는 임시적·탄력적 조직, 기동성과 환경적응성이 높은 조직 • 전문가들 간의 집단문제 해결방식(수평적 의사결정)을 통한 임무 수행, 목표지향적인 특징을 지님

③ 행렬조직(Matrix Organization)

개념	• 급변하는 환경변화에 대처하기 위해 시도된 조직으로, 전통적인 **기능식 조직**과 **프로젝트 조직**(또는 사업부조직)의 장점, 즉 전문성과 제품혁신과 같은 목표를 동시에 달성하고자 하는 의도에서 발생
특징	• 인적자원을 기업상황에 맞게 공유하거나 활용할 수 있음 • 매트릭스 조직에서 작업자는 **이중 명령체계**로 인해 **역할갈등** 발생 • 고도로 복잡한 임무를 수행하는 우주산업·기술개발사업·건설 등 대규모 사업 사용 • 프로젝트 조직과는 달리 영구적인 조직에 해당

④ 네트워크 조직(가상조직)

개념	• 자사가 지닌 핵심역량의 강화에 주력하고, 비핵심역량은 네트워크상의 다른 기업들과 전략적 제휴 또는 아웃소싱을 통해 유지되는 모듈식 기업조직
등장배경	• 경쟁의 심화에 따른 전략적 제휴의 필요성(비용절감) • 정보통신 및 IT 기술의 비약적인 발전 • 수평적이고 신축적인 운영방식의 중요성 인식 • 효율적인 생산·운영방식의 등장

THEME 16 유통조직 갈등

Point 1 유통조직의 갈등관리

1. 조직의 갈등관리

① **갈등의 개념**: 조직갈등이란 구성원 간 심리적 대립상태 및 이의 행동적 표출을 의미하며, 잠재적 갈등에서 표출된 갈등으로 커짐

  ㉠ **잠재적 갈등**: 구성원 간의 갈등 발생 환경은 조성되어 있으나 아직 드러나지 않은 상태

  ㉡ **지각된 갈등**: 상대방에 대해 적대감이나 긴장감을 지각하는 상태

  ㉢ **감정적 갈등**: 상대방에 대해 적대감이나 긴장을 감정적으로 느끼는 것

  ㉣ **표출된 갈등**: 상대방의 목표달성을 방해할 정도의 심각한 갈등 상황

② **갈등의 원인**: 조직에 있어 갈등은 필연적, 이는 외부적으로 부정적 기능이 강하지만 내부적으로는 구성원 간 의사소통 기회를 늘림으로써 정보교환을 활발하게 하고, 갈등해결의 공식창구와 표준절차를 마련하는 등 순기능도 크기 때문에 경영자는 갈등을 **적정한 수준으로 관리**하는 것이 중요함

  ㉠ **목표의 불일치**: 경로구성원들 사이의 목표가 서로 다르고 이들 목표는 동시에 달성할 수 없을 때 발생하는 갈등

  ㉡ **역할·영역의 불일치**: 경로구성원 간 각자의 역할과 영역이 합의되지 않아 제품, 시장, 기능 3가지 영역 면에서 생기는 불일치를 의미

  ㉢ **지각의 불일치**: 동일한 상황이나 실체에 대하여 구성원 간 서로 다르게 지각하여 발생

  ㉣ **경영이념 및 힘의 불균형**: 상호 의존성이 커질수록 서로의 목표달성이 방해될 가능성이 커지고 거래당사자 사이의 불균형이 발생

③ **조직 내 갈등의 해소 방안**

  ㉠ **리더의 힘에 의한 갈등 해소**: 합법력, 강권력(강압성), 보상력, 준거력, 전문력을 이용

  ㉡ 상호 공동의 목표 설정

  ㉢ 협의회 등 의사결정기구 설립

  ㉣ **중재자에 의한 분쟁해결**: 컨설턴트, 전문가, 소속협회

  ㉤ 지속적인 교육을 통한 갈등 발생의 예방

④ **토마스 & 킬만의 갈등관리 방안** ★: 토마스(Kenneth W. Thomas)와 킬만(Ralph H. Kilmann)은 갈등 상황에 처했을 때 대처하는 방식을 크게 회피형, 순응형, 경쟁형, 타협형, 협력형의 5가지 유형으로 구분

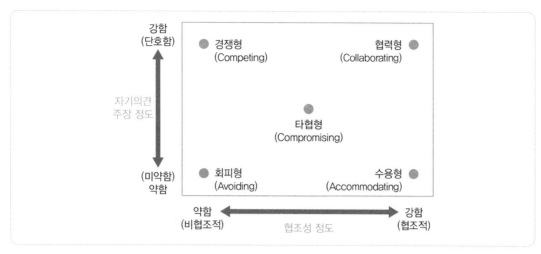

ⓐ 경쟁: 공식적 지위를 사용해 복종을 유도하며, 자신에 대한 관심이 높아 자기중심적인 행동을 선호하는 경우

ⓑ 순응(수용): 상대방의 관심 부분을 충족시키기 위해 자신의 관심 부분을 양보·포기

ⓒ 타협: 갈등을 해결하기 위해 양 당사자가 최초의 주장을 어느 정도 양보하는 협조적 문제해결 방법

ⓓ 협력: 당사자는 문제해결 과정에 공동으로 참여하며 협조하려는 의도와 조직 전체의 복리를 증진하는 데 기여하겠다는 상호 이해가 필요

ⓔ 회피: 갈등을 취급하기 위해 흔히 회피(무관심)를 이용. 회피는 잠재적 갈등이 실제 해결될 수 없거나 그것을 해결하기 위해서 시간과 자원을 소비할 만큼 중요하지 않을 경우에 유용

2. 수직적 갈등과 수평적 갈등 ★

① 수직적 갈등: 경로갈등에서 유통경로(단계)상의 전·후방에 위치한 기업들 간의 갈등을 수직적 갈등이라고 함(다른 레벨에 있는 구성원 간에 발생하는 갈등)
   예 유통업자와 제조업자와의 관계(NB제품과 PB제품과의 관계)

② 수평적 갈등: 같은 수준의 유통경로상에 있는 구성원 간에 발생하는 갈등
   예 대형마트와 재래시장 간의 경쟁관계

③ 복수경로갈등: 제조업자가 두 개의 다른 경로를 이용하는 경우 발생하는 경우의 경로갈등

THEME 17 동기부여(Motivation)이론

▶ Point 1 동기부여 내용이론 ☆

1. 동기부여이론의 구분

동기부여이론	현대적 동기부여이론	내용이론	매슬로우의 욕구단계이론
			알더퍼의 ERG이론
			맥클리랜드의 성취동기이론
			허츠버그의 2요인이론
		과정이론	브룸의 기대이론
			아담스의 공정성이론
			포터 & 로울러의 기대이론
			로크의 목표설정이론

2. 동기부여 내용이론

① Maslow의 욕구단계이론

    ㉠ **'생리적 욕구 → 안전욕구 → 사회적 욕구**(소속감) **→ 존경욕구 → 자아실현욕구' 단계별 발생**

    ㉡ 2가지 이상의 욕구를 동시에 작용할 수 없고, 상위욕구가 동기유발되려면 하위욕구가 반드시
      충족되어야 함

    ㉢ 매슬로우의 이론은 하위욕구가 충족되어야만 상위욕구를 추구하는 **'만족 – 진행모형'**임

② Alderfer의 ERG이론

    ㉠ 매슬로우의 욕구단계이론이 지닌 한계를 수정하여 현실적인 대안을 제시한 이론

    ㉡ 알더퍼의 3가지 욕구(ERG)

존재욕구 (Existence)	매슬로우의 생리적 욕구와 일부의 안전욕구에 해당하는 것으로 경제적 보상과 안전한 작업조건 등에 대한 욕구
관계욕구 (Relatedness)	매슬로우의 소속욕구와 일부의 존경욕구에 해당되는 것으로 개인 간의 사교, 소속감 및 자존심 등을 나타냄
성장욕구 (Growth)	매슬로우의 자아실현욕구와 일부의 존경욕구에 해당되는 것으로 개인의 능력개발, 창의성 및 성취감 등을 의미

    ㉢ ERG이론은 저차원의 욕구가 충족되면 다음 단계의 욕구로 이행하는 '만족–진행'뿐만 아니라
      좌절되면 퇴행하기도 한다는 **'좌절–퇴행'** 과정을 강조

    ㉣ ERG이론은 2가지 이상의 욕구가 동시에 유발될 수 있다는 점을 강조, 즉 하위욕구가 반드시
      충족되어야 상위욕구를 추구하는 것은 아니라는 것을 의미

제1과목 유통·물류일반관리

제2과목 상권분석

제3과목 유통마케팅

제4과목 유통정보

③ Herzberg의 2요인이론

　　㉠ 허츠버그는 인간에게는 상호 독립적인 두 종류의 욕구범주가 존재하고, 이들이 인간의 행동에 각기 다른 방법으로 영향을 미친다고 주장

　　㉡ 동기요인과 위생요인 구분: 직무불만족과 관련한 요인을 **위생요인**, 직무만족을 유발시키는 요인을 **동기요인**으로 구분

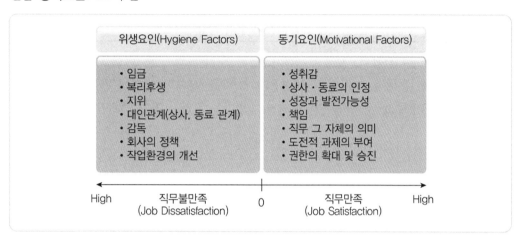

위생요인(Hygiene Factors)	동기요인(Motivational Factors)
• 임금 • 복리후생 • 지위 • 대인관계(상사, 동료 관계) • 감독 • 회사의 정책 • 작업환경의 개선	• 성취감 • 상사·동료의 인정 • 성장과 발전가능성 • 책임 • 직무 그 자체의 의미 • 도전적 과제의 부여 • 권한의 확대 및 승진

High　직무불만족(Job Dissatisfaction)　0　직무만족(Job Satisfaction)　High

Point 2　동기부여 과정이론 ★

1. Vroom의 기대이론

① 기대이론은 수단성 이론 또는 기대-유의성 이론이라고도 불리며, 모티베이션의 정도는 주관적 확률인 **기대감**과 성과와 보상 간의 관계인 **수단성**, 행위가 가져다주는 보상의 정도인 **유의성**에 의해서 결정

② 동기부여의 원리: 기대이론에 따르면 동기부여는 다음 공식으로 표현될 수 있으며, 높은 수준의 동기부여를 위해서는 기대감, 수단성, 유의성 중 어느 하나라도 0의 값을 가져서는 안 된다는 것임

$$동기부여(M) = 기대(E) \times 수단성(I) \times 유의성(V)$$

기대감 (Expectancy)	[노력과 성과 간의 관계] 일정한 노력을 기울이면 일정 수준의 성과를 올릴 수 있으리라 믿는 가능성(주관적 확률)
수단성 (Instrumentality)	[성과와 보상 간의 관계] 어떤 성과를 올리면 그것이 바람직한 보상으로 연결된다고 믿는 가능성을 의미함
유의성 (Valence)	[주어진 보상에 대한 개인의 선호도] 궁극적으로 얻게 되는 보상이 개인의 목표에 얼마나 부합하는지를 나타냄

2. Adams의 공정성이론

① 아담스의 공정성이론은 개인의 보상체계와 관련하여 페스팅거의 '인지부조화' 이론을 동기부여와 연관시켜 설명하는 이론으로, 자신의 공헌과 보상의 크기를 다른 사람(비교인물)의 투입과 산출 비율을 비교함으로써 동기가 유발된다는 이론

투입	개인이 직장에서 투여한 시간, 노력, 직무 경험, 충성도 등
산출	직장에서 받는 임금, 복리후생, 만족감, 승진

② 공정성이론의 시사점

　㉠ 공정성은 분배적, 절차적, 상호작용적 정의 중 '분배적' 정의에 관한 것
　㉡ 조직구성원들을 응대하는 경우 형평의 원칙을 지키는 것이 중요

3. 직무특성이론

① 의의: 해크먼(J. R. Hackman)과 올드햄(G. Oldham)의 직무특성이론(Job Characteristic Theory)은 직무특성이 직무 수행자의 성장욕구 수준(Growth Need Strength)에 부합될 때 긍정적인 동기유발 효과를 초래하게 된다는 동기부여이론에 해당

② 직무특성요소: 특정 직무가 갖는 잠재적 동기지수(MPS; Motivating Potential Score)에는 기술다양성(Skill Variety), 직무정체성(Task Identity), 직무중요성(Task Significance), 자율성(Autonomy), 피드백(Feedback)의 다섯 가지 직무특성이 모두 영향을 미치며, 그 가운데서도 자율성과 피드백이 중요한 영향을 미친다고 강조

기술다양성	종업원이 다른 기량과 재능을 활용할 수 있도록 직무가 요구하는 여러 활동의 다양성 정도
과업정체성	직무가 요구하는 업무 전체의 완성단계와 인식 가능한 업무단위 정도
과업중요성	다른 사람들의 삶과 일에 직무가 영향을 미치는 정도
자율성	직무가 제공할 수 있는 자유, 독립성 그리고 종업원이 작업을 수행함에 있어 계획 및 절차를 정할 수 있는 재량 등의 정도
피드백	일을 수행함에 있어 종업원이 그의 실적에 대해 정확하고 직접적으로 정보를 전달받는 정도

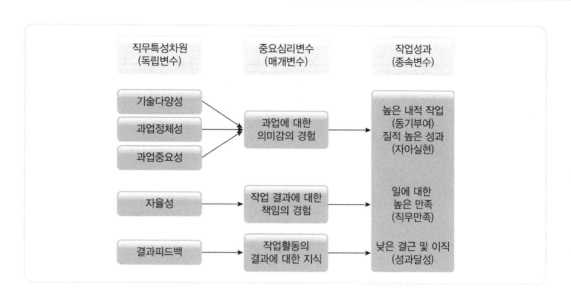

THEME 18 리더십이론

▶ Point 1 유통경로 리더의 힘 ★

프렌치(J. R. P. French)와 레이븐(B. H. Raven)은 개인이 갖는 권력의 원천을 5가지로 분류

권력의 파생	권력의 원천	내용
공식적 지위	보상적 권력	보상적 권력(Reward Power)은 권력행사자가 권력수용자에게 보상을 줄 수 있다는 인식에 기초한 권력
	강압적 권력	강압적 권력(Coercive Power)은 해고나 징계, 작업시간의 단축 등을 지시할 수 있는 능력에서 기인하는 권력
	합법적 권력	합법적 권력(Legitimate Power)은 권력행사자의 정당한 영향력 행사권(권한)을 추종해야 할 의무가 있다는 사고에 기초한 권력
개인적 특성	준거적 권력	준거적 권력(Referent Power)은 리더가 바람직한 특별한 자질을 가지고 있어 다른 사람들이 그를 따르고 일체감을 느끼고자 할 때 생기는 권력
	전문적 권력	전문적 권력(Expert Power)은 권력자가 특정 분야나 상황에 대해서 높은 지식이나 경험을 가지고 있다고 느낄 때 발생

▶ Point 2 리더십이론

이론의 분류	리더십이론	연구모형	강조점
특성이론	• 특성추구이론	리더의 특성 → 리더십의 유효성	리더의 타고난 자질
행위이론	• 레윈 등의 연구 • 오하이오대학 연구 • 미시간대학 연구 • 관리격자모형 • PM이론	리더의 행위 → 리더십의 유효성	리더십 스타일
상황이론	• 피들러의 상황이론 • 허쉬 – 블랜차드 이론 • 하우스 경로 – 목표론	리더의 행위 리더의 특성 → 리더십의 유효성 ↑ 특정 상황	리더가 처한 상황
현대적 리더십이론	• 카리스마 리더십 • 변혁적 리더십 • 서번트 리더십 • 슈퍼리더십 • 진성리더십	리더의 행위 → 리더십의 유효성 (조직변화 주도)	리더와 추종자 관계 (변혁, 멘토링, 임파워링 등)

1. 전통적 리더십

① 전통적 리더십: 보상의 제공 및 예외적 관리를 통한 이해타산적 인간관을 전제로 하여 가치 있는 무엇인가를 교환함으로써 추종자에게 영향력을 행사하는 리더십을 뜻함

② 리더십 특성이론: 효과적인 리더는 남과 다른 개인적인 특성(신체, 성격, 능력 등)이 있다고 생각하고 그 특성을 찾아내려고 노력하였음. 이를 리더십의 특성추구이론이라고 함

2. 리더십 행위이론

① 오하이오대학의 연구

㉠ 개념: 리더의 행동을 크게 종업원에 대한 **배려(사람 중심: Y론)**의 많고 적음과 **구조주도(과업 중심: X론)**의 많고 적음으로 분류하여 4가지 형태의 리더십 유형을 제시하고 있음

㉡ 연구 결과: 배려와 구조주도 모두 높은 수준의 행위를 보이는 리더는 그렇지 못한 리더보다 더 자주 부하의 높은 과업성과와 만족을 보이는 것으로 나타났으나, 두 차원에서 높은 수준을 나타내는 리더가 어떤 상황에서나 항상 긍정적인 결과를 나타낸 것만은 아니었음

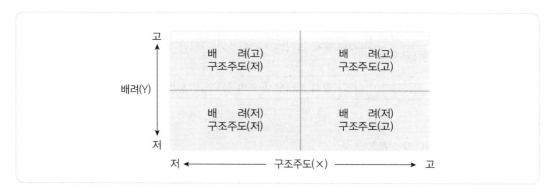

② 관리격자모형 ★: 관리격자모형은 블레이크(Blake)와 머튼(Mouton)에 의해 개발된 것으로, 리더의 행위를 생산에 대한 관심과 인간에 대한 관심의 2차원으로 구성하여 5가지의 리더십 유형을 제시함

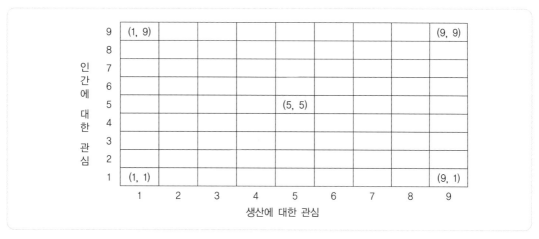

(1, 1) 무관심형	리더의 역할을 수행하는 데 최소한의 노력을 기울이는 무관심형
(9, 1) 과업형	과업지향형으로 인간관계의 유지에는 낮은 관심을 보이지만, 생산에 대해서는 높은 관심을 보이는 유형
(1, 9) 인기형	인기형은 생산에 대한 관심은 낮으나 인간관계에 대해서는 높은 관심을 보이는 인간관계형으로, '**컨트리클럽형**'이라 함
(5, 5) 중간형	생산과 인간관계의 유지 모두에 적당한 정도의 관심을 보이는 중간형
(9, 9) 팀형	생산과 인간관계의 유지 모두에 높은 관심을 보이는 이상형 또는 팀형

3. 리더십 상황이론

① 피들러의 상황이론(상황적합성이론)

　　㉠ 피들러는 LPC 점수를 통해 기업 상황에 적합한 리더십 유형을 분류

　　㉡ 과업지향적인 리더는 호의적이거나 또는 비호의적인 상황에서 효과적이며, 상황의 호의성이 중간 정도인 경우 관계지향적인 리더가 효과적임을 규명

ⓒ LPC 점수에 따른 리더십의 유형

LPC 점수 높은 리더	**관계지향적 리더**로서 부하들과 긴밀한 대인관계를 유지하며, 사려 깊고 지원적인 행동을 함
LPC 점수 낮은 리더	**과업지향적 리더**로서 과업목표의 달성을 강조

🍴 Tip

피들러의 리더의 상황적 특성	
리더 – 부하관계	부하들이 리더에 대해 갖는 신뢰와 존경의 정도를 나타내는 집단 분위기로, 소시오메트리 구조와 집단 분위기의 척도를 통해서 측정
과업구조	과업의 목표가 분명하게 명시되어 있고 그것을 달성하는 수단 또한 명확하게 설정되어 있는 정도
직위권력	리더의 직위에 의해 부하들에게 행사할 수 있는 영향력의 정도

② 허시와 블랜차드의 상황이론(리더십 수명주기이론)

ⓐ 허시(P. Hersey)와 블랜차드(K. H. Blanchard)는 상황변수로서 특히 종업원들의 성숙도를 강조하는 상황적 리더십이론을 제시

ⓑ 오하이오대학의 구조주도와 배려의 개념을 이용해서, 리더의 행위를 과업행위와 인간관계의 2가지 차원을 축으로 한 4분면으로 분류하고 여기에 상황요인으로서 '부하의 성숙도'(업무에 대한 능력, 의지)를 추가하여 지시형 리더십, 지도형(설득형) 리더십, 참여형(민주적) 리더십, 위임형 리더십으로 분류

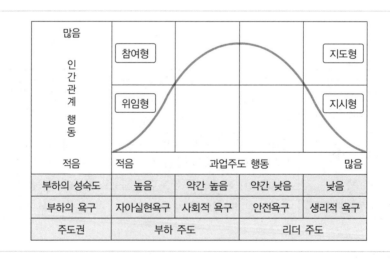

4. 현대적 리더십이론

① 변혁적 리더십(Transformational Leadership) ★

    ㉠ 변혁적 리더십은 리더가 부하들로 하여금 자기 자신의 이익을 초월하여 더 나아가 조직의 이익에 대해 관심을 가지고 공헌하도록 고무시켜 주고, 부하 자신의 성장과 발전을 위해서도 노력하도록 중대한 영향을 미치는 리더십을 뜻하며, 리더와 멤버는 **공동의 목표를 추구**한다는 특징을 지님

    ㉡ 리더는 부하들에게 자신의 관심사를 조직 발전 속에서 찾도록 영감을 불러일으킬 수 있게 하고 비전을 제시함. 구성요소는 카리스마, 지적 자극, 개별적 배려, 영감적 동기부여임

카리스마	변혁적 리더는 조직에 대하여 강한 비전과 사명감을 제공
지적 자극	변혁적 리더는 구성원들이 문제를 인식하고, 그 해결책을 만들어 내는 것을 도움
개인별 자상한 배려	변혁적 리더는 구성원들이 일을 잘 수행하는 데 필요한 지원, 격려, 그리고 관심을 제공
영감적 동기부여	변혁적 리더는 조직사명의 중요성을 분명히 전달하고, 리더의 노력에 초점을 맞추는 데 도움이 되는 상징에 의존

    ㉢ 교환적 리더십(전통적)과 변혁적 리더십의 비교

교환적 리더십 (Transactional Leadership)	• 리더가 부하들의 역할과 과업요건을 명확하게 함으로써, 기존에 잘 정립되어 있는 목표달성을 위해서 부하들이 노력하도록 동기화시키는 리더십 • 기존에 출현한 대부분의 리더십이론
변혁적 리더십 (Transformational Leadership)	• 리더가 부하들로 하여금 자기 자신의 이익을 초월하여 더 나아가 조직의 이익에 대해 관심을 가지고 공헌하도록 고무시켜 주고, 부하 자신의 성장과 발전을 위해서도 노력하도록 중대한 영향을 미치는 리더십

② 서번트 리더십(Servant Leadership): 서번트 리더십은 리더가 구성원들에게 조직의 목표를 공유하고 그들의 의견을 경청, 공감하고 성장 및 발전을 돕고 치유함으로써 조직의 목표를 달성하고자 하는 파트너형 리더십을 의미

③ 임파워링과 슈퍼리더십

    ㉠ 임파워링(Empowering): 리더가 조직구성원에게 권한과 책임을 함께 위임함으로써 그들이 조직과 맡은 직무에 대해 주인의식과 자기통제감을 경험하도록 하는 리더십을 의미

    ㉡ 슈퍼리더십(Super Leadership): 특히 리더가 구성원들을 스스로 판단하고 행동에 옮기며, 그 결과도 책임질 수 있는 셀프리더로 만드는 리더십을 슈퍼리더십이라 함

④ 윤리적 리더십(Ethical Leadership): 대인관계와 활동을 통하여 규범적으로 적합한 리더의 행동이 구성원들에게 모범으로 작용하며, 상호 간 명확한 도덕적 기준과 의사소통, 공정한 평가 등을 통해 부하들로 하여금 규범에 적합한 행동을 지속하도록 촉진하는 리더십을 뜻함

THEME 19 인적자원관리(Human Resource Management)

Point 1 직무분석

1. 인적자원관리의 개념모형

인적자원관리는 인적자원관리 조직의 목표달성을 위한 '**인적자원의 확보(모집/선발) → 개발(교육) → 활용(배치) → 보상(평가/임금) → 유지**'를 계획·조직·통제하는 관리체계를 뜻함

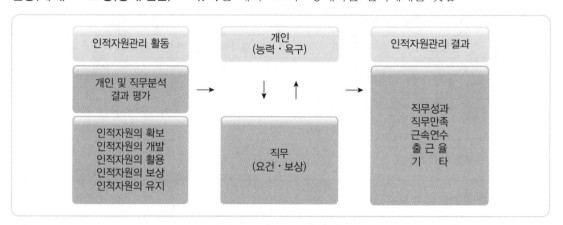

2. **직무분석**(Job Analysis)

① 직무분석

   ㉠ **의의**: 직무분석이란 특정 직무의 내용(또는 성격)을 분석해서 그 직무가 요구하는 조직구성원의 지식·능력·숙련·책임 등을 명확히 하는 과정을 말함

   ㉡ **직무분석 방법**: 관찰법, 면접법, 질문지법, 중요사건기록법, 워크샘플링법 등

   ㉢ **직무기술서와 직무명세서**

      ⓐ **직무기술서**(Job Description): 직무기술서는 직무분석을 통해 얻어진 직무의 성격과 내용, 직무의 이행방법과 직무에서 기대되는 결과 등을 과업요건을 중심으로 정리해 놓은 문서

      ⓑ **직무명세서**(Job Specification): 직무명세서는 직무를 만족스럽게 수행하는 데 필요한 작업자의 지식·기능·능력 및 기타 특성 등을 정리해 놓은 문서로 직무수행자의 인적 요건에 초점을 맞춘 것임

구분	직무기술서	직무명세서
목적	인적자원관리의 일반목적을 위해 작성	인적자원관리의 구체적이고 특정한 목적을 위해 세분화하여 작성
작성 시 유의사항	직무내용과 직무요건에 동일한 비중을 두고, 직무 자체의 특성을 중심으로 정리	직무내용보다는 직무요건을, 또한 직무요건 중에서도 인적 요건을 중심으로 정리

포함되는 내용	직무명칭, 직무개요, 직무내용, 장비·환경· 작업활동 등 직무요건	직무명칭, 직무개요, 작업자의 지식·기능· 능력 및 기타 특성 등 인적 요건
특징	속직적 기준, 직무행위의 개선점 포함	속인적 기준, 직무수행자의 자격요건명세서

② 직무평가(Job Evaluation)

　㉠ 의의: 직무평가는 직무분석을 기초로 하여 각 직무가 갖고 있는 **상대적인 가치를 결정**하는 것으로, '동일노동에 대하여 동일임금'이라는 **직무급** 제도를 확립하는 데 그 목적이 있음

　㉡ 직무평가방법의 구분

비양적 방법	직무수행에 있어서 난이도 등을 기준으로 포괄적 판단에 의하여 직무의 가치를 상대적으로 평가하는 방법
	(기법) 서열법과 분류법(등급법)
양적 방법	직무분석에 따라 직무를 기초적 요소 또는 조건으로 분석하고 이들을 양적으로 계측하는 분석적 판단에 의하여 평가하는 방법
	(기법) 점수법과 요소비교법

　　ⓐ 서열법: 전체적인 관점에서 평가자가 종업원의 직무수행에 있어서 요청되는 지식, 숙련도, 책임 정도 등에 비추어 상대적으로 가장 단순한 직무를 최하위에 배정하고, 가장 중요하고 가치가 있는 직무를 최상위에 배정함으로써 순위를 결정하는 방법

　　ⓑ 분류법: 분류법은 서열법이 좀 더 발전한 것으로, 일정한 기준에 따라 사전에 직무등급을 결정해 놓고, 각 직무를 적절히 판정하여 맞추어 넣는 직무평가방법으로 '등급법'이라고도 함

　　ⓒ 점수법: 직무를 평가요소로 분해하고, 각 요소별로 그 중요도에 따라 숫자에 의한 점수를 준 후, 이 점수를 총계하여 각 직무의 가치를 평가하는 방법으로, 평가요소는 숙련요소· 노력요소·책임요소·작업조건요소 등으로 구분

　　ⓓ 요소비교법: 그 기업이나 조직에 있어서 가장 핵심이 되는 몇 개의 기준직무를 선정하고 각 직무의 평가요소를 기준직무의 평가요소와 결부시켜 비교함으로써 모든 직무의 가치를 결정하는 방법

Point 2 　직무설계(Job Design)

1. 직무순환

직무 자체의 내용은 그대로 둔 상태에서 작업자들로 하여금 여러 직무를 돌아가면서 번갈아 수행하게 하는 것을 의미

2. 직무확대(Job Enlargement)

한 직무에서 수행되는 과업의 수를 증가시키는 것으로 직무의 다양성을 증대시키기 위한 **직무의 수평적 확대**를 뜻함

3. 직무충실화(Job Enrichment) ☆

① 의의: 직무충실화는 직무성과가 경제적 보상보다도 개인의 심리적 만족에 달려 있다는 전제하에 직무수행의 내용과 환경을 재설계하는 방법으로 **직무의 수직적 확대에 해당**

② 이론적 근거: 동기유발이론에서 찾아볼 수 있는데, 허츠버그(Herzberg)의 2요인이론 중 동기유발요인, 해크먼과 올드햄의 직무특성모형 등이 그 이론적 기초가 됨

▶▶ Point 3 인적자원관리활동

1. 모집선발

① 모집방법

구분	장점	단점
내부모집	• 지원자에 대한 정확한 평가 가능 • 재직자 동기부여, 장기근속 토대 • 적응시간 단축 • 신속한 충원 및 비용절감	• 과다경쟁 유발 가능 • 조직 내 위험요소 존재(불합격자의 불만)
외부모집	• 조직 분위기 쇄신 • 자격자의 선발로 훈련비용 절감	• 기존 종업원과의 갈등 • 많은 적응시간 소요 • 충원기간 및 비용 발생

② 선발도구의 조건

㉠ **신뢰성(Reliability)**: 신뢰성은 동일한 사람이 동일한 환경에서 어떤 시험을 반복적으로 보았을 때 그 측정 결과가 서로 일치하는 정도를 뜻하는 것으로 평가의 일관성, 안정성을 뜻함
[평가방법] 시험-재시험법, 양분법, 대체형식법, 크론바흐알파

㉡ **타당성(Validity)**: 타당성은 시험이 당초에 측정하려고 의도하였던 것을 얼마나 정확히 측정하고 있는가를 밝히는 정도를 뜻함. 시험에서 우수한 성적을 얻은 사람이 근무성적 또한 예상대로 우수할 때 그 시험은 타당성이 인정됨. 기준타당성, 내용타당성, 구성타당성으로 구분

2. 교육훈련

직장 내 교육훈련 (OJT; On the Job Training)	직장 외 교육훈련 (Off-JT; Off the Job Training)
• 직장에서 구체적인 직무를 수행하는 과정에서 직속상사가 부하에게 직접적으로 개별지도하고 교육훈련을 시키는 방식 • 이와 같이 OJT는 현장의 직속상사를 중심으로 하는 라인(line)담당자를 중심으로 해서 이루어짐	• 교육훈련을 담당하는 전문스태프의 책임하에 집단적으로 교육훈련을 실시하는 방식 • 이 훈련은 기업 내의 특정한 교육훈련시설을 통해서 실시되는 경우도 있고, 기업 외의 전문적인 훈련기관에 위탁하여 수행되는 경우도 있음

3. 지각의 오류

후광효과(Halo Effect), 상동적 태도(Stereotyping), 분포적 오류(관대화, 중심화, 가혹화), 대비효과, 투사효과(주관의 객관화), 피그말리온효과(로젠탈효과)

4. 인사평가기법

전통적 기법	서열법	피고과자의 능력과 업적에 대하여 서열 또는 순위를 매기는 방법으로 쌍대비교법, 교대서열법 등이 효과적 방법에 해당
	강제할당법	사전에 정해 놓은 비율에 따라 피고과자를 강제로 할당하는 방법으로, 피고과자의 수가 많을 때 서열법의 대안으로 주로 사용
	평정척도법	피고과자의 능력과 업적을 각 평가요소별로 연속척도 또는 비연속척도에 의하여 평가하는 방법으로, 일반적으로 가장 많이 사용되고 있는 인사고과방법
	대조표법	직무상의 표준행동을 구체적으로 표현한 문장을 체크리스트로 만들어 평가자가 해당 사항을 체크하여 피고과자를 평정하는 방법
현대적 기법	중요사건서술법	피고과자의 효과적이고 성공적인 업적뿐만 아니라 비효과적이고 실패한 업적까지 구체적인 행위와 예를 기록하였다가 이 기록을 토대로 평가하는 방법
	인적평정센터법	평가를 전문으로 하는 평가센터(AC)를 만들고 여기에서 합숙을 하면서 각종 의사결정게임과 토의 등 다양한 자료를 활용하여 평가하는 방법
	행위관찰평가법	행위기준척도법(BARS)보다 최근에 개발된 방식, 평가자는 업적의 수준을 표시할 필요는 없고 평가문항의 발생빈도, 즉 평가대상자가 어떤 구체적인 행동을 얼마나 자주하는지를 근거로 피평가자를 평가
	다면평가법 (360도 평가)	전통적인 상사의 하향식 평가에서 벗어나 자신, 동료, 상급자, 하급자, 고객에 의한 평가 등 다양한 평가자에 의해 이루어지는 객관적인 평가
	목표에 의한 관리법 (MBO)	상급자와 협의하여 조직목표와 비교·수정하여 목표를 확정하며, 업무를 수행한 후 기말에 결과를 목표와 비교·평가하고, 문제점 및 개선점을 공동으로 재검토하는 방법

Point 4   인적자원의 보상활동

1. 임금수준

① 임금수준의 결정요인

내적 요인	기업규모, 경영전략, 노동조합 조직 여부, 기업의 지급능력
외적 요인	생계비, 사회일반의 임금수준

② 임금수준 결정의 3요소: 생계비, 기업의 지불능력, 사회일반의 임금수준 + 행정적 요인

2. 임금체계

① **연공급**: 임금이 개인의 근속연수·학력·연령 등 **인적 요소**를 중심으로 변화하는 것으로 생활급적 사고원리에 따른 임금체계로, 고용의 안정화 및 노동력의 정착화, 노동자의 생활보장으로 기업에 대한 귀속의식 제고 등의 장점이 있음

② **직능급**: **직무수행능력**에 따라 임금의 격차를 만드는 체계로, 능력에 따라 개인의 임금이 결정된다는 점에서 종업원의 불평 해소, 능력 자극으로 유능한 인재 확보 등의 장점이 있음

③ **직무급**: 직무의 중요성과 난이도 등 직무평가 결과에 따라 **직무 간 상대적 가치**를 평가하여 임금액을 결정하는 체계로, '동일직무 동일임금 지급의 원칙'에 입각한 임금체계에 해당

3. 복리후생관리

① 의의: 종업원의 생활수준 향상을 위하여 시행하는 임금 이외의 간접적인 제 급부

② 카페테리아식 복리후생: 종업원들에게 가치가 없고 종업원들의 만족을 충족시켜 주지 못하는 복리후생제도는 상대적으로 비용에 대한 효율이 떨어지는데, 이와 같은 문제점을 해결하기 위하여 고안

THEME 20 구매 및 조달관리

> Point 1 구매관리

1. 구매관리의 개념

① 구매관리: 구매관리(Purchase Management)는 제품생산에 필요한 원재료 및 부품을 될수록 유리한 가격으로, 필요한 시기에, 적당한 공급자로부터 구입하기 위한 체계적인 관리를 의미

② 구매관리의 집중화와 분권화에 따른 장·단점 ☆

구분	집중구매(집중화)	분산구매(분권화)
장점	• 대량구매로 가격과 거래조건이 유리 • 주문비용 절감 및 구매단가 인하 • 자금흐름 통제가 용이 • 시장조사 및 구매효과 측정 용이	• 개별부서의 구매 니즈에 부합 • 긴급수요가 있는 경우 유리 • 납품업자가 공장과 가까운 거리에 있음 • 구매절차가 간단하고 신속
단점	• 자재의 긴급조달이 어려움 • 구매의 자주성이 없고 수속과정이 복잡 • 납품업자가 멀리 떨어져 있는 경우, 조달기간과 운임이 증가됨	• 구입경비가 많이 들고, 구입단가가 비쌈 • 본사방침과 다른 자재를 구입할 수 있음 • 구입처와 멀리 떨어진 공장에서는 적절한 자재를 구입하기가 어려움

③ 원가계산

ㄱ. 제품생산에 소요되는 원가를 집계하는 것으로 궁극적으로는 제품의 원가를 상정하는 것

ㄴ. 제조원가는 재료비, 노무비, 경비를 기본으로 하여 산출

ⓒ 재료비와 노무비는 직접비와 간접비로 구분되며 사용량에 단위당 가격을 곱하여 산출. 감가상
각비와 같은 경비는 다양하며 일정 기준에 따라 부과

ⓓ 가격은 판매관점, 이윤관점, 경쟁관점, 사회적 책임관점 등에 의해 결정

2. 적정한 구매거래처 확보를 위한 평가기준

① **구매관리**: 용도에 따라 가장 적정하고 적합한 것을 찾아 구입할 것

② **납기관리**: 납기에 늦지 않도록 구입할 것

③ **적정재고관리**: 일정한 재고를 필요로 하는 제품과 자재에 대해서는 재고를 될 수 있는 대로 최소
한도로 하면서 특히 재고고갈의 위험도 없앨 것

④ **납품업자의 선정·외주관리**: 우량업체 또는 업자로부터 구입할 것

⑤ **운송관리**: 적절한 운송수단으로 구입할 것

⑥ **구매비용관리**: 최저의 구매비용으로 구입할 것

⑦ **잔재관리**: 사용 중 발생된 잔재(남은 자재)의 유효적절한 활용

3. 제품 구매방법

① **사전매입**: 제조업자가 판매촉진 제품을 계획된 판매촉진 기간 안에 큰 폭으로 할인된 가격으로
판매를 계획하는 경우, 필요한 제품과 수량을 미리 구매하여 보관하는 방식

② **위탁매입**: 제조업자나 도매업자가 자기상품의 노출을 확대하고 판매를 촉진하기 위한 방법의 하
나. 소매점에 대하여 반품 허용조건하에 소매 매장에 상품을 진열, 전시해 두고 소비자에게 판매
된 부분에 대해서만 소매점에서 매입하는 것으로, 상품에 대한 소유권은 제조업자(공급자)에게
있는 계약방식

③ **당용매입**: 매입 당시에 필요한 양만을 구매하는 것으로 상품의 회전이 빠르고, 재고로 인한 손실
부담이 적은 방법

④ **약정매입**: 소매업자가 납품받은 상품에 대한 소유권을 보유하되 일정기간 동안에 팔리지 않은 상
품은 다시 납품업자에게 반품하든지, 혹은 다 팔린 후에 대금을 지급하는 권리를 보유하는 조건
으로 구매하는 방식

⑤ **인정매입**: 소매점포에서 구매결정이 나기 전에 공급자로부터 미리 상품이 배송되어 소매점포 기
업이 이를 인정하는 경우에 실질적인 매입이 성립하는 형태로, 소매점포는 재고비용을 절감할 수
있는 장점이 있는 구매방법

 Tip

MRO(Maintenance, Repair, Operation)
• MRO는 생산시설의 유지·보수 및 운영 등에 필요한 모든 소모성 자재와 간접 재화, 서비스 등을 말함(대형장비,
기계 등 제품을 생산하는 데 필요한 핵심 설비는 MRO에 해당하지 않음)
• 인력과 비용의 효율성을 위해 구매대행업체를 이용하며, 임의적 구매가 많아 이에 대한 통제가 곤란

▶ Point 2 조달물류

1. 조달물류의 개념

기업에서의 구매관리, 자재관리 및 재고관리 분야를 의미함. 즉, 원재료나 부품을 주문해서 제조업자의 자재창고로 운송·입하되어 생산공정에 투입되기 이전까지의 물류활동

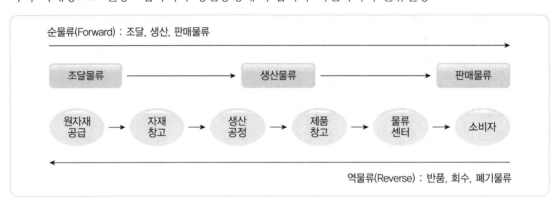

2. 조달물류의 합리화

① 조달비용의 절감: 조달물류는 전체 물류활동의 출발점이 되는 것으로, 조달물류의 원활화 여부는 이어지는 모든 물류활동에 영향을 미치므로 신중하게 관리되어야 함
② 생산부서의 니즈와 공급자의 제약 고려: 조달물류는 생산부서의 니즈(자재감축, 다빈도 납입, 조달비용 절감, 다품종화 대응 등)와 협력업체의 제약을 고려하여 수행되어야 함
③ 조달물류 합리화의 과제: 리드타임, 재고관리, 운송체제 정비, 품질과 정확성 유지 등

3. 조달물류의 효율성 달성방안

조달물류는 원료 또는 부품 공급자로부터 물자의 조달 또는 구매과정에서 발생하는 물류활동으로, 효율성 측면에서 비용절감과 서비스개선을 위해 다음의 활동이 요구됨
① 포장(파렛트 및 용기)의 표준화 추진
② 수·배송루트의 최적화 도출
③ 협력업체와의 공동화 추진
④ 공차율 감소 및 차량의 회전율 증대 추진

THEME 21 품질관리와 6시그마

Point 1 품질관리

1. 품질비용

① **예방비용**: 제품이 생산되기 전 불량품질의 발생을 방지하기 위하여 발생하는 비용

② **평가비용**: 생산이 되었지만 고객에게 인도되지 않은 제품 가운데서 불량품을 제거하기 위해 검사하는 데 소요되는 비용

③ **실패비용**: **내적 실패비용**은 제품이 고객에게 인도되기 전 품질조건이 충족되지 못해서 발생하는 비용이며, **외적 실패비용**은 판매 후 클레임이나 반품 등에 의해 발생하는 비용

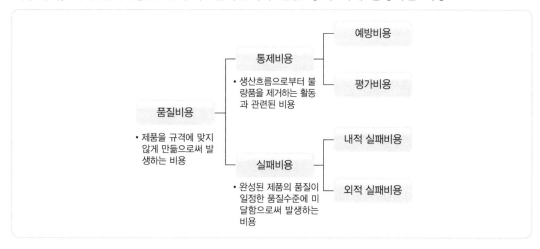

2. 종합적 품질관리(TQC; Total Quality Control)

종합적 품질관리(TQC)는 고객에게 최대의 만족을 주는 가장 경제적인 품질을 생산하고 서비스할 수 있도록 사내 각 부문의 활동을 품질의 개발·유지·향상을 위해 전사적으로 통합·조정하는 시스템을 뜻함

3. 전사적 품질관리(TQM; Total Quality Management)

① **TQM의 의의**: 전사적 품질관리는 종합적 품질경영이라고도 하며, 경영자가 소비자지향적인 품질방침을 세우고 최고경영진은 물론 모든 종업원들이 전사적으로 참여하여 품질향상을 추구하는 활동을 말함. 즉, 제품과 서비스품질, 고객만족 그리고 기업의 수익성 사이의 관계를 적극적으로 고려한 조직체 전체의 접근방법으로서 제품 및 서비스 전부의 품질을 지속적으로 향상하기 위한 품질관리시스템

② **TQM의 원칙**: TQM의 운영에는 고객 중심, 공정개선, 전원참가라는 원칙이 필수적임

┃ TQC와 TQM의 비교 ┃

종합적 품질관리(TQC)	종합적 품질경영(TQM)
• 공급자 위주 • 단위(Unit) 중심 • 생산현장 근로자의 공정관리 개선에 초점 • 기업이익 우선의 공정관리	• 구매자 위주(고객만족 중시) • 시스템 중심 • 제품설계에서부터 제조·검사·판매 전사적으로 품질향상을 위해 노력 • 고객의 만족을 위한 최고경영자의 품질방침에 따라 실시하는 모든 부문의 총체적 활동

4. ISO(국제표준화기구) 9000 시리즈

- ISO 9000: 품질경영과 품질보증 규격 구분, 사용방법 안내
- ISO 9001: 설계에서 서비스까지의 품질보증 모델, 가장 종합적인 품질관리

 Tip

> ISO 시리즈
> - ISO 14000: 환경경영시스템
> - ISO 22000: 식품안전경영시스템
> - ISO 26000: 사회적 책임경영(지속가능경영)
> - ISO 28000: 공급사슬 보안경영시스템

▶ Point 2   **6시그마(Six Sigma)** ★

1. 6시그마의 개념

① 6시그마는 1980년대 미국의 모토로라에서 제품 및 업무의 불량수준을 측정하고, 이를 무결점 수준으로 줄이자는 차원에서 출발한 전사적 품질혁신 운동을 뜻함

② 경영혁신 수단으로서 6시그마는 제품의 설계, 제조, 서비스품질의 표준편차를 최소화해 상한~하한이 품질 중심으로부터 6σ(99.9996%) 이내에 있도록 한다는 것

③ 3.4 PPM: 품질규격을 벗어날 불량확률은 1백만 개 중 3.4개(3.4 PPM) 수준이 됨을 의미

2. 6시그마의 도입절차

6시그마 도입절차는 '**필요성(needs)의 구체화 → 비전의 명확화 → 계획수립 → 계획실행 → 이익평가 → 이익유지**'의 순으로 진행됨

3. 6시그마의 수행단계

단계	내용
정의(Define)	고객들의 요구사항과 품질의 중요영향요인(CTQ; Critical To Quality), 즉 고객만족을 위해 개선해야 할 중요부분을 인지하고 이를 근거로 개선작업을 수행할 프로세스를 선정하는 단계
측정(Measure)	CTQ에 영향을 미치는 프로세스에 대하여 그 업무과정에서 발생하는 결함을 측정하는 단계
분석(Analyze)	결함의 형태와 발생원인을 조사하여 중요한 직접적 및 잠재적 변동원인을 파악하는 단계
개선(Improve)	결함의 원인을 제거하여 문제나 프로세스를 개선하는 단계
통제(Control)	개선효과 분석, 개선프로세스의 지속방법을 모색하는 단계

4. 6시그마 벨트제도

구분	주요 인력	역할
챔피언	사업부 책임자	6시그마 추진에 필요한 자원을 할당하고, 블랙벨트의 개선 프로젝트 수행을 지원, 보상 실시
마스터 블랙벨트	교육 및 지도전문요원 (6시그마 전임)	블랙벨트와 같은 품질요원의 양성교육을 담당하고 블랙벨트를 지도, 지원하는 역할
블랙벨트	개선 프로젝트 추진자	6시그마 개선 프로젝트의 실무책임자로 활동
그린벨트	현업 담당자	6시그마 개선 프로젝트의 파트타임으로 참여

THEME 22 재무관리 및 재무비율분석

Point 1 재무관리의 기능 및 자본조달방법

1. 재무관리의 기능

투자 의사결정	• 기업이 어떤 종류의 자산을 어느 정도로 보유할 것인가에 대한 의사결정 • 투자의사결정의 결과는 재무상태표상의 차변항목으로 표시 • 기업의 영업현금흐름과 영업위험을 결정짓게 됨
자본조달 의사결정	• 투자에 소요되는 자본을 어떻게 효율적으로 조달할 것인가에 대한 의사결정 • 자본조달 의사결정의 결과는 재무상태표상의 대변항목으로 표시 • 기업의 재무위험을 결정짓게 됨
배당 의사결정	• 투자의사결정에 의해 자금을 운용한 결과 얻게 되는 이익을 어떻게 배분할 것인가에 관한 의사결정

유통·물류일반관리 제1과목 / 제2과목 상권분석 / 제3과목 유통마케팅 / 제4과목 유통정보

2. 자본조달방법

① 직접금융을 통한 자본조달

　　㉠ 회사채: 발행기관이 계약기간 동안 일정 이자를 지급하고 만기에 원금을 상환하기로 한 증서
로, 기업이 일반 대중으로부터 대규모 자금을 장기간 조달하기 위하여 발행

　　㉡ 보통주: 주식회사가 보통주주에게 발행한 주권으로, 주주는 소유하고 있는 지분에 대한 권리
(지분권)를 행사할 수 있으며, 회사를 정리할 때 잔여재산 처분의 최종적 참여자가 됨

　　㉢ 우선주: 보통주보다 배당금을 지급받는 순위에서 우선권을 가지지만 투표권이 없으며, 보통주
보다 투자의 안전성이 크기 때문에 보수적 투자자에게 인기가 높음

② 간접금융을 통한 자본조달: 기업이 자본을 조달함에 있어 일반투자자로부터 직접 투자받지 않고
금융기관을 통해 간접적으로 자본을 조달하는 것으로, 은행차입, 매입채무, 팩토링 등이 있음

▶▶ Point 2 　 투자안의 경제성 분석

1. 투자안의 평가방법

자본예산, 즉 투자안의 평가방법은 크게 할인방식과 비할인방식으로 구분할 수 있음

할인방식	• 미래 현금수지의 현재가치, 즉 화폐의 시간가치를 고려하여 투자안을 평가하는 방식 • 순현가(NPV)법, 내부수익률(IRR)법, 수익성지수법 등
비할인방식	• 화폐의 시간가치를 고려하지 않는 방식 • 회수기간법, 회계적 이익률법(ARR) 등

2. 투자안의 경제성 평가방법 ☆

① 할인모형(Discounted Model): 할인모형은 화폐의 시간적 가치를 고려하는 모형으로, 순현재가치
법, 내부수익률법, 수익성지수법, 동적 DCF법 등이 있음

　　㉠ 순현재가치법(NPV; Net Present Value)

　　　　ⓐ 순현재가치(NPV)의 의미: 순현재가치(Net Present Value)는 투자의 결과 발생하는 현금유
입의 현재가치에서 현금유출의 현재가치를 뺀 값

　　　　ⓑ 투자의사결정

> • 독립 투자안: NPV>0이면 투자안을 채택하고, NPV<0이면 투자안을 기각
> • 상호 배타적 투자안: NPV>0인 투자안 중 NPV가 가장 높은 투자안을 채택
> • 평가: 순현가법은 주주의 부의 극대화라는 기업의 목표에 부합되는 가장 합리적인 투자안의 평가
> 방법

　　㉡ 내부수익률법(IRR; Internal Rate of Return)

　　　　ⓐ 내부수익률(IRR): 내부수익률은 순현가(NPV)를 0으로 만드는 할인율로, 내부수익률은 예
상된 현금수입과 지출의 합계를 서로 같게 만드는 할인율

ⓑ 투자결정: IRR ≥ 요구수익률이면 그 투자를 채택하고, IRR<요구수익률이면 그 투자를 기각

ⓒ 수익성지수법(PI; Profit Index)

ⓐ 수익성지수(PI): 수익성지수는 사업기간 중의 현금유입의 현재가치를 현금유출의 현재가치로 나눈 상대지수로서, 순현가(NPV)가 같은 두 개 이상의 사업을 비교 검토할 때 유효한 지표로 사용

ⓑ 투자결정: PI > 1인 경우 투자안을 채택하고, PI < 1인 경우 투자안을 기각

② 비할인모형(Undiscountes Model)

㉠ 비할인모형은 화폐의 시간적 가치를 고려하지 않고 명목가치만을 고려하는 방법으로, 회수기간법, 회계적 이익률법(ARR) 등이 있음

㉡ 회수기간법: 투자안의 회수기간이 기업 자체에서 결정한 목표회수기간보다 짧을 경우 투자안을 채택하고, 상호 배타적인 투자안의 경우 회수기간이 가장 짧은 투자안을 채택

➡ Point 3   재무비율분석

1. 전략적 이익모형(Strategic Profit Model)

미국 Dupont에서 개발한 이익모델로 다양한 재무비율들 간의 상호 관련성을 분석하며, 자기자본이익률(ROE)을 통하여 순이익률, 자산회전율, 레버리지비율을 고찰한 모형

2. 재무비율의 종류 ☆

① 재무비율 개관

유동성비율	유동비율, 당좌비율
레버리지비율	부채비율, 이자보상비율, 고정재무비보상비율
활동성비율	매출채권회전율, 재고자산회전율, 총자산회전율
수익성비율	매출액순이익률, 총자산순이익률, 자기자본순이익률

② 유동성비율: 기업의 단기채무지급능력을 평가하는 데 사용되는 것으로, 유동비율과 당좌비율이 있음

㉠ 유동비율 = 유동자산 / 유동부채

ⓛ 당좌비율 = 당좌자산 / 유동부채

③ **레버리지비율**: 기업의 타인자본에 대한 의존도를 나타내는 비율로서, 부채비율과 이자보상비율이 있음

　　㉠ 부채비율 = (유동부채 + 고정부채) / 자기자본

　　ⓛ 이자보상비율 = 영업이익 / 지급이자

④ **활동성비율**: 기업의 자산이 얼마나 효율적으로 활용되고 있는가(자산의 물리적 이용도)를 나타내는 비율로 매출채권회전율, 재고자산회전율, 유형고정자산회전율, 총자산회전율 등이 있음

　　㉠ 재고자산회전율 = 매출액 / 재고자산

　　ⓛ 총자산회전율 = 매출액 / 총자산

⑤ **수익성비율**: 일정기간 동안의 경영성과를 종합적으로 측정하는 비율로 매출액순이익률, 매출액영업이익률, 총자본순이익률, **매출액 대비 매출원가율 등이 있음**

　　㉠ 매출액순이익률 = (당기순이익 / 매출액)×100

　　ⓛ 매출액영업이익률 = (영업이익 / 매출액)×100

　　ⓒ **투자수익률**(ROI; Return On Investment)

$$ROI = \frac{순이익}{투자액} = \frac{순이익}{매출액} \times \frac{매출액}{투자액} = 매출액순이익률 \times 회전율$$

　　　ⓐ ROI는 투자에 대한 이익률로, 순자본(소유주의 자본, 주주의 자본)에 대한 순이익의 비율을 뜻함

　　　ⓑ 'ROI가 높다'는 것은 투자한 자본에 대비한 총이익이 일정 수준 이상 달성했음을 의미하며, ROI가 낮으면 자산의 과잉투자 등으로 인해 사업이 성공적이지 못하다는 것을 의미

　　　ⓒ 또한 ROI가 높으면 효과적인 레버리지 기회를 활용했다는 의미로도 해석이 가능

▶ Point 4 **재무제표**

1. **재무상태표**(B/S; Balance Sheet)

① 재무상태표(B/S)는 일정시점(Stock)의 기업의 재무상태를 보여주는 재무보고서로, 재무상태는 차변의 자산과 대변의 (부채 + 자본)으로 나타남

② 대차평균의 원리: 자산 = 부채 + 자본

차변	대변
자산의 증가	자산의 감소
비용의 발생	수익의 발생
부채의 감소	부채의 증가
자본의 감소	자본의 증가
×××	×××

③ 재무상태표의 구성항목

자산	유동자산 (1년 내 현금화 가능)	당좌자산	현금, 매출채권, 유가증권, 정기예금, 기업어음(CP), 대여금, 선급금 등
		재고자산	상품이나 원료, 재공품, 반제품 등 기업이 판매 목적으로 보유하고 있는 자산
	비유동자산 (1년 내 현금화 불능)	투자자산	장기대여금, 장기금융상품 등
		유형자산	토지, 건물, 기계, 차량운반구 등
		무형자산	특허권, 상표권 등 지식재산권, 라이선스 등
부채	유동부채	1년 내 상환대상	외상매입금, 단기차입금, 예수금, 지급어음, 단기미지급금, 단기임대보증금, 단기선수금 등
	비유동부채	상환기간 1년 이상	사채, 전환사채, 신주인수권부사채, 퇴직급여채무, 장기제품보증충당금, 공사손실충당부채 등
자본			

2. **포괄손익계산서**(CIS; Comprehensive Income Statement)

포괄손익계산서는 일정기간(Flow)의 기업의 경영성과를 나타내는 재무보고서

```
            매출액
    −   매출원가
        매출총이익

    −   판매비와 관리비
        영업이익

    +   영업외수익
    −   영업외비용
        세전순이익

    −   TAX(세금)
        당기순손익
```

3. 자본변동표와 현금흐름표

① **자본변동표**: 자본의 크기와 그 변동에 관한 보고서로 자본금, 자본잉여금, 자본조정, 이익잉여금, 기타포괄손익누계액의 변동사항이 표시되는 재무제표

② **현금흐름표**(C/F; Statement of Cash Flows)

　　㉠ 현금흐름표는 일정기간 중의 현금의 유입과 유출에 관한 정보를 제공하는 재무보고서

　　㉡ 영업활동, 투자활동, 재무활동에 관한 정보를 제공함으로써 현금변동의 원인을 설명함

4. 재무통제(Financial Control)를 위한 필요조건

① 재무책임의 소재가 명확할 것

② 시정조치를 유효하게 행할 것

③ 업적의 측정이 정확하게 행해질 것

④ 업적 평가에는 적절한 기준을 선택할 것

⑤ 계획목표를 피드백할 수 있을 것

▶▶ Point 5　유통경로 성과평가 측정지표

1. 효율성

일정한 비용으로 가능한 한 많은 산출물을 획득하거나, 일정한 산출량을 얻기 위해 소요되는 비용을 가능한 한 줄이는 것을 말함

2. 효과성

목표지향적인 성과측정치로서, 유통기업이 표적시장이 요구하는 서비스 성과를 얼마나 제공하였는가를 나타냄(목표달성 여부가 중요)

3. 형평성

형평성은 혜택이 골고루 배분되었는지의 문제로, 개별 기업이 해결하기 어려우므로 정부의 정책에 의한 해결이 더 바람직할 수 있으며, 측정성과 분배에 있어서 형평성과 효율성은 상충관계에 있음

Chapter 04 물류경영관리

THEME 23 물류의 중요성과 영역별·기능별 분류

 Point 1 물류의 중요성

1. 물류의 개념

① 물류란 재화가 공급자로부터 조달·생산되어 수요자에게 전달되거나 소비자로부터 회수되어 폐기될 때까지 이루어지는 운송·보관·하역 등과 이에 부가되어 가치를 창출하는 가공·조립·분류·수리·포장·상표부착·판매·정보통신 등을 말한다(물류정책기본법 제2조 제1항 제1호).

② 물적 유통 → 로지스틱스(Logistics) → SCM(Supply Chain Management)으로 발전

2. 물류관리의 중요성 ☆

① 물류는 '제3의 이익원'으로 물류관리의 중요성이 커지고 있음. 물류관리의 목표는 물류비용의 절감과 고객서비스의 향상이라 할 수 있으나, 이 두 가지는 **상충관계(Trade-off)**에 있으므로 이들 간의 조화가 중요

② 고객서비스의 향상은 물류비용의 증가를 가져오고, 물류비용의 절감 역시 고객서비스 수준을 하락시키게 됨

　　예 거점 물류센터 수의 증가 → 재고유지비용 등 물류비용 증가 & 고객서비스 수준 증가

3. 물류관리의 방향

최근 물류는 제3의 이익원으로 중요성이 커지고 있으며, 전자상거래 이용에 따른 다품종·소량생산과 다빈도·소량배송이 증가하고 있어 비용절감과 서비스 향상의 물류합리화 추구가 그 핵심임

4. 물류관리의 원칙 ☆

① 7R 원칙: 물류의 7R(Right)은 **적정한** 제품(Right Commodity), 적당한 가격(Right Price), 적절한 품질(Right Quality), 적절한 양(Right Quantity), 적절한 인상(Right Impression), 적시에 (Right Time), 적절한 장소(Right Place)를 의미

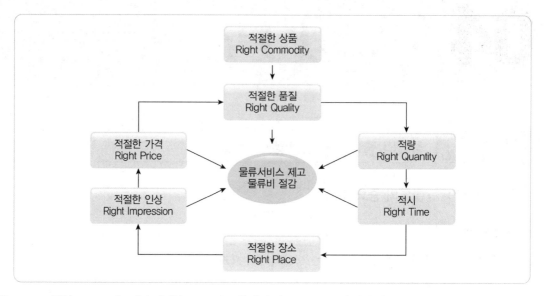

② **3S 1L 원칙:** 3S 1L은 신속하게(Speedy), 확실하게(Surely), 안전하게(Safely), 저렴하게(Low)를 의미함

> **▶▶ Point 2**　물류의 영역별 · 기능별 분류

1. 물류의 영역별 분류

① 순물류(Forward): 조달물류, 생산물류, 판매물류

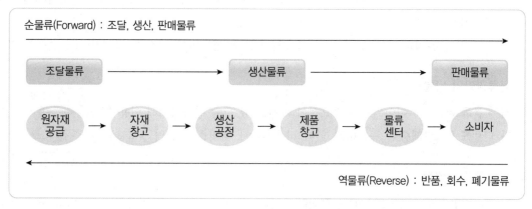

- ㉠ **조달물류:** 원재료 등이 공급자로부터 제조업자의 자재창고로 운송되어 생산공정에 투입되기 직전까지의 물류활동을 의미
- ㉡ **생산물류:** 자재창고에서의 출고로부터 제품창고에 입고되기까지의 과정상의 물류
- ㉢ **판매물류:** 제품창고에서 지역거점 및 소비자에게로 전달되는 과정상의 물류

② 역물류(Reverse): 친환경 물류가 중시되면서 반품, 회수, 폐기물류도 물류의 영역에 포함
  ㉠ 반품물류: 판매된 제품의 반품에 따른 물류활동을 의미하며, 반환된 물품의 회수·운반·분류·정리·보관·처리업무가 물류활동의 핵심을 이룸
  ㉡ 회수물류: 회수물류는 제품의 판매물류에 부수적으로 발생하는 파렛트, 컨테이너 등과 같은 물류용기나 포장재를 회수(Recall)하는 물류활동을 의미
  ㉢ 폐기물류: 폐기물류는 제품 및 포장용 용기나 수송용 용기·자재 등을 폐기하기 위한 물류활동을 의미

2. 물류의 기능별 활동

① 운송활동
  ㉠ 운송(Transportation)이란 일반적으로 자동차·철도·선박·항공기 등 대형 수송매체를 통하여 대량의 물품을 장거리에 걸쳐 이동시키는 것을 의미
  ㉡ 즉, 운송이란 서로 다른 두 지점 간에 물자를 이동시키는 활동으로, 공간적(지리적) 격차를 조정함으로써 공간적 효용을 창출하는 기능을 함

② 보관활동
  ㉠ 보관(Storage)이란 물품을 물리적으로 보존하고 관리하는 활동을 의미하며, 물품의 수요와 공급의 시간적인 격차를 조정하여 시간적 효용을 창출하는 기능을 함
  ㉡ 보관은 단지 물품을 저장하는 기능뿐만 아니라 유통의 최전선으로 고객서비스의 기능을 담당

③ 하역활동
  ㉠ 하역(Material Handling)은 운송과 보관 사이에서 이루어지는 물품의 취급활동을 말함
     물품의 취급활동에는 싣고 내리기, 운반 및 적재, 피킹(Picking)과 소팅(Sorting)이 포함
  ㉡ 하역은 직접적으로 창출하는 효용은 없지만 장소적 효용과 시간적 효용의 창출을 지원하는 역할을 함

④ 포장활동
  ㉠ 포장(Packaging)은 내용물의 보호뿐 아니라 물품의 편리한 취급, 상품의 가치를 높여 판매를 촉진하는 등의 기능을 수행함
  ㉡ 포장은 생산의 종착점인 동시에 물류의 출발점이라고 할 수 있는데, 근래에는 환경친화적 포장이 중시되고 있음

⑤ 유통가공활동
  ㉠ 유통가공이란 유통단계에서 간단한 가공이나 조립, 재포장, 주문에 따른 소분작업 등 동일 기능의 형태 이전을 위한 작업을 의미
  ㉡ 유통가공은 물자유통상의 가동률을 향상시키고, 고객의 요구에 보다 부합되기 위한 활동으로 부가가치와 직결됨

THEME 24 물류합리화 및 물류의 고객서비스 요소

▶ Point 1 물류의 합리화

1. 물류합리화(Logistics Rationalization)

① **물류합리화의 개념**: 물류합리화는 ㉠ 물류 프로세스 합리화를 통해 비용절감 및 고객이 만족할 수 있는 적절한 가격과 서비스를 제공하는 동시에, ㉡ 기업이 이익을 얻을 수 있는 비용으로 재화와 서비스를 제공할 수 있도록 물류기능을 원활하게 하여, ㉢ 물류차별화를 통해 경쟁우위를 확보함을 뜻함

② **물류합리화가 필요한 이유** ★
  ㉠ 물류비와 인건비의 상승
  ㉡ 시장경쟁의 심화
  ㉢ 교통체증의 심화
  ㉣ 제품수명주기의 단축
  ㉤ 수요의 다양화 및 고도화

③ **물류의 상충관계(Trade-off)**
  ㉠ 물류비용 절감과 서비스 수준 간의 상충관계는 부분최적화가 아닌 물류합리화 측면에서 접근할 문제에 해당
  ㉡ Trade-off는 상충관계 또는 이율배반적 관계라고 하며, 물류와 관련하여 재고수준을 높이면 재고 관련 비용은 증가하지만 고객서비스 수준은 향상됨
  ㉢ 신속한 수·배송이 이루어지는 경우 운송비는 많이 발생하지만 고객서비스는 상승하는 관계, 물류창고 수(거점)를 늘리면 재고유지비용은 증가하지만 고객서비스 수준은 높아짐
  ㉣ 창고 수 또는 재고수준을 낮추면 보관비용이 감소되고 고객서비스 수준도 함께 낮아짐

2. 물류표준화

① '물류표준화'란 원활한 물류를 위하여 다음 사항을 물류표준으로 통일하고 단순화하는 것을 말함 (물류정책기본법 제2조 제1항 제7호)

> ㉠ 시설 및 장비의 종류·형상·치수 및 구조
> ㉡ 포장의 종류·형상·치수·구조 및 방법
> ㉢ 물류용어, 물류회계 및 물류 관련 전자문서 등 물류체계의 효율화에 필요한 사항

② 물류의 효율화를 위해서는 물류표준화가 선행되어야 하고, 물류표준화를 통해 물류공동화가 가능해짐

③ 유닛로드시스템(ULS; Unit Load System): 포장, 하역, 보관, 운송 등의 물류기능 및 물동량 단위를 규격화하고 이에 사용되는 설비, 용기 등을 대상으로 규격, 강도, 재질 등을 표준화하여 상호 간의 호환성을 구축하는 것을 말함

3. 물류공동화

① **물류공동화의 개념과 전제조건**: 동일지역·유사업종을 중심으로 하여 2 이상의 화주기업이 물류의 효율을 높이고, 수·배송 비용 절감의 이익을 추구하기 위해 물류활동을 공동으로 수행하는 협력관계를 의미

> 📋 **Tip**
>
> **물류공동화 전제조건**
> - 일정 지역 내 유사영업과 배송을 실시하는 복수기업 존재
> - 대상기업 간 이해가 일치
> - 대상기업 간 상품특성, 보관특성, 수·배송 조건 등의 유사성 존재
> - 공동화 기업 중 책임회사의 존재
> - 공동보관 및 공동하역을 위한 공동집배송센터가 존재

② **물류공동화의 필요성**

　㉠ **외부요인**: 친환경물류 강화, 도로정체 및 교통혼잡, 교차운송 급증에 따른 운송효율 저하, 인력구인 심화

　㉡ **내부요인**: 업체 간 경쟁 심화, 유가 인상에 따른 수익성 저하, 서비스요구 다양화에 따른 물류비용 상승

　㉢ **물류공동화의 목적**

　　ⓐ 물자를 대량으로 처리하여 물류비 절감

　　ⓑ 인력 부족에 대한 대응

　　ⓒ 수·배송 효율의 향상

　　ⓓ 중복투자의 감소

③ **물류공동화의 장·단점**

장점	단점(장애요인)
• 중복투자 억제로 물류비용 절감 • 수·배송 효율 및 생산성 향상 • 화주기업은 핵심역량에 집중 • 물류서비스 안정화 및 안정적 화물 확보 • 녹색물류(친환경물류)에 공헌	• 물류서비스의 차별화 한계 • 배송 순서 조절 어려움 • 기업 비밀 유출 우려 • 비용 배분에 대한 분쟁

▶ Point 2 물류 고객서비스 요소 ☆

• 고객서비스의 중요도: **거래 시 요소 > 거래 후 요소 > 거래 전 요소**

거래 전 요소	거래 시 요소	거래 후 요소
• 명문화된 고객서비스 정책 • 고객에게 정책선언문 제공 • 고객의 접근용이성 • 고객서비스의 조직구조 • 시스템의 유연성 • 경영관리 서비스 • 기술적 서비스	• 재고 품절수준(재고가용률) • 주문주기의 일관성(신뢰성) • 주문정보의 입수가능성 • 주문의 용이성(편리성) • 미납주문의 처리능력 • 정보시스템의 정확성 • 제품교환 선적, 특별취급 선적	• 설치, 보증, 수리, 서비스부품 • 고객불만의 처리 • 제품추적 및 보증 • 수리기간 동안의 제품대체

THEME 25 수요예측(Forecasting)

▶ Point 1 수요예측의 개념

1. 수요예측의 개념

기업활동에 관한 여러 가지 장·단기계획을 수립하는 데 필요한 기초자료를 토대로 시장조사 등 각종 예측조사 결과 및 수요분석을 종합하여 장래의 수요를 예측하는 일

2. 수요예측에 영향을 미치는 주요 요인

① **경기변동**: 수요는 회복기, 호황기, 후퇴기, 불황기 등의 4국면을 거치는 경기변동에서 현재 경제가 어떤 국면에 있느냐에 따라 영향을 받음

② **제품수명주기(PLC)**: 제품이나 서비스는 시장에 처음 도입되어 시간이 지남에 따라 제품수명주기를 거치는데, 제품이 이 주기의 어느 단계에 와 있느냐에 따라 그 수요가 영향을 받음

③ **기타 요인**: 광고, 판매활동, 품질, 신용정책, 경쟁업체의 가격, 고객의 신뢰와 태도 등

▶ Point 2 수요예측방법 ☆

1. 정성적 기법(질적 기법)

① **개념**: 개인의 주관이나 판단 또는 여러 사람의 의견에 입각하여 수요를 예측하는 방법으로, 주로 과거의 자료가 충분치 않거나 신뢰할 수 없는 경우에 특히 유용하며, 주로 중·장기 예측에 많이 활용

② **종류**: 델파이법(Delphi Method), 시장조사법, 패널동의법, 역사적 유추법, 중역조사법 등

2. 정량적 기법

정량적(양적) 기법은 다시 인과형 모형과 시계열분석으로 나눌 수 있음

① 인과형 모형

    ㉠ **개념**: 인과형 모형은 과거자료에서 수요와 밀접한 관련이 있는 변수들을 찾아내 수요와 이들 간의 인과관계를 분석하여 미래수요를 예측하는 기법

    ㉡ **종류**: 회귀분석, 계량경제모형, 투입–산출모형, 시뮬레이션모형 등

> 📚 **Tip**
>
> **회귀분석**(Regression Analysis)
> - **의의**: 회귀분석은 한 개 또는 다수의 독립변수(원인)가 종속변수(결과)와 상관관계를 가질 때, 독립변수의 변화에 따라 종속변수가 어떻게 변화하는가를 규명하는 방법이다.
> - **종류**: 회귀분석은 독립변수의 개수에 따라 단순회귀분석과 다중회귀분석으로 나눈다.
> - **다중공선성의 문제**: 독립변수가 여러 개인 다중회귀모형에서 독립변수들 간에 상관관계가 낮아야만 '**다중공선성**' 문제가 해결되어 신뢰성 높은 결과를 도출할 수 있다.

② 시계열분석(Time Series Analysis)

    ㉠ **개념**: 과거의 역사적 수요에 입각하여 미래의 수요를 관측하는 수요예측방법

    ㉡ **종류**: 이동평균법, 지수평활법, 추세분석법 등이 있으며, 단기예측에 많이 활용

    ㉢ **이동평균법**

        ⓐ **단순이동평균법**: 최근 몇 기간 동안의 시계열 관측치를 산술평균

        ⓑ **가중이동평균법**: 최근의 값에 가중치를 좀 더 주어 그 값을 예측치로 사용하는 방법

    ㉣ **지수평활법**(Exponential Smoothing)

        ⓐ **의의**: 지수평활법은 가장 최근의 값에 가장 많은 가중치를 주고, 오래된 자료일수록 가중치를 지수적으로 감소시키면서 예측하는 방법

        ⓑ **평활상수의 이용**: 가중이동평균법의 단점을 해소하기 위해 평활상수(α)를 이용해 현재에서 과거로 갈수록 더 적은 비중을 주는 방법을 채택하고 있음

        ⓒ **지수평활법에 의한 예측치(C)**

> 다음 기의 예측치 $= \alpha \times$ 전기의 실제치 $+ (1-\alpha) \times$ 전기의 예측치
> $=$ 전기의 예측치 $+ ($전기의 실제치 $-$ 전기의 예측치$) \times \alpha$

예제

다음은 어떤 회사의 월별 텔레비전 판매량을 나타낸 것이다. 4월의 텔레비전 판매량은 44만 대였다. 이동평균법, 가중이동평균법, 지수평활법을 이용하여 4월의 수요를 예측한 (ㄱ), (ㄴ), (ㄷ)의 적절한 값은? (단, 계산한 값은 반올림하여 천 단위까지 구하시오)

기간	실제 판매량	예측 판매량		
		이동평균법	가중이동평균법	지수평활법
1월	40만 대			
2월	43만 대			
3월	42만 대			45만 대
4월	44만 대	(ㄱ)	(ㄴ)	(ㄷ)

- 이동평균법의 경우, 이동기간 $n=3$을 적용
- 가중이동평균법의 경우, 가중치는 최근 월로부터 각각 0.5, 0.3, 0.2를 적용
- 지수평활법의 경우, 지수평활상수 $\alpha=0.8$을 적용

해설

(ㄱ) 이동평균법: $\dfrac{40만\ 대 + 43만\ 대 + 42만\ 대}{3} = 41.7만\ 대$

(ㄴ) 가중이동평균법: $\dfrac{42만\ 대 \times 0.5 + 43만\ 대 \times 0.3 + 40만\ 대 \times 0.2}{1} = 41.9만\ 대$

(ㄷ) 지수평활법: 예측치(C) $= 0.8 \times 42만\ 대 + (1 - 0.8) \times 45만\ 대 = 42.6만\ 대$

THEME 26 재고관리(Inventory Management)

Point 1 재고의 개념 및 재고비용

1. 재고관리

① 재고의 개념: 재고(Inventory)란 미래의 생산에 사용하거나 또는 판매를 하기 위해 보유하는 원자재, 재공품, 완제품, 부품 등

② 재고의 종류

ㄱ 수송 중 재고: 물류 흐름을 통해 한 지점에서 다른 지점으로 이동 중인 재고로 시간적인 효용을 창출

ㄴ 안전재고: 안전재고는 갑작스러운 수요 변동 또는 리드타임 및 부품공급 등의 불확실성으로 인해 발생할 수 있는 결품 방지를 위해 비축하는 예비적 목적의 완충재고를 말함

ⓒ 순환재고: 연속적인 재고보충 시점 간의 평균수요를 충족시키는 데 필요한 재고를 말함

ⓔ 투기성 재고: 가격의 변동이 큰 물품을 가격이 쌀 때 재고를 보유하였다가 가격이 올라가면 출하하여 차익을 얻을 목적으로 보유하는 재고를 의미

ⓜ 주기재고: 총재고 중 로트의 크기에 따라 변하는 부분을 충당하는 재고

ⓗ 예상재고: 성수기와 비수기의 수요공급 차이에 대응하기 위한 재고

2. 재고관리비용

① 주문비용: 주문비용(발주비용)은 주문과 관련해서 직접적으로 발생되는 비용으로 구매처 및 가격의 결정, 주문에 관련된 서류작성, 물품수송, 검사, 입고 등의 활동에 소요되는 비용

② 재고유지비용: 재고를 유지·보관하는 데 소요되는 비용. 재고유지비용 중 가장 큰 비중을 차지하는 항목은 이자비용으로, 재고 형태로 자금이 묶임으로써 지출하는 비용으로 창고사용료, 보험, 세금, 진부화 및 파손 등 재고감소 등에 따른 비용도 포함

③ 재고부족비용: 재고부족비용은 재고부족으로 인해 발생하는 판매손실 또는 고객상실 등을 의미

▶ Point 2 경제적 주문량(EOQ) ★

1. 경제적 주문량(EOQ) 모형

① EOQ(Economic Order Quantity) 모형의 의의: Harris가 고안한 EOQ 모형은 재고유지비용과 재고주문비용을 더한 연간 재고비용의 최적화를 위한 1회 주문량을 결정하는 데 사용되는 모형

② EOQ의 기본가정

㉠ 계획기간 중 해당 품목의 수요량은 항상 일정하며, 알려져 있음

㉡ 단위당 구입비용이 주문수량에 관계없이 일정(할인은 인정하지 않음)

㉢ 연간 단위당 재고유지비용은 일정

㉣ 1회 주문비용은 수량에 관계없이 일정

㉤ 조달기간(Lead Time)은 없거나 일정

㉥ 재고부족은 허용되지 않음

③ EOQ 모형

㉠ 상기 가정하에 연간 총비용(ATC; Annual Total Cost)은 1회 주문량(Q)에 의해 결정되며, 이를 식으로 나타내면 아래와 같이 나타남

$$\text{ATC} = \underbrace{C_h \cdot \frac{Q}{2}}_{\text{연간 재고비용}} + \underbrace{C_o \cdot \frac{D}{Q}}_{\text{연간 주문비용}}$$

C_h: 연간 단위재고비용

C_o: 주문당 소요비용

D: 연간 수요량

Q: 1회 주문량(결정변수)

ⓛ 여기서 ATC를 최소화하는 1회 주문량(Q), 즉 EOQ를 최종 도출하면 다음과 같음

- $\text{EOQ} = \sqrt{\dfrac{2 \times D \times C_o}{C_h}}$

- 연간 주문횟수 $= \dfrac{\text{연간 수요량}}{\text{경제적 주문량}}$

- 평균재고량 $= \dfrac{\text{경제적 주문량}}{2}$

ⓒ EOQ 모형의 평가: EOQ 모형의 기본가정들은 현실적이지 못하다는 비판에도 불구하고 EOQ 모형은 간편하다는 장점으로 인해 현실적으로 많이 활용. 또한 현실을 감안한 보다 복잡한 모형을 설계하기 위한 기본모형의 역할을 해오고 있음

2. 재주문점(ROP; Re-Order Point) 모형

- 재주문점(ROP) = 조달기간 동안의 평균수요량 + 안전재고

- 조달기간 = 도달기간 + 재고점검주기
- 조달기간 동안의 평균수요량 = 평균수요/일 × 조달기간
- 안전재고량 = 안전계수 × 수요의 표준편차 × $\sqrt{\text{조달기간}}$

▶ Point 3   정량발주법(Q시스템)과 정기발주법(P시스템)

1. ABC 재고관리법

ABC 분석기법은 파레토(V. Pareto) 법칙 또는 20-80 법칙에 기초하여 재고자산관리 및 상품관리를 하는 방법. 각 품목이 기업의 이익에 미치는 영향을 고려하여 품목의 가치와 중요도를 분석하는 방법

2. 정량발주법(Q시스템)과 정기발주법(P시스템)의 비교

① 정량발주법(Q시스템): 재고수준이 재주문점에 오면 일정량(Q)을 발주하는 방식으로, 이는 B그룹 품목이나 수요 변동의 폭이 작은 품목의 관리에 적합한 기법

② 정기발주법(P시스템): 재고량을 정기적으로 파악하여 기준 재고량과 현재 재고와의 차이를 발주하는 방식으로, 중요도가 높은 품목(A그룹), 수요 변동의 폭이 큰 계절상품 등의 관리에 적합한 기법

구분	정량발주모형(Q시스템)	정기발주모형(P시스템)
주문시기	재고수준이 재주문점에 도달 시(부정기적)	미리 정해진 주문시기(정기적)
주문량	일정	변함
표준화	표준부품이 좋다.	전용부품이 좋다.
품목 수	많아도 된다.	적을수록 좋다.
구매금액	적은 편이 좋다.	큰 편이 좋다.
수요정보	과거의 실적에 의존	장래의 예측정보에 의존
재고조사	계속실사(재고의 출고가 있을 때마다 실시)	정기실사(재주문기간이 되었을 때 실시)
특징	• 재고가 적음 • 품절가능성이 낮음 • B급 품목 • 수요 변동이 적은 품목	• 재고가 많음 • 운영비용이 낮음 • A급 품목 • 수요 변동이 큰 품목

THEME 27 MRP(자재소요계획)와 JIT(적시생산시스템)

● Point 1 MRP와 ERP

1. MRP(자재소요계획) 시스템

① 개념 및 특징 ★
  ㉠ MRP(Material Requirement Planning)는 제품의 생산수량 및 일정을 토대로 제품생산에 필요한 원자재, 부품 등의 소요량과 소요시기를 역산해서 자재조달계획 수립 및 일정관리를 수행하는 효율적인 재고관리시스템(Push 시스템)
  ㉡ 제조기업은 최종 제품의 독립적 수요를 추정하고, 이 수요에 따라 각 구성부품들의 종속적 수요(Dependent Demand)인 MRP를 계산하여 필요한 때 필요한 양만큼 재고를 보유
  ㉢ 컴퓨터를 이용하므로 상위 생산계획이 변경되면 부품 수요량과 재고보충시기 변경이 용이
② 목적: 적시에, 적량의 제품을, 적합한 장소에 물자를 공급함으로써 과잉재고와 재고부족 현상을 해결하여 재고비용을 극소화시키는 데 그 목적이 있음
③ MRP의 유용성: MRP 시스템은 계획생산에 입각한 '푸시(Push) 방식'을 적용하는 것으로, 조립생산이나 부품생산 시간이 짧고 신뢰가 가능할 때, 확고한 기준일정이 수립되어 있을 경우 등에 유용

④ MRP의 구성요소

 ㉠ Master Production Schedule(MPS): 주일정계획

 ㉡ Bill of Materials(BOM): 자재명세서

 ㉢ Inventory Record File(I/R): 재고기록철

2. MRP Ⅱ (생산자원계획)

① MRP(Manufacturing Resource Planning)Ⅱ 시스템은 원자재뿐만 아니라 생산에 필요한 모든 자원을 효율적으로 관리하기 위한 재고통제시스템으로 MRP가 확대된 개념

② MRPⅡ는 재고관리, 생산현장관리, 자재소요관리 등의 생산자원계획과 통제과정에 있는 여러 기능들이 하나의 단일시스템에 통합되어 생산관련 자원투입의 최적화를 추구

3. ERP(Enterprise Resource Planning, 전사적 자원관리)

① 기업 내의 설계, 생산, 물류, 재무, 영업, 회계, 인사 등 여러 시스템을 유기적으로 연결하여 정보를 공유하고 자원의 활용을 높이는 기업통합 정보시스템을 의미

② 전사적 자원계획(ERP; Enterprise Resource Planning) 시스템은 1960년대의 MRP와 1980년대의 MRPⅡ의 개념을 바탕으로 하여 구축

▶ Point 2   JIT(적시생산시스템)

1. JIT(적시생산시스템)

① JIT의 개념 ⭐

 ㉠ JIT(Just In Time) 시스템, 즉 적시생산시스템은 단위시간당 필요한 자재를 소요량만큼 조달하여 재고를 최소화하고, 다양한 낭비의 최소화를 전개함으로써 비용절감, 품질개선, 작업능률 향상 등을 통해 생산성을 높이는 생산시스템을 의미

 ㉡ 도요타 자동차에서 개발한 JIT(Just In Time)는 낭비요인들을 제거하고, 공급업자와의 장기적 협력관계를 통해 고객주문이 들어옴과 동시에 생산이 시작되는 Pull 시스템

> **Tip**
>
> **린 생산시스템(Lean Production System):** 미국에서 JIT를 수용한 개념. Lean이란 얇은 혹은 마른 뜻을 가지고 있으며, 생산관리에서는 낭비 없는 생산을 의미하고 생산과정에서 발생할 수 있는 어떤 유형의 낭비도 철저히 제거하겠다는 것을 뜻함

② JIT의 목표: 재고의 감소, 제조준비시간의 단축, 리드타임의 단축, 불량품의 최소화, 자재취급노력의 경감

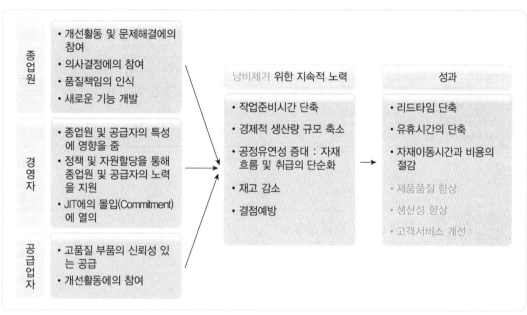

③ JIT 시스템의 구성요소

　㉠ 소로트 생산과 제조준비시간 단축

　㉡ 생산의 평준화

　㉢ 작업자의 다기능화(Multi-Functions Player)

　㉣ **품질관리**: 품질분임조(QC)와 제안제도

　㉤ **칸반시스템(Kanban System) 운용**

　㉥ **공급자 네트워크**: 장기적이고 긴밀한 협력관계 구축

　㉦ 생산자동화(Jidoka)

2. JIT와 JITⅡ와의 비교

JIT	JITⅡ
원부자재 공급받는 데 중점	원부자재, 설비공구 등 모든 분야 공급에 중점
개별적인 생산현장의 연결	SCM상의 파트너들과 연결, 프로세스를 변화시킴
공장 내 무가치한 활동 제거	기업 간의 중복업무, 무가치한 활동 제거
Pull 방식	Pull 방식과 MRP의 Push 방식을 동시 수용
물동량의 흐름이 주된 개선대상	기술, 영업, 개발을 동시화하여 물동량을 강력히 통제함

3. MRP와 JIT의 비교 ★

구분	MRP 시스템	JIT 시스템
관리시스템	계획대로 추진하는 Push 시스템	요구(주문)에 따라가는 Pull 시스템
관리목표	계획과 통제(필요시 확보)	낭비 제거(무재고 시스템)
관리도구	컴퓨터 처리	눈으로 보는 관리(간판)
생산계획	변경이 잦은 MPS 적용 가능	안정된 MPS 필요
자재소요판단	자재소요계획	간판
발주(생산)로트	경제적 주문량	소로트(Small Lot)

THEME 28 물류관리 - 화물운송

▶ Point 1 화물운송

1. 운송의 개념

① 운송(Transportation)은 이러한 장소적(거리적)인 부분의 문제를 원활히 연결시켜 주는 재화의 이동행위로 재화의 **장소적 효용**(Place Utility)을 창출하는 경제행위임

② 중요 운송수단으로는 철도, 트럭, 해상운송, 파이프라인, 항공 등이 있음. 우리나라의 경우 화물자동차운송이 전체의 90% 이상을 차지하고 있고, 철도운송과 해상운송이 그 뒤를 잇고 있음

③ 화물운송 관련 중요 용어

   ㉠ 배송: 화물을 물류거점에서 화물수취인에게 보내는 행위

   ㉡ 수송: 화물을 자동차, 선박, 항공기, 철도 등 기타의 기관에 의해 어떤 지점에서 다른 지점으로 이동시키는 행위

   ㉢ 일관운송: 물류의 효율화 목적으로 화물을 발송지에서 도착지까지 해체하지 않고 연계하여 수송하는 것으로 파렛트와 컨테이너를 이용

   ㉣ 복합일관운송: 수송단위 물품을 재포장하지 않고 철도차량, 트럭, 선박, 항공기 등 2 이상의 운송기관을 연계하여 운송하는 것

   ㉤ 유닛로드시스템: 복합일관운송을 위해 컨테이너를 이용한 일관운송체계인 유닛로드시스템 (Unit Load System), 즉 단위적재시스템의 구축이 중요

2. 운송체계의 3대 요소

① 운송수단(Mode): 트럭, 선박, 항공기 등 화물운송을 직접 담당하는 운송수단을 말함
② 운송연결점(Node): 물류터미널, 항만, 공항, 물류센터 등 화물운송을 효율적으로 처리하기 위해 필요한 장소 또는 시설을 의미
③ 운송경로(Link): 운송수단에 의해서 형성되는 경로이며, 운송연결점을 연결한 것을 뜻함

3. 운송수단 간 비교 ★

항목	화물자동차	철도	해상	항공
화물량	소중량화물	대량화물	대량화물	소중량화물
운송거리	단·중거리	중·장거리	장거리	장거리
운송비용	비교적 고가	저렴	저렴	고가
운송속도	빠름	느림	매우 느림	매우 빠름
일관운송	용이함	어려움	어려움	어려움

Tip

해상운송(정기선과 부정기선)

구분	정기선	부정기선
수요특성	• 비교적 고운임 • 신속, 정확, 규칙성, 정시성 • 수요가 일정하고 안정적	• 비교적 저운임 • 신속성과 규칙성이 낮음 • 수요가 불규칙적·불안정적
대상화물	운임부담력이 큰 고가품, 컨테이너	벌크(Bulk)화물: 연료, 광물 등
선박의 종류	주로 정기선(특정 항로 운항), 컨테이너선	주로 부정기선(불특정 항로 운항, 전용선은 정기적), Bulk선
운임	Tariff Rate(운임표상의 고정운임)	시장의 수급상황에 따라 변동

4. 화물운송시스템의 합리화 방안

① 동일지역의 동종업종을 대상으로 화주들의 공동수·배송 유도
② 도로 중심 운송을 철도와 연안운송으로 전환(Modal Shift) 및 거점 간 복합운송으로 전환
③ 운송업체 간 제휴와 M&A를 통하여 운송업체의 대형화·전문화 유도
④ 최단운송루트 개발 및 최적운송수단의 선택
⑤ 화물자동차의 회전율을 높일 수 있도록 상하차 소요시간 감소
⑥ 화물운송시스템은 재고관리비와 운송비의 Trade-off 측면을 고려하여 설계

5. 운송수단 결정 시 검토해야 할 사항

① 운송할 화물이 일반 화물인지 냉동 화물인지 등의 화물의 종류

② 운송할 화물의 중량과 용적

③ 화물의 출발지, 도착지와 운송거리

④ 운송할 화물의 가격, 운송의 신속성, 복합운송 여부 등

6. 최신 물류 관련 용어

① 풀필먼트(Fulfillment): '주문 이행'을 뜻하는 전자상거래 관련 용어로, 물류센터에서 제품 포장부터 최종 목적지까지 배송하는 일련의 유통과정을 의미

② 라스트 마일 배송(Last Mile Delivery): 고객에게 상품을 전달하기 직전의 마지막 거리 또는 순간으로, 최종배송단계를 뜻함

▶ Point 2　공동수·배송과 복합운송

1. 공동수·배송

① 공동수·배송의 개념: 공동수·배송이란 하나의 차량에 다양한 화주의 화물을 혼적(Consolidation)하여 운송함으로써 운송의 대형화(적재율 향상 및 규모의 경제)와 순회배송을 가능하게 하는 운송기법. 물류효율화의 강조, 소량 다빈도 수·배송과 JIT 수·배송의 필요성 증대, 고객지향적 수·배송 서비스가 요구되는 현실에 있어서 중요성이 더욱 커지고 있음

② 공동수·배송시스템의 전제조건 ★

　㉠ 일정 지역 안에 유사영업과 공동수·배송을 실시하는 다수의 기업(화주)이 존재

　㉡ 대상화물이 공동화에 적합한 품목

　㉢ 대상기업 간에 공동수·배송에 대한 이해가 일치

　㉣ 공동수·배송에 참여하는 기업 간의 경제성 및 물류서비스 수준의 향상이라는 목적이 일치

　㉤ 공동수·배송을 주도(주관)하는 책임기업이 존재

③ 공동수·배송의 기대효과

물류기업 측면	• 운송 횟수의 감소로 수·배송 비용의 절감 • 수·배송 업무의 효율화 • 차량 및 시설투자 증가의 억제 • 교통량의 감소에 의한 환경보전
고객(화주) 측면	• 납품빈도 증가로 상품구색의 강화 및 식료품의 경우 신선도 향상 • 재고보유의 감소 • 검사 등 일선업무의 효율화

④ 공동수 · 배송의 유형

공동수 · 배송 유형	공동수 · 배송 내용
배송공동형	배송은 공동화하고 화물거점시설까지의 운송은 개별화주가 행하는 형태
집배(집화 · 배송)공동형	물류센터에서의 배송뿐만 아니라 화물의 보관 및 집화업무까지 공동화하는 방식으로서 주문처리를 제외한 거의 모든 물류업무에 관해 협력하는 형태
노선집화공동형	노선의 집화망을 공동화하여 화주가 지정한 노선업자에게 화물을 넘기는 형태, 즉 각 노선사업자가 집화해 온 노선화물의 집화부분을 공동화하는 방식
공동납품대행형	• 착화주의 주도에 의해 공동화하는 것으로 유통가공, 상품내용 검사 등의 작업 대행이 이루어지는 형태 • 백화점, 할인점 등에서 공동화하는 유형으로 참가 도매업자가 선정한 운송사업자가 배송거점을 정하여 납품상품을 집화, 분류, 포장 및 레이블을 붙이는 작업 등을 한 후 배달, 납품하는 형태
공동수주 · 공동배송형	운송업자가 협동조합을 설립하여 공동수 · 배송을 하는 유형

2. 복합운송(Multimodal Transport)

① 복합운송의 의의: 복합운송은 트럭과 철도 · 선박 · 항공기 등 2가지 이상의 운송수단에 의한 연계 운송 형태를 말함

② 복합운송의 종류 ★

ㄱ 피기백 방식(Piggy Back System): 운송수단으로 트럭과 철도가 결합되는 경우

ㄴ 피시백 방식(Fishy Back System): 운송수단으로 트럭과 선박이 결합되는 경우

ㄷ 버디백 방식(Birdy Back System): 운송수단으로 항공기와 트럭이 결합되는 경우

3. 택배운송(Courier Service 포함)

① 택배운송은 개인 또는 기업의 화주로부터 소형 · 소량의 화물운송을 의뢰받아 Door to Door로 물품의 집하 · 포장 · 운송 · 배송에 이르기까지 신속 · 정확하게 운송 서비스를 제공하는 운송체계를 뜻함

② 택배운송의 등장배경

ㄱ 소비자 욕구(needs)의 다양화 및 고급화

ㄴ 다품종 소량생산 · 다빈도 배송시대로의 전환 및 확산

ㄷ COVID-19 이후 전자상거래 확대에 따른 택배의 필요성 증대

ㄹ 일관운송시스템에 대한 필요성 증대 및 물류전문기업의 성장

▶ Point 3 화물운송정보시스템

1. 운송관리시스템(TMS; Transportation Management System)

공급체인 전반의 운송계획을 최적화하는 솔루션으로 운송주문에서 운임정산까지 경로계획, 배차계획, 차량관리, 배송추적, 운임정산, 운송예약 등의 업무처리와 당사자 간 데이터를 교환·분석하여 상황을 파악할 수 있게 하는 등의 기능을 제공

2. 지능형교통시스템(ITS; Intelligent Transport System)

전기, 전자, 통신, 제어기술 등 첨단기술을 도로, 차량, 화물 등 교통시설물에 접목시켜 실시간 교통정보를 수집, 관리, 제공함으로써 교통시설의 이용효율을 극대화하고 교통이용 편의와 안전을 제고하고 환경친화적 교통체계를 구현하는 21세기형 교통체계에 해당

3. 화물운송정보시스템(CVO; Commercial Vehicle Operation)

구차구화시스템이라고 하며, 화물 및 화물차량에 대한 위치를 실시간으로 추적·관리하여 각종 부가정보를 제공함으로써 생산성 향상을 도모하려는 물류정보화 기술

4. 위성위치추적시스템(GPS; Global Positioning System)

인공위성과 통신망을 이용하여 지구 어느 곳에서도 리얼타임으로 위치파악이 가능하도록 구축된 시스템

5. 주파수공용통신시스템(TRS; Trunked Radio System)

주파수공용통신이라고 하며, 중개국에 할당된 여러 개의 채널을 공동으로 사용하는 무전기시스템으로 운송수단에 탑재하여 이동 간의 정보를 실시간으로 송·수신할 수 있음

6. 적재관리시스템(VMS; Vanning Management System)

화물의 특징에 따라 적정한 화물차에 화물이 효율적으로 적재될 수 있도록 차량의 소요, 배차, 적재위치 등을 지정해 주는 적재관리 최적화 시스템

7. Routing System

화물자동차의 최종 배송지에 대한 최적 운송경로를 설정하여 주는 운송경로시스템

THEME 29 물류관리 - 보관활동과 포장 및 하역활동

▶▶ Point 1 보관활동

1. 보관활동의 개념

① 보관(Storage)이란 물품을 물리적으로 보존하고 관리하는 활동을 의미하며, 시간적 장애를 해소시켜 '시간적 효용'을 창출

② 보관은 물품의 수요와 공급의 시간적인 격차를 조정하여 시간적 효용을 창출함으로써 경제생활을 안정시킬 뿐만 아니라, 촉진시키는 역할을 함

2. 보관의 원칙 ★

① **통로대면 보관의 원칙**: 통로를 서로 마주 보게 보관함으로써 창고 내의 흐름을 원활히 하기 위한 기본원칙. 제품 입·출고를 용이하게 하고 효율적 보관을 위해 접근성을 강조

② **높이쌓기의 원칙**: 제품을 높게 쌓는 것으로서 높이 쌓게 되면 창고의 용적효율, 충전효율, 보관효율을 높일 수 있음. 용도에 맞는 랙(Rack) 등 보관설비의 설치를 고려해야 함

③ **선입선출의 원칙**: 먼저 입고된 물품을 먼저 출고한다는 원칙으로, 일반적으로 물품의 재고회전율(Life Cycle)이 낮은 경우에 많이 적용

④ **회전대응 보관의 원칙**: 보관할 물품의 장소를 물품의 회전율 정도에 따라 정하는 원칙으로서 입·출하 빈도의 정도에 따라 보관장소를 결정하는 것을 말함. 입·출고 빈도가 높은 화물은 출입구와 가까운 장소에 보관하고 낮은 경우에는 먼 장소에 보관함이 원칙

⑤ **동일·유사성의 원칙**: 동일품종은 동일장소에 모아서 보관하고, 유사품은 근처 가까운 장소에 모아서 보관해야 한다는 원칙

⑥ **중량특성의 원칙**: 제품의 중량에 따라 보관장소의 출입구를 기준으로 한 거리와 높낮이를 결정해야 한다는 원칙으로, 제품의 하역작업 시 중량물과 대형물은 하부 및 출구 쪽으로 배치

⑦ **형상특성의 원칙**: 화물의 형상특성에 부응하여 보관한다는 원칙. 표준화된 제품은 랙에 보관하고 비표준화 제품은 형상에 따라 보관장소의 효율 등을 고려하여 보관

⑧ **위치표시의 원칙**: 보관 및 적재된 제품의 랙의 위치와 상황에 맞는 특정한 기호를 사용하여 위치를 표시함으로써 입·출고의 단순화, 재고파악 및 정리작업 등 효율성 제고 가능

⑨ **명료성의 원칙**: 창고 내 작업원이 시각적으로 보관장소나 보관품 자체를 쉽게 파악할 수 있도록 해야 한다는 원칙

⑩ **네트워크 보관의 원칙**: 관련 계통의 상품을 한 장소에 모아 보관하는 원칙

3. 자가창고와 영업창고 ☆

① 자가창고: 기업이 장기간 직접소유 및 운영하며, 자사상품을 보관하는 창고를 말함

장점	• 자사상품의 보관특징에 맞는 보관이 가능 • 입·출고 시간 등의 제약이 적음 • 높은 전문성, 낮은 변동비
단점	• 높은 투자비(고정비), 입지변경의 유동성이 작고, 수요 변동에 대한 보관공간의 탄력적 대응이 곤란함

② 영업창고: 원하는 기간 동안 보관료를 받고 공간과 설비, 운영을 임차하는 것을 의미

장점	• 낮은 투자비, 입지변경의 용이성, 수요 변동에 대한 보관공간의 탄력적 대응 가능
단점	• 자사상품의 보관특징에 맞추기 곤란 • 입·출고 시간과 요일의 제약 • 낮은 전문성, 높은 비용

4. 공공창고 유형

① 공립창고: 창고 부족 문제를 해결하기 위해 정부와 지방자치단체가 항만지역 등에 설립하여 민간에게 그 운영을 위탁한 창고

② 관설상옥: 정부나 지방자치단체가 부두 또는 안벽에 설치하고 민간업자나 일반에 제공하는 창고

③ 관설보세창고: 관세법에 따라 세관장의 허가를 받아 세관의 감독하에 수출입세를 미납한 상태의 화물을 보관하는 창고

▶ Point 2 　포장 및 하역활동

1. 포장의 종류와 원칙

① 포장의 표준화: 물류비 절감을 위해 포장의 규격화가 중요, 컨테이너·파렛트의 규격에 맞춰 가장 효율적으로 제품이 적재될 수 있는 겉포장 규격을 정하고, 이에 따라 속포장과 낱포장의 크기를 정함

② 공업포장과 상업포장

　㉠ 공업포장: 물품을 운송, 보관하는 것을 주목적으로 시행하는 포장을 총칭함. 공업포장의 주기능은 물품의 보호기능과 운송하역에서 물품취급의 편의성에 있음

　㉡ 상업포장: 상거래 과정에서 상품화 또는 판매단위의 포장으로, 주로 판매촉진 기능을 함

③ 포장합리화의 원칙: 대형화·대량화 원칙, 집중화·집약화 원칙, 규격화·표준화 원칙, 사양변경의 원칙, 재질변경의 원칙, 시스템화·단위화의 원칙

④ 포장 표준화 5대 요소 ☆: 강도의 표준화, 재료의 표준화, 치수의 표준화, 기법의 표준화, 관리의 표준화

2. 하역활동

① 하역의 개념

　㉠ 하역(Material Handling)은 보관과 운송의 앞뒤에 있는 물품의 취급활동으로 물자를 싣고 내리기(상하차하는 행위), 운반 및 적재, 제품을 창고 등에서 꺼내는 것(Picking) 또는 분류(Sorting)하는 것을 말함

　㉡ 하역은 시간적 효용 및 장소적 효용의 창출을 지원하는 역할을 하지만 자체적으로 창출하는 효용은 없음

② 하역합리화의 원칙

　㉠ 하역경제성의 원칙: 불필요한 하역작업을 줄이고 가장 경제적인 하역 횟수로 하역

　㉡ 활성화의 원칙: 운반활성지수를 최대화하는 원칙으로 지표와 접점이 작을수록 활성지수는 높아지며 하역작업의 효율이 증가

　㉢ 이동거리 및 시간최소화의 원칙: 하역작업의 이동거리를 최소화하여 작업 효율성 증대

　㉣ 유닛로드 원칙(단위화의 원칙): 화물을 어떤 특정 단위(중량, 부피)로 단위화하는 것

　㉤ 시스템화의 원칙: 종합인 관점에서 시스템 전체의 균형을 염두에 두고, 시너지효과 제고

　㉥ 기계화의 원칙: 자동화를 통해 하역작업의 효율성과 경제성을 증가

　㉦ 인터페이스의 원칙(호환성 원칙): 하역작업 공정 간 접점이 원활하도록 소통함을 의미

3. 철도운송 시 하역방식 ☆

① COFC(Container on Flat Car): 컨테이너만을 화차에 싣는 방식으로 대량의 컨테이너를 신속히 취급

　㉠ 세로-가로방식(지게차 이용): 탑핸들러 또는 리치스태커 등을 이용하는 방식

　㉡ 매달아 싣기(크레인 이용): 컨테이너를 신속히 처리하는 방법으로 매달아 싣는 방식

　㉢ 플렉시 밴(Flexi-Van): 트럭이 화물열차에 대해 직각으로 후진하여 무개화차에 컨테이너를 바로 싣고, 화차에는 회전판(Turn Table)이 달려 있어 컨테이너를 90°회전시켜 고정시킴

② TOFC(Trailer on Flat Car): 화차 위에 고속도로용 트레일러를 동시에 적재하는 방식

　㉠ 피기백 방식: 화차 위에 화물을 적재한 트럭 등을 적재한 상태로 운송을 하는 형태

　㉡ 캥거루 방식: 트레일러 바퀴가 화차에 접지되는 부분을 경사진 요철형태로 만들어 트레일러의 적재높이가 낮아지도록 하여 운송하는 형태

THEME 30 물류비 분류와 물류 아웃소싱

▶ Point 1 기업물류비

1. 물류비를 산정하는 목적

① 물류활동의 계획, 통제 및 평가를 위한 정보 제공
② 물류 원가관리를 위한 자료 제공
③ 물류활동에 관한 문제점 파악
④ 물류활동의 규모 파악

2. 물류비 분류체계 ☆

기업물류비 산정지침(국토교통부 고시) 및 물류 실무에 따른 분류

분류	영역별	기능별	지급형태별 (자가·위탁별)	세목별	관리항목별	조업도별
비목 분류	• 조달물류비 • 사내물류비 • 판매물류비 • 역물류비 　– 반품, 회수, 　폐기	• 운송비 • 보관비 • 포장비 • 하역비 • 유통가공비 • 물류정보비	• 자가물류비 • 위탁물류비 　: 2PL~4PL	• 재료비 • 노무비 • 경비 • 이자비용	• 조직별 • 제품별 • 지역별 • 고객별 • 운송수단별	• 고정물류비 • 변동물류비

※ 운송비 > 보관비 > 포장비 > 하역비 등의 순으로 '운송비'가 가장 큰 비중 차지

3. 물류비 산정절차

물류관리 목표 설정 → 현황 파악 및 분석 → 물류비 자료의 식별과 입수(물동량 파악) → 물류계획의 검토 → 물류예산 편성 → 물류비 계산 및 보고

4. 물류채산분석과 물류원가분석

① 개념: 물류채산분석은 현재 실시하고 있는 물류업무에 대한 타당성 분석이나 신규 물류시설에 대한 경제성 분석, 물류개선안에 대한 의사결정 분석기법에 해당, 반면 물류원가분석은 물류활동에서 발생하는 원가를 분석하고 성과를 측정하는 반복적인 분석

② 물류채산분석기법

ㄱ 총비용접근법(Total Cost Approach): 물류 개선에 관해서 요구되는 모든 비용 중에서 각 비용의 부분적인 절감이 아닌 비용총액의 관점에서 어떻게 비용을 절감할 것인가에 대한 종합적 분석방법(전체적 관점)

ㄴ 비용상충분석(Cost Trade-off Analysis): 물류업무를 추진할 때 이율배반적인 관계가 발생하는 경우 **원가의 비교를 중심**으로 하여 채산성을 분석하는 방법(부분적 관점)

③ 비교

구분	물류채산분석	물류원가분석
계산목적	물류활동의 의사결정	물류활동의 업적평가
계산대상	특정의 개선안, 투자안	물류업무의 전반
계산기간	개선안의 전(특정) 기간	예산기간(월, 분기, 연도별)
계산시기	의사결정 시 실시	각 예산기별로 실시
계산방식	상황에 따라 상이	항상 일정
계산의 계속성	임시적으로 계산	반복적으로 계산
물류원가의 종류	미래원가, 실제원가	표준원가, 실제원가
할인계산의 유무	할인계산함	할인계산 안 함

Point 2 물류 아웃소싱과 제3자 물류

1. 물류 아웃소싱 ☆

① 물류 아웃소싱의 개념: 아웃소싱은 한 기업이 보유한 핵심역량 분야에 기업의 인적·물적 자원을 집중시키고, 비핵심부분에 대해서는 일체를 해당 분야의 전문업체에 위탁함으로써 기업경쟁력을 높이려는 전략

② 물류 아웃소싱의 장·단점

장점	• 고정비용 절감 및 환경대응의 유연성 획득 가능 • 규모의 경제 효과를 향유(비용절감 및 서비스 수준 상승) • 분업의 원리를 통한 이득
단점	• 아웃소싱업체에 대한 통제력이 없어 리드타임 조절이 곤란 • 자사물류보다 컴플레인에 대한 대처가 미흡

③ 물류 아웃소싱의 효과
  ㉠ 제조업체가 물류 아웃소싱을 추구할 때, 그 업체는 전문화의 이점을 살려 고객 욕구의 변화에 대응하여 주력사업에 집중할 수 있음
  ㉡ 물류공동화와 물류표준화가 가능
  ㉢ 물류시설 및 장비를 이중으로 투자하는 데 따르는 투자위험의 회피가 가능
  ㉣ 기업의 경쟁우위 확보 및 사회적 비용의 절감과 국가경쟁력 강화에 기여 가능

④ 팬먼 & 와이즈의 물류 아웃소싱 성공전략
  ㉠ 물류 아웃소싱은 기업 전체의 전략과 일치해야 함
  ㉡ 물류 아웃소싱의 성공은 최고경영자(CEO)의 관심과 지원이 필요
  ㉢ 물류 아웃소싱의 목표는 비용절감 및 고객만족에 있음
  ㉣ 인원감축에 대한 저항이 있으므로 적절한 인력관리전략으로 구성원들의 사기저하를 방지
  ㉤ 지출되는 물류비용을 정확히 파악하여 아웃소싱 시 비용절감 효과를 측정해야 함

2. 제3자 물류(3PL)

① 제3자 물류의 개념

㉠ **물류정책기본법**: 제3자 물류란 화주가 그와 대통령령으로 정하는 특수관계에 있지 아니한 물류기업에 물류활동의 일부 또는 전부를 위탁하는 것을 의미

㉡ **3PL**: 화주기업과 물류전문기업이 장기적인 계약에 기초하여 전략적 제휴를 맺고, 화주기업이 물류활동의 전부 또는 일부를 물류전문기업에 위탁하는 것을 의미

② 자가 · 위탁별 물류의 분류

제1자 물류	자가물류 형태, 제조기업이 물류를 동시에 진행
제2자 물류	자회사물류, 우리나라 대기업의 물류형태 例 현대글로비스
제3자 물류	전문 물류기업에 위탁, 타회사 물동량 비중이 60%를 상회할 경우
제4자 물류	제3자 물류 + IT 기술 + 글로벌 컨설팅 기능

📑 Tip

4PL: "화주기업에게 포괄적인 공급사슬 솔루션을 제공하기 위해, 물류서비스 제공기업이 자사의 부족한 부문을 보완할 수 있는 타사의 경영자원, 능력 및 기술과 연계하여 보다 완전한 공급사슬 솔루션을 제공하는 공급사슬 통합"이라고 정의

③ 제3자 물류의 기대효과

㉠ 물류시설에 대한 고정비 감소로 규모의 경제 효과를 얻을 수 있어 물류의 합리화 실현

㉡ 물류비 절감과 동시에 물류서비스의 향상으로 제조기업의 경쟁력을 강화

- 핵심역량에 대한 집중력 강화
- 유연성(Flexibility)의 향상

㉢ 정보공유에 의한 효율적인 업무개선

㉣ SCM 도입 및 확산을 촉진하는 매개역할 수행

④ 제3자 물류와 아웃소싱의 비교

구분	제3자 물류	물류 아웃소싱
화주와의 관계	전략적 제휴, 계약 기반	수 · 발주관계, 거래 기반
관계의 특징	협력적 관계	일시적 관계
서비스의 범위	종합물류서비스 지향	수송, 보관 등 기능별 서비스 지향
정보 공유	필수적	불필요
도입결정 권한	최고경영자	중간관리자
관리형태	통합관리형	분산관리형
운영기간	중장기	단기, 일시

3. 제4자 물류(4PL)

제4자 물류(4PL)는 제3자 물류업체가 IT 기술을 기반으로 물류 컨설팅업을 수행하는 것을 의미함. 공급사슬 전체의 운영 및 관리에 목표를 두고, 물류비 절감과 서비스를 극대화하기 위해 물류회사, 컨설팅회사 및 IT회사가 컨소시엄을 구성하여 참여하는 방식을 취함

05 기업윤리와 유통법규

THEME 31 기업윤리

▶ Point 1 기업윤리

1. 기업윤리의 기본원칙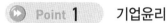

구분	지켜야 할 기본윤리
주주에 대한 윤리	투명한 경영, 자금횡령, 부당한 배당 금지, 내부거래, 분식회계
사회에 대한 윤리	공해발생과 오염물질 배출 금지, 분식회계 금지
종업원에 대한 윤리	성차별대우, 부당노동 강요행위 금지, 프라이버시 침해
거래처에 대한 윤리	부당한 반품, 리베이트 요구 금지
경쟁사에 대한 윤리	부당한 인력 유출, 기술노하우 유출행위 금지
고객에 대한 윤리	유해상품판매, 허위과장광고, 가짜상표

2. 유통기업의 사회적 책임(CSR)

① 사회적 책임의 개념

　㉠ CSR의 개념: 유통기업의 사회적 책임(CSR)은 기업이 성장뿐만 아니라 환경적, 사회적, 윤리적 문제에 대해 균형을 갖지 못하면 결코 '지속가능경영'을 갖출 수 없다는 것을 의미하며, 기업의 사회적 책임에는 경제적 책임, 법적 책임, 윤리적 책임, 자선적 책임이 있음

　㉡ CSR이 요구되는 이유

　　ⓐ 기업 종업원부터 지역사회나 정부에까지 미치는 막대한 영향력에 상응하는 책임이 요구

　　ⓑ 기업의 경제활동으로 인해 발생하는 외부불경제 효과가 발생

　　ⓒ 규모의 경제를 추구하려 대형화되는 과정에서 발생하는 기업의 영향력 증대

　　ⓓ 정보통신기술과 산업고도화 등과 같은 환경요인 간의 상호작용이 증대

② 사회적 책임의 국제표준(ISO 26000)

　㉠ ISO 26000은 국제표준화기구(ISO)가 제정한 기업의 사회적 책임(CSR)에 대한 국제표준

　㉡ CSR의 표준은 환경경영, 정도경영 및 사회공헌 등 3분야로 구분

　　ⓐ **환경경영**: 환경보호 및 관리를 포함한 지속 가능한 발전

　　ⓑ **정도경영**: 주주권한·노사관계·법령준수와 함께 임직원의 윤리성

　　ⓒ **사회공헌**: 자선활동에 더하여 전략적 사회공헌활동까지 포함

③ ESG: 현재 세대의 필요를 충족시키기 위해 미래 세대가 사용할 환경, 사회, 지배구조 등의 자원을 낭비하거나 여건을 저하시키지 아니하고 조화와 균형을 이루는 지속 가능한 기업 경영을 의미

Environment : 환경	기후변화, 환경오염물질 저감, 친환경제품 개발
Social : 사회	산업안전, 하도급거래, 서비스의 안전성, 공정경쟁
Governance : 지배구조	주주권리, 이사회 구성 및 활동, 감사제도, 배당

❚ ESG 경영: 기업의 비재무적 성과측정 기준 ❚

3. 공급자와의 거래에서 발생하는 비윤리적 문제

① **역매입**: 입점비와 마찬가지로 점포에 입점하기 위해 공급업체와 소매유통기업이 암묵적 합의하에 사용하는 전략

　　예 유통기업이 공급업체에게 경쟁자의 상품을 역매입하게 하여 경쟁자의 상품을 제거하고 그 공간에 공급업체 상품을 진열하게 하는 경우

② **역청구**: 소매상이 공급업체로부터 발생한 상품 수량의 차이에 대해 대금을 공제하는 것

③ **구속적 계약**: 사고자 하는 상품을 구입하기 위해서 사고 싶지 않은 상품까지도 소매업체가 구입하도록 하는 공급업체와 소매업체 간에 맺는 협정을 의미

④ **회색시장(Gray-Market)**: 유통업자가 제조업자나 공식 수입업자 동의 없이 외국에서 적법하게 제조된 물품을 직접 구매해서 국내에 저가로 판매하는 시장을 의미함. 병행수입시장을 총칭해서 회색시장이라 칭함

장점	대형 유통업체 등에 의한 병행수입 확대는 공식 수입업체가 가격을 인하하는 긍정적 효과
단점	• 공식 수입업체와는 달리 A/S 및 보증 등 서비스품질에 문제 소지가 있음 • 제조업체와 유통업자, 소비자 간의 신뢰관계 문제 발생

4. 종업원의 권리 ☒

① **일할 권리**: 고용계약에 따라 일할 권리, 즉 부당하게 해고당하지 않으며, 부당하게 승진을 거부당하지 않아야 함

② **정당한 보수를 받을 권리**: 일한 만큼 그에 대한 대가로 정당한 보수와 함께 정당한 대우를 받아야 함

③ **프라이버시(사생활)의 권리**: 종업원은 근무시간 이외의 시간을 자유롭게 이용할 권리가 있으며, 근무시간 중에도 프라이버시를 가질 권리가 있음

④ **안전한 작업장에서 일할 권리**: 종업원은 안전한 작업장을 요구할 권리가 있고, 기업은 건강에 해가 없는 작업장을 제공할 권리가 있음

⑤ **근로생활의 질을 바랄 권리**: 종업원은 근로생활의 질을 바랄 권리가 있음

⑥ 외부활동을 할 권리: 종업원은 근무시간 이외의 시간은 자유의사에 따라 회사의 간섭을 받지 않고 정치활동을 포함한 외부활동을 자유롭게 할 권리가 있음

⑦ 단체행동의 권리: 이는 노동조합을 결성하고 단체교섭에 실패하는 경우 노동조합을 통해 파업과 같은 단체행동을 할 수 있는 권리를 의미

▶ Point 2 기업환경의 변화와 기업윤리

1. 대내적 환경의 변화(기업윤리에 대한 인식 확대의 이유)

① 기업의 영업관행과 사회적 가치관의 차이 확대
② 기업에 대한 사회적 신뢰의 위기
③ 뇌물방지법의 영향
④ 기업지배구조에 대한 인식의 변화
⑤ 삶의 질을 중시하는 경향
⑥ 여론과 시민단체의 영향력 증대

2. 국제적 환경의 변화

① 부패라운드
② 윤리라운드
③ 업계의 자율과 정부의 장려

3. 기타의 윤리문제

① 이해상충: 소매업체의 의사결정자가 공급업자와의 사적인 관계로 인하여 정상적이고 합리적인 의사결정을 내릴 수 없을 때 발생
② 정보누설: 회사의 업무와 관련된 내용 중에서 기밀에 속하는 내용은 종업원들이라면 누구나 배우자에게 유출해서는 안 됨
③ 회사 자산의 개인적 사용: 사적인 장거리 전화 이용, 근무시간 중에 업무와 상관없는 인터넷 검색, 상사의 개인적인 일에 종업원 동원, 회사의 비품 부당취득, 고객 사은품 절취 등
④ 직장 이동: 개인이 회사에서 습득한 주요 노하우나 기밀 등을 경쟁회사에 제공하고 더 나은 대우를 받는 것은 윤리적으로 정당한 일이라 할 수 없음. 회사는 종업원들이 이러한 유혹에 빠지지 않도록 종업원들에게 충분한 급여와 복지후생 등을 제공해야 함

4. 윤리문제의 대상이 되는 정보

① 지식재산권: 저작권, 특허권, 상표권 등의 지적재산권은 보호되어야 하며, 이를 허가 없이 복사하거나 도용하는 것은 불법일 뿐만 아니라 비윤리적 행위가 됨

② **사생활 정보**: 사생활의 권리는 자신의 사생활에 대한 내용을 공개당하지 않고 사생활에 대해 간섭받지 않을 권리로, 기업에서도 사생활은 보호되어야 함

③ **사이버 공간의 윤리문제**: 사이버 공간의 윤리문제는 정보의 무차별적인 도달, 정보의 손쉬운 복사, 정보의 익명성, 언어사용 문제 등

④ **정보비대칭 문제**

　㉠ **도덕적 해이(Moral Hazard)**: 상대방의 행동을 관측할 수 없을 때 바람직하지 않은 행위를 하는 것을 말함. 원래 보험시장에서 사용하던 용어로, 제도적 허점을 이용하여 윤리적으로나 법적으로 자신이 해야 할 책임을 소홀히 하는 행동(감추어진 행동)

　㉡ **대리인비용**: 대리인비용은 주인이 대리인에게 자신을 대신하도록 할 때 발생하는 비용으로, 주인과 대리인의 이해불일치와 정보비대칭 상황 등의 요인 때문에 발생

THEME 32　유통 관련 법규

▶ Point 1　유통산업발전법 ★

1. 유통산업 관련 정책

① **유통산업발전법의 목적**: 유통산업의 효율적인 진흥과 균형 있는 발전을 꾀하고, 건전한 상거래질서를 세움으로써 소비자를 보호하고 국민경제의 발전에 이바지함을 목적으로 한다.

② **유통산업발전법의 기본방향과 계획**

　㉠ **유통산업시책의 기본방향**

　　ⓐ 유통구조의 선진화 및 유통기능의 효율화 촉진

　　ⓑ 유통산업에서의 소비자 편익의 증진

　　ⓒ 유통산업의 지역별 균형발전의 도모

　　ⓓ 유통산업의 종류별 균형발전의 도모

　　ⓔ 중소유통기업의 구조개선 및 경쟁력 강화

　　ⓕ 유통산업의 국제경쟁력 제고

　　ⓖ 유통산업에서의 건전한 상거래질서의 확립 및 공정한 경쟁여건의 조성

　㉡ **유통산업발전기본계획의 내용**: 산업통상자원부장관은 유통산업의 발전을 위해 유통산업 발전의 기본방향 등이 포함된 유통산업발전기본계획을 5년마다 세우고, 기본계획에 따라 매년 시행계획을 세워야 한다.

　　ⓐ 유통산업 발전의 기본방향

　　ⓑ 유통산업의 국내외 여건 변화 전망

ⓒ 유통산업의 현황 및 평가

ⓓ 유통산업의 지역별·종류별 발전 방안

ⓔ 산업별·지역별 유통기능의 효율화·고도화 방안

ⓕ 유통전문인력·부지 및 시설 등의 수급 변화에 대한 전망

ⓖ 중소유통기업의 구조개선 및 경쟁력 강화 방안

ⓗ 대규모점포와 중소유통기업 및 중소제조업체 사이의 건전한 상거래질서의 유지 방안

ⓘ 그 밖에 유통산업의 규제완화 및 제도개선 등 유통산업의 발전을 촉진하기 위하여 필요한 사항

2. 유통산업발전법의 주요 내용

① 용어의 정의

㉠ **유통산업**: 농산물·임산물·축산물·수산물(가공물 및 조리물을 포함) 및 공산품의 도매·소매 및 이를 영위하기 위한 보관·배송·포장과 이와 관련된 정보·용역의 제공 등을 목적으로 하는 산업을 말한다.

㉡ **대규모점포**: 다음의 요건을 모두 갖춘 매장을 보유한 점포의 집단으로서 별표에 규정된 것을 말한다.

ⓐ 하나 또는 대통령령이 정하는 둘 이상의 연접되어 있는 건물 안에 하나 또는 여러 개로 나누어 설치되는 매장일 것

ⓑ 상시 운영되는 매장일 것

ⓒ 매장면적의 합계가 3,000m^2 이상일 것

㉢ **임시시장**: 다수의 수요자와 공급자가 일정한 기간 동안 상품을 매매하거나 용역을 제공하는 일정한 장소를 말한다.

㉣ **체인사업**: 같은 업종의 여러 소매점포를 직영하거나 같은 업종의 여러 소매점포에 대하여 계속적으로 경영을 지도하고 상품·원재료 또는 용역을 공급하는 사업을 말한다.

㉤ **상점가**: 일정 범위 안의 가로 또는 지하도에 대통령령으로 정하는 수 이상의 도매·소매점포 또는 용역점포가 밀집하여 있는 지구를 말한다.

② 법규의 주요 내용

㉠ 매장면적의 합계가 **3,000m^2** 이상인 대규모점포를 개설하려는 자는 시장·군수·구청장에게 등록해야 한다.

㉡ 산업통상자원부장관은 유통표준코드의 보급에 관한 사항 등이 포함된 유통정보화시책을 세워 시행해야 한다.

㉢ 물류공동화를 촉진하기 위해 시·도지사의 추천을 받아 공동집배송센터로 지정할 수 있다.

㉣ 유통에 관한 분쟁을 조정하기 위해 특별시·광역시·특별자치시·도·특별자치도 및 시·군·구에 각각 유통분쟁조정위원회를 둘 수 있다.

　　　　ⓜ 기타: 대규모점포의 등록취소, 대규모점포 개설자의 업무 및 지위승계, 체인사업자의 경영개
　　　　　　선사항, 체인사업자 지정, 상점가진흥조합, 전문상가단지, 유통전문인력의 양성, 유통관리사
　　　　　　제도 등에 관한 규정이 있다.

③ 대규모점포의 종류(법 제2조 제3호 관련: 별표 1)

　　㉠ 대형마트: 대통령령으로 정하는 용역의 제공장소(이하 '용역의 제공장소'라 한다)를 제외한 매
　　　　장면적의 합계가 3,000㎡ 이상인 점포의 집단으로서 식품·가전 및 생활용품을 중심으로 점
　　　　원의 도움 없이 소비자에게 소매하는 점포의 집단

　　㉡ 전문점: 용역의 제공장소를 제외한 매장면적의 합계가 3,000㎡ 이상인 점포의 집단으로서 의
　　　　류·가전 또는 가정용품 등 특정 품목에 특화한 점포의 집단

　　㉢ 백화점: 용역의 제공장소를 제외한 매장면적의 합계가 3,000㎡ 이상인 점포의 집단으로서 다
　　　　양한 상품을 구매할 수 있도록 현대적 판매시설과 소비자 편익시설이 설치된 점포로서 직영의
　　　　비율이 30% 이상인 점포의 집단

　　㉣ 쇼핑센터: 용역의 제공장소를 제외한 매장면적의 합계가 3,000㎡ 이상인 점포의 집단으로서
　　　　다수의 대규모점포 또는 소매점포와 각종 편의시설이 일체적으로 설치된 점포로서 직영 또는
　　　　임대의 형태로 운영되는 점포의 집단

　　㉤ 복합쇼핑몰: 용역의 제공장소를 제외한 매장면적의 합계가 3,000㎡ 이상인 점포의 집단으로
　　　　서 쇼핑, 오락 및 업무 기능 등이 한 곳에 집적되고, 문화·관광 시설로서의 역할을 하며, 1개
　　　　의 업체가 개발·관리 및 운영하는 점포의 집단

④ 체인사업의 구분(법 제2조 제6호)

　　㉠ 직영점형 체인사업: 체인본부가 주로 소매점포를 직영하되, 가맹계약을 체결한 일부 소매점포
　　　　에 대하여 상품의 공급 및 경영지도를 계속하는 형태의 체인사업

　　㉡ 프랜차이즈형 체인사업: 독자적인 상품 또는 판매·경영 기법을 개발한 체인본부가 상호·판매
　　　　방법·매장운영 및 광고방법 등을 결정하고, 가맹점으로 하여금 그 결정과 지도에 따라 운영
　　　　하도록 하는 형태의 체인사업

　　㉢ 임의가맹점형 체인사업: 체인본부의 계속적인 경영지도 및 체인본부와 가맹점 간 협업에 의하
　　　　여 가맹점의 취급품목·영업방식 등의 표준화사업과 공동구매·공동판매·공동시설활용 등
　　　　공동사업을 수행하는 형태의 체인사업

　　㉣ 조합형 체인사업: 같은 업종의 소매점들이 「중소기업협동조합법」 제3조에 따른 중소기업협동
　　　　조합 등을 설립하여 공동구매·공동판매·공동시설활용 등 사업을 수행하는 형태의 체인사업

⑤ 유통관리사의 직무(법 제24조)

　　㉠ 유통경영·관리 기법의 향상

　　㉡ 유통경영·관리와 관련한 계획·조사·연구

　　㉢ 유통경영·관리와 관련한 진단·평가

　　㉣ 유통경영·관리와 관련한 상담·자문

ⓜ 그 밖에 유통경영·관리에 필요한 사항
⑥ **유통정보화시책**: 산업통상자원부장관은 유통정보화의 촉진 및 유통부문의 전자거래 기반을 넓히기 위하여 다음의 사항이 포함된 유통정보화시책을 세우고 시행하여야 한다.
　㉠ 유통표준코드의 보급
　㉡ 유통표준전자문서의 보급
　㉢ 판매시점 정보관리시스템의 보급
　㉣ 점포관리의 효율화를 위한 재고관리시스템·매장관리시스템 등의 보급
　㉤ 상품의 전자적 거래를 위한 전자장터 등의 시스템의 구축 및 보급
　㉥ 다수의 유통·물류기업 간 기업정보시스템의 연동을 위한 시스템의 구축 및 보급
　㉦ 유통·물류의 효율적 관리를 위한 무선주파수 인식시스템의 적용 및 실용화 촉진
　㉧ 유통정보 또는 유통정보시스템의 표준화 촉진
　㉨ 그 밖에 유통정보화를 촉진하기 위하여 필요하다고 인정되는 사항

Point 2　전자문서 및 전자거래 기본법과 소비자기본법

1. 전자문서 및 전자거래 기본법

① 용어의 정의
　㉠ **전자문서**: 정보처리시스템에 의하여 전자적 형태로 작성·변환되거나 송신·수신 또는 저장된 정보
　㉡ **정보처리시스템**: 전자문서의 작성·변환, 송신·수신 또는 저장을 위하여 이용되는 정보처리 능력을 가진 전자적 장치 또는 체계
　㉢ **작성자**: 전자문서를 작성하여 송신하는 자
　㉣ **수신자**: 작성자가 전자문서를 송신하는 상대방
　㉤ **전자거래**: 재화나 용역을 거래할 때 그 전부 또는 일부가 전자문서 등 전자적 방식으로 처리되는 거래

② 전자문서
　㉠ 전자문서는 다른 법률에 특별한 규정이 있는 경우를 제외하고는 전자적 형태로 되어 있다는 이유로 문서로서의 효력이 부인되지 아니한다.
　㉡ 전자문서는 작성자 또는 그 대리인이 해당 전자문서를 송신할 수 있는 정보처리시스템에 입력한 후 해당 전자문서를 수신할 수 있는 정보처리시스템으로 전송한 때 송신된 것으로 본다.
　㉢ 작성자가 전자문서를 송신하면서 명시적으로 수신 확인을 요구하였으나 상당한 기간 내에 수신 확인 통지를 받지 못하였을 때에는 작성자는 그 전자문서의 송신을 철회할 수 있다.

2. 전자거래사업자의 일반적 준수사항

전자거래사업자는 전자거래와 관련되는 소비자를 보호하고 전자거래의 안전성과 신뢰성을 확보하기 위하여 다음의 사항을 준수하여야 한다.

① 상호(법인인 경우에는 대표자의 성명을 포함한다)와 그 밖에 자신에 관한 정보와 재화, 용역, 계약조건 등에 관한 정확한 정보의 제공

② 소비자가 쉽게 접근·인지할 수 있도록 약관의 제공 및 보존

③ 소비자가 자신의 주문을 취소 또는 변경할 수 있는 절차의 마련

④ 청약의 철회, 계약의 해제 또는 해지, 교환, 반품 및 대금환급 등을 쉽게 할 수 있는 절차의 마련

⑤ 소비자의 불만과 요구사항을 신속하고 공정하게 처리하기 위한 절차의 마련

⑥ 거래의 증명 등에 필요한 거래기록의 일정기간 보존

3. 소비자기본법

① 용어의 정의

　ㄱ 소비자: 사업자가 제공하는 물품 또는 용역을 소비생활을 위하여 사용하는 자 또는 생산활동을 위하여 사용하는 자

　ㄴ 사업자: 물품을 제조(가공 또는 포장을 포함)·수입·판매하거나 용역을 제공하는 자

　ㄷ 소비자단체: 소비자의 권익을 증진하기 위하여 소비자가 조직한 단체

　ㄹ 사업자단체: 둘 이상의 사업자가 공동의 이익을 증진할 목적으로 조직한 단체

② 소비자의 기본적 권리와 책무

　ㄱ 소비자의 기본적 권리(법 제4조) ★

　　ⓐ 물품 또는 용역으로 인한 생명·신체 또는 재산에 대한 위해로부터 보호받을 권리

　　ⓑ 물품 등을 선택함에 있어서 필요한 지식 및 정보를 제공받을 권리

　　ⓒ 물품 등을 사용함에 있어서 거래상대방·구입장소·가격 및 거래조건 등을 자유로이 선택할 권리

　　ⓓ 소비생활에 영향을 주는 국가 및 지방자치단체의 정책과 사업자의 사업활동 등에 대하여 의견을 반영시킬 권리

　　ⓔ 물품 등의 사용으로 인하여 입은 피해에 대하여 신속·공정한 절차에 따라 적절한 보상을 받을 권리

　　ⓕ 합리적인 소비생활을 위하여 필요한 교육을 받을 권리

　　ⓖ 소비자 스스로의 권익 증진을 위해 단체를 조직하고 이를 통해 활동할 수 있는 권리

　　ⓗ 안전하고 쾌적한 소비생활 환경에서 소비할 권리

　ㄴ 소비자의 책무(법 제5조)

　　ⓐ 소비자는 사업자 등과 더불어 자유시장경제를 구성하는 주체임을 인식하여 물품 등을 올바르게 선택하고, 소비자의 기본적 권리를 정당하게 행사하여야 한다.

ⓑ 소비자는 스스로의 권익을 증진하기 위해 필요한 지식과 정보를 습득하도록 노력하여야 한다.

ⓒ 소비자는 자주적이고 합리적인 행동과 자원절약적이고 환경친화적인 소비생활을 함으로써 소비생활의 향상과 국민경제의 발전에 적극적인 역할을 다하여야 한다.

ⓒ **사업자의 책무**(법 제19조)

　ⓐ 사업자는 물품 등으로 인하여 소비자에게 생명·신체 또는 재산에 대한 위해가 발생하지 아니하도록 필요한 조치를 강구하여야 한다.

　ⓑ 사업자는 물품 등을 공급함에 있어서 소비자의 합리적인 선택이나 이익을 침해할 우려가 있는 거래조건이나 거래방법을 사용하여서는 아니 된다.

　ⓒ 사업자는 소비자에게 물품 등에 대한 정보를 성실하고 정확하게 제공하여야 한다.

　ⓓ 사업자는 소비자의 개인정보가 분실·도난·누출·변조 또는 훼손되지 아니하도록 그 개인정보를 성실하게 취급하여야 한다.

　ⓔ 사업자는 물품 등의 하자로 인한 소비자의 불만이나 피해를 해결하거나 보상하여야 하며, 채무불이행 등으로 인한 소비자의 손해를 배상하여야 한다.

③ **국가의 위해방지 기준설정**(법 제8조): '국가'는 사업자가 소비자에게 제공하는 물품 등으로 인한 소비자의 생명·신체 또는 재산에 대한 위해를 방지하기 위하여 물품 등의 성분·함량·구조 등 안전에 관한 중요한 사항, 물품 등을 사용할 때의 지시사항이나 경고 등 표시할 내용과 방법, 그 밖에 위해방지를 위하여 필요하다고 인정되는 사항에 관하여 사업자가 지켜야 할 기준을 정하여야 한다.

④ **표시의 기준**(법 제10조): 국가는 소비자가 사업자와의 거래에 있어서 표시나 포장 등으로 인하여 물품 등을 잘못 선택하거나 사용하지 아니하도록 물품 등에 대하여 다음 사항에 관한 표시기준을 정하여야 한다.

> ㉠ 상품명·용도·성분·재질·성능·규격·가격·용량·허가번호 및 용역의 내용
> ㉡ 물품 등을 제조·수입 또는 판매하거나 제공한 사업자의 명칭 및 물품의 원산지
> ㉢ 사용방법, 사용·보관할 때의 주의사항 및 경고사항
> ㉣ 제조연월일, 부품보유기간, 품질보증기간 또는 식품이나 의약품 등 유통과정에서 변질되기 쉬운 물품은 그 유효기간
> ㉤ 표시의 크기·위치 및 방법
> ㉥ 물품 등에 따른 불만이나 소비자피해가 있는 경우의 처리기구 및 처리방법
> ㉦ 「장애인차별금지 및 권리구제 등에 관한 법률」에 따른 시각장애인을 위한 표시방법

⑤ **광고의 기준**(제11조): 국가는 물품 등의 잘못된 소비 또는 과다한 소비로 인하여 발생할 수 있는 소비자의 생명·신체 또는 재산에 대한 위해를 방지하기 위하여 다음의 어느 하나에 해당하는 경우에는 광고의 내용 및 방법에 관한 기준을 정하여야 한다.

> ㉠ 용도·성분·성능·규격 또는 원산지 등을 광고하는 때에 허가 또는 공인된 내용만으로 광고를 제한할
> 필요가 있거나 특정 내용을 소비자에게 반드시 알릴 필요가 있는 경우
> ㉡ 소비자가 오해할 우려가 있는 특정 용어 또는 특정 표현의 사용을 제한할 필요가 있는 경우
> ㉢ 광고의 매체 또는 시간대에 대하여 제한이 필요한 경우

⑥ 소비자의 능력 향상(제14조)

   ㉠ 국가 및 지방자치단체는 소비자의 올바른 권리행사를 이끌고, 물품 등과 관련된 판단능력을 높이며, 소비자가 자신의 선택에 책임을 지는 소비생활을 할 수 있도록 필요한 교육을 하여야 한다.

   ㉡ 국가 및 지방자치단체는 경제 및 사회의 발전에 따라 소비자의 능력 향상을 위한 프로그램을 개발하여야 한다.

   ㉢ 국가 및 지방자치단체는 소비자교육과 학교교육·평생교육을 연계하여 교육적 효과를 높이기 위한 시책을 수립·시행하여야 한다.

   ㉣ 국가 및 지방자치단체는 소비자의 능력을 효과적으로 향상시키기 위한 방법으로 「방송법」에 따른 방송사업을 할 수 있다.

   ㉤ 소비자교육의 방법 등에 관하여 필요한 사항은 대통령령으로 정한다.

⑦ 소비자의 권익증진 관련 기준의 준수(법 제20조)

   ㉠ 사업자는 국가가 정한 기준에 위반되는 물품 등을 제조·수입·판매하거나 제공하여서는 아니 된다.

   ㉡ 사업자는 국가가 정한 표시기준을 위반하여서는 아니 된다.

   ㉢ 사업자는 국가가 정한 광고기준을 위반하여서는 아니 된다.

   ㉣ 사업자는 국가가 지정·고시한 행위를 하여서는 아니 된다.

   ㉤ 사업자는 국가가 정한 개인정보의 보호기준을 위반하여서는 아니 된다.

⑧ 소비자중심경영의 인증(제20조의2)

   ㉠ 공정거래위원회는 물품의 제조·수입·판매 또는 용역의 제공의 모든 과정이 '소비자중심경영'을 하는 사업자에 대하여 '소비자중심경영인증'을 할 수 있다.

   ㉡ 소비자중심경영인증을 받으려는 사업자는 대통령령으로 정하는 바에 따라 공정거래위원회에 신청하여야 한다.

   ㉢ 소비자중심경영인증을 받은 사업자는 대통령령으로 정하는 바에 따라 그 인증의 표시를 할 수 있다.

   ㉣ 소비자중심경영인증의 유효기간은 그 인증을 받은 날부터 **3년으로** 한다.

   ㉤ 공정거래위원회는 소비자중심경영을 활성화하기 위하여 대통령령으로 정하는 바에 따라 소비자중심경영인증을 받은 기업에 대하여 포상 또는 지원 등을 할 수 있다.

⑨ 분쟁의 조정(법 제65조, 제66조, 제67조)

   ㉠ 소비자와 사업자 사이에 발생한 분쟁에 관하여 규정에 따라 설치된 기구에서 소비자분쟁이 해결되지 아니하거나 합의권고에 따른 합의가 이루어지지 아니한 경우 당사자나 그 기구 또는 단체의 장은 조정위원회에 분쟁조정을 신청할 수 있다.

   ㉡ 조정위원회는 분쟁조정을 신청받은 때에는 그 신청을 받은 날부터 **30일 이내**에 그 분쟁조정을 마쳐야 한다.

   ㉢ 조정위원회는 정당한 사유가 있는 경우로서 30일 이내에 그 분쟁조정을 마칠 수 없는 때에는 그 기간을 연장할 수 있다.

   ㉣ 조정위원회의 위원장은 분쟁조정을 마친 때에는 지체 없이 당사자에게 그 분쟁조정의 내용을 통지하여야 한다.

   ㉤ 통지를 받은 당사자는 그 통지를 받은 날부터 15일 이내에 분쟁조정의 내용에 대한 수락 여부를 조정위원회에 통보하여야 한다. 이 경우 15일 이내에 의사표시가 없는 때에는 수락한 것으로 본다.

2 과목

상권분석

THEME 01 상권의 개념

▶ Point 1 상권의 개념과 상권영향인자

1. 상권의 정의

① 상권의 개념

ㄱ 상권이란 상업지역의 영역이 미치는 범위 내지, 한 점포 또는 점포들의 집단이 고객을 흡인할 수 있는 지역적 범위로, 도·소매상권을 모두 포함하는 개념을 의미

ㄴ **상권**은 교환을 통한 상거래의 힘이 미치는 **범위(Range)**이며 거래의 대상이 정주하는 **배후지**와 도 같은 개념. 반면 **입지(Location)**는 상권 내에서 특정 부지, 즉 한 **지점(Point)**을 의미

ㄷ 상권은 **매출액 및 고객흡인력**에 따라 1차 상권, 2차 상권, 3차 상권(한계상권)으로 구분

ㄹ 상권의 형태는 원형이 아니라, **아메바**와 같은 부정형 형태가 일반적임

> **✎ Tip**
>
> 상권과 유사한 개념들
> • **상권**: 한 점포 또는 점포집단이 고객을 흡인할 수 있는 지리적 범위
> • **상세권**: 어느 특정 상업집단(시장 혹은 상점가)의 상업세력이 미치는 범위
> • **판매권**: 소매점이 판매대상으로 삼고 있는 지역을 뜻함
> • **거래권**: 소매업 등에서 사용하는 것으로 거래의 대상이 되는 고객이 거주하고 있는 지역적 범위

② 상권에 영향을 주는 요인들(상권영향인자)

ㄱ 상권은 지리적·공간적 범위뿐만 아니라 사회적·행정적·경제적 여건에 따라 영향을 받는 가변적이고 신축적인 개념이므로, 현재뿐만 아니라 장래 후보지도 고려해야 함

ㄴ 상권의 범위는 점포의 크기, 점포의 업종·업태, 상가밀집도, 접근성뿐만 아니라 상품의 구색·가격대, 고객의 Life Style 등에 영향을 받음

ㄷ 경쟁 상권의 위치와 규모, 지역의 인구밀도, 교통 여건 등도 상권의 범위에 영향을 미침

ㄹ **소비재를 기준으로 한 상권의 범위**: 전문품 > 선매품 > 편의품의 순으로 나타남

③ 상권의 특성 및 분석의 중요성

ㄱ **특성**: 상권은 고정되어 있는 개념이 아니라 사회, 경제, 행정적 요인의 변화에 따라서 항상 변화의 과정에 있는 가변적이고 신축적인 개념이므로 현재 상황뿐만 아니라 장래의 상황도 고려하여야 함

ⓛ **상권분석의 중요성**: 상권분석은 점포의 성공적인 출점을 위한 타당성분석 사항으로서 출점지역 및 상대적인 경쟁지역의 업종, 업태의 믹스상태, 배후지 소비자들의 구매력 추정과 라이프스타일, 경제적·행정적인 규제의 정도 등을 파악할 수 있음

- 특정 지점에서의 상권분석 및 입지선정은 사업의 성공과 실패를 좌우하는 가장 중요한 전략적 과제가 됨
- 판촉홍보 효과 제고 및 경쟁업체의 입점에 대비
- 도소매업의 경우 좋은 상권입지의 분석 및 선정이 사업성공을 좌우

2. 상권분석의 목적

① 상권분석을 통한 특정 지점에서의 입지선정계획 및 임대료 수준 파악
② 마케팅 광고·홍보 전략수립 및 잠재경쟁자의 입점가능성(경쟁자 분석)
③ 배후지 소비자들의 구매력 분석을 통한 예상 매출액 추정 및 라이프스타일 분석
④ 경쟁점포의 양립성 및 차별성 분석
⑤ 업종선택의 기준 마련 목적
⑥ 경제적·행정적인 규제 검토를 통한 점포 입지가능성 확인

Point 2 상권의 유형과 특징 ★

구분	상권의 유형 분류
상권의 범위(규모)	도심상권 > 부도심상권 > 근린주거상권
계층구조별 범위	지역상권(총상권, 광역상권) > 지구상권 > 개별점포상권
영업의 범위	상세권, 판매권, 거래권
점포매출액 규모	1차 상권, 2차 상권, 3차 상권(한계상권)
경쟁의 정도	과다상권, 포화상권, 과소상권
소비자 특성	목적형 상권, 비목적형 상권

1. 상권의 범위에 따른 분류

① **도심상권**: 도시의 핵심을 이루며 상권의 범위가 넓고 중심상업지역(CBD)을 포함하는 도시의 중심상권으로, 역이나 터미널 등 대중교통의 중심지로 접근성이 가장 좋은 상권이 보편적임
② **부도심상권**: 도시 규모의 확장에 따라 여러 지역으로 인구가 분산·산재되어 생긴 지역으로, 근린형 소매중심지이며, 주된 소매업태는 슈퍼마켓, 일용잡화점, 소규모 소매점 등이 있음
③ **근린상권**: 근린상권(Neighborhood)은 주거지 근처에 있고, 사람들이 일상적으로 자주 쇼핑하거나 외식을 즐기는 상업지로, 생활 밀착형 업종의 점포들이 입지하는 경향이 큼

④ **역세권상권**: 지하철이나 철도역을 중심으로 형성되며 유동인구가 많고 지상과 지하 부지를 입체적으로 연계하여 개발

⑤ **아파트상권**: 인근 아파트 거주 고객의 비중이 높아 안정적인 수요 확보가 가능하지만 외부고객 유인은 어려움. 아파트상권은 중대형 면적이 많은 가구일수록 단지 내 상가이용률은 낮음

⑥ **포켓상권**: 독립상권이라고도 부르며, 상권 내 고객이 외부로 유출되지 않아 외부 상권의 영향을 거의 받지 않고 상권의 이익을 누릴 수 있음. 도로, 산 등 경계로 둘러싸인 상권이 전형적 포켓상권에 해당

2. 상권의 계층성

① 상권의 계층구조별 구분

ㄱ) **지역상권**(총상권지역 = 광역상권): 가장 포괄적인 상권 범위로, 도시의 행정구역과 거의 일치하여 시 또는 군을 포함하는 범위

ㄴ) **지구상권**: 집적된 상업시설이 갖는 상권의 범위로, 행정구역상 구를 포함하기 때문에 하나의 지역상권 내에는 여러 지구상권이 포함

ㄷ) **개별점포상권**: 지역상권과 지구상권 내 각각의 개별점포들이 형성하는 상권

② **매출액 및 고객흡인력에 따른 계층성 분류**: 상권의 분류방법 중 1차 상권, 2차 상권, 3차 상권(한계상권) 및 영향권으로 구분하는 것은 고객매출액 및 고객의 흡인력에 따른 분류방법으로, 이는 매출액을 향유하는 판매자 측면의 분류방법에 해당

ㄱ) **1차 상권**: 상권조사 시 분석의 중요성이 가장 큰 상권으로서, 도보로 10분 내외의 거리에 위치하고 점포매출액의 60~75%를 담당함. 개별점포로의 접근성이 좋고 고객들이 지리적으로 밀집되어 분포하고 있는 곳을 말함(편의품 위주)

ㄴ) **2차 상권**: 점포매출액의 15~20% 정도를 차지하며 1차 상권 외곽에 위치하는 상권으로서, 지역적으로는 1차 상권보다 넓게 분포함(선매품 위주)

ㄷ) **3차 상권**(한계상권): 1·2차 상권에 포함되지 않는 상권으로서, 상권의 경계부분이 되는 지역으로 포괄적이고 광범위하게 분포되어 있으며, 매출액의 10% 이내를 차지함(전문품 또는 선매품 위주)

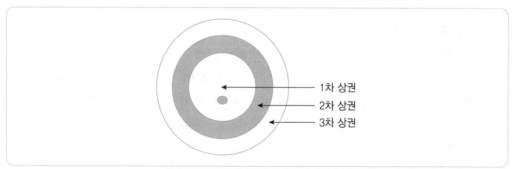

3. 개별점포상권의 특징 ☆

① 점포의 규모가 클수록 그 상권은 큼

② 전문품, 선매품을 취급하는 점포의 상권이 편의품을 취급하는 점포의 상권보다 큼

③ 교통편이 좋은 곳이나 집심성 점포들이 밀집하여 위치한 점포일수록 상권이 큼

④ 지명도가 높은 상점이거나, 개성이 강한 상품을 취급하는 점포일수록 멀리서라도 찾아오므로 상권의 범위가 넓음

⑤ 운송비, 판매비 등의 제반 비용이 적을수록 상권의 범위는 넓어짐

⑥ 오래 보존할 수 있는 내구재일수록 상권의 규모는 넓어짐

4. 구매습관에 의한 상권의 구분

① **소매상점의 분류**: 상품의 종류에 따라서도 입지조건이 달라짐. 상품의 종류는 분류기준표에 따라 몇 가지로 나뉘는데, 구매주체에 따라 도매상과 소매상으로, 판매규모나 방법에 따라 시장·백화점·슈퍼마켓 등으로 나눌 수 있고, 구매습관에 따라 편의품점·선매품점·전문품점으로 구분

 ㉠ **편의품점(Convenience Store)**: 편의품, 즉 일상의 필수품을 판매하는 상점으로, 주로 저차원 중심에 입지

 ㉡ **선매품점(Shopping Goods Store)**: 선매품, 즉 여러 상점들을 통해 상호 비교 후에 구매하게 되는 상품을 취급하는 상점

 ㉢ **전문품점(Specialty Store)**: 좋은 상업지는 투자한 자본과 노력에 대하여 충분한 이익을 주지만, 이러한 대가는 개점과 더불어 즉각적으로 나타나는 것은 아니고 충분한 시간적 여유를 가져야 한다는 점에 유의해야 함

② **구매습관에 의한 상점의 상권 범위**: 편의품점은 저차 중심지에 위치하므로 동네 근린상권 범위가 적당하고, 선매품점은 중차 중심지에 위치하는 경우에 적정입지라 할 수 있으며, 전문품점은 고객의 제품에 대한 충성도에 따르는 경향이 강하므로 상권의 범위가 가장 광역적으로 형성될 수 있음

Tip

상권의 범위
- 전문품점 > 선매품점 > 편의품점의 순으로 형성
- 운송비, 판매비 등의 제반 비용이 적을수록 상권의 범위는 넓어짐
- 대형점포일수록 상권의 범위는 커지고, 중소점포일지라도 유명 전문점일수록 개별상권은 상대적으로 넓어짐
- 상권의 범위와 관련해 레일리의 소매인력법칙이나 Huff의 확률모형 등의 수학적 모델에 의하면 인구가 많은 대도시일수록, 점포의 규모가 클수록, 점포까지의 도달거리(또는 소요시간)가 가까울수록 특정 소매점포의 고객흡인력(중력, Gravitation), 즉 상권은 커짐
- 오래 보존할 수 있는 내구재일수록 상권의 규모는 넓어짐

THEME 02　상권조사와 상권분석의 기초이론

▶ Point 1　상권조사의 개요

1. 상권조사의 개념

출점을 위한 특정 입지(Site)의 선정을 위해 선행되는, 상권분석의 기초가 되는 1·2차 데이터를 조사하는 일련의 절차를 뜻함

2. 상권조사의 내용

① 인구통계학적 자료: 인구수, 세대수, 가족구성원 수, 주거 형태(단독주택, 아파트, 복합형)

　　인구통계학적 자료는 문헌, 기초통계자료 등 **2차 자료를 이용**하여 용이하게 조사 가능함

② 상권 형태 및 규모 파악: 1차 상권, 2차 상권, 한계상권, 주간·야간상권, 고정·유동상권

③ 유동인구 조사: 성별, 연령별, 시간대별, 요일별 통행객 수를 관찰하고 통행성격과 통행객의 수준을 파악

④ 통행차량 조사: 통행차량의 수와 어느 시간대에 많이 지나가는지 파악

⑤ 경쟁점포 조사: 예상되는 경쟁점포의 이용객 수, 계층, 제품의 가격대, 매장구성 장단점을 파악

⑥ 고객내점률 조사: 상권조사 시 점포예정지의 고객내점률을 조사하여야 하는데 이는 매출액을 추정하기 위한 조사사항으로, 경쟁점포나 유사업종의 매출액 조사를 통해 매출액을 추정할 수 있음

⑦ 집중 구매품목과 가격대 조사

⑧ 상권의 장래 전망: 상권이란 사회적, 행정적 요인에 따라 변화의 과정 중에 있으므로 변화가능성을 파악하고 대형 집객시설의 개발정보를 수집, 그리고 지역의 도시계획 등을 조사해야 함

 Tip

> **경쟁점포 분석**: 경쟁점포에 대한 분석은 상권 내 경쟁점포의 수와 분포뿐만 아니라 향후 잠재경쟁자 분석을 위해 업태 내 경쟁분석과 업태별 경쟁분석, 위계별 경쟁구조 분석, 경쟁·보완관계 분석이 모두 시행되어야 함

▶ Point 2　상권조사방법

1. 전수조사와 표본조사

전수조사는 표본조사에 비해 표본 오차가 없다는 장점이 있지만, 조사대상 상권의 규모가 클수록 시간과 비용이 많이 소요되므로 모집단이 큰 경우 실시할 수 없음

2. 상권의 조사절차

상권에 대한 2차적 지역정보 수집 → 지역상권에 대한 상권지도 작성 → 상권 내 지역에 대한 관찰조사 → 직접방문에 의한 정성·정량조사 실시

3. 상권정보의 조사방법

① 경쟁점포조사: 경쟁점포의 업태 및 업종, 경쟁자의 수, 상권 내 시장점유율, 영업규모 등
② 현지조사법: 도보 또는 교통수단을 이용하여 유동인구, 시간대별 통행량 및 교통량, 점포 예정지로의 접근성, 수요층의 연령대 등
③ 자료조사: 2차 자료를 선행 수집하고, 목표고객 설정에 따른 1차 자료를 전략적으로 수집·조사
④ 점두조사(Instore Survey): 소비자를 지도로 분포할 수 있도록 주소단위로 조사, 쇼핑을 마친 내점객들 대상으로 직접 면접을 통해 주소를 물어 자사점포의 상권 범위를 알아내는 방법
⑤ 방문조사: 상권 내에 거주하는 고객들을 CST Map에 의해 분류한 후에 표본집단을 선발하여 호별방문을 통해 필요조사 사항을 수집

4. 상권조사를 위한 경계 설정

① 물리적(자연적) 경계: 물리적 경계란 상권을 구분하는 실체적인 사물에 의한 구분으로 자연적인 경계물인 산, 강, 하천 등을 의미하고, 자연적인 경계 이외에 도로, 철도, 다리 등의 인공적인 경계물에 의한 구분으로 경계를 기준할 수 있음
② 인문적(경제적) 경계
  ㉠ 대중교통을 이용한 접근의 편리성
  ㉡ 유통점포 매장에서 취급하는 상품의 넓이와 깊이
  ㉢ 상권 내에서 파악되는 기존경쟁 및 대체경쟁의 정도

> **Point 3** 회귀분석 ★

1. 회귀분석방식(Regression Analysis)

상권 범위 예측을 위해 점포 관련 독립변수와 종속변수를 찾아낸 다음, 회귀방정식을 도출하여 미래의 상권 예측 및 점포성과를 예측하는 데 활용하는 인과모형

2. 회귀분석법의 특징

① 회귀모형을 통해 점포 특성, 상권 내 경쟁수준 등 다양한 변수들이 점포성과에 미치는 상대적 영향을 측정할 수 있음

② 회귀모형의 설명변수들은 서로 상호 연관성, 즉 상관관계가 많은 경우 신뢰성 있는 결과 도출이 어려움(다중공선성 문제)
③ 과거의 연구 결과를 토대로 여러 변수를 선택하여 회귀모형을 도출할 수 있음
④ 대상과 유사한 특성을 지닌 표본을 충분히 확보하기 어려운 경우 예측력이 낮아짐

▶ Point 4 상권분석 기초이론

1. 농업지 입지론(튀넨의 고립국이론)

튀넨의 고립국이론, 즉 농업입지론은 농업입지론뿐만 아니라 이후 공업지, 소매입지, 도심형성이론 중 동심원이론 등에 응용되었음. 특히 Burgess의 동심원이론(지역공간구조이론)은 규범적 모형 중 Christaller의 중심지이론의 근거 배경이 되었다는 점에서 의미가 큼

2. 공업지 입지론

① 베버(A. Weber)의 최소비용이론
  ㉠ 베버는 "공업지는 생산과 판매에 있어 운송비가 최소인 지점에서 입지한다."는 최소비용이론을 주장
  ㉡ 원료지향형 입지와 시장지향형 입지의 비교

원료지향형 입지	시장지향형 입지
시멘트 제조업 등에 적합	식료품업, 맥주공장 등에 적합
부패하기 쉬운 원료생산업	부패하기 쉬운 제품생산업
국지적 원료 사용공장	보편원료 사용공장
원료수송비 > 제품수송비	제품수송비 > 원료수송비
공급자 중심적 시장 입지가 중요	소비자 접촉이 많은 입지가 중요
재고확보의 중요성이 상대적으로 낮음	재고확보의 중요성이 높음

② 뢰쉬의 최대수요이론
  ㉠ 뢰쉬는 베버의 입지론이 너무 생산비에만 치우쳐 있음을 지적하며 이의를 제기
  ㉡ 공업지는 이윤극대화를 위해 시장확대가능성이 가장 풍부한 곳에 입지해야 함을 주장

3. 상업지 이론

① 레일리의 소매인력법칙: 소매인력법칙은 두 개의 상권 사이에 존재하고 있는 소비자에 대한 영향력을 중력관계로 설명한 이론. 영향력의 크기는 중심의 크기에 비례하고 거리의 제곱에 반비례
② 넬슨의 소매입지이론: 최대의 이익을 얻을 수 있는 매출고를 확보하기 위하여 점포가 어디에 위치하고 있어야 하며, 어디에 입지해야 하는지를 알기 위하여 8가지 평가원칙을 제시

4. 지역공간구조이론

도시 내부의 기능지역의 공간적 배열의 공통된 패턴 또는 규칙성에 대해 규명한 이론으로 동심원이론(Concentric Zone Theory), 선형이론(Sector Theory), 다핵심이론(Multiple Nuclei Theory) 등이 제시됨

① 버제스(Burgess)의 동심원이론(Concentric Zone Theory)

    ㉠ 동심원이론은 1925년 Chicago 대학의 사회학자인 Burgess에 의해서 발전, Von Thünen의 고립국의 동심원이론 개념을 응용한 것으로, Burgess의 모델은 폭이 일정하지 않은 5개의 동심원지대로 구성되어 있음

    ㉡ 도시는 중심지에서 원을 그리면서 멀어질수록 도시문제, 접근성, 지대, 인구밀도가 낮아짐. 토지이용은 중심지인 '중심업무지구(CBD) → 전이지대 → 근로자 주택지구 → 중산층 주택지구 → 통근자 지대'로 형성된다고 함

② 호이트(Hoyt)의 선형이론(Sector Theory)

    ㉠ 선형이론은 Hoyt, Homer에 의하여 발전된 이론으로, 도시가 교통망 축에 따라 성장·확대되는 현상을 중시한 이론

    ㉡ 선형이론은 CBD의 교통망을 따라 외곽으로 도매·경공업지구, 저소득층 주거지구, 중산층 주거지구, 고소득층 주거지구와 같은 순서로 각 지대가 선형(Fan)으로 확대하여 배치된다고 함

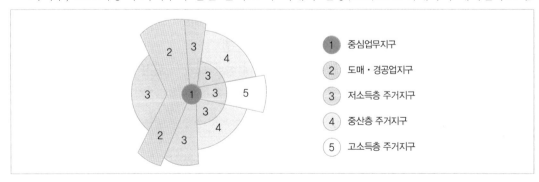

③ 해리스(Harris)와 울만(Ullman)의 다핵심이론(Multiple Nuclei Theory)

    ㉠ 이 이론은 토지이용 배치를 설명하는 데 있어서 동심원이론과 선형이론을 결합했고, 이 밖에

　　도 다양한 요소를 부가하여 이론을 전개
　ⓛ 한 도시의 토지이용 배치는 동심원이론이나 선형이론과 같이 단일한 중심의 주위에 형성되는
　　것이 아니고 몇 개의 핵심과 그 중위에 형성된다고 하였음

THEME 03　상권분석방법 – 서술적 기법

▶ Point 1　상권분석의 개념과 목적

1. 상권분석의 의의 및 목적

① 의의: 상권분석이란 출점을 하기 위한 입지선정에 선행되는 상권조사를 통한 자료의 분석과정으
　　로서 목표고객에 대한 인구통계적인 요인 및 사회, 경제, 행정적인 요인들의 구체적인 분석을 통
　　해 안정적인 출점의 성공과 수익성을 극대화하기 위해 실행되는 절차

② 목적
　㉠ 상권분석의 목적은 목표고객에게 고객가치를 제공하여 수익성을 극대화하기 위한 것
　ⓛ 상권분석은 핵심 수요층을 파악하여 그들에 맞는 의미 있는 서비스를 제공하기 위한 것
　ⓒ 상권범위의 파악을 통해 출점지역의 경쟁 업종, 업태의 파악 및 정보수집
　ⓔ 상품구성, 가격대 설정의 중요한 기초자료 수집
　ⓜ 고객의 라이프사이클 파악을 통해 구매력 추정과 매출액 설정의 기초자료 수집
　ⓗ 판촉활동 범위 결정에 필수적인 자료수집

2. 상권분석의 장점

① 소비자의 인구통계적·사회경제적 특성을 파악할 수 있음
② 마케팅 및 촉진활동의 방향을 명확히 할 수 있음
③ 제안된 점포의 위치가 신규 소비자나 기존 점포의 소비자 흡인가능성 판단에 유용
④ 현재 상황뿐만 아니라 장래 상권의 변화추이를 판단할 수 있음

3. 상권분석 절차

상권분석의 절차는 출점지역 선정 후 최종 출점부지를 선택하기 위한 시장세분화(Segmentation) 차원에서 ① 지리적 분석(Geographic Analysis)을 선행 → 입지에 영향을 미치는 요인으로서 ② 인구통계분석 수행 → ③ 상권의 상권구조 및 취급할 제품의 종별을 분석 → ④ 개별점포의 상권 내 경쟁자분석을 통해 최종 상권분석 절차를 마무리함

▶ Point 2   기존점포에 대한 상권분석방법

① 점포 내부 자료와 각종 2차 자료를 이용하여 측정이 가능
② 인구통계자료, 유통기관 및 연구소에서 기발표된 2차 자료들을 수정·보완하여 이용 가능
③ 차량조사법이나 소비자조사법을 이용하여 상권 범위 설정이 가능
④ 기존 신용카드 이용 고객과 현금 사용 고객의 주소를 이용하여 상권추정이 가능

▶ Point 3   신규점포에 대한 상권분석방법(서술적 기법)

- 서술적 방법: 체크리스트법, 유추법, 현지조사법, 비율법 등
- 규범적 모형: 중심지이론, 소매인력법칙
- 확률적 모형: 허프 모형, Luce 공리모형, MNL 모형, MCI 모형

1. 체크리스트법

① **개념 및 장·단점**: 특정 상권의 특성들을 여러 항목으로 구분하여 조사하고, 이를 바탕으로 신규점포의 개설가능성 여부를 평가하는 방법. 상권분석의 결과는 신규점포의 개설은 물론 마케팅전략에도 반영

장점	• 체크리스트 내용을 이해하기가 쉽고 사용이 용이함 • 비용이 상대적으로 적게 들며 체크리스트를 수정할 수 있는 유연성이 있음
단점	• 체크리스트 작성, 변수 선정하고 해석하는 과정에서 조사자의 주관성이 개입 • 점포의 상대적 매력도를 파악할 수는 있으나, 예상 매출액을 구체적인 수치로 추정 곤란

② **체크리스트법의 조사내용**

상권 내 입지적 특성조사	• 행정구역 상황 및 행정구역별 인구통계적 특성 • 도로 및 교통 특성, 대형건축물 및 교통유발시설 • 도시계획 및 법적·행정적 특기사항 • 산업구조 및 소매시설 변화 패턴

상권 내 고객들의 특성조사	• 배후지 정주고객: 상권 내 거주하는 가구 수 또는 인구수 • 직장(학생)고객: 점포 주변에 근무하는 직장인(학생) 고객 수 • 유동고객: 기타의 목적으로 점포 주변을 왕래하던 중 흡인되는 고객 수
상권의 경쟁구조 분석	• 현재 그 상권에서 영업 중인 경쟁업체 분석 • 현재 경쟁점은 아니지만 점포 개설을 준비하고 있는 업체 역시 경쟁업체로 분석

2. 유추법(Analog Method) ★

① 유추법의 개요

  ㉠ 유추법은 새로운 점포가 위치할 지역에 대한 판매 예측에 많이 활용되는 방법 중 하나가 애플바움(W. Applebaum)이 개발한 상권분석기법으로 유사점포법이라 함

  ㉡ 유추법은 당해 예정 점포와 상권의 규모 및 특성 등이 유사한(Analog) 점포를 선정하여 그 점포의 상권 범위를 추정함으로써 궁극적으로 당해 점포의 예상 매출액을 추정하는 데 이용

  ㉢ CST(Customer Spotting Technique) 지도를 이용하여 고객들의 거주지를 그림으로 표시함으로써 상권규모를 가시화시키기도 함

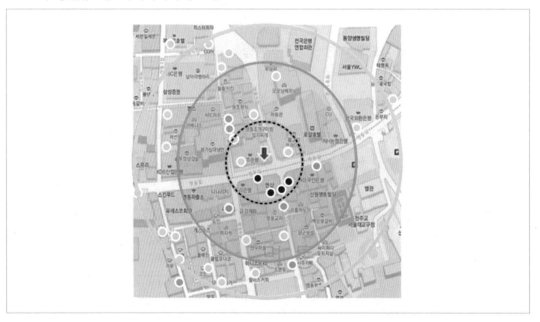

② 유추법의 활용

  ㉠ 상권의 규모 파악: 상권에 포함된 사람들의 거주 지역과 숫자를 파악하는 데 사용 가능하고, 1~3차 상권의 경계 설정이 가능

  ㉡ 경쟁 정도를 측정하고 파악: 유사·동종업종 간의 경쟁관계 파악을 통해 차별화 및 우위전략을 도모할 수 있음

  ㉢ 점포의 확장계획에 유용하게 활용: CST Map 기법을 통해 설정된 상권경계를 통해 향후 잠재적인 점포의 확장계획에 활용 가능

ⓔ **고객특성 파악이 가능**: 상권규모가 추정되면 상권 내에 거주하는 고객집단의 라이프사이클 (Life-cycle) 및 이를 통한 AIO 분석이 가능

ⓜ **광고 및 촉진전략에의 활용**: 고객특성 파악 및 상권의 경계설정, 목표고객들의 성향을 통해서 맞춤형 촉진전략(Promotion)에 활용 가능

ⓗ 신규점포뿐만 아니라 기존점포의 상권분석에도 적용 가능

③ 유추법에 의한 상권분석 절차

ⓐ **1단계**: 자사(신규)점포의 입지조건 파악 및 비교대상 유사점포의 선정

첫 번째로 자사(신규)점포의 입지조건을 파악하고, 이를 토대로 신규점포와 유사점포의 특성, 고객의 쇼핑 유형, 고객의 사회ㆍ경제ㆍ인구통계학적 특성에서 대상과 유사한 점포(Analog Store)를 선정함

ⓑ **2단계**: 유사점포의 상권범위 결정

유사점포의 상권범위는 매출액을 기준으로 매출액의 60% 정도를 차지하는 범위를 1차 상권으로, 나머지 지역을 2차 상권으로 획정함

ⓒ **3단계**: 상권규모(매출액) 분석

유사점포의 상권규모(매출액)는 유사점포를 이용하는 소비자들과의 직접 면접이나 실제 리서치를 통해서 그 규모를 추정함

ⓓ **4단계**: 유사점포의 1인당 매출액 산정

전체 상권을 단위거리에 따라 구분한 후(Zoning) 각 구역 내에서 유사점포가 발생시키는 매출액을 그 구역 내 인구수로 나누어 각 구역별 1인당 매출액을 산정

ⓔ **5단계**: 대상점포의 예상 총매출액 추정

신규점포가 입점하려고 설정된 상권범위 내에 있는 각 구역별 인구수에 유사점포의 1인당 매출액을 각각 곱하여 신규점포의 예상 총매출액을 산정함

④ **CST Map**(Customer Spotting Technique, 고객점표법)

ⓐ CST Map 기법(고객점표법)은 자사점포를 이용하는 고객들의 거주지를 지도에 표시한 후 자사점포를 중심으로 서로 다른 거리의 동심원을 그림으로써 상권의 규모를 시각적으로 파악하는 기법

ⓑ CST Map 기법은 1차 자료와 2차 자료를 이용하여 고객의 거주지역 분포를 파악함. 이미 존재하고 있는 2차 자료보다는 현재의 과제를 해결하기 위해 수집한 1차 자료를 이용하는 경우 정확도가 더 높음

3. 현지조사법

① 현지조사법은 실제로 현지실사를 통해 자료를 수집하고 그에 따른 결과를 분석하는 방법

② 현지조사의 내용은 대상점포나 판매제품, 조사 성격에 따라 상이하며, 조사자의 주관으로 조사될 가능성이 높다는 단점이 존재

4. 비율법

① 몇 가지 비율을 사용하여 상권을 선정하거나 특정 상권을 평가하고, 가능한 매출액을 추정하는 방법

② 사용되는 비율로는 지역비율과 상권비율이 있음. 지역비율은 입지가능성이 큰 지역이나 도시를 선정하는 데 사용하며, 상권비율은 주어진 점포에 대한 가능 매상고를 산정하는 데 사용

③ 비율법의 가장 큰 장점은 간단하다는 것이며, 비율법에 사용되는 자료는 손쉽게 구할 수 있고, 분석비용도 다른 어떤 것보다 저렴함

④ 상권 확정에 분석자의 주관성이 많이 개입되며, 가능 매상고에 대한 예측력이 떨어진다는 단점이 있음

THEME 04 　상권분석방법 – 규범적 기법

▶ Point 1 　규범적 모형 – 소매인력모형

1. 레일리(Reilly)의 소매인력법칙 ★

① 소매인력법칙의 개요

　㉠ 의의: Reilly의 소매인력법칙은 만유인력법칙이라는 물리학이론을 원용한 이론으로, 이웃한 두 도시의 사이에 위치한 지역에 대해서 두 도시의 상권이 미치는 범위(상권의 흡인력)는 두 도시의 크기(인구수)에 비례하고 두 도시로부터의 거리의 제곱에 반비례한다는 이론을 통해 상권의 매출액을 산정

　㉡ 상권의 경계설정: 소매인력법칙은 두 경쟁도시 사이에 위치한 소도시로부터 두 경쟁도시가 끌어들일 수 있는 상권의 경계를 결정하는 데 활용

② Reilly의 소매인력법칙의 공식

$$\frac{R_a}{R_b} = \left(\frac{P_a}{P_b}\right) \times \left(\frac{D_b}{D_a}\right)^2$$

R_a: A시의 상권영역(중간도시로부터 도시 A가 흡인하는 소매흡인량)

R_b: B시의 상권영역(중간도시로부터 도시 B가 흡인하는 소매흡인량)

P_a: A시에 거주하는 인구

P_b: B시에 거주하는 인구

D_a: A시로부터 분기점까지의 거리

D_b: B시로부터 분기점까지의 거리

③ 시사점과 한계점

시사점	• 최초로 중력모형을 활용한 이론을 제시하였다는 점에 의미가 큼. 다만, 흡인력 산정 시 편의 품·선매품·전문품 등의 상품 유형별 차이를 고려하지 않았음 • 계산이 용이하고 이론이 실증적임. 소비자들은 거리가 가깝고 보다 많은 인구를 가진 규모가 큰 도시에서 소비할 기회가 더 많다는 것을 증명 • 소매인력법칙은 Converse에 의해 상권의 분기점설정모형으로 발전
한계점	• 소비자 선택 대안이 2개로 한정되는 경우 적합하지만, 소비 가능한 구매(도시)가 다수 존재 하는 경우에는 적용의 한계 → Huff의 확률모형이 개발 • 거리와 도시의 크기라는 두 가지 변수만을 이용했다는 점, 소비자의 심리와 같은 구매에 영 향을 미치는 여러 요인들을 고려하지 못한다는 한계

④ 소매인력법칙의 정리

㉠ 특정 도시(A, B)가 끌어들일 수 있는 상권 범위는 해당 도시의 인구에 비례하고 도시 간의 거리의 제곱에 반비례함

㉡ 소매인력법칙은 개별 점포의 상권 파악보다는 이웃한 도시 간 상권의 경계를 결정하는 데 주로 이용됨

㉢ Reilly는 만유인력의 법칙을 이용해 도시의 인구수(크기)에 비례하고 거리(제곱)에 반비례함을 통해서 이론을 전개하였고, 이를 계승한 Converse는 상권의 경계는 두 도시의 상대적 매력도가 같은 지점인 분기점(Breaking Point)을 고려한 모형으로 나타남

㉣ Reilly가 제시한 이론은 편의품, 선매품, 전문품 등의 상품 유형별 차이를 고려하지 않아 실제 상황에 적용할 때에는 이에 대한 고려가 필요

예제   Reilly의 소매인력이론

A도시의 인구는 20만 명, B도시의 인구는 40만 명, 중간에 위치한 C도시의 인구는 6만 명이다. A도시와 C도시의 거리는 5km, C도시와 B도시의 거리는 10km인 경우 Reilly의 소매인력이론에 의하면 C도시의 인구 중에서 몇 명이 A도시로 흡수되는가?

해설

A도시
20만명

B도시
40만명

5km

C도시
6만명

10km

$$\frac{R_B}{R_A} = \frac{P_B}{P_A} \times \left(\frac{D_A}{D_B}\right)^2 \quad \text{(R: 지역의 크기 \quad P: 인구수 \quad D: 거리)}$$

1. $\dfrac{R_B}{R_A} = \dfrac{40만}{20만} \times \left(\dfrac{5}{10}\right)^2 = \dfrac{1}{2} (R_A : R_B = 2 : 1)$

2. C도시의 인구 중 A도시로 흡수되는 인구수 = 6만 명 $\times \dfrac{2}{2+1}$ = 4만 명

정답 **4만 명**

2. 컨버스(Converse)의 분기점모형

① 분기점모형의 개요: 컨버스의 분기점모형은 Reilly의 소매인력법칙을 이용하여 두 도시 간 상권의 경계를 동일하게 하는 상권의 분기점(Breaking Point)을 산정하는 기법으로, 인구수와 거리를 이용해 두 도시 사이의 거래가 동일하게 나눠지는 중간 지점의 정확한 위치를 결정하는 방법

② 분기점모형의 종류

　㉠ 컨버스의 제1모형 ☆: 경쟁도시인 A와 B에 대해서 어느 도시로 소비자가 상품을 구매하러 갈 것인가에 대한 상권분기점을 찾아내는 것으로, 주로 선매품과 전문품에 적용되는 모델

$$D_a = \frac{D_{ab}}{1 + \sqrt{\dfrac{P_b}{P_a}}} \quad \text{또는} \quad D_b = \frac{D_{ab}}{1 + \sqrt{\dfrac{P_a}{P_b}}}$$

D_a: A시로부터 분기점까지의 거리　　　　D_b: B시로부터 분기점까지의 거리
D_{ab}: A, B 두 도시(지역) 간의 거리　　　　P_a: A시의 인구
P_b: B시의 인구

　㉡ 컨버스의 제2법칙: 소비자가 소매점포에서 지출하는 금액이 거주도시와 경쟁도시 중 어느 지역으로 흡수되는가에 대한 것으로 중소도시의 소비자가 선매품을 구입하는 데 있어 인근 대도시로 얼마나 유출되는지를 설명해 주는 이론

$$\frac{Q_a}{Q_b} = \left(\frac{P_a}{H_b}\right)\left(\frac{4}{d}\right)^2$$

Q_a: 외부의 대도시로 유출되는 중소도시 X의 유출량(%)
Q_b: 중소도시 X에서 소비되는 양(%), 즉 X의 체류량
P_a: 외부 대도시 Y의 인구
H_b: 당해 중소도시 X의 인구
d: 대도시 Y와 중소도시 X와의 거리(mile)
4: 관성인자로 상수에 해당(고정)

📋✅ **예제**

A도시의 인구는 80,000명이고 B도시의 인구는 20,000명이다. 이때 두 도시 간의 거리가 30km라고 한다면 두 도시 간 상권의 경계가 되는 지점을 구하면? (컨버스 모형 이용할 것)

해설

컨버스 제1법칙을 적용하여 A, B 두 도시 간 경계가 되는 무차별 지점을 구하면 B도시로부터 10km, A도시로부터는 20km되는 지점이 된다.

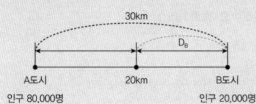

$$D_B = \frac{D_{AB}}{1+\sqrt{\dfrac{P_A}{P_B}}} = \frac{30}{1+\sqrt{\dfrac{80,000}{20,000}}} = \frac{30}{3} = 10km$$

▶ **Point 2** 규범적 모형 – 중심지이론(모형)

1. 크리스탈러의 중심지이론의 개요

① **중심지이론의 의의 및 가정**: 중심지이론은 독일학자 Christaller에 의해 제시된 도시분포이론으로, 중심지이론에서 명시한 상업중심지의 이상적 입지와 이들의 분포관계를 이해하기 위해서는 중심지 기능의 최대도달거리, 최소수요 충족거리, 배후지의 형태, 중심지계층의 포섭의 원리 등의 개념을 이해해야 함

② **중심지이론의 가정** ★

- 인간은 합리적인 사고에 따라 의사결정을 하는 합리적 경제인(Economic Man)
- 지표공간은 균질하고, 인구는 동질공간의 평야에 균일하게 분포되어 있음
- 지역 내의 교통수단은 오직 하나이며, 운송비는 거리에 비례
- 각 지역에서 중심지까지 이동하는 노력의 정도는 거리에 비례
- 중심지에 거주하는 주민들은 동일한 구매력과 소비행태(기호)를 지님

③ 중심지이론의 중요 개념 ☆

　㉠ **중심지의 개념**: 중심지를 둘러싸고 있는 배후지역인 보완구역에 재화와 서비스를 제공하는 기능을 하는 곳을 의미

　㉡ **최소수요 충족거리**: 중심지 기능이 유지되기 위해 필요한 최소한의 고객 수 또는 상권의 범위를 말함. 중심지의 정상이윤 확보에 필요한 최소한의 수요를 발생시키는 상권 범위를 의미

　㉢ **최대도달거리**: 소비자가 상품구매를 위해 중심지까지 기꺼이 이동하려는 최대거리로, 중심지 기능이 주변 지역에 미치는 최대한의 공간 범위를 의미

　㉣ **중심지 성립조건: 최대도달거리 > 최소수요 충족거리**

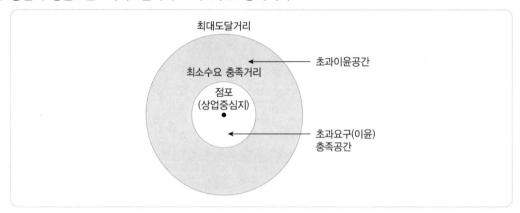

　㉤ **배후지의 형태**: 중심지의 수가 하나인 경우 배후지의 형태는 원형, 중심지의 수가 다수인 경우 이상적인 배후지의 형태는 **정육각형 구조**를 띠게 됨(최대도달거리 = 최소수요 충족거리)

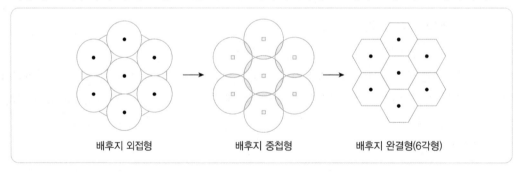

배후지 외접형　　　　배후지 중첩형　　　　배후지 완결형(6각형)

④ 중심지이론의 정리

　㉠ 고차중심지일수록 상권의 범위 및 거리가 멀고 저차중심지일수록 가깝다.

　㉡ 고차중심지일수록 상권의 규모가 더 크고 다양한 중심기능을 갖는다.

　㉢ 교통이 발달할수록 저차중심지는 줄어들고 고차중심지가 발달한다.

　㉣ 경제활동이 활발해지고 인구밀도가 높아질수록 중심지 간의 거리는 좁혀진다.

　㉤ 중심기능의 수행 정도는 그 도시의 인구 규모에 비례한다.

THEME 05 상권분석방법 – 확률적 기법

Point 1 D. Huff의 확률이론

1. 확률모형의 개요

① **확률모형의 의의**: 기존의 중력법칙들이 단순히 거리 – 감소함수 관계만을 가지고 이웃하는 두 도시 간의 상권경계를 설정하는 데 그칠 뿐, 개별점포단위 선택의 문제와 소비자들이 왜 특정 점포를 선택하는지에 대한 이유를 설명하지 못하였다는 인식에서 비롯됨

② 확률모형은 Luce의 공리선택모형을 기초로 하여 Huff 모형, MNL 모형, MCI 모형 등이 있음. 이때 사용되는 확률은 불확실성을 의미하므로, 확정된 모수를 적용하는 것이 아니라 상황 및 조건에 따라 다양한 모수를 적용하는 것이 가능함

2. Huff의 확률모형의 가정

소비자의 특정 점포에 대한 효용(매력도)은 상업시설의 매장면적(크기)과 점포까지의 거리(시간)에 의해 좌우된다. 즉, 소비자의 점포에 대한 효용(매력도)은 점포의 매장면적이 클수록 증가하고, 점포까지의 거리가 멀수록 감소함수로 가정

3. 허프 모형의 장점과 한계

① 장점
  ㉠ 신규점포의 예상 매출액 산정에 활용하는 기법
  ㉡ 최적 매장면적에 대한 유추 및 상업시설 간 경쟁구조 파악이 가능
  ㉢ 상권지도 작성이 가능하고 점포에 방문할 수 있는 고객 수에 대한 산정이 가능
  ㉣ Huff 모델의 변수인 점포까지의 시간과 점포 크기는 소비자 선택에 있어 중요한 변수
  ㉤ 도시단위로 행해졌던 소매인력론을 소매상권의 개별점포단위로 전환하여 전개한 이론으로 점포의 크기와 거리에 대한 고객 민감도(중요도)를 반영할 수 있음

② 한계: 점포매력도가 점포 크기 이외에 가격, 서비스, 소비자 행동 등 다른 요인들로부터 영향을 받을 수 있다는 점을 고려하지 않음

③ 허프의 확률모형
  ㉠ 지역별 또는 상품의 잠재수요 = 지역별 인구(세대수) × 업종별(점포별) 지출액
  ㉡ 신규점포의 예상 매출액 = 특정 지역의 잠재수요의 총합 × 특정 지역으로부터의 흡인율(확률)
  ㉢ 예상매출액 추정절차

> 대상 지역의 점포 수와 규모 파악 → 대상 지역을 몇 개 구역으로 나눈 뒤 각 구역에서 개별점포까지의 거리 산정 → 허프공식을 적용해 구역(점포)별 이용확률을 계산 → 지역의 총매출액에 구역(점포)별 이용확률을 곱하여 신규점포의 예상 매출액 산정

4. Huff의 확률이론 정리

① 소비자의 특정 상업시설에 대한 효용(매력도)은 상업시설의 규모(매장면적)와 점포까지 거리(또는 시간)에 좌우된다는 가정하에 이론이 전개(※ 수정 허프모형의 경우 거리 또는 시간의 모수는 제곱으로 고정됨)

② 허프 모형(Huff Model)은 이전에 도시단위로 행하여졌던 소매인력이론을 소매상권의 개별 단위(상업시설)로 전환하여 전개한 이론에 해당

③ 소비자가 이용하고자 하는 점포의 선택은 점포의 크기와 거리에 의해 결정되고, 소비자가 매장의 크기와 이동시간을 고려하여 여러 점포를 선택할 수 있는 상황에서 특정 점포를 선택할 가능성을 계산

④ 점포의 크기와 거리에 대한 고객민감도(모수)를 반영할 수 있음

⑤ 소비자는 일반적으로 점포의 크기가 클수록, 그리고 점포까지 소요되는 시간이 적게 소요될수록(또는 거리가 가까울수록) 구매효용이 증가

예제

A도시의 I존에 거주하는 주민이 선택대안으로 검토하는 쇼핑시설은 다음과 같다. I존에 거주하는 주민들이 C쇼핑센터에서 지출할 것으로 예상되는 월간 의류구매액을 Huff 모델을 적용하여 계산한 것으로 맞는 것은? (단, I존의 인구는 1,000가구이고, 해당 상품은 의류이며, 가구당 월평균 의류비지출은 120,000원이다. 모수값(λ)은 점포규모에 비례하고, 거리의 제곱에 반비례한다)

쇼핑센터	쇼핑센터 규모	거리
A	$250,000m^2$	5km
B	$90,000m^2$	3km
C	$360,000m^2$	6km

① 15,000천원   ② 20,000천원   ③ 30,000천원
④ 40,000천원   ⑤ 50,000천원

해설

Huff의 확률모형 계산문제 풀이 해법
1. 확률을 구하고자 하는 대상점포를 확인한다.
2. 거리에 대한 모수 및 매장면적에 대한 **모수**가 얼마인지 체크한다.

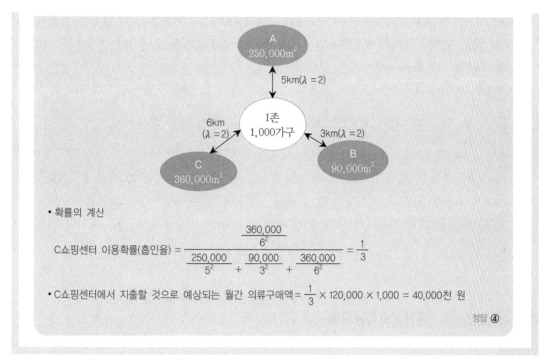

- 확률의 계산

$$\text{C쇼핑센터 이용확률(흡인율)} = \cfrac{\cfrac{360,000}{6^2}}{\cfrac{250,000}{5^2} + \cfrac{90,000}{3^2} + \cfrac{360,000}{6^2}} = \cfrac{1}{3}$$

- C쇼핑센터에서 지출할 것으로 예상되는 월간 의류구매액 $= \dfrac{1}{3} \times 120,000 \times 1,000 = 40,000$천 원

정답 ④

📋 Tip

수정 Huff 모형: 거리의 제곱으로 모수 고정

$$P_{ij} = \cfrac{\cfrac{S_j}{D^2_{ij}}}{\displaystyle\sum_{j=1}^{n} \cfrac{S_j}{D^2_{ij}}}$$

P_{ij} : i 지점의 소비자가 j 점포에 구매하러 가는 확률
S_j : j 상업집적의 매장면적
D_{ij} : i 지점에서 j까지의 거리

5. 기타의 확률모형

① MNL 모형

   ㉠ **개념**: 상권 내 소비자들의 각 점포에서 개별적인 쇼핑에 대한 관측 자료를 이용하여 각 점포에 대한 선택확률은 물론, 각 점포의 시장점유율 및 상권의 크기를 추정

   ㉡ **가정**: 소비자의 특정 점포 안에 대한 효용은 결정적 요소와 무작위 요소로 구성, 확률적 효용 극대화 이론에 근거하여 소비자는 고려 중인 점포 대안들 중에서 가장 효용이 높은 점포를 선택, 무작위 요소는 서로 독립적임

② MCI 모형: MCI(Multiplicative Competitive Interaction) 모형은 Huff 모형을 발전시킨 것으로서, 허프 모형이 거리와 매장면적만을 고려했다면 MCI 모형은 소비자의 구매시설에 대한 선택행동에 대해 거리와 매장면적뿐만 아니라 정량적·정성적인 여러 요인을 고려함. 상품구색에 대한 효용치와 판매원서비스에 대한 효용치, 거리에 대한 효용치를 곱한 값으로 확률을 계산

> 📖 A, B, C, D의 4개의 점포가 있을 시 특정 점포(B)를 찾을 확률 $= \dfrac{B}{A+B+C+D} \times 100$

③ 루스(Luce)의 공리모형: 소비자가 특정 점포를 선택할 가능성은 소비자가 해당 점포에 대해 인지하는 접근가능성, 매력 등 소비자 행동적 요소로 형성된 상대적 효용에 따라 결정된다고 봄. 특정 점포의 효용이 클수록 소비자는 그 점포를 선택할 확률이 높음. 확률모형에서 사용되는 거리와 점포매력도에 대한 지수(민감도)는 확정된 것이 아니라, 상황에 따라 가장 적합한 것을 적용한다는 것임

▶ Point 2 공간상호작용모델

1. 개념

① 공간상호작용모델(SIM; Spatial Interaction Model)은 소비자 구매행동의 결정요인에 대한 이해를 통해 상권 또는 입지를 결정하는 기법을 말하며, 대표적인 공간상호작용모델에는 Huff 모형, MNL, MCI 모형 등이 있음

② 해당 상권 내의 경쟁점포들에 대한 소비자의 지출패턴이나 점포방문을 위한 소비자의 쇼핑여행 패턴을 반영하여 특정 점포의 매출액과 상권규모에 대한 정확한 예측을 가능케 함

2. 특징

① 한 점포의 상권 범위 또는 점유율은 거리에 반비례하고 점포의 유인력(매력도)에 비례한다는 원리를 토대로 함, 즉 특정 점포의 효용(Utility) 또는 매력도가 다른 경쟁점포보다 높을수록 그 점포가 선택될 확률이 높음을 나타냄

② 접근성과 매력도를 교환하는 방식으로 대안점포들을 비교하고 선택한다고 가정

③ 소비자의 실제 선택자료를 활용하여 점포매력도와 통행거리와 관련한 모수(민감도) 값을 추정

④ Huff 모델과 MNL 모델은 상권 특성을 세밀하게 반영하는 공간상호작용모델(SIM)에 해당

THEME 06 GIS 상권분석과 티센의 다각형모형

▶ Point 1 GIS(지리정보시스템)

1. GIS의 개념

지리정보시스템(GIS; Geographical Information System)은 컴퓨터를 이용한 지도작성체계와 데이터베이스 관리체계의 결합이라고 정의

2. GIS 관련 용어의 정의

① **지도레이어(Map Layer)**: 점, 선, 면을 포함하는 개별 지도형상으로 구성되며 주제도를 표현할 수 있음. 여러 겹의 지도레이어를 활용하여 상권의 중첩(Overlay)을 표현할 수 있음

② **버퍼(Buffer)**

   ⊙ 특정 대상 지점을 중심으로 그 주변의 경계를 설정하는 작업이며, 면(面)으로 표시

   ⓒ 버퍼(Buffer)는 일정한 거리를 두고 있는 범위를 추출할 때 아주 편리한 기능으로, 역에서 떨어진 일정 거리에 따라 역세권 범위를 추정하거나 할 때 유용하게 활용

> 📑 **Tip**
>
> **양자의 관계**: 버퍼는 설정된 범위 형태로 나타나고, 레이어는 이를 지도형상으로 구체화하여 선을 통해 폴리곤(다각형) 형태로 표현하는 것이라 할 수 있음
>
> 특정 지점들(①)이 있고, 이를 연결하고 연결된 선분을 중심으로 일정 거리 내의 영역을 표시하여 그 상권의 경계(범위), 즉 Buffer(②)를 설정하게 됨. 지도레이어와 관련해서는 점, 선, 면 객체로부터 일정 거리 내의 영역을 표시하여 버퍼를 수행하게 되면 레이어(③)가 생성
>
>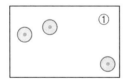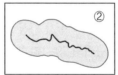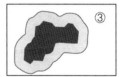

③ **중첩(Overlay)**: 공간적으로 동일한 경계선을 가진 레이어를 겹쳐 놓고 지도형상과 속성들을 비교하는 기능

④ **위상(Topology)**

   ⊙ 지도지능(Map Intelligence)의 일종이며, 이는 개별 지도형상에 대해 경도와 위도 좌표체계를 기반으로 다른 지도형상과 비교하여 상대적인 위치를 알 수 있는 기능을 부여하는 역할

   ⓒ GIS를 이용한 상권분석에서 각 점포에 대한 속성값 자료는 점포 명칭, 점포 유형, 매장면적, 월매출액, 종업원 수 등을 포함할 수 있음

⑤ **주제도(Thematic Map)**

   ⊙ GIS를 이용하여 Database를 조회하고, 속성정보를 요약하여 표현한 지도

   ⓒ 주제도는 속성정보를 요약하여 표현한 지도를 작성하는 것이며, 면, 선, 점의 형상으로 구성

3. GIS의 상권분석에의 활용

① 지도상에 지리적인 형상을 표현하는 프레젠테이션 지도 작업

② 대량의 인구통계정보, 지역정보 등의 데이터베이스를 정리할 수 있는 도구 기능

③ 지역의 중심점과 경쟁점포들 간의 거리측정(점, 선, 면을 포함한 공간분석)

④ 상권의 경계추정 및 표적고객집단의 파악

⑤ 여러 겹의 지도레이어를 활용하여 상권의 중첩(Overlay)된 부분 표현 가능

⑥ GIS를 이용한 상권분석에서 각 점포에 대한 속성값 자료는 점포 명칭, 점포 유형, 매장면적, 월매출액, 종업원 수 등을 포함할 수 있음

⑦ 상권분석에서는 GIS를 통해서 상권 내 고객의 분포도와 인구통계학적인 데이터들을 전략적으로 자유롭게 활용할 수 있으며, 최근 IT 기술의 발전으로 GIS를 통해 매출액 추정과정을 시스템화하여 점차 확대

> **Point 2** 티센의 다각형모형(근접구역법)

1. 다각형모형의 개념

① 의의: 상권구획 기법으로 근접구역법은 소비자들이 유사점포 중에서 선택을 할 때 자신들에게 가장 가까운 점포를 선택한다는 가정을 토대로 소매점포의 매출액을 추정하는 기법

② 근접구역: 당해 점포가 다른 경쟁점포보다 공간적인 이점을 가진 구역을 의미. 이러한 근접구역의 경계를 설정하는 모형이 티센 다각형(Thiessen Polygon)에 해당

2. 다각형모형의 기본가정

① 소비자들은 유사점포들 중에서 점포를 선택 시 가장 가까운 점포를 선택한다고 가정(최근접 선택 가설)

② 소매점포들이 규모나 매력도에 있어서 유사하다고 가정

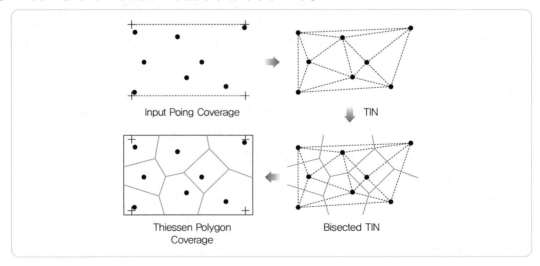

3. 다각형모형의 주요 내용 ★

① 티센 다각형(Thiessen Polygon)은 상권에 대한 기술적이고 예측적인 도구로 사용될 수 있고, 시설 간 경쟁 정도를 쉽게 파악할 수 있음

② 티센 다각형으로 경쟁수준을 알 수 있는데, 경쟁수준이 높으면 다각형이 작아짐

③ 티센 다각형은 점으로부터 연산에 의해 생성되는 다각형으로, 이 다각형은 다각형 내의 어떠한 위치에서도 다각형 내부에 위치한 한 점까지의 거리가 다른 다각형 내에 위치한 거리보다 가깝도록 다각형의 경계가 설정

④ 두 다각형의 공유 경계선상에 위치한 부지를 신규점포 부지로 선택할 경우 이곳은 두 곳의 기존점포들로부터 최대의 거리를 둔 입지가 됨

⑤ 소매점포들이 규모나 매력도에 있어서 유사하다고 가정하며 각각의 티센 다각형에 의해 둘러싸인 면적은 다각형 내에 둘러싸인 점포의 상권을 의미

⑥ 다각형의 꼭짓점에 있는 부지는 기존점포들로부터 멀리 떨어져 있는 위치로 신규점포 부지로 선택하는 것이 유리

02 입지분석(Location Analysis)

THEME 07 좋은 입지선정과 이용목적에 따른 입지 유형

▶▶ Point 1 입지의 개요

1. 입지(Location)의 개념 ☆

① 입지의 개념
- ㉠ 입지(Location)란 부지나 점포가 소재하고 있는 자연적, 인문적인 위치 조건을 말함
- ㉡ 입지는 일정한 위치를 나타내는 주소나 좌표를 가지는 점(Point)으로 표시되고, 상권은 일정한 공간적 범위(Boundary)로 표현
- ㉢ 입지를 강화한다는 것은 점포가 더 유리한 조건을 갖출 수 있도록 점포의 속성들을 개선하는 것을 의미

② 도·소매입지의 중요성: 기업이 일단 점포의 입지를 결정하게 되면 이를 바꾸기 어렵고, 부적합 입지로 불이익 발생
- 도매업의 입지: 도매업의 입지는 교통이 양호한 도심 외곽이 적합, **상권 범위**가 중요
- 소매업의 입지: 도매업과 달리 매장방문의 접근성이 중요하므로 **입지** 자체가 중요

③ 입지선정절차: '지역 → 상권 → 특정 입지'의 단계적 분석을 거쳐 결정

④ 지역, 상권, 특정 입지 등 세 수준 가운데 소매점포들 사이의 경쟁관계를 분석하는 데 가장 적합한 수준은 상권수준에 해당

▌입지와 상권의 비교 ▌

구분	입지	상권
개념	점포가 소재하고 있는 위치 그 자체	점포에 미치는 영향권(거래권)의 범위
물리적 특성	평지, 도로변, 상업시설, 도시계획지구 등 물리적 시설	대학가, 역세권, 아파트단지, 시내중심가, 먹자상권 등 비물리적인 상거래 활동공간
등급구분	1급지, 2급지, 3급지	1차 상권, 2차 상권, 한계상권
분석방법	점포분석, 통행량 분석	업종 경쟁력 분석, 구매력 분석
선후관계	후행적	선행적
분석범위	부지가 있는 지점(Point)	상권의 영향력 범위(Range)

2. 입지의 평가기준

① 잠재부지의 성장성, 규모 확대의 가능성

② 테넌트믹스(업태 및 업종믹스)

③ 주변 도로로부터의 가시성: 건물 외관, 심벌타워 등

④ 부지의 규모와 형태

⑤ 수익성 및 접근성

⑥ 도로와의 관계(장방형이 정방형보다 좋음)

3. 입지와 도로와의 관계 ★

① **도로와의 접면**: 가로의 접면이 넓을수록 유리

② **곡선형 도로**: 곡선형 도로의 커브 안쪽보다는 바깥쪽이 유리

③ **도로의 경사**: 경사진 도로에서는 상부보다 하부가 유리

④ **4거리 교차로**: 가시성과 접근성 면에서 유리

⑤ **중앙분리대**: 중앙분리대가 있는 도로는 건너편 고객의 접근성이 떨어지기 때문에 불리

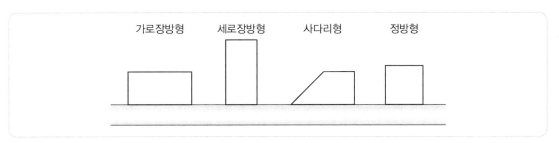

┃ 도로와 부지와의 관계 ┃

4. 입지선정요인

상권분석을 통해 고객수요와 발전 가능성이 충분하다는 판단이 섰다면 상권 내 가장 적합한 입지선정이 뒤따라야 함. 좋은 입지에는 기본적인 조건이 필요

① **접근성의 법칙**: 접근성(Accessibility)은 고객들이 상권 내 점포에 얼마나 수월하게 진입하여 흡인될 수 있는지의 가능성을 말함

② **가시성의 법칙**: 가시성(Visibility)은 개별점포가 고객들의 시야에 잘 띄느냐에 관한 것으로, 이를 통해 얼마나 고객들이 흡인될 수 있는지를 뜻함

③ **인지성의 원칙**: 인지성(Recognition)은 고객들이 특정 점포의 위치를 잘 알고 있느냐에 관한 것으로, 인지성이 좋은 점포의 경우에는 가시성의 문제를 상쇄시킬 수도 있음

④ **입지성의 법칙**: 입지성(Location)은 점포가 점하고 있는 위치의 효용성을 의미하며, 상권분석은 입지에 대한 분석이라 할 정도로 가장 중요한 요인에 해당

📑 Tip

입지선정 단계별 분석할 입지영향요인
- **지역요인**: 지역 내 산업의 동향 및 수명주기, 경기변동 사이클, 고용의 변동
- **상권요인**: 상권 내 인구수, 통행량 규모, 경쟁의 상태와 정도, 법적.행정적 규제, 지역주민의 구매력 등
- **특정 입지요인**: 가시성, 접근성, 인지성, 점포의 위치, 주변 도로상태 등

5. 점포의 영업성과에 영향을 미치는 입지조건

① 시장규모에 따라 점포는 적정한 크기가 있어서 **면적이 일정 수준을 넘게 되면** 규모의 증가에도 불구하고 매출은 증가하지 않는 경향이 있음

② 특정 점포의 '**건축선 후퇴**'는 자동차를 이용하는 소비자에게 가시성이 낮아져 매출에 부정적인 영향을 미침

③ 도로에 접하는 점포의 정면 너비가 건물 안쪽으로의 깊이보다 큰 **가로장방형** 형태의 점포는 가시성 확보에 유리

④ 점포의 출입구에 **높낮이 차이(단차)**가 있으면 출입을 방해하는 장애물로 작용하게 됨

⑤ 점포의 형태가 직사각형에 가까우면 집기나 진열선반 등을 효율적으로 배치하기 쉽고, 이용할 수 없는 공간(Dead Space)이 발생하지 않는 장점이 있음

📑 Tip

건축선 후퇴: 「건축법」상 도로와 건축물 사이의 거리 규정을 지키기 위해 건축물을 일정 거리만큼 뒤로 물러서서 짓는 것을 말함. 건축물의 안전성, 보행자와 차량의 통행 안전, 도시미관 등을 고려하여 필수적으로 지켜야 하는 규정에 해당

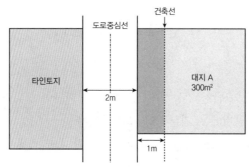

▶ Point 2   이용목적에 따른 입지 유형

1. 적응형 입지

① 해당 위치를 통행하는 유동인구에 의해 영업이 좌우되는 입지를 의미함. 도보자의 접근성이 우선시되어야 하므로 대중교통 시설과의 연계성, 가시성 등의 요소가 중요

② 비목적형 입지라고도 하며, 역세권과 같이 사전에 구매의사를 정하지 않고 우연한 구매가 일어나

는 상권. 유동 인구수에 따라 점포의 성패가 결정

📮 김밥전문점, 편의점, 화장품전문점 등이 비목적형 상권에 적합한 대표적인 업종

2. 목적형 입지

① 고객이 특정한 목적을 가지고 이용하는 입지로서, 주도로에서 해당 점포로의 접근성이 좋아야 하므로 이용의 편의상 점포 전면에 넓은 주차장이 위치하면 유용한 입지에 해당

② 고객의 기대소비에 따라 목적을 정하여 구매하는 상권을 의미하며, 구매빈도는 높지 않지만 목적 방문에 따른 구매율이 높기 때문에 새로운 경쟁자의 진입이 용이하지 않음

📮 로데오 상권, 신림역 순대촌, 귀금속전문점이 몰려 있는 종로 상권이 대표적

3. 생활형 입지

아파트, 주택가의 지역주민들이 주로 이용하는 식당 등 생활형 점포들이 입지하는 형태로서, 도보 접근성이 양호한 입지에 위치하는 것이 좋음

4. 도매업의 입지

① 일반적으로 최종 소비자에게 서비스를 제공하기 위해 소매업과 달리 교통이 양호한 외곽지역에 위치

② 최근에는 비용절감 및 신속한 서비스의 향상 측면에서 생산구조와 소비구조의 특징에 따라 도매업의 입지 유형이 다음과 같이 분화되고 있음

> 1. 유통기능의 분화에 따른 분류
>   - 직접 유통 경로: 중간상의 개입 배제, 유통비 절감
>   - 간접 유통 경로: 수집기관과 분산기관 개입
> 2. 사회·경제적 관점에 따른 분류
>   - 소량생산 → 소량소비: 수집·중개·분산조직 개입(양곡, 식료품)
>   - 소량생산 → 대량소비: 수집·중개조직 개입(농·임산물의 생산재료)
>   - 대량생산 → 소량소비: 중개·분산조직 개입(생필품, 일용소비재)
>   - 대량생산 → 대량소비: 직접 유통(공업용 원료·부품)

5. 좋은 여건의 입지

① 지형상 고지대보다는 낮은 저지대 중심지

② 동일 동선에서 출근길 방향보다는 퇴근길 방향에 있는 곳

③ 일반적으로 권리금이 형성되어 있는 상가지역

④ 대형 평형보다 중소형 평형 아파트단지 상가

⑤ 버스정류장이나 지하철역을 끼고 있는 입지

⑥ 주변에 노점상이 많은 경우 유동인구가 많은 곳이 좋은 입지에 해당

THEME 08 　유형별 입지

▶ Point 1 　도심입지(CBD; Central Business District)

1. 도심입지의 개념

도심입지는 중심상업지역(CBD: Central Business District)이라고도 하며, 「국토의 계획 및 이용에 관한 법률」상 지정된 용도지역 중 도시지역으로서, 대도시나 소도시의 전통적인 도심시설이 집적된 상업지역을 의미

2. 도심입지(CBD)의 특징

① 계획적으로 조성된 것이 아니고 자연발생적으로 형성되어 입지구조가 불규칙적
② 많은 유동인구와 심각한 주차문제로 교통체증 등이 발생
③ 높은 지가로 인해 토지이용이 집약화되어 건물이 고층화·과밀화
④ 도시의 기능적 측면에서 효율적 집중화로 관공서, 백화점, 기업 등이 밀집
⑤ 주말과 야간에는 도심공동화 현상이 나타나 유동인구의 감소로 매출이 저조

> 📋 Tip
>
> 아파트단지 내 상가 입지
> • 공급면적 변화가 어려워 일정한 고정고객의 확보를 통한 꾸준한 매출이 가능
> • 수요·공급 측면에서 아파트단지 가구 수와 가구당 상가면적을 고려해야 함
> • 아파트상권은 고정고객의 비중이 높아 안정적인 수요 확보가 가능하지만, 외부고객을 유치하기는 어렵다는 단점 존재
> • 편의품 소매점의 경우 대형평형보다는 중형평형의 단지가 일반적으로 더 유리
> • 관련 법규에서는 단지 내 상가를 근린생활시설로 분류하여 관련 내용을 규정하고 있음
> • 아파트상권은 대형이나 중형 등 평형이 큰 가구일수록 단지 내 상가이용률은 낮아지는 특징이 있음

▶ Point 2 　독립입지(노면독립입지)

1. 독립입지의 개념

노면독립입지(Freestanding Sites)는 상권의 입지형태 중에서 다른 소매업태들과 도심지에서 지리적으로 멀리 떨어져서 독립적으로 존재하는 입지를 의미

2. 노면독립입지가 적합한 경우

① 상표충성도가 높고 상품에 대한 차별화된 기술과 노하우를 지닌 광역형 전문품점
② 독립적으로 고객을 유인할 수 있는 마케팅 능력을 지닌 소매업태

③ 물류네트워크상 비용절감 및 신속성을 위해 특정한 위치가 요구되는 물류센터

④ 대형할인점처럼 저가격·저비용 정책을 실시해야 하는 경우

⑤ 쇼핑몰이나 쇼핑센터의 중앙중심적 운용체제와 달리 독립적 점포운영이 필요한 경우

⑥ 점포디자인과 주차장 등을 자유롭게 활용할 필요가 있는 경우

3. 장·단점

장점	• 임대료가 싸고 가시성(Visibility)이 좋다. • 넓은 주차공간 등 고객 이용의 편리성이 좋으며 접근성이 우수하다. • 지리적으로 떨어져 있으므로 확장의 용이성이 좋고 경쟁에서 자유롭다. • 쇼핑몰과 달리 전체적인 관점에서의 통제적인 관리가 자유롭다.
단점	• 독립적으로 입지하므로 업체 간 보완관계나 시너지효과를 기대하기 어렵다. • 독립입지의 장점을 유지하기 위해서는 촉진비용(광고, 홍보)이 많이 든다.

Point 3 쇼핑센터 ☆

1. 개념

쇼핑센터는 하나의 개발업자(Developer)가 도시 근교에 광대한 토지를 확보하여 백화점, 대형할인점 등 대규모 소매업체를 중심으로 다양한 업종 및 업태의 소매업체들이 밀집될 수 있도록 개발한 집단판매시설을 말함

2. 쇼핑센터의 특징

① 주로 도심중심지(CBD)에 상권의 형성

② 개별점포의 영업시간 등 운영에 대한 간섭

③ 다양한 유형의 많은 점포들을 집적

④ 입점업체 구성(Mix)의 계획적 조정 필요

⑤ 높은 임대료와 관리비용

3. 쇼핑센터의 유형

① **네이버후드센터**: 동네쇼핑센터라고도 하며, 소비자와 가장 가까운 지역에서 일상의 욕구 충족을 위해 편리한 쇼핑장소를 제공하도록 설계된 근린형 쇼핑센터

② **커뮤니티센터**: 지역쇼핑센터라고도 하며, 지구 중심에 위치하여 의류와 일반상품에 대해 네이버후드센터보다는 다양한 상품을 제공

③ **파워센터**: 전문센터라고도 하며, 할인점·할인백화점·창고형 클럽 등을 포함하는 대형점포들로 구성

| 스트립 쇼핑센터의 비교 |

유형	특징 및 콘셉트	핵점포(Anchor Store)의 종류
네이버후드SC	근린형, 편의품 중심	슈퍼마켓, 편의점
커뮤니티SC	지역형, 다양한 카테고리	양판점, 할인점, 편의품 및 일부 선매품점
파워센터	광역형, 대형점포 및 전문센터로 구성	카테고리 킬러, 할인백화점, 대형할인점, 백화점, 창고형 클럽, 전문품점

📝 Tip

쇼핑센터 테넌트(Tenant) 관련 용어
- **앵커스토어**(Anchor Store): 백화점과 같은 큰 규모의 임차인으로서 상업시설 전체의 성격이나 경제성에 가장 큰 영향력을 가짐
- **테넌트**(Tenant): 상업시설의 일정한 공간을 임대하는 계약을 체결하고 해당 상업시설에 입점하여 영업을 하는 임차인
- **트래픽 풀러**(Traffic Puller): 전문점 빌딩 등의 스페셜리티 센터(Speciality Center)에 배치되어 고객흡인력이 높은 임차인
- **일반테넌트**(General Tenant): 트래픽 풀러(Traffic Puller)가 흡인시킨 고객을 수용하기 때문에 트래픽 유저(Traffic User)로 불리기도 함

4. 쇼핑센터의 주요 공간구성요소

① **지표**(Landmark): 길찾기를 위한 방향성 제공

② **선큰**(Sunken): 지하공간의 쾌적성과 접근성을 높임

③ **결절점**(Node): 교차하는 통로의 접합점

④ **구역**(District): 공간과 공간을 분리하여 영역성을 부여

⑤ **에지**(Edge): 경계선이며 건물에서 꺾이는 부분에 해당

⑥ **결절점**(Node): 교차하는 통로를 연결하며 원형의 광장, 전이 공간, 이벤트 장소가 되는 곳

⑦ **보이드**(Void): 홀이나 계단 등 주변에 동선이 집중하는 공간에 설치하는 오픈된 공간

5. 쇼핑몰(Mall)

① 쇼핑몰의 개념

ㄱ 과거의 도로를 중심으로 한 직선적 상가 배치에서 벗어나, 원형 등 면 중심으로 상가를 배치한 형태의 상가단지를 말함

ㄴ Mall의 전체적 관점에서 쇼핑몰 본부가 임차인 믹스(Tenant Mix)를 계획하고 통제. 이와 함께 입점업체들의 매장경영 전반에 대해 계획·실행·관리를 해주기 때문에 개별업체들 입장에서는 투자의 위험성이 상대적으로 낮음

ㄷ 유통산업발전법령상 쇼핑몰의 정의: 복합쇼핑몰이란 용역의 제공장소를 제외한 매장면적의 합계가 3,000m² 이상인 점포의 집단으로서 쇼핑, 오락 및 업무기능 등이 한 곳에 집적되고, 문화·관광시설로서의 역할을 하며, 1개의 업체가 개발·관리 및 운영하는 점포의 집단을 의미

② 쇼핑몰의 유형

유형	특징 및 콘셉트	유형별 업태의 종류
지역센터	일반식료품 및 의류, 다양한 업태의 소매점포 입주	대형할인점, 양판점 등
패션, 전문센터	고급의류 및 전문품(Specialty)	패션, 의류 전문점
아웃렛센터	상설할인매장	팩토리아웃렛 및 리테일아웃렛
테마·페스티벌센터	다양한 구색, 쇼핑과 오락의 결합을 통한 원스톱 쇼핑	레스토랑, 테마공원, 놀이동산

③ 쇼핑몰의 장·단점

장점	• 쇼핑몰 본부에서 모든 입점업체들의 매장경영 전반에 대해 계획, 실행, 관리를 해주기 때문에 개별 업체들 입장에서 투자위험성이 낮음 • 쇼핑몰은 영업시간, 외부환경 등이 동질적으로 관리되므로 개별 점포 입장에서 별도의 관리가 불필요
단점	• 쇼핑몰 내부 점포의 임대료는 주변 시세에 비해 높은 편에 해당 • 쇼핑몰 내부 점포 간, 동종 업종 간 경쟁의 정도가 높으므로 적절한 임차인혼합(Tenant Mix)이 필요 • 개별 점포 입장에서 업종에 따른 독립적인 광고나 영업시간의 자유가 제한된다는 단점이 있음

6. 목적점포와 기생점포

① **목적점포**(Destination Stores): 소비자가 그 점포만을 방문하기 위하여 이동할 용의가 있는 점포로서 그 점포매장 자체가 독립적으로 상권을 형성할 수 있는 목적지가 되는 점포

② **기생점포**(Parasite Store): 그 자체가 소비자의 이동을 유도하지도 못하고 자체로 상권을 형성할 수 없는 의존적인 형태의 점포

> 예 쇼핑몰 혹은 쇼핑센터에 입점해 있는 다양한 종류의 음식점, 편의점, 수선점

▶ Point 4 복합용도개발

1. 개념

주거·상업·업무활동 등 3가지 이상의 활동이 함께 이루어지도록 계획되어, 편리성과 쾌적성을 높인 복합용도의 건축물로 개발하는 것이며, 하나의 건물에 쇼핑센터, 오피스텔, 호텔, 주상복합건물, 시민회관, 컨벤션센터 등 다양한 용도를 결합시키는 것을 의미

2. 복합용도개발의 특징

① 주로 도심에 입지(CBD)하며 쇼핑센터, 오피스타워, 호텔, 주상복합건물, 컨벤션센터 등 3가지 이상의 용도가 다양하게 결합된 형태
② 토지의 집약적·입체적 이용으로 공간의 활용률이 다른 유형의 입지에 비해 높음
③ 다양한 목적을 가진 고객을 유인하여 비업무시간대의 활용도가 높음
④ 상업·업무기능 이외에 주거기능을 결합시킴으로써 도심공동화 현상 완화 가능
⑤ 도심의 상업기능의 급격한 증가현상을 피하고 도시의 균형적 발전을 도모 가능

3. 복합용도개발의 장·단점

장점	• 높은 시너지효과 • 업무의 효율성 향상 • 획일적 기능 완화 • 도심공동화 현상 완화
단점	• 쾌적성 문제 • 공간 확보의 어려움(공공, 문화시설)

THEME 09 공간균배의 원리와 넬슨의 입지 8원칙

▶ Point 1 공간균배의 원리(소재 위치에 따른 분류)

1. 개념

① 공간균배의 원리란 페터(R. M. Fetter)가 주장한 이론으로, 경쟁관계에 있는 점포 상호 간에는 공간을 서로 균등하게 나누려 하는 성질이 존재한다는 이론
② 한 점포가 입지한 이후 또 경쟁관계에 있는 다른 점포가 입지하는 경우에 각각의 점포들은 어느 위치에 입지하는 것이 유리한가를 설명하려는 이론

2. 종류 ☆

① **집심성 상점**: 배후지의 중심지 입지가 유리한 점포의 유형으로 도매상, 백화점, 고급음식점, 보석상, 귀금속점, 미술품점, 피복점, 의류상, 장식품점, 화장품점, 약국, 시계점, 서점, 영화관 등이 주로 입지
② **집재성 상점**: 같은 업종은 서로 모여 입지해야 유리한 점포의 유형으로 의류점, 가구점, 음식점, 은행, 보험회사, 증권회사 등이 있는데, 이러한 집재성 상점은 Nelson의 소매입지이론(입지 8원칙) 중에서 누적적 흡인력(Cumulative Attraction)과 그 맥을 함께 하는 개념

③ **산재성 상점**: 같은 업종은 분산 입지해야 유리한 점포의 유형. 산재성 점포는 수요가 한정된 상품을 판매하게 되므로 수가 많으면 고객이 나누어지는 경향이 있기 때문에 서로 멀리 위치할수록 매상이 높고 지역적으로 산재됨이 바람직함

　🔲 슈퍼마켓, 편의점, 제과점 등

④ **국부적 집중성 상점**: 동종의 점포끼리 국부적 중심지에서 입지해야 유리한 점포의 유형

　🔲 화훼도매점, 종묘상, 농기구상, 석재상, 철공소, 비료상, 어구상, 기계·기구상점 등

> **▶ Point 2**　　**넬슨의 입지 8원칙과 소매매력도 평가원칙**

1. 넬슨의 입지 8원칙 ☆

① **상권의 잠재력**: 상권의 크기와 수익창출력의 정도를 말하며, 개별점포들이 가진 상권 내 소비지출 총액에 대비한 자사점포의 점유율을 통해 상권의 잠재력을 평가. 잠재력은 현재 관할 상권 내에서 취급하는 상품, 점포 또는 유통단지의 수익성 확보가능성을 분석

② **상권의 접근가능성(Accessibility)**: 상권 내의 잠재적 수요를 어느 정도나 자사점포로 흡수할 수 있느냐의 문제로, 이는 점포로의 접근가능성에 의존하게 됨

　㉠ **고객창출형 점포**: 독자적 고객흡인이 가능한 백화점, 대형할인마트, 쇼핑센터, 전문품점

　㉡ **근린고객의존형 점포**: 가까운 점포에 의해 흡인된 고객이 물건을 구입하고 그 인근에서 관련 재화를 구입하는 형태로 슈퍼마켓, 생활용품점, 잡화점 등

　㉢ **통행량의존형 점포**: 쇼핑을 목적으로 하지 않는 통근자나 불특정 다수의 유동인구에 의해 구매되는 형태의 점포

③ **성장가능성**: 인구, 소득수준 증가로 시장규모나 유통상권의 매출액이 성장가능성을 분석하는 것으로, 지역시장의 인구 증가와 소득 수준의 향상으로 상권의 확장 및 성장을 평가

④ **중간저지성(Interception)**: 경쟁점포나 상점군(群)의 중간에 위치하여 상권에 진입하는 고객을 중간에서 분리·흡수할 수 있는 입지인지 여부를 평가

⑤ **누적적 흡인력(Cumulative Attraction)**: 동일 또는 유사상품을 취급하는 소매점들이 밀집되어 있는 경우 고객흡인력이 더 커지는 것을 말하며, 동반유인의 원리라고도 하며 집재성 점포의 경우 누적적 흡인력의 고려가 중요

⑥ **양립성(Compatibility)**: 상호 보완관계에 있는 재화(보완재)를 판매하는 두 개의 점포가 근접하여 입지하는 경우 양 점포를 함께 이용하는 고객의 수와 매출액이 증가하는 성질을 의미하며, Nelson이 가장 중요시한 입지원칙에 해당

⑦ **경쟁의 회피**: 경쟁점의 입지, 규모, 형태 등을 감안하여 고려대상 점포가 기존점포와 경쟁에서 우위를 확보할 수 있는 가능성을 분석하는 것

⑧ **용지의 경제성**: 출점 시 진입할 상권의 입지비용(Cost)과 그로 인한 수익성 및 생산성을 관련하여 분석·평가

2. 소매입지의 매력도 평가원칙

① **보충 가능성의 원칙**(Principle of Compatibility): 양립하는 두 개의 업체가 상호 간에 고객을 교환 또는 공유할 수 있는 가능성으로 인접지역에 위치한 사업들 간에 양립성(Compatibility)이 높을수록 점포의 매출액이 높아짐을 말함

② **동반유인의 원칙**(Principle of Cumulative Attraction): 누적적 흡인력과 유사하며, 상호 유사 또는 보충성을 지닌 소매점들이 군집하고 있는 경우, 산재 또는 독립되어 있는 경우보다 고객흡인력이 더 커질 수 있음을 의미

③ **점포밀집의 원칙**(Principle of Store Congestion): 동반유인의 원칙과 대별되는 개념으로, 지나치게 유사한 점포나 보충성이 있는 점포들이 많이 밀집되어 있는 경우 상권으로 고객의 흡인력이 감소되는 현상을 뜻함

④ **고객차단의 원칙**(Principle of Interception): 고객이 특정 지역 내에서 이동하는 경우에 고객이 자사점포를 방문하도록 흡인하는 입지적 특성을 말함

⑤ **접근가능성의 원칙**(Principle of Accessibility): 고객이 자사점포를 편히 방문할 수 있는 거리적·심리적·물리적 특성을 말함. 입지가 고객이 정주하는 장소와의 지리적 근접성, 교통의 편리성 등이 있는 경우에 점포의 매출이 증대됨을 의미

THEME 10 소매입지의 평가(IRS, MEP, BPI, CI)

▶ Point 1 **소매포화지수(IRS)** ☆

1. 소매포화지수의 개념

① 수요잠재력 측정을 위해 주로 사용되는 소위 소매포화지수(IRS; Index of Retail Saturation)는 한 시장지역 내에서 특정 소매업태의 단위면적당 잠재수요를 나타냄

② 소매포화지수 값이 클수록 시장의 포화 정도가 낮아 시장의 매력도는 높아지고 시장기회가 커지므로 신규점포 개설에 유리하다고 판단할 수 있음

2. 소매포화지수의 활용

① 소매포화지수(IRS) 공식

$$\text{IRS} = \frac{\text{잠재수요}}{\text{특정 업태의 총매장면적}} = \frac{\text{총가구 수} \times \text{가구당 지출액}}{\text{특정 업태의 총매장면적}}$$

예제

소매포화지수(IRS)는 지역시장의 수요매력도를 총체적으로 측정할 수 있는 지표로서 많이 이용된다. 다음의 자료를 이용하여 소매포화지수(IRS)를 계산하라.

1. 지역시장의 총가구 수 = 100가구
2. 특정 업태의 총매장면적 = 330.58m²(100평)
3. 가구당 특정 업태에 대한 지출 = 50만 원
4. 수요 = 5,000만 원

해설

$$IRS = \frac{수요}{특정\ 업태의\ 총매장면적} = \frac{총가구\ 수 \times 가구당\ 지출액}{특정\ 업태의\ 총매장면적}$$

$$= \frac{5,000만\ 원}{100평} = 500,000원/평$$

② 소매포화지수의 활용
  ㉠ IRS가 크다는 것은 지역시장에서 공급보다는 수요가 크다는 것(초과수요 지역)을 의미함. 즉, 이 지역은 초과수요 상태이므로 신규점포를 공급하기에 적합한 상권 상태임(= 이 지역은 점포가 부족하므로 외부에서의 쇼핑이 많은 지역임)
  ㉡ IRS는 다른 지역 또는 평균적인 수치와 비교할 경우 의미가 있으며, 그 수치가 클수록 지역의 잠재적인 수요가 큰 지역임을 암시

③ 소매포화지수의 특징
  ㉠ IRS는 지역시장의 **현재 시점** 수요잠재력(매력도)을 총체적으로 평가할 수 있는 지표로, 지역시장 내의 특정 소매업태의 단위면적당 잠재수요를 나타냄
  ㉡ 지역의 경쟁의 정도를 정량적으로만 평가할 뿐 질적(Quality)인 측면은 고려하지 못함
  ㉢ IRS는 현재 특정 지역의 수급상태를 반영하는 지수로, 지역의 시장성장잠재력을 반영하지 못하는 단점이 있으며, MEP(시장확장잠재력지수)로 보완해야 함
  ㉣ 특정 지역상권 내에서 해당 제품에 대한 미래 신규고객의 잠재수요를 반영하지 못함

Point 2   시장확장잠재력지수(MEP)

1. MEP의 개념

① 지역시장이 미래에 신규수요를 창출할 수 있는 잠재력을 반영하는 지표가 되는 것으로, 미래의 시장확장잠재력을 나타내는 것

② MEP 값이 크다는 것은 거주자들의 다른 지역에서의 쇼핑 정도가 높다는 것을 의미하고, 시장확장잠재력이 높다는 것을 나타냄

$$MEP = \frac{\text{해당 상품의 예상수요}}{\text{총매장면적}}$$

③ MEP는 IRS의 단점을 보완해주는 도구로 다른 지역으로 부터의 쇼핑 정도(쇼핑지출액) 등을 추정할 수 있음

④ 어느 지역에서 다른 지역으로의 쇼핑의 정도가 높다는 것은 현재 이 지역의 점포포화도는 과소상권이라는 것이다. 즉, 미래에 MEP(시장확장잠재력)가 크다는 것이며, 출점할 지역으로서 매력도가 높음을 나타냄

⑤ 출점을 위한 상권분석 시 신규점포가 입점할 지역의 포화성 측정 시 기존점포들에 대한 시장포화성뿐만 아니라 미래를 위한 시장확장잠재력도 함께 고려해야 함

2. IRS와 MEP의 활용

① 지역시장의 매력도는 현재의 시장매력도를 나타내는 IRS와 미래의 시장매력도를 나타내는 MEP를 함께 사용하여 평가될 수 있음

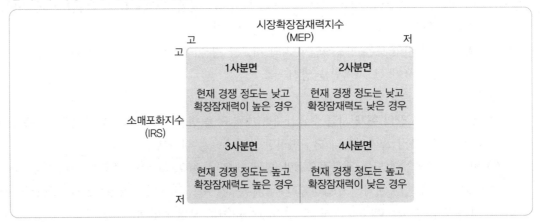

② 각 상황별 매력도 판단
- 1사분면: 현재 경쟁 정도는 낮고 확장잠재력은 높은 경우로 신규점포가 출점하기에 가장 매력도가 높은 시장지역
- 2, 3사분면: 지역시장의 포화상태가 중간상태인 경우로서 자사점포의 경쟁우위 여부에 따라서 출점 여부를 판단할 수 있음
- 4사분면: 현재 경쟁 정도는 높고 확장잠재력은 낮은 경우로서 출점하기에 적합하지 않은 과다상권 시장지역이라 판단

> **Tip**
>
> 둥지 내몰림 또는 젠트리피케이션(Gentrification) 현상: 젠트리피케이션(Gentrification)은 낙후된 도심지역의 재건축·재개발·도시재생 등 대규모 도시개발에 부수되는 현상으로, 인근 도시개발로 부동산가격이 급등하고 임대료가 상승함에 따라 지역사회의 원주민들의 재정착비율이 매우 낮은 현상을 말함

▶ Point 3 구매력지수(BPI)와 중심성지수(CI)

1. 구매력지수(BPI) ☆

① 소매점포의 입지를 분석할 때 해당 지역시장의 구매력을 측정하는 기준으로, 구매력은 그 지역시장의 거주자들이 상품을 구매할 수 있는 능력을 나타냄

② BPI가 높을수록 시장의 구매력이 크다는 것을 의미하고, 그 지역은 신규점포를 내기에 매력적이라는 것을 의미

> $$BPI = 0.5X + 0.3Y + 0.2Z$$
>
> X: 전체 가처분소득 중에서 차지하는 그 지역의 가처분소득 비율
> Y: 전체 소매매출액에서 차지하는 그 지역의 소매매출액 비율
> Z: 총인구에 대한 그 지역인구의 비율
> 상수: 각 요인의 구매력에 대한 기여도에 따라 부여한 가중치

2. 중심성지수(CI; Centralization Index)

① 소매업의 공간적 분포를 설명하는 지표로 인구유출입지수를 중심성지수라고 함

> $$상업인구 = \frac{특정\ 지역의\ 소매판매액}{1인당\ 평균구매액}, \quad 중심성지수 = \frac{상업인구}{거주인구}$$

② 중심성지수의 값이 1이 되는 경우는 외부 유동인구가 없는 고립된 지역을 의미하며, 통상적으로 주위에 점포가 많이 없는 지역은 1보다 작은 값을 가짐

3. 판매활동지수(SAI)

① SAI(Sales Activity Index)는 다른 지역과 비교한 특정 지역의 1인당 소매매출액을 측정하는 방법으로 인구를 기준으로 소매매출액의 비율을 계산

② 기본적으로 판매활동지수(SAI; Sales Activity Index)가 크다는 것은 지역의 구매력이 크다는 것을 판단할 수 있는 근거가 되지만, 당해 지역 거주민들의 구매력을 측정할 수 있을 뿐 비거주자들의 구매력은 측정할 수 없는 문제점이 있음

$$SAI(\text{Sales Activity Index}) = \frac{\text{총소매매출액에서 해당 지역이 차지하는 비율}}{\text{총인구에서 해당 지역이 차지하는 비율}}$$

THEME 11 | 입지에 영향을 미치는 요인들

▶ Point 1 | 다점포경영 성향

1. 개념

다점포경영은 각 지역에 자사의 지점포를 분산 입지시키는 체인식 경영전략으로서 대량구매와 대량판매를 통한 규모의 경제와 효율을 실현함으로써 이윤극대화를 취하는 경영방식. 이는 유통시장 전면 개방에 대한 대응책으로 기존 소매점포들은 유통망의 경쟁력 강화와 경쟁우위 확보의 필요성에 의해 강조되고 있음

2. 유용성과 한계점

유용성	• 본사의 경험과 노하우를 전수함으로써 시행착오를 줄여 실패확률이 낮음 • 대량구매를 통한 비용절감으로 저렴하게 물품을 공급할 수 있음 • 본사의 브랜드 이미지를 직접적으로 영업에 활용하여 광고, PR 등 유리 • 외상매입이 가능하여 지점의 자금부담이 감소 • 본사와의 협조체계로 시장의 변화에도 빠르게 대처할 수 있음
한계점	• 본사의 운영방침에 따라야 하므로 영업의 독립성이 침해됨 • 본사의 표준적 운영방식으로 지역 체인점들의 특성을 반영한 차별적 영업이 곤란 • 계약에 따른 로열티 지급의 부담 및 체인점의 매매 시 제한을 받음 • 최근 동일상호를 쓰는 타 점포의 잘못으로 선의의 피해를 보는 사례가 증가 • 특정 지역에 다점포를 개설하는 경우 자기잠식현상이 발생할 수 있음

📖 Tip

자기잠식현상(Cannibalization): 단어의 정의는 보통은 제살깎기라고도 표현하며, 기존에 출시됐던 제품이 같은 기업에서 출시된 새로운 제품에 의해 판매량이 감소하거나 시장점유율이 감소하는 것을 말함

예 우유회사가 새로운 맛의 우유를 개발하면 기존의 우유에 영향을 미칠 수 있다. 즉, 기존 우유 소비자들이 새로운 맛의 우유를 선택함으로써 동일회사의 기존 우유 판매량의 감소를 가져올 수 있는데, 이를 '자기시장잠식'이라고 함

Point 2   접근성(Accessibility)

1. 접근성(Accessibility) 개념

입지에 대한 진출입의 용이성을 의미하며, 고객이 상권에 도달하는 데 걸리는 시간적, 공간적, 거리적 부담을 의미. 이러한 접근성 개념은 거시적 관점의 정의이며, 미시적으로는 교통량, 도로정체(혼잡도), 진출입의 문제, 주차의 문제, 가시성(Visibility), 쇼핑센터 내부의 개별점포로의 접근성 등도 포함

2. 접근성의 내용 ☆

① 주차시설의 양과 질은 쇼핑센터, 쇼핑몰 및 주차시설을 개별적으로 갖춘 단독매장들에 대한 접근 성을 평가하기 위한 중요한 요인의 하나이며, 주차시설의 위치를 평가할 때는 고객 쇼핑동선의 일반적 길이를 고려해야 함

② 혼잡도가 일정 수준을 넘어 너무 혼잡하면 쇼핑속도가 떨어지고 고객불만을 야기하여 매출이 하 락하나, 적정수준의 혼잡도는 오히려 고객에게 쇼핑의 즐거움을 더해줌

③ 독립점포 입지평가에서와 마찬가지로 쇼핑몰, 쇼핑센터의 입지평가에 있어서도 접근성이 중요하 며, 쇼핑센터 및 쇼핑몰 내부의 입지평가에 있어서도 접근성은 평가의 대상

④ 접근성을 평가할 때는 길에서 점포가 눈에 잘 띄는 가시성도 고려해야 함

⑤ 고객의 충성도가 높거나 역사적으로 오래된 유명 점포의 경우에 있어서 가시도는 큰 문제가 되지 않음

⑥ 고가의 전문품의 경우 가시도보다는 교통의 접근성이 편리한 곳이 좋으나 저가의 편의품과 같은 생활용품 등의 경우는 가시성이 중요

Point 3   동선의 원리

1. 동선(Traffic Line) ☆

① 동선(動線)의 개념과 종류

ㄱ 개념

ⓐ 상점가에 있어서 고객유입시설을 통하여 불특정 다수의 소비자를 상점으로 유도하는 흐름 을 의미

ⓑ 동선이란 사람들이 집중하는 자석(Anchor)과 자석을 연결하는 흐름을 말함

ㄴ 종류

ⓐ **주동선**: 고객유도시설인 지하철역, 백화점 등 대규모점포, 대형 교차점 등을 연결하는 선을 주동선이라고 말함

ⓑ **부동선**(=이동동선): 주동선 이외에 동선과 관계있는 이용객의 흐름이 있는 동선을 부동선

이라 함. 이 부동선을 중시하는 유형으로 소규모 체인점, 개인점포 등

ⓒ **복수동선**: 복수의 자석이 있는 경우의 동선을 복수동선(유희동선)이라고 함. 이는 여러 동선이 복합적으로 혼재하고 있는 경우로 '지하철역 → 대형 교차점 → 대규모점포 등 → 다시 지하철역'에 이르는 경우 복수의 고객유도시설이 혼재해 있는 경우

② **동선의 원리**

㉠ **안전 중시의 법칙**: 인간은 본능적으로 신체의 안전을 지키기 위해 위험하거나 모르는 길, 다른 사람이 잘 가지 않는 장소는 가려고 하지 않는다는 심리를 의미

㉡ **최단거리 실현의 법칙**: 사람들은 최단거리로 목적지에 가려는 심리를 말함. 예컨대 멀리 돌아가거나 쓸데없는 일, 손해는 보지 않으려고 함, 부동선(후면동선)이 발생하는 원인이 됨

㉢ **보증 실현의 법칙**: 인간은 득실을 따져 득이 되는 쪽을 선택한다는 동선 심리로, 길을 건널 때도 최초로 만나는 횡단보도를 이용하려는 성향이 있음

㉣ **집합의 법칙**: 대부분의 사람들은 군중 심리에 의해 사람이 모여 있는 곳에 모이는 성향이 있어 이를 상권의 입지분석에 이용

2. 상업성 고객유도시설

고객유도시설은 고객을 모으는 자석과 같은 역할을 한다고 하여 소매자석(CG; Customer Generator)이라고 함. 고객을 유입시킬 수 있는 점포 주변의 상업시설, 백화점, 지하철역 등에는 사람들이 모이며, 사람들이 모이는 곳에 출점하면 그만큼 성공률이 높음

① **도시형점포 유도시설**: 지하철역, 대규모 소매점(백화점, 대형마트), 대형 교차로, 기타(대형상점가의 입구, 버스정류장, 고속버스터미널, 경기장, 공원, 관공서, 오락시설, 유원지, 관광지의 관광시설 등)

② **교외형점포 유도시설**: 대규모 소매점, 간선도로 교차점, 간선도로, 대형 레저시설[어린이대공원, 서울대공원, 용인자연농원(에버랜드) 등], 기타(공원, 관공서, 경기장, 경마장, 경륜장, 유원지, 관광시설)

③ **인스토어형점포(Instore) 유도시설**: 건물의 주 출입구, 에스컬레이터, 엘리베이터, 계단 앞, 기타(휴식공간, 식품매장, 대형매장, 푸드코트 등)

THEME **12** 업태 및 업종별 입지

▶ Point **1** 백화점

1. 개념

① 의류·가정용품·신변잡화류·가구 등의 상품을 부문별로 구성하여 일괄구매(One Stop Shopping)할 수 있도록 하고, 대부분의 매장을 직영 형태로 운영하는 대형소매점포

② 우리나라의 백화점은 매장면적이 3,000m^2 이상이고 30% 이상이 직영으로 운영되어야 하며, 판매장 이외에도 주차시설, 문화시설 등 서비스시설에 대한 다양한 규제가 가해지고 있음

2. 입지선정

① 도심 및 교통망의 결절점에 입지하며, 유동인구, 인근 지역 소비자의 소비형태 등을 고려해야 함
② 입지의 지리적, 환경적 요인을 분석하여 소비자의 흡인률을 높일 뿐만 아니라 강한 집객력을 배경으로 제품구색의 폭이 넓으며 점포 건물의 층별 제품구색 차별화를 구현하는 MD 구성 및 문화레저 산업과의 연계 등을 통한 차별화된 전략이 요구
③ 백화점은 소비자가 가장 편리하게 접근할 수 있도록 주차의 편리성을 우선 고려해야 함. 또한 소비자의 흡인력에 따라 성과가 좌우되므로 사람이 많이 모일 수 있는 곳에 입지를 선정해야 함

3. 동선계획

① 백화점은 각 층의 매장 효율을 높이기 위해 계획적 구매상품, 충동적 구매상품 등을 고려하여 배치 동선은 매장 내의 고객이 가능한 많은 매장을 거치도록 고려해야 함
② 계획적인 구매를 하는 상품판매장으로 가는 중간에 충동적인 구매를 하는 상품을 배치
③ 식료품은 혼잡한 장소에 배치하고, 귀금속은 한산한 장소에 배치하는 방법을 이용
④ 고객과 점원의 동선, 그리고 상품의 교통로는 주변 환경에 따라 분리

▶ Point 2   의류패션전문점 ★

1. 개념

① 경기변동에 많은 영향을 받고 충동구매가 많으며 브랜드를 선호함. 또한 가족단위 구매가 많이 이루어지므로 서로 다른 연령층 고객을 표적으로 삼는 전략이 필요
② 의류 및 패션 관련 소매업은 고가의 브랜드 제품과 보세 및 수입품 위주의 중가제품 그리고 저렴한 시장제품이 고루 공존했으나, 외환위기를 겪으면서 중산층이 적어지고 또한 소비가 줄어들면서 중간 가격대의 제품들이 많이 사라지고 대신 저렴한 가격대의 상품을 선호하는 계층이 많아짐

2. 입지선정

① 도심의 중심상업지구(CBD)나 쇼핑센터들의 밀집지역과 그 지역 전체를 포함한 형태로, 의류패션전문센터 또는 테마 의류센터 등의 형태로 입지하는 것이 일반적
② 도심이나 쇼핑몰 등에 다수 위치하고 있으며 고객을 유인하기 위해 상품진열 전략에 매우 신경을 쓰고 있음. 특히 고급 의류패션전문점은 CBD에 입지하여 통행인구를 유인하기 위하여 항상 좋은 상품들을 진열하는 전략이 필요

③ 여성고객이 주요 대상이므로 식료품점과 가까울수록 좋은 입지이지만 백화점과 같이 규모가 큰 경쟁자가 입주해 있는 쇼핑몰은 피해야 할 입지

④ 백화점보다 더 인기 있는 곳이라고 생각되는 곳에 입지하며, 그 위치들은 소비자들을 위한 볼거리와 레크리에이션 기회를 제공하고 많은 사람들이 구매하도록 하는 능력을 발휘

▶ Point 3 패션잡화점 및 생활용품점

① 충동구매 성향이 높으므로 접근성이 뛰어난 점포가 유리

② 패션잡화점에 대한 입지선정에 있어서 목표고객 선정이 중요 영향요인에 해당

③ 선매품(Shopping Goods) 성격이 강하므로 상호 보완적인 상품을 판매하는 다양한 점포들이 함께 모여 있는 경우에 유리

④ 패션잡화점은 선매점(또는 전문점)으로서 유동인구의 집중이 중요하므로, 임대료가 상대적으로 비싸고, 입지가 좋은 곳에 위치하는 것이 유리

⑤ 선매품점인 동시에 집재성 점포에 해당하므로 서로 같은 연령층 고객을 타깃으로 삼는 점포들이 함께 모여 있는 곳이 최적입지에 해당

▶ Point 4 제조직매형 전문점(SPA)

1. 개념

① SPA(Specialty retailer of Private label Apparel)란 1986년에 미국의 청바지 회사인 갭(Gap)이 도입한 개념으로, 전문점과 자사 상표(PB) 및 의류(Apparel)의 앞 문자를 딴 합성어로, 제조직매형 의류전문점이라고 할 수 있음

② 우리나라에서도 그동안 ZARA, Uniqlo, Forever21 등의 SPA 업체들이 대형매장을 개설하여 영업을 해왔고, H&M과 SPAO 등이 새로 SPA 매장을 개설함

2. SPA의 장점

① SPA는 기획부터 디자인·생산·유통·판매 등 모든 공정이 일괄적으로 이루어짐으로써 저렴하고 트렌디한 제품을 소비자에게 공급할 수 있음

② 급변하는 유행에 맞춰 새로운 아이템을 빠르게 선보여 패스트패션(Fast Fashion)이라고도 함

Chapter

03 출점 및 개점전략

THEME 13 개점 점포의 법률적 검토

▶▶ Point 1 상권분석과 관련된 건축 관련 법규 Ⅰ

1. 건폐율과 용적률 ☆

① **건축면적**: 건축면적이란 수평투영면적 중 가장 넓게 보이는 층의 면적을 말함
② **건폐율**: 건폐율이란 대지면적에 대한 건축면적(대지에 건축물이 둘 이상 있는 경우에는 이들 건축면적의 합계)의 비율을 말함(건축법 제55조)

> 건폐율(%) = (건축면적 / 대지면적) × 100

③ **연면적**: 연면적이란 건물 전체 층 바닥면적의 합계. 여기서 전체 층이란 지하와 지상의 모든 층을 말함
④ **용적률**: 용적률이란 대지면적에 대한 연면적(대지에 건축물이 둘 이상 있는 경우에는 이들 연면적의 합계로 함)의 비율을 말함(건축법 제56조)

> 용적률(%) = (지상층 연면적 / 대지면적) × 100

2. 용적률 산정 시 연면적에서 제외되는 부분

① 지하층의 면적
② 지상층의 주차용(해당 건축물의 부속용도인 경우만 해당)으로 이용되는 면적
③ 초고층 건축물과 준초고층 건축물에 설치하는 피난안전구역의 면적
④ 건축물의 경사 지붕 아래에 설치하는 대피공간의 면적

예제

甲이 매입하려는 상가건물이 지하 1층~지상 4층으로 대지면적은 250m²이다. 층별 바닥면적은 각각 200m²로 동일하며 주차장은 지하 1층에 150m²와 지상 1층 내부에 100m²로 구성되어 있다. 이 건물의 용적률은 얼마인가?

4층 : 200m²	
3층 : 200m²	
2층 : 200m²	
1층 : 상가 100m²	주차장 100m²
B1 : 150m²	

해설

용적률이란 대지면적에 대한 전체 건축면적의 비율로서 전체 건축면적에는 부속시설인 주차장 공간과 지하층의 면적은 제외된다.

$$\therefore \ 용적률 = \frac{(200 + 200 + 200)m^2 + 100m^2}{250m^2} \times 100\% = 280\%$$

정답 **280%**

3. 국토계획법상 용도지구(상업지역)

① 「국토의 계획 및 이용에 관한 법률」에서는 우리나라의 모든 토지를 도시지역, 관리지역, 농림지역, 자연환경보전지역으로 구분하고 있음

② 이 중 상권분석과 관련성이 있는 상업지역은 중심상업지역, 일반상업지역, 근린상업지역, 유통상업지역으로 세분하고 있음(시행령 제30조)

③ 상업지역에서 업종변경 또는 점포 확장 시 용도변경 신청절차

용도변경 신청 → 신고필증 교부 → 공사 착수 → 사용승인 → 건축물대장 변경

4. 부지와 획지, 각지의 개념

① **부지**: 건물이나 구조물이 차지하고 있는 일정 용도로 사용되는 토지를 말하며, 건부지와 도로부지 등이 있음

② **획지**: 건축용으로 구획정리를 할 때 한 단위가 되는 땅을 말함

③ **각지**: 각지는 획지 중 두 개 이상의 도로가 교차하는 곳에 있는 경우를 말하며, 각지에는 1면 각지, 2면 각지, 3면 각지, 4면 각지 등이 있고 접근성과 출입이 편리하여 광고효과가 높음

Point 2 상권분석과 관련된 건축 관련 법규 Ⅱ

1. 개점입지의 법률적 검토(임차상가의 권리분석)

임대차관계를 명확히 하기 위해서는 공인중개사를 통해 계약을 진행하고, 계약 시에는 반드시 건축물대장, 상가등기부등본의 갑(甲)구 및 을(乙)구를 통하여 임차하려는 매장의 담보설정 여부, 제세공과의 체납 여부 등 제반 사항을 확인해야 함

2. 등기부등본 및 도시계획확인원과 건축물대장

① 점포 계약 시 등기부등본상 소유권과 저당권설정 유무 확인 필요, 건축물대장, 도시계획확인원 등을 발급받아 해당 점포의 용도나 개발계획 등을 반드시 확인해야 함

② 도시계획확인원을 열람함으로써 자신이 입주하려는 곳의 상권 변화를 예측할 수도 있음

> 🍃 **Tip**
>
> **점포의 매매와 임대차 시 확인해야 하는 공적 서류와 그 내용**
> • **등기사항전부증명서**: 현 소유자의 인적사항, 취득일과 매매과정, 압류·저당권 등의 권리설정 내용 등
> • **건축물대장**: 건축물의 위치, 면적, 구조, 용도, 건폐율과 용적률, 건축연도, 층수 등
> • **토지대장**: 토지의 소재, 지번, 지목, 면적, 소유자의 주소, 주민등록번호, 성명 등
> • **토지이용계획확인원**: 용도지역·용도지구 등의 지정 여부, 토지거래 규제(용도지역·지구 등에서의 행위제한), 도로개설 여부, 확인도면 등
> • **지적도**: 토지의 소재, 지번, 지목, 인근 토지와의 경계, 토지의 모양, 토지등급 등

Point 3 상가건물 임대차보호법 ★

1. 임대차기간

① 기간을 정하지 아니하거나 기간을 1년 미만으로 정한 임대차는 그 기간을 1년으로 본다. 다만, 임차인은 1년 미만으로 정한 기간이 유효함을 주장할 수 있다.

② 임대차가 종료한 경우에도 임차인이 보증금을 돌려받을 때까지는 임대차관계는 존속하는 것으로 본다.

2. 계약갱신 요구

① 임대인은 임차인이 임대차기간이 만료되기 6개월 전부터 1개월 전까지 사이에 계약갱신을 요구할 경우 정당한 사유 없이 거절하지 못한다. 다만, 다음의 어느 하나의 경우에는 그러하지 아니하다.

> 1. 임차인이 3기의 차임액에 해당하는 금액에 이르도록 차임을 연체한 사실이 있는 경우
> 2. 임차인이 거짓이나 그 밖의 부정한 방법으로 임차한 경우
> 3. 서로 합의하여 임대인이 임차인에게 상당한 보상을 제공한 경우

    4. 임차인이 임대인의 동의 없이 목적 건물의 전부 또는 일부를 전대한 경우

    5. 임차인이 임차한 건물의 전부 또는 일부를 고의나 중대한 과실로 파손한 경우

    6. 임차한 건물의 전부 또는 일부가 멸실되어 임대차의 목적을 달성하지 못할 경우

    7. 임대인이 다음의 어느 하나에 해당하는 사유로 목적 건물의 전부 또는 대부분을 철거하거나 재건축하기
      위하여 목적 건물의 점유를 회복할 필요가 있는 경우
- 임대차계약 체결 당시 공사시기 및 소요기간 등을 포함한 철거 또는 재건축 계획을 임차인에게 구체적으로 고지하고 그 계획에 따르는 경우
- 건물이 노후·훼손 또는 일부 멸실되는 등 안전사고의 우려가 있는 경우
- 다른 법령에 따라 철거 또는 재건축이 이루어지는 경우

② 임차인의 계약갱신요구권은 최초의 임대차기간을 포함한 전체 임대차기간이 10년을 초과하지 아니하는 범위에서만 행사할 수 있다.

3. 차임 등의 증감청구권

① 차임 또는 보증금이 임차건물에 관한 조세, 공과금, 그 밖의 부담의 증감이나 「감염병의 예방 및 관리에 관한 법률」에 따른 제1급감염병 등에 의한 경제사정의 변동으로 인하여 상당하지 아니하게 된 경우에는 당사자는 장래의 차임 또는 보증금에 대하여 증감을 청구할 수 있다. 그러나 증액의 경우에는 청구 당시의 차임 또는 보증금의 100분의 5의 금액에 따른 비율을 초과하지 못한다.

② 증액 청구는 임대차계약 또는 약정한 차임 등의 증액이 있은 후 1년 이내에는 하지 못한다.

4. 환산보증금 규정

① 환산보증금 규정은 「상가건물 임대차보호법」에서 영세상인을 보호하기 위해 제정된 보호규정으로, 환산보증금 기준은 영세상인의 범위를 규정하기 위해 정한 보증금 수준을 의미

② 보증금액을 정할 때에는 해당 지역의 경제 여건 및 임대차 목적물의 규모 등을 고려하여 지역별로 구분하여 규정하되, 보증금 외에 차임이 있는 경우에는 그 차임액에 「은행법」에 따른 은행의 대출금리 등을 고려하여 대통령령으로 정하는 비율(100/1)을 곱하여 환산한 금액을 포함하여야 한다 (법 제2조 제2항 및 시행령 제2조 제3항).

③ 환산 산식: 보증금 + (월임차료 × 100)

5. 권리금

① 권리금의 정의(법 제10조의3)

    ㉠ 권리금이란 임대차 목적물인 상가건물에서 영업을 하는 자 또는 영업을 하려는 자가 영업시설·비품, 거래처, 신용, 영업상의 노하우, 상가건물의 위치에 따른 영업상의 이점 등 유형·무형의 재산적 가치의 양도 또는 이용대가로서 임대인, 임차인에게 보증금과 차임 이외에 지급하는 금전 등의 대가를 말한다. → 시설권리금 + 영업권 + 바닥권리금

    ㉡ 권리금 계약이란 신규임차인이 되려는 자가 임차인에게 권리금을 지급하기로 하는 계약을 말한다.

② **권리금 회수기회 보호:** 임대인은 임대차기간이 끝나기 6개월 전부터 임대차 종료 시까지 다음의 어느 하나에 해당하는 행위를 함으로써 권리금 계약에 따라 임차인이 주선한 신규임차인이 되려는 자로부터 권리금을 지급받는 것을 방해하여서는 아니 된다.

> 1. 임차인이 주선한 신규임차인이 되려는 자에게 권리금을 요구하거나 임차인이 주선한 신규임차인이 되려는 자로부터 권리금을 수수하는 행위
> 2. 임차인이 주선한 신규임차인이 되려는 자로 하여금 임차인에게 권리금을 지급하지 못하게 하는 행위
> 3. 임차인이 주선한 신규임차인이 되려는 자에게 상가건물에 관한 조세, 공과금, 주변 상가건물의 차임 및 보증금, 그 밖의 부담에 따른 금액에 비추어 현저히 고액의 차임과 보증금을 요구하는 행위
> 4. 그 밖에 정당한 사유 없이 임대인이 임차인이 주선한 신규임차인이 되려는 자와 임대차계약의 체결을 거절하는 행위

THEME 14 출점을 위한 점포의 투자형태 및 출점전략

⏩ Point 1 출점을 위한 점포의 투자

1. 투자(Investment)의 개념

① **의의:** 투자란 미래의 수익을 향유하기 위해서 현재의 소비를 미래로 이연시키고 시간이나 자본을 제공하는 경제행위를 의미함. 개점을 위한 출점전략에 있어서도 점포 창업자는 점포를 임차할 것인지 매매로 투자할 것인지에 대한 의사결정이 필요

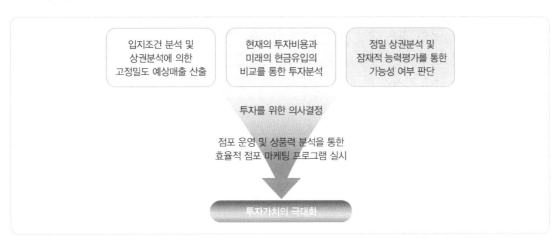

② 투자분석방법

㉠ NPV법(순현재가치법)과 IRR법(내부수익률법)

순현재가치법	현금유입의 현가 – 현금유출의 현가 > 0인 경우에 투자의 타당성이 인정되며, 순현재가치가 0보다 작은 경우에는 타당성이 없다고 판단
내부수익률법	현금유입의 현가와 유출의 현가가 같아지는 수익률을 구하는 방법, IRR > 시장이자율(투자로 인한 최소요구수익률)인 경우 투자의 타당성이 인정

㉡ 투자수익률법(ROI; Return on Investment): ROI법은 미국 듀퐁사에 의해 개발된 경영성과를 종합적으로 측정하는 데 이용되는 대표적인 투자분석법으로 순이익을 총투자액으로 나누어 산출하며, **매출액순이익률**과 **회전율**의 곱으로 이를 나타낼 수 있음

$$투자수익률(ROI) = 순이익 / 총투자액(총자본) \times 100$$
$$= \frac{순이익}{매출액} \times \frac{매출액}{총투자액}$$
$$= 매출액순이익률 \times 자산회전율$$

2. 점포의 투자 형태

① 점포신축을 위한 부지매입

㉠ 일반적으로 자산가치가 상승하는 경우가 많음

㉡ 점포 형태, 진입로, 주차장, 구조 등 하드웨어에 대한 계획을 새롭게 세울 수 있음

㉢ 다른 경우에 비해 초기에 투자해야 하는 비용이 많은 편에 속함

㉣ 주변 지역(상권)의 환경변화에 빠르게 대응하기가 어려움

② 점포신축을 위한 부지임대

㉠ 초기투자비용이 적은 대신 자산가치의 상승을 누릴 수 없음

㉡ 점포형태, 진입로, 주차장, 구조 등 하드웨어에 대한 계획을 새롭게 세울 수 있음

㉢ 계약기간 만료 시에는 더 이상 지상권을 주장할 수 없음

③ 점포출점을 위한 건물임대

㉠ 다른 경우에 비해 초기에 투자해야 하는 비용이 가장 적음

㉡ 주변 지역(상권)의 환경변화에 빠르게 대응할 수 있음

㉢ 신속히 사업을 시작할 수 있고 업종선택의 신축성이 높음

㉣ 좋은 입지 획득 기회가 높음

④ 점포출점을 위한 건물매입

㉠ 초기에 투자해야 하는 비용이 많은 편에 속함

㉡ 기존건물을 인수하는 경우이므로 감가상각에 대한 고려가 필수적임

㉢ 기존상권에 진입하는 경우이므로 영업권에 대한 이점을 향유할 수도 있으나, 업종전환에 어려움이 있을 수 있음

3. 입지할당모형(Location-Allocation Model)

① 개념

    ㉠ '**입지배정모형**'이라고도 하며, 두 개 이상의 점포 네트워크를 구축하려는 경우 각 점포가 동일 기업 내 점포 네트워크에 미치는 영향과 점포입지 상호작용에 대한 체계적인 평가에 활용

    ㉡ 이 모형은 소비자들의 구매 통행 패턴을 기초로 소비자들을 그 점포들에 배정하게 됨

② 활용: 점포 네트워크의 구축은 소매점의 광고, 유통, 노동력 등을 절약할 수 있고, 가능한 넓은 지역에 흩어져 있는 소비자들을 흡인할 수 있는 장점이 있으므로 점포 확장을 계획하고 있는 소매 경영자들에게 있어 중요 고려사항으로 활용

③ 적용모형: ㉠ 시설입지분석에 있어 가장 많은 논의가 있는 P-메디안모형이 있고, ㉡ 부지선정 과정에서 경쟁자들의 입지를 고려할 목적으로 개발된 시장점유율모형, ㉢ 서비스센터의 네트워크를 계획하는 데 특히 유용한 커버링모형 등이 있음

▶ Point 2   출점전략

1. 점포의 출점절차 및 출점 의사결정

① 점포의 출점절차

> 출점방침의 결정 → 출점지역(Region) 결정 → 시장지역 내 상권(Trade Area) 결정 → 입지 선정 → 구체적인 출점부지(Site) 또는 점포의 물색 → 계획의 수립 및 출점(개점)

② 출점 의사결정 사안

    ㉠ 상권 및 입지분석을 통한 출점점포의 결정

    ㉡ 점포의 확보(계약) 및 사용과 관련된 행정적 처리(인·허가 또는 영업신고)

    ㉢ 점포의 층별 배치 결정

    ㉣ 최종 점포의 머천다이징(MD) 결정

2. 출점전략

① **도미넌트 출점전략**(Dominant Strategy): 일정 지역에 다수의 점포를 동시에 출점시켜서 경쟁자의 진입을 억제하는 다점포전략으로, 물류비 절감과 매장구성의 표준화를 통해서 경쟁력을 유지하는 전략에 해당

② **시장력 선택전략**: 상권의 집적이 비교적 높고 경쟁이 있음에도, 충분한 시장력이 있다고 판단되는 경우의 출점전략

③ **다각화 전략**: 도미넌트전략 이후 점포 수를 최적화하고 업종·업태의 변화를 통해 고객의 다양한 욕구를 수용하는 전략

▶ Point 3 프랜차이즈 출점전략 ★

1. 특징

프랜차이저(Franchiser, 가맹본사)는 가맹점에 대해 일정 지역 내에서의 독점적 영업권을 부여하는 대신 가맹점으로부터 로열티(특약료)를 받고 상품구성이나 점포·광고 등에 관하여 직영점과 똑같이 관리하며 경영지도·판매촉진 등을 담당함. 투자의 대부분은 가맹점주(Franchisee)가 부담하기 때문에 프랜차이저는 자기자본의 많은 투하 없이 연쇄점 조직을 늘려나가며 시장점유율 확대 가능

2. 장·단점

장점	• 영업 초보자도 본사의 경영노하우, 기술을 이전받아 쉽게 창업이 가능 • 독립점포에 비해 실패의 확률이 적음 • 본사의 브랜드와 마케팅 홍보효과를 누릴 수 있음 • 점포 개점 시 본사와의 협조체계로 시장의 변화에도 빠르게 대처 가능
단점	• 본사의 운영방침에 따라야 하므로 영업의 독립성이 침해됨 • 본사의 표준적 운영으로 각 체인점들의 특성을 반영한 차별적 영업이 곤란 • 동종업계 간의 경쟁 악화가 심화

3. 체인점의 유형

① 레귤러 체인(Regular Chain): 체인 본점이 다수의 체인 지점을 지닌 형태의 체인형 조직으로, 규모의 경제를 실현하여 매출액 및 이윤을 창출하며 기업형 체인이라고 함

② 볼런터리 체인(Voluntary Chain): 개별적인 상호를 가진 독립된 점포이지만 같은 업종에 있는 소매업자들이 공동의 목표를 가지고 공동구매, 공동판매 등의 형태를 가지는 조직으로 본점에 종속성이 낮은 특징을 가짐. 이는 경영의 독립성이라는 측면과 체인화를 통한 이득을 모두 취할 수 있는 형태의 체인조직이라 할 수 있음

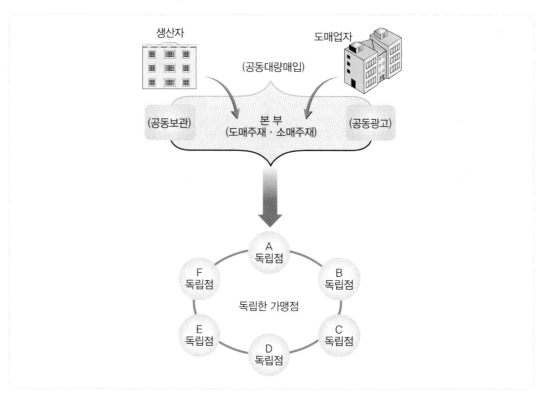

📋 Tip

입지할당모형: 입지배정모형이라도 하며, 체인점의 최적입지와 관련된 모형으로, 2개 이상의 점포를 체인 형태로 운영하는 경우 소매점포 네트워크의 설계, 신규점포 개설시 기존 네트워크에 대한 영향분석, 기존점포의 재입지 또는 폐점 의사결정 등에 활용

THEME 15 **내점객과 경쟁점의 조사**

Point 1 **내점객 조사** ☆

1. 고객점표법(Customer Spotting)

고객점표법(유추법)은 점포에 직접 출입한 고객과의 인터뷰를 통해, 격자도면상에 고객의 거주지를 점으로 표시하고 지도(Map)를 작성하여 상권의 범위를 추정하는 방법으로, 윌리엄 애플바움에 의해 개발

2. 실제조사법

① **점두조사법**(Instore Survey): 점포를 방문한 내점객의 주소와 방문 횟수 등을 직접 질문을 통해 조사하는 방법으로, '**내점객조사법**'과 가장 유사한 방법에 해당

② 직접면접조사법: 조사원이 배후지의 가정을 가가호호 방문하여 조사하는 방법

③ 드라이브 테스트법: 조사원이 도보나 차량 등을 이용하여 지리적 조건이나 교통상태를 실제로 파악하여 상권을 조사하는 방법

3. 2차 자료 이용법

① 타임페어(Time Fare)법: 점포에서 역이나 버스노선별 소요시간과 요금을 조사하는 방법

② 2차 자료에 의한 방법: 판매기록, 고객명부, 카드전표 등을 이용해 상권을 추정하는 방법

4. 유동 인구수의 조사

① 점포 전면의 유동인구를 반드시 체크해야 함. 매출을 결정하는 가장 중요한 요인으로, 도로를 도보로 이동하고 있는 전체 인구수가 아닌 점포 전면을 통행하는 인구수만을 체크해야 한다는 점

② 유동인구의 조사는 남녀별, 연령 및 계층별로 이루어져야 함

③ 주말 통행인구 및 주중 통행인구를 나누어 조사해야 하며, 원칙적으로 매시간 조사해야 하나, 출·퇴근시간, 점심시간, 오후 2~4시, 퇴근 이후의 저녁시간대 등 나눠서 측정

5. 객단가와 매출액의 조사

① 객단가: 고객 1인당 평균구매액을 말하며, 일반적으로 매출액을 고객 수로 나눠 산출

② 월매출액 산정 공식

월매출액 = 객단가 × 1일 평균 내점객 수 × 월간 영업일수
= 객단가 × 좌석 수 × 좌석점유율 × 회전율 × 영업일수

◉ Point 2 경쟁점의 조사

1. 경쟁점의 조사

경쟁점 조사에서는 먼저 경쟁에 대한 개념을 정립해야 함. 경쟁은 점포 간에 서로 이익을 많이 차지하려는 것이지만, 양립은 상권 내에 유사업종이 함께 모여 있음으로써 서로의 이익을 증대시킴. 이러한 경쟁과 양립관계를 명확히 파악하는 것이 중요

2. 경쟁점 대책을 위한 필요사항

① 상대적인 경쟁적 지위를 판단하여 자기점포의 주력상품은 경쟁점과 동일할 수도 있고, 차별화할 수도 있음

② 상품을 세분화하여 경쟁점과 상생할 수 있도록 차별성과 양립성을 동시에 추구해야 함

③ 가격은 전략에 따라서 시장침투전략의 경우에는 저가로, Skimming Pricing의 경우에는 고가로 설정

제2과목 상권분석 실전모의 문제

01 다양한 상권의 유형들 중에서 아래와 같은 특성을 갖는 상권은 무엇인가?

- 어느 상권보다도 유동인구가 상대적으로 많음
- 임대료나 지가의 수준이 타 지역에 비해 높음
- 지상과 지하의 입체적 개발이 이루어지는 경우가 많음
- 교통의 결절점 역할을 수행하는 경우가 많음

① 근린상권
② 역세권상권
③ 아파트단지상권
④ 일반주택가상권
⑤ 사무실상권

🔓 **해설**

역세권은 철도역과 그 주변지역을 말하며, 보통 철도역을 중심으로 500m 반경 내외의 지역을 말한다. 역세권상권은 지하철역이나 철도역을 중심으로 형성되어 교통의 결절점 역할을 수행하는 경우가 많고, 지상과 지하를 입체적으로 연계하여 고밀도개발이 이루어지는 경우가 많다.

02 유통가공을 수행하는 도매업체의 입지선정에는 공업입지 선정을 위한 베버(A. Weber)의 '최소비용이론'을 준용할 수 있다. 총물류비만을 고려하여 이 이론을 적용할 때, 원료지향형이나 노동지향형 대신 시장지향형 입지를 택하는 것이 유리한 조건으로 가장 옳은 것은?

① 유통가공으로 중량이 감소되는 경우
② 부패하기 쉬운 완제품을 가공·생산하는 경우
③ 제품수송비보다 원료수송비가 훨씬 더 큰 경우
④ 미숙련공을 많이 사용하는 노동집약적 유통가공의 경우
⑤ 산지가 국지적으로 몰려 있는 편재원료의 투입 비중이 높은 경우

🔓 **해설**

베버(A. Weber)의 최소비용이론에 따르면 원료의 중량보다 제품의 중량이 더 큰 중량증가업종이나 부패하기 쉬운 완제품을 가공·생산하는 경우에는 시장지향형 입지를 선택해야 한다.

03 소비자 C가 이사를 했다. 아래 글상자는 이사 이전과 이후의 조건을 기술하고 있다. 허프(D. L. Huff)의 수정모형을 적용하였을 때, 이사 이전과 이후의 소비자 C의 소매지출에 대한 소매단지 A의 점유율 변화로 가장 옳은 것은?

> ㉠ 소비자 C는 오직 2개의 소매단지(A와 B)만을 이용하며, 1회 소매지출은 일정하다.
> ㉡ A와 B의 규모는 동일하다.
> ㉢ 이사 이전에는 C의 거주지와 B 사이 거리가 C의 거주지와 A 사이 거리의 2배였다.
> ㉣ 이사 후에는 C의 거주지와 A 사이 거리가 C의 거주지와 B 사이 거리의 2배가 되었다.

① 4배로 증가
② 5배로 증가
③ 변화 없음
④ 5분의 1로 감소
⑤ 4분의 1로 감소

🔓 **해설** _____

수정 허프(Huff) 모형은 "소비자가 어느 상업지에서 구매하는 확률은 그 상업지 매장면적에 비례하고 그곳에 도달하는 거리(또는 시간)의 제곱에 반비례한다."는 것이다.

- 이사 이전 A의 효용을 1이라고 하면 B의 효용은

$$\frac{1}{2^2} = \frac{1}{4} \text{이다.}$$

- 이사 이후에는 B의 효용에 비해 A의 효용은

$$\frac{1}{2^2} = \frac{1}{4} \text{이 되었으므로, A의 점유율은 1에서}$$

1/4로 감소하였다.

04 상권분석 및 입지분석 과정에 점차로 이용가능성이 확대되고 있는 지리정보시스템(GIS)에 관한 설명으로 옳지 않은 것은?

① GIS 소프트웨어를 사용하여 데이터베이스를 조회하고 속성정보를 요약하여 표현한 지도를 주제도(thematic map)라고 한다.
② 상권분석에서 특정 기준을 만족시키는 공간을 파악하기 위한 조회도구로 지도를 사용하기도 한다.
③ GIS는 컴퓨터를 이용한 지도작성체계와 데이터베이스 관리체계의 결합으로 프레젠테이션 지도작업, 공간분석 등이 가능하다.
④ 버퍼(buffer)란 어떤 지도형상, 즉 점이나 선 혹은 면으로부터 특정한 거리 이내에 포함되는 영역을 의미하며, 선의 형태로 표현된다.
⑤ 중첩(overlay)은 공간적으로 동일한 경계선을 가진 레이어를 겹쳐 놓고 지도형상과 속성들을 비교하는 기능이다.

🔓 **해설** _____

버퍼(buffer)는 지도에서 관심대상을 지정한 범위만큼 경계짓는 것으로, 면으로 표시된다. 한편 점이나 선 혹은 면으로부터 특정한 거리 이내에 포함되는 영역을 의미하며, 선의 형태로 표현되는 것은 지도레이어에 해당한다.

05 아래 글상자의 ㉠, ㉡, ㉢에 들어갈 용어를 그 순서대로 올바르게 나열한 것은?

- 상업시설의 일정한 공간을 임대하는 계약을 체결하고 해당 상업시설에 입점하여 영업을 하는 임차인을 (㉠)라고 한다.
- (㉡)는 트래픽 풀러(traffic puller)가 흡인시킨 고객을 수용하기 때문에 트래픽 유저(traffic user)로 불리기도 한다.
- (㉢)는 백화점과 같은 큰 규모의 임차인으로서 상업시설 전체의 성격이나 경제성에 가장 큰 영향력을 가진다.

① 트래픽 풀러(traffic puller) - 서브키테넌트(sub-keytenant) - 앵커스토어(anchor store)
② 테넌트 믹스(tenant mix) - 서브키테넌트(sub-keytenant) - 핵점포(key tenant)
③ 테넌트(tenant) - 서브키테넌트(sub-key tenant) - 트래픽 풀러(traffic puller)
④ 테넌트 믹스(tenant mix) - 일반테넌트(general tenant) - 핵점포(key tenant)
⑤ 테넌트(tenant) - 일반테넌트(general tenant) - 앵커스토어(anchor store)

🔒해설

㉠ 상업시설의 일정한 공간을 임대하는 계약을 체결하고 해당 상업시설에 입점하여 영업하는 임차점포를 테넌트(tenant)라고 한다.
㉡ 일반테넌트(general tenant)는 트래픽 풀러(traffic puller)가 흡인시킨 고객을 수용하기 때문에 트래픽 유저(traffic user)로 불리기도 한다. 트래픽 풀러는 전문점 빌딩 등의 스페셜리티센터(speciality center)에 배치되어 흡인력이 높은 임차인을 말한다.
㉢ 앵커스토어(anchor store), 즉 정박임차인은 쇼핑센터 가운데서도 매장면적을 최대로 점유하여 간판역할을 하는 점포(백화점과 같은 점포)를 말한다.

06 아래 글상자의 상황에서 활용할 수 있는 분석방법으로 가장 옳은 것은?

- 다수의 점포를 운영하는 경우 소매점포 네트워크 설계
- 신규점포를 개설할 때 기존 네트워크에 대한 영향분석
- 기존점포의 재입지 또는 폐점 여부에 관한 의사결정

① 레일리모형
② 회귀분석모형
③ 입지배정모형
④ 시장점유율모형
⑤ MCI 모형

🔒해설

두 개 이상의 점포를 운영하는 경우 소매점포 네트워크의 설계, 신규점포 개설 시 기존 네트워크에 대한 영향분석, 기존점포의 재입지 또는 폐점 의사결정 등의 상황에서 유용하게 활용될 수 있는 분석방법은 입지배정모형이다.

07 입지결정 과정에서 고려하는 다양한 요소 중 용적률과 건폐율에 대한 설명으로 옳지 않은 것은?

① 용적률과 건폐율은 입지결정 시 해당 지역의 개발밀도를 가늠하는 척도로 활용한다.

② 건폐율은 대지면적에 대한 건축면적의 비율을 말한다.

③ 용적률은 부지면적에 대한 건축물 연면적의 비율로 산출한다.

④ 용적률과 건폐율의 최대한도는 관할구역의 면적과 인구 규모, 용도지역의 특성 등을 고려하여 「국토의 계획 및 이용에 관한 법률」에서 정한다.

⑤ 건폐율을 산정할 때는 지하층의 면적, 지상층의 주차용으로 쓰는 면적, 초고층 건축물의 피난안전구역의 면적은 제외한다.

🔓 **해설**

건폐율(building coverage)은 대지면적에 대한 건축면적의 비율을 말하며, 지상층의 주차용으로 쓰는 건축면적, 지하층의 면적, 초고층 건축물의 피난안전구역의 면적 제외와 관련되는 개념은 '용적률'이라 할 수 있다.

용적률(floor area ratio)은 건축물 연면적을 대지면적으로 나눈 비율로, 건축물의 연면적은 건축물 각 층의 바닥면적 합계이다. 용적률 계산 시 지하층의 바닥면적, 지상층의 면적 중에서 주차용으로 쓰는 것, 초고층 건축물의 피난안전구역의 면적 등은 포함시키지 않는다.

08 아래의 글상자는 점포의 매매와 임대차 시에 반드시 확인해야 하는 공적 서류, 즉 부동산 공부서류에 대한 내용이다. ㉠~㉤에 해당하는 부동산 공부서류를 그 순서대로 올바르게 나열한 것은?

㉠ 현 소유주의 취득일과 매매과정, 압류, 저당권 등의 설정, 해당 건물의 특징 등
㉡ 건축물의 위치, 면적, 구조, 용도, 층수 등
㉢ 토지의 소재, 지번, 지목, 면적, 소유자의 주소, 주민등록번호, 성명 등
㉣ 지역·지구 등의 지정 여부, 지역·지구 등에서의 행위제한 내용, 확인도면 등
㉤ 토지의 소재, 지번, 옆 토지와의 경계, 토지의 모양 등

① 등기사항전부증명서 – 토지이용계획확인원 – 지적도 – 건축물대장 – 토지대장
② 건축물대장 – 등기사항전부증명서 – 지적도 – 토지이용계획확인원 – 토지대장
③ 등기사항전부증명서 – 건축물대장 – 토지이용계획확인원 – 지적도 – 토지대장
④ 건축물대장 – 등기사항전부증명서 – 토지이용계획확인원 – 토지대장 – 지적도
⑤ 등기사항전부증명서 – 건축물대장 – 토지대장 – 토지이용계획확인원 – 지적도

🔓 **해설**

㉠은 등기사항전부증명서, ㉡은 건축물대장, ㉢은 토지대장, ㉣은 토지이용계획확인원, ㉤은 지적도에 대한 내용이다.

09 점포를 건축하기 위해 필요한 토지와 관련된 설명으로서 옳지 않은 것은?

① 획지란 인위적·자연적·행정적 조건에 따라 다른 토지와 구별되는 일단의 토지이다.

② 획지는 필지나 부지와 동의어이며 획지의 형상에는 직각형, 정형, 부정형 등이 있다.

③ 각지는 일조와 통풍이 양호하지만 소음이 심하며 도난이나 교통피해를 받기 쉽다.

④ 각지는 출입이 편리하며 시계성이 우수하여 광고선전의 효과가 높다.

⑤ 각지는 획지 중에서도 2개 이상의 가로각(街路角)에 해당하는 부분에 접하는 토지이다.

🔓 **해설**

획지란 건축용으로 구획정리를 할 때 한 단위가 되는 땅을 말하며, 획지 중 두 개 이상의 도로가 교차하는 곳에 있는 경우를 각지라 한다. 한편 부지는 건물이나 구조물이 차지하고 있는 일정 용도로 사용되는 토지를 말하며, 건부지와 도로부지 등이 있다.

10 유통산업발전법에 의거한 소매점포의 개설 및 입지에 관한 내용으로 옳지 않은 것은?

① 대규모점포를 개설하려는 자는 영업을 시작하기 전에 특별자치시장·시장·군수·구청장에게 등록하여야 한다.

② 준대규모점포를 개설하려는 자는 영업을 시작하기 전에 특별자치시장·시장·군수·구청장에게 등록하여야 한다.

③ 전통상업보존구역에 준대규모점포를 개설하려는 자는 영업을 시작하기 전에 상권영향평가서 및 지역협력계획서를 첨부하여 등록하여야 한다.

④ 대규모점포 등의 위치가 전통상업보존구역에 있을 때에는 등록을 제한할 수 있다.

⑤ 대규모점포 등의 위치가 전통상업보존구역에 있을 때에는 등록에 조건을 붙일 수 있다.

🔓 **해설**

준대규모점포는 <u>전통상업보존구역에 개설하려는 경우에만</u> 영업을 시작하기 전에 특별자치시장·시장·군수·구청장에게 등록하여야 한다.

"대규모점포를 개설하거나 전통상업보존구역에 준대규모점포를 개설하려는 자는 영업을 시작하기 전에 산업통상자원부령으로 정하는 바에 따라 상권영향평가서 및 지역협력계획서를 첨부하여 특별자치시장·시장·군수·구청장에게 등록하여야 한다(법 제8조 제1항)."

3 과목

유통마케팅

THEME 01 마케팅 개념과 관리철학

▶▶ **Point 1** 마케팅의 개념

1. 마케팅의 정의

① **미국 마케팅학회(AMA) 정의**: 마케팅이란 개인과 조직의 목적을 충족시켜 주는 교환을 창출하기 위해 아이디어, 제품 및 서비스, 가격결정, 촉진 및 유통을 계획하고 실행하는 과정

② **마케팅믹스(Marketing Mix)**는 고객 욕구를 충족시키고 고객과의 관계를 구축하기 위해 사용되는 마케팅 도구들의 집합을 말하며, 제품(Product), 가격(Price), 유통(Place), 촉진(Promotion)을 의미

2. 마케팅관리 철학

① **전통적 마케팅**(기업 중심적 마케팅 철학): 푸시(Push) 마케팅

 ㉠ **생산개념(Production Concept)**: 가장 오래된 마케팅 철학으로서 공급보다 수요가 많은 시장 상황의 경우, 기업이 대량생산을 통한 규모의 경제를 실현함에 따라 생산의 효율성을 극대화한다는 마케팅 철학. 따라서 생산개념에서는 제품 차별화보다는 공급 자체가 중요함

 ㉡ **제품개념(Product Concept)**: 소비자는 차별화된 최고의 품질 및 특성을 지닌 제품에 관심을 가지므로 제품혁신이 중요하다는 것으로, 소비자 욕구를 제대로 파악하지 못하는 경우에는 마케팅 근시안이 발생할 수 있음

 ㉢ **판매개념(Selling Concept)**: 경쟁이 치열해지는 상황의 경우 기업은 제품의 차별화뿐만 아니라 충분한 정도의 판매 및 촉진활동이 중요하다는 인식

② **현대적 마케팅**(고객 중심적 마케팅 철학): 풀(Pull) 마케팅

 ㉠ **마케팅 개념**: 기업이 목표시장의 욕구를 파악하고 경쟁사보다 그들의 욕구를 더 잘 충족시켜야만 조직의 목표가 달성될 수 있다고 보는 마케팅 철학·관점을 의미

 ㉡ **소비자지향(사회적) 마케팅 개념**: 소비자의 욕구와 기업의 목표, 고객과 사회의 장기적인 복리 이윤 사이의 균형을 고려한 마케팅전략이 중요하다는 인식으로, 서브개념에는 고객관계관리(CRM), 내부마케팅, 통합적 마케팅, 전사적 마케팅, 사회적 책임마케팅 등이 있음

📋 Tip

고압적 마케팅과 저압적 마케팅	
고압적 마케팅	• 기업 입장에서 생산 가능한 제품을 생산하여 고압적으로 판매하는 형태 • 제품을 보다 잘 판매하기 위한 판매자 중심의 시장 형태에 기반 • 기업과 소비자와의 관계가 피드백 과정이 없는, 즉 직선형의 관계를 갖는 선형 마케팅 • 판매활동이나 촉진활동 등의 후행적 마케팅에 초점
저압적 마케팅	• 소비자 욕구를 고려해 판매될 수 있는 제품을 생산하여 판매하는 활동 • 순환적 마케팅 • 마케팅 조사활동 등의 선행적 마케팅에 초점 • 구매자 중심의 시장 형태에 기반

▶ Point 2 마케팅관리

1. 마케팅관리 요소 ★

① 마케팅믹스(4P): 제품(Product), 가격(Price), 유통(Place), 프로모션(Promotion)
② 서비스마케팅 요소(7P): 4P + People(사람), Process(절차), Physical Evidence(물리적 증거)
③ 최근 경향(4C): 고객(Customer Value), 비용(Cost), 편의성(Convenience), 커뮤니케이션(Communication)

∥ 마케팅믹스(4P)와 4C ∥

기업 중심적 개념의 마케팅믹스(4P)	고객 중심적 개념의 마케팅믹스(4C)
제품(Product)	고객(Customer Value)
가격(Price)	비용(Cost)
장소(Place)	편의(Convenience)
촉진(Promotion)	의사소통(Communication)

2. 마케팅관리의 과제

구분		수요상황	마케팅의 과업	명칭
수요가 적은 경우	부정적 수요	잠재적 시장의 대부분이 구매를 꺼리거나 회피하려는 상황	부정적 수요를 긍정적 수요로 전환시켜 공급수준과 동일한 수준까지 수요를 끌어올림	전환적 마케팅
	무수요	잠재적 시장의 대부분이 지식이나 기호 또는 관심이 전혀 없는 상황	환경의 변화나 제품에 관한 충분한 정보제공을 통해 수요를 창조	자극적 마케팅
	잠재적 수요	아직 존재하지 않는 제품이나 서비스에 대해 소비자들이 강한 욕구를 가지고 있는 상황	잠재적 수요가 실제수요가 될 수 있도록 수요를 개발	개발적 마케팅
	감퇴적 수요	수요가 점차로 하락하거나 침체되어 가는 상황	소비자의 욕구나 관심을 다시 불러 일으키는 마케팅 계획을 수립	재마케팅
수급시기가 안 맞는 경우	불규칙적 수요	수요시기가 계절성을 띠거나 현재의 공급시기와 차이가 심한 상황	불규칙적 수요의 평준화를 모색하여, 수요와 공급의 시기를 일치시키도록 함	동시화 마케팅
수요와 공급이 비슷한 경우	완전수요	현재의 수요수준과 시기가 기업이 기대하는 수요시기와 수준에 일치하는 상황	수요의 유지: 일상적 마케팅 활동의 효율적 수행으로 수요수준의 유지	유지적 마케팅
수요가 많은 경우	초과수요	수요수준이 공급자의 공급능력이나 기대공급수준을 초과하는 상황	수요의 감소: 가격인상이나 마케팅 활동의 감소를 통해 수요를 일시적 또는 영구적으로 억제	디마케팅
	불건전한 수요	수요가 소비자, 사회, 기업의 복지 면에서 볼 때 바람직하지 않다고 여겨지는 상황	수요의 파괴: 이러한 제품이나 서비스에 대한 수요를 파괴	대항적 마케팅

THEME 02 유통마케팅 환경과 마케팅 관련 용어

▶ Point 1   유통마케팅 환경 ★

1. 유통마케팅 환경분석(최근 마케팅환경의 변화추세)

① 대량고객화(Mass Customization) 서비스 확대

② 온·오프라인의 융합화 현상

③ 시장경쟁의 심화에 따른 업태 포지셔닝 전략의 다양화

④ 파워소매업자에 의한 소매시장 지배력의 심화

⑤ 소매업태의 양극화 현상 확대

⑥ 기술을 통한 하이테크형에서 고객 감성에 호소하는 마케팅인 하이터치형으로 변화, 글로벌화와 IT를 통한 디지털마케팅 기술의 도입

⑦ 비영리기업의 마케팅 도입

⑧ 권한의 이양 및 분권화

2. 기업의 마케팅환경 분석

① 거시적 환경(STEP)

　㉠ 사회·문화적 환경(S): 인구구조의 변화와 지역별·성별·연령별 인구구조 등 인구통계학적 환경요인, 생활양식 등 기초적 분석사항

　㉡ 기술적 환경(T): 기술적 환경은 최근에 급격한 기술발전으로 인해 제품생산을 위한 고성능 설비의 구축, 신속한 물류·유통 혁신을 위한 운송기술, 통합적 마케팅 실현을 가능하게 하는 뉴미디어의 도입 등을 의미

　㉢ 경제적 환경(E): 경제적 환경에 영향을 미치는 요인들은 일반적으로 국내경제 요인인 임금, 세금, 이자율, 임대료 등과 원재료 가격, 글로벌 경제환경 변화 등의 외부충격

　㉣ 법적·정치적 환경(P): 기업의 영리활동인 이윤극대화 행위는 법적·행정적인 영향에 매우 민감한 영향을 받게 되는데, 정부나 공공기관에 의한 법률적 규제 및 법 제정을 통한 정치적 환경은 기업에 직접적인 영향을 미침

　㉤ 생태적 환경: 천연자원의 고갈, 에너지의 공급동향, 환경오염 및 공해규제의 강화 등

② 미시적(과업) 환경

　㉠ 과업환경: 유통기업의 미시적 마케팅환경 중에 과업환경은 기업에 제약을 주는 소비자, 공급업체의 공급능력, 경쟁자, 대체재, 정부기관, 대중 등

　㉡ 내부적 환경: 기업 내부의 통제 가능한 요인들로서 기업문화, 마케팅 목표 설정, 자사의 마케팅 능력, 목표시장의 선정, 핵심역량, 경영자원 등

3. SWOT 분석을 통한 전략

구분	강점(S)	약점(W)
기회(O)	SO 최적의 전략	WO 약점을 보완하고 기회이용
위협(T)	ST 강점으로 위협 제거	WT Mini-Mini 전략

① SO 상황: 시장의 기회를 활용하기 위해 강점을 적극 활용하는 전략으로, 시장기회 선점전략, 시장·제품 다각화전략 활용

② ST 상황: 시장의 위협을 회피하거나 극복하기 위해 강점을 활용하는 전략으로, 시장침투전략, 제품확장전략을 활용

③ WO 상황: 약점을 극복하거나 제거함으로써 시장의 기회를 활용하는 전략으로, 핵심역량 강화전략, 전략적 제휴 등의 전략을 적용

④ WT 상황: 시장의 위협을 회피하고 약점을 최소화하거나 없애는 전략으로, 시장철수, 벤치마킹 등의 전략을 적용하는 것이 유리

▶ Point 2 마케팅 관련 용어

1. O2O(Online to Offline) 마케팅

최신 마케팅 용어로 온라인으로 상품이나 서비스 주문을 받아 오프라인으로 해결해 주는 서비스행위를 의미하며, 마케팅 관점에서는 "온라인 쇼핑몰 마케팅을 오프라인으로 돕는 모든 활동이며 온라인에서 소비자의 구매를 유도하고, 오프라인 상점으로 불러내는 것"을 의미

① 쇼루밍: 일반적으로 오프라인 매장에서 상품을 보고 온라인에서 더 저렴한 가격으로 상품을 찾는 경우를 지칭

② 역쇼루밍(웹루밍): 쇼루밍과 반대로 제품 정보는 온라인에서 얻고, 구매는 오프라인 매장에서 하는 것을 의미

2. 옴니채널(Omni-Channel)

라틴어의 모든 것을 뜻하는 '옴니(Omni)'와 상품의 유통경로인 '채널(Channel)'이 합성된 단어로, 옴니채널 전략은 인터넷, 모바일, 카탈로그, 오프라인 매장 등 다양한 유통채널을 유기적으로 결합해 고객 경험을 극대화하는 판매촉진전략을 뜻함

3. 바이러스 마케팅

구전(Word of Mouth) 또는 온라인 구전으로 소비자들로 하여금 온라인을 통해 다른 사람에게 제품 정보 또는 기업이 개발한 제품이나 서비스를 전달하도록 자극하는 마케팅기법

4. 대량 마케팅(Mass Marketing)

특정 기업이 모든 구매자를 대상으로 하나의 제품을 대량생산하여 대량유통하고 대량촉진하고자 하는 형태, 즉 최소의 원가로 최대의 잠재시장을 현실시장으로 창출해 낼 수 있다고 판단될 경우 취할 수 있는 최적의 마케팅기법

5. 공생 마케팅(Symbiotic Marketing)

마케팅 부분에서의 기업 간 협력, 즉 전략적 제휴를 공생 마케팅이라고 함

6. 틈새 마케팅

니치 마케팅(Niche Marketing)이라고 하며, 대량적이고 표준화된 마케팅 개념인 매스마케팅에 대립되는 개념

7. CRM 마케팅

고객과의 장기적이고 지속적인 관계를 형성·유지·확대시키고자 하는 마케팅기법으로, 종전 기업 중심적인 마케팅사고에서 벗어나 데이터를 기초로, 개별고객의 욕구를 파악하여 맞춤형 서비스를 제공함으로써 고객생애가치(CLV)를 극대화시키려는 마케팅전략

8. 멀티채널(Multi Channel) 마케팅

오프라인 스토어, 온라인 쇼핑, 모바일 등 다양한 유통경로를 이용하는 전략

> **Tip**
>
> 멀티채널은 통합적인 이용이 아닌 개별적으로 다양성을 추구하는 반면, 옴니채널은 다양한 유통채널들을 통합적으로 활용

9. 고객경험관리(Customer Experience Management)

기업이 재화 및 서비스와 관련한 고객 경험을 체계적으로 관리하는 과정으로 정보 탐색, 구매, 사용, 사용 후 평가 단계에 이르기까지 고객과 브랜드가 만나는 모든 접점에서 차별화된 고객 경험을 제공하는 마케팅전략

10. D2C(Direct to Customer) 마케팅

제조기업이 유통단계를 최소화하거나 없애고, 자사의 온라인 쇼핑몰(Mall) 등 디지털 채널을 통해 고객과 직접 접촉하며 판매하는 방식의 온라인 마케팅기법

11. 페르소나(Persona) 마케팅

① 개념: 페르소나(Persona)는 심리학에서 타인에게 비치는 외적 성격을 나타내는 용어로, 마케팅에서 특정 타깃시장에서 실제 소비자를 대표하는 가상의 인물(페르소나)을 만들어 내고, 이를 기반으로 마케팅전략을 개발하는 방식을 뜻함

② 장점

효율적인 타깃팅	타깃고객에 대한 깊은 이해를 바탕으로 정확하고 효율적인 타깃팅이 가능
개인화된 커뮤니케이션	개별 고객 니즈와 관심사에 맞는 맞춤형 메시지를 전달함으로써 고객 참여도와 만족도 제고
제품 및 서비스 개선	고객의 요구와 문제점을 잘 이해함으로써 제품 및 서비스의 질적 개선 가능
마케팅 ROI(MROI) 증대	보다 효과적인 마케팅 전략으로 인해 마케팅 비용 대비 높은 수익 창출 가능

소비자의 구매행동 분석

Point 1 소비자의 구매행동

1. 구매의사결정 5단계

> 필요의 인식(문제인식) → 정보의 탐색 → 대안의 평가 → 구매행동 → 구매 후 행동

① **필요의 인식(문제인식)**: 구매욕구의 동인이 발생하는 단계로, 매슬로우의 욕구5단계설, 알더퍼의 ERG이론, 허츠버그의 2요인이론 등 적용

② **정보의 탐색**
  ㉠ **환기상표군(Evoked Set)**: **내적 탐색**을 하여 머릿속에 떠오르는 상표들
  ㉡ **고려상표군(Consideration Set)**: 환기상표군에 속한 상표와 **외적 탐색**을 통해 추가된 상표를 통틀어 칭함

③ **대안의 평가**: 정보의 탐색으로 수집된 브랜드들에 대한 평가 및 선택과정
  ㉠ **보완적 모형**: 피시바인(Fishbein)의 다속성모형이 대표적이며, 대안의 여러 속성들을 평가할 때 가중치를 곱하고 더하는 과정에서 약점이 강점에 의하여 보완될 수 있기 때문에 이를 보완적 모형이라고 함
  ㉡ **비보완적 모형**: 대안 선택 시 속성의 특정한 일부분만을 비교하여 평가하는데, 약점이 강점에 의하여 커버되지 않을 수 있기 때문에 이를 비보완적 모형이라고 함. 비보완적 모형에는 사전편집식, 순차적 제거식, 결합식, 분리식 등이 있음

④ **구매 후 행동 단계에서의 '인지부조화'**: 소비자는 구매 후에 구매행동의 만족 여부를 평가하는데, 구매성과에 대한 만족과 불만족은 기대수준과 지각된 성과와의 차이에서 발생함. 이러한 과정에서 소비자의 행동과 인지 사이에 조화를 이루지 못하는 심리적인 긴장상태

📋 Tip

인지부조화가 발생하는 경우
• 소비자의 관여도가 높은 제품을 구매할 때 주로 발생
• 구매 후 결과에 대하여 위험부담이 높은 제품에서 빈번하게 발생
• 주로 고가의 제품이나 전문품을 구매할 때 빈번하게 발생
• 부정기적으로 구매해야 하는 제품을 구매할 때 빈번하게 발생
• 각 상표 간 차이가 미미한 제품을 구매할 때 빈번하게 발생

▶ Point 2 **관여도와 충성도에 따른 구매행동의 유형**

1. 관여도(Involvement)

① 개념: 관여도란 특정 제품에 대한 구매상황에서 제품에 대한 중요성이나 관심의 정도를 의미하며, 소비자 행동을 이해하기 위해서는 관여도 개념에 대한 이해가 필수적임

② 관여도에 따른 구매행동 및 마케팅관리 ☆

ㄱ 제품특성에 차이에 따른 구분

구분	고관여 수준	저관여 수준
제품 간 큰 차이가 있는 경우	복잡한 구매행동	다양성 추구 구매행동
제품 간 차이가 별로 없는 경우	부조화 감소 구매행동	습관적 구매행동

ㄴ 마케팅믹스에 따른 구분

구분	고관여 수준	저관여 수준
관련 제품	선매품 또는 전문품	편의품
가격전략	고가격전략	저가격전략
광고전략	• Pull 마케팅 • 광고의 도달범위는 좁게, 폭넓은 정보 캠페인에 집중	• Push 마케팅 • 광고의 도달범위는 넓게, 몇 가지 중요한 포커스에 집중
유통전략	• 선매품(선택적 유통) • 전문품(전속적 유통)	개방적(집약적) 유통

2. 충성도(Loyalty)

① 개념: 충성도(Loyalty, 로열티)란 경쟁기업과 차별화되는 브랜드의 특성 또는 서비스로 인하여 고객이 지속적으로 재구매 또는 재이용하고자 하는 구매몰입의 정도를 의미

② 종류(애착·반복구매의 정도)

ㄱ 초우량 로열티: 자사의 제품브랜드나 서비스에 대해 높은 심리적인 애착과 지속적인 반복구매가 이루어지는 고객에게서 보이는 강한 충성도를 의미

ㄴ 잠재적 로열티: 브랜드에 대한 소비자의 애착의 정도는 높으나 지속적인 반복구매는 이루어지지 않는 유형

ㄷ 타성적 로열티: 잠재적 로열티와는 반대로 브랜드에 대한 심리적 애착의 정도는 낮으나 반복구매의 정도는 높은 경우를 의미

ㄹ 비로열티: 브랜드에 대한 심리적 애착의 정도와 지속적 반복구매 정도가 낮은 유형으로, 상표전환이 빠른 고객층이라고 할 수 있음

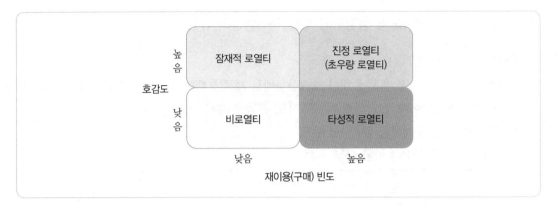

③ 특징

　㉠ 충성도는 상호성과 다중성이라는 두 가지 속성을 가지고 있음

　㉡ 충성도는 기업이 고객에게 물질적, 정신적 혜택을 제공하고, 고객이 긍정적인 반응을 해야 발생

　㉢ 고객만족도가 높아지면 재구매 비율이 높아지고, 이에 따라 충성도도 높아짐

　㉣ 충성도(Loyalty)가 높다는 것이 곧 고객생애가치가 높다는 것을 가리키는 것은 아님

 Tip

> **강제적 로열티와 자발적 로열티**
> • **강제적 로열티**(Compulsive Loyalty): 경쟁이 거의 없는 독점적 상태로 브랜드 전환에 있어 높은 전환비용
> (Switching Cost)이 존재할 때 만들어지는 로열티로, 고객들이 어쩔 수 없이 로열티를 보이는 경우
> • **자발적 로열티**(Voluntary Loyalty): 경쟁이 심한 산업에서 고객들이 인지적인 전환비용이 낮음에도 불구하고,
> 특정 기업의 제품이나 서비스를 지속적으로 사용하는 경우를 말함

THEME 04 마케팅관리전략

Point 1 기업 마케팅목표의 설정

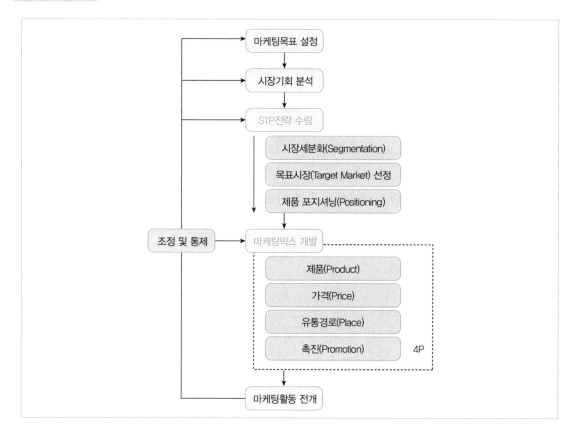

1. 기업의 마케팅목표 설정

① 기업목표는 기업사명(Mission)을 달성하기 위해 가장 중요한 역할을 하는 기준점으로 성과평가의 잣대가 됨

② 기업의 마케팅목표는 추상적 단계에서 구체적인 단계에 이르기까지 계층화(Hierarchy)되고, 실현가능성이 있어야 하며, 수치로 계량화가 가능해야 함

구분	세부목표	비고
시장성과목표	매출액 달성, 시장점유율(M/S) 달성 등	**효과성**(Effectiveness)에 근거
재무성과목표	생산성, 수익성, 투자수익률 등	**효율성**(Efficiency)에 근거
사회적 목표	기업의 사회적 책임과 관련된 목표들	Green 마케팅, 사회적 마케팅

2. 시장기회의 분석

① 마케팅조사: 마케팅기회를 분석하기 위해서는 우선적으로 마케팅조사가 필요함. 마케팅조사는 관련이 있는 사실들을 찾아내고, 분석하며, 가능한 조치를 제시함으로써 마케팅 의사결정을 지원하는 활동

② SWOT 분석

구분	강점(S)	약점(W)
기회(O)	SO 최적의 전략	WO 약점을 보완하고 기회이용
위협(T)	ST 강점으로 위협 제거	WT mini-mini 전략

③ 3C 분석: 마케팅 3C 분석이란 자사(Company), 고객(Customer), 경쟁자(Competitor) 등 마케팅환경에 있어 가장 중요한 주체분석을 통해 마케팅전략 수립에 대한 정보제공을 위한 분석도구

> ▶ Point **2** 　　시장세분화 ★

1. 개념 및 필요성

① 개념: 시장세분화(Segmentation)는 전체시장을 기업이 제공하는 마케팅믹스에 대하여 유사하게 반응할 것으로 추정되는 동질적 고객집단으로 나누는 과정

② 세분화의 필요성: 소비자의 욕구나 구매동기를 보다 정확하게 파악하고 시장수요에 적극적으로 대응하여 새로운 시장기회를 탐색하기 위함

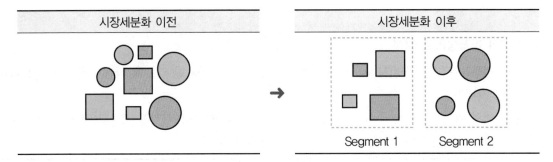

2. 시장세분화 기준

지리적 변수	지역, 인구밀도, 도시의 크기, 기후 등
인구통계학적 변수	연령, 성별, 지역, 소득, 종교, 직업, 가족생애주기 등
심리분석적 변수	라이프스타일, 개성, 관심사, 사회계층 등
구매행동적 변수	사용 경험, 사용량(사용률), 충성도, 추구하는 편익, 구매동기 등

3. 효과적인 시장세분화 요건

① **측정가능성(Measurability)**: 세분화된 시장의 규모와 구매력 및 세분화 특성이 측정 가능해야 함

② **충분한 규모의 시장(Size)**: 세분된 시장이 충분한 시장성이 있어야 의미 있는 세분화가 될 수 있음

③ **접근가능성(Accessibility)**: 소비자가 세분시장에 효과적으로 도달해 이들에 대한 서비스가 가능해야 함

④ **세분시장 간 차별화가능성(외부적 이질적, 내부적 동질적)**: 세분시장 간에는 외부적 관계로 이질적이어야 하며, 세분시장 내에서는 동질성이 있어야 함

⑤ **실행가능성(Feasibility)**: 세분시장을 공략하기 위한 효과적 마케팅 프로그램을 개발할 수 있어야 함

⑥ **신뢰성 및 유효타당성**: 그 밖에 효과적인 시장세분화를 위해서는 세분시장에 대한 신뢰성과 유효타당성이 인정되어야 함

▶ Point 3 표적시장 선정

1. 표적시장 선정(Targeting)의 개념

표적시장 선정(Targeting)이란 여러 개 세분시장들 중 경쟁제품보다 고객의 욕구를 더 잘 충족시킬 수 있는 세분시장을 선정하는 과정

2. 표적시장 유형과 마케팅전략

① 집중적 마케팅

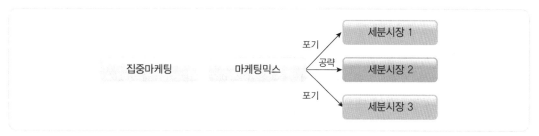

㉠ 중소기업과 같이 기업의 자원과 역량이 한정되어 있는 경우, 1개 시장에서 높은 시장점유율을 늘리기 위해 하나의 카테고리에 집중하는 전략

㉡ 특정 시장에 속한 소비자의 특성과 욕구를 파악한 경우 성공 가능성이 큰 전략이나 세분시장 소멸에 따른 리스크 부담을 피할 수 없다는 단점이 있음

② 전체시장 공략 마케팅: 어떤 기업은 전체시장을 목표시장으로 선정하여 동일한 제품을 시장에 공급하는 마케팅전략(무차별적 마케팅)을 펼 수도 있고, 어떤 기업은 전체시장을 대상으로 마케팅을 하되 세분시장마다 다른 제품과 서비스를 제공하여 고객을 확보하는 전략(차별적 마케팅)을 펴기도 함

㉠ 무차별적 마케팅

ⓐ 제품 도입기 또는 성장기에 규모의 경제를 통한 원가우위를 바탕으로 세분시장 간의 차이를 무시하고, 하나의 제품으로 전체시장을 무차별적으로 공략하는 전략

ⓑ 소비자들 간의 차이보다는 공통점에 중점을 두며, 대량유통 방식을 채택하는 Push 마케팅을 의미

㉡ 차별적 마케팅

ⓐ 여러 개의 표적시장을 선정하고 각각의 표적시장에 적합하고 차별화된 제품 및 마케팅믹스 전략을 개발하는 형태의 마케팅전략으로, 주로 성숙기에 적용

ⓑ 마케팅믹스의 다양성을 통해 각 세분시장 안에서 높은 매출액과 시장점유율 구축이 가능한 반면, 여러 세분시장의 고객을 표적으로 하므로 비용이 많이 지출되는 단점이 있음

▶ Point 4 포지셔닝

1. 포지셔닝 전략의 개념

소비자의 마음속에 경쟁상표와 비교하여 경쟁우위를 제공하는 위치에 자사 상표를 구축하려는 노력. 기업의 경쟁력과 관련하여 매우 중요

2. 포지셔닝의 유형

① 유형

㉠ **효익/속성 포지셔닝**: 자사제품이 경쟁제품과 비교하여 상대적으로 지니는 차별적인 속성이나 특징으로 소비자에게 차별화를 부여하는 포지셔닝

㉡ **사용상황 포지셔닝**: 제품이나 점포의 적절한 사용상황을 묘사하거나 제시함으로써 소비자에게 부각시키는 방식

㉢ **경쟁제품 포지셔닝**: 소비자의 지각 속에 위치하고 있는 경쟁사와 명시적 혹은 묵시적으로 비교하게 하여 자사제품이나 점포를 부각시키는 방식

② 품질 및 가격 포지셔닝: 제품 및 점포를 일정한 품질과 가격수준으로 포지셔닝하여 최저가격 홈쇼핑이나 고급전문점과 같이 차별적 위치를 확보하는 방식

② 서비스 포지셔닝 유형

   ⊙ 서비스 용도: 서비스를 제공하는 궁극적인 용도가 무엇인지를 강조하여 포지셔닝하는 방법

   ⓒ 서비스 등급: 서비스 등급이 높기 때문에 높은 가격을 매길 수 있다는 측면을 강조

   ⓒ 서비스 속성: 차별화된 특정 서비스 속성이나 분야로 포지셔닝하는 방법

   ② 경쟁자: 경쟁자의 서비스와 직접 비교해 자사의 서비스가 더 나은 점이나 특출난 점을 부각시켜 포지셔닝하는 방법으로, 동종업계 1위임을 부각시킴

   ⓜ 서비스 이용자: 비즈니스 전용 호텔 또는 백화점의 여성 전용 주차장 등 서비스 이용자를 기준으로 한 포지셔닝

   ⓗ 가격 대 품질 포지셔닝: 최고의 품질 또는 가장 저렴한 가격으로 서비스를 포지셔닝하는 것

3. 포지셔닝 분석방법

① 다차원척도법(MDS; Multi-Dimensional Scaling): 제품의 특성에 대하여 소비자들이 인지하고 있는 상태를 그래프상의 여러 차원으로 표시해 시각적으로 포지션을 파악하는 기법으로, 그래프 공간 내의 각 차원은 소비자가 구매할 경우 기준하는 가장 중요한 속성을 의미

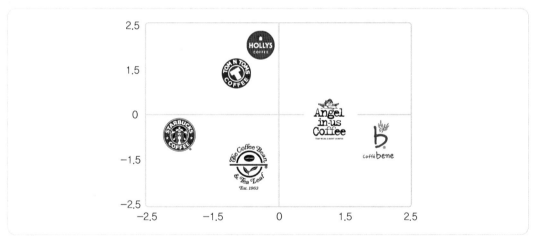

‖ MDS의 예: 커피전문점들의 Positioning Map ‖

② 컨조인트분석(Conjoint Analysis)

   ⊙ 개념: 제품이 갖고 있는 속성에 대해 고객 선호도를 측정함으로써 그 고객이 어떤 제품을 선택할 것인지 예측하는 기법으로, 소비자가 각 제품 속성에 부여하는 상대적 중요도와 각 속성수준의 효용을 측정하여 자사제품의 위치 및 신제품 아이디어 도출 등에 활용

   ⓒ 컨조인트분석의 목적

      ⓐ 제품 속성의 중요도 파악 및 시장세분화에 의한 고객 특성 파악을 통해 신제품 아이디어를 도출하기 위해 실시

ⓑ 각 세분시장별로 제품에 대한 시뮬레이션을 통하여 시장점유율(Market Share)을 예측하고, 가장 선호도가 높은 제품을 결정하기 위해 실시

4. 재포지셔닝(Repositioning)

마케팅환경의 변화로 제품의 포지션이 소비자의 욕구와 경쟁제품에 비추어 보아 적절하지 않은 경우, 자사제품의 목표 포지션을 재설정하고 적절한 포지션으로 이동시키는 것을 말함

THEME 05 유통경쟁전략

▶ Point 1 유통경쟁의 형태 ★

1. 수직적 경쟁(Vertical Competition)

유통경로상의 다른 경로 위치에 있는 경로구성원들 간의 경쟁(갈등)을 말함

예 유통업체의 자체 브랜드(PB)와 제조업체의 브랜드(NB) 간 경쟁, 제조업자와 유통기관 간 경쟁

① 하나의 유통경로 안에서 서로 다른 수준에 위치한 경로구성원 간의 경쟁을 의미

② 수직적 경쟁이 치열해질수록 횡적/수평적 관계로 경쟁을 완화하려는 욕구가 커짐

2. 수평적 경쟁(Horizontal Competition)

유통경로 단계가 같은 기업 간의 경쟁으로, 주로 도·소매상들보다는 생산자나 제조업자들과 관련됨

예 대형마트 간의 경쟁, 백화점 간의 경쟁

3. 업태 간 경쟁(Intertype Competition)

동일한 경로수준상의 서로 다른 유형을 가지는 기업들 간 경쟁으로, 최근 유통환경의 변화에 따른 경쟁 양상이라고 할 수 있음. 같은 소매 유통라인에 있는 대형마트와 재래시장 또는 대형마트와 백화점, 백화점과 프리미엄아웃렛과의 경쟁관계가 대표적임

예 슈퍼마켓과 편의점 간 경쟁 또는 가전제품 전문점과 대형할인마트 가전매장 간 경쟁

4. 경로시스템 간 경쟁(VMS 또는 HMS)

유통경로시스템 간 경쟁은 수직적 마케팅시스템(VMS) 또는 수평적 마케팅시스템(HMS)과 같은 시스템 간의 경쟁을 의미

Point 2   경쟁우위전략(마이클 포터의 본원적 우위전략)

	본원적 경쟁우위 요소	
	비용우위	고객이 인식하는 제품 특성
전체시장	원가우위전략	차별화 전략
세분시장	(원가우위) 집중화 전략	(차별적) 집중화 전략

① **원가우위전략**: 특정 산업 내에서 비용상의 우위를 목표로 하는 여러 가지 정책을 이용하여 기업이 시장에서 전체적으로 경쟁적 비용우위를 확보하려는 전략

② **차별화 전략**: 고객에게 경쟁사들과 구별되는 독특한 자사의 제품이나 서비스를 제공함으로써 고객들에게 자사의 제품을 인식시키는 프리미엄전략

③ **집중화 전략**
- ㉠ 기업의 자원이나 기술이 제한적일 때 특정 수요자층이나 또는 지역시장을 집중적으로 공략하는 마케팅전략으로, 한정된 목표시장만을 공략함으로써 보다 효율적으로 목표달성 가능
- ㉡ 기업의 집중적 경쟁우위 창출을 위해 원가우위 집중화 또는 차별적 집중화 전략을 취할 수 있음

THEME 06   소매업태 발전이론

Point 1   소매업 발전이론 ★

소매아코디언이론	소매점 업태의 진화과정을 소매점에서 취급하는 상품계열의 수로 설명하는 이론. 다양한 제품을 취급하는 점포 유형에서 소수의 전문제품에 집중하는 전문업체 유형으로 변했다가 다시 다양한 제품을 취급하는 종합점포로 전환(확대 → 수축 → 확대) 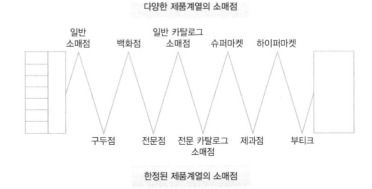

소매수레바퀴가설	Malcolm 교수가 1957년 주장한 이론으로, 소매업태들이 **도입기**에는 혁신적인 형태의 저비용, 저가격, 저마진 업태로 출발하여 **성장기**에 고비용, 고가격 업태로 변화되어 새로운 개념을 가진 업태에게 그 자리를 양보하고 **쇠퇴**한다는 이론
변증법적 이론	소매업태가 발전해 가는 모습을 변증법에 적용, 이는 正과 反의 서로 다른 또는 공통적인 특징이 구체화되는 과정을 설명한 이론 例 正: 이미 형성된 기존의 유통기관(백화점) → 反: 새로운 혁신적 유통기관(할인마트) → 合: 카테고리 킬러
소매상 수명주기이론	하나의 소매기관이 출현하여 사라지기까지 일반적으로 도입기, 성장기, 성숙기, 쇠퇴기를 거친다는 생애주기이론 • 도입기: 새로운 소매기관이 탄생하여 새로운 상품구색으로 일반대중을 수용 • 성장기: 혁신자의 지리적 확장과 모방적 경쟁자의 진입이 나타나면서 판매량, 수익성, 시장점유율 등이 급격히 증가 • 성숙기: 많은 경쟁자의 등장으로 경쟁이 치열해지고 성장이 둔화됨 • 쇠퇴기: 시장이 포화상태로 접어들어 시장점유율이 떨어지고, 수익이 감소하는 단계
빅미들이론	대규모의 소매업체들이 장기간 경쟁하고 있는 시장상황에 있어서 시장에 새롭게 진입하려는 신규 소매업태는 **시장침투가격**(Penetration Price)전략을 쓰거나, 아이템에 있어 **혁신성**(Innovation)이 있을 때만 시장진입이 가능하다는 이론
진공지대이론	닐센이 주장한 이론으로 특정 제품계열의 상품을 판매하는 복수의 소매점이 있고, 이들 소매점이 제공하는 서비스 정도는 각각 상이한 수준에서 행해지고 있다고 가정함. 이 경우 경쟁은 A와 C 그리고 동시에 B와 C 간에 행하여지는데, 이들 경쟁은 A와 B로 하여금 선호분포도상의 중심(C)을 향하여 이동시키는 결과를 초래함. 결국 A와 B 모두 중립적인 C점포에 가까워지려고 노력한다는 이론

THEME 07 서비스 마케팅

▶ Point 1 서비스의 개념

1. 서비스의 개념 및 특징

① 서비스의 개념: 판매 목적으로 제공되거나 또는 상품판매와 연계되어 제공되는 모든 활동으로 고객에게 편익, 만족을 제공하는 행위를 의미

② 서비스의 특징

　㉠ 무형성: 서비스를 제공받기 전에는 서비스의 형태나 가치를 파악하거나 평가하기가 어렵다는 것으로, 서비스품질 평가를 가장 어렵게 하는 요인에 해당

ⓛ **비분리성**: 서비스는 생산과 소비가 동시에 일어나므로 유형 제품과 달리 누리거나 즐길 뿐 가질 수는 없다는 것(생산과 소비의 동시성)

ⓒ **소멸성**: 서비스는 제공 시 즉시 사용되지 않으면 존재하지 않으므로, 재고 형태로 저장할 수 없는 성질을 가진다는 것(비저장성)

　　📌 예약시스템을 활용한 예약제도, 비수기 할인 등 시즌별 가격 차등화

ⓔ **이질성**: 서비스는 제공주체마다 상이하고 비표준적이며 가변적이므로 표준화가 어려움

　　📌 고객 후기 및 추천을 활용한 서비스 표준화

2. 진실의 순간(MOT; Moment of Truth)

① MOT는 고객이 종업원 또는 특정 서비스와 처음 대면하고 서비스품질에 대한 인식을 하는 짧은 순간을 의미함. 진실의 순간은 고객의 서비스품질에 대한 인식에 결정적 역할을 하며 곱의 법칙이 적용되므로 고객과의 상호작용이 중요

② MOT는 서비스상품을 구매하는 동안의 모든 고객접점 순간을 관리하고 고객을 만족시켜 줌으로써 지속적으로 고객을 유지하고자 하는 고객접점 마케팅

▶ Point 2　서비스품질의 측정기준(SERVQUAL 모형)

1. SERVQUAL의 개념

① 서비스품질 측정 도구로서 서비스기업이 고객의 기대와 평가를 이해하는 데 가장 일반화된 모형

② SERVQUAL 모형에서는 서비스품질 평가 영역을 총 5가지 차원(RATER)으로 구분하였고, 각 차원별로 문항을 구성하여 고객만족도 평가설문지를 활용하면 그 결과값이 척도화되어 비교가 간편

2. SERVQUAL 모형의 구성요소(RATER) ☆

① **개념**: PZB(파라슈라만, 자이다믈, 베리)는 서비스의 특징 중 무형성으로 인한 서비스품질 측정의 어려움을 5개 차원으로 축소하여 모형화하였음

신뢰성	고객에게 약속된 서비스를 정확히 수행하는 능력(Reliability)
확신성	보장성이라고도 하며, 서비스 직원의 지식과 예절, 신뢰성과 자신감을 전달하는 능력과 안정성을 의미(Assurance)
유형성	물리적 시설, 직원, 장비 등 외관으로 확인 가능한 유형의 설비(Tangibles)
공감성	고객에게 제공하는 개별적인 배려와 관심, 원활한 의사소통, 고객에 대한 충분한 이해 등으로 구성(Empathy)
응답성	고객에 대한 대응성 또는 반응성으로, 신속한 서비스를 제공하는 종업원의 태세(Responsiveness)

② **SERVQUAL 적용 시 유의점**

㉠ 고객의 기대와 지각 간의 차이점수를 이용하여 서비스품질을 측정하는 것으로, 이는 측정도구로서 신뢰성과 타당성에 한계를 가져올 수 있음

ⓛ SERVQUAL 모형은 서비스 접촉의 결과보다는 과정에 초점을 맞추고 있어 기술적 품질부분의 측정이 결여되어 있음

3. 서비스의 회복과정

① 서비스 회복과정상의 3가지 차원의 공정성

　㉠ **절차공정성**: 서비스 회복과정에서 나타난 기업의 정책, 규정이 공정한가를 나타내는 개념

　㉡ **상호작용공정성**: 서비스 회복 담당직원이 고객에게 나타내는 행동과 태도에 관련된 공정성 개념. 서비스 실패와 문제원인에 대해 상세히 설명해 주고 고객은 공정한 대우를 받았는지 느끼는 것

　㉢ **결과공정성**: 서비스 실패로 인한 경제적 손실과 심리적 불편함에 대해서 고객이 실제로 보상받은 것처럼 느껴지는 개념

② 서비스 회복요건

　㉠ 서비스 회복에 있어서 환불, 보상, 서비스 재이용 같은 물질적 보상뿐만 아니라, 고객의 심리적인 불평도 충족시켜주는 서비스 회복이 중요

　㉡ 서비스 실패를 회복하기 위해서는 ⓐ 문제가 발생된 현장에서 신속하고 효과적인 해결이 선행되어야 하며, ⓑ 이를 위해 일정 정도의 직원에 대한 재량권이 인정되어야 함, ⓒ 재발방지 차원에서 직원 훈련과 보상이 이루어져야 하며, ⓓ 근본적인 원인을 규명하여 사전적으로 차단하는 것이 중요

4. 서비스 프로세스

Schumenner는 서비스 프로세스를 분류하기 위해 노동집약도(집중도)와 고객과의 상호작용, 고객화의 정도를 변수로 정하여 다음과 같은 서비스 매트릭스를 개발

① **노동집약도(집중도)**: 시설 및 장비의 가치에 대한 노동비용의 비율

② **고객과의 상호작용 및 고객화(Customization)**: 고객이 서비스와 상호작용하는 정도의 비율

| 서비스 프로세스 |

5. 서비스 품질관리 접근법

① **선험적 접근**: 품질은 정신도 물질도 아닌 원천적인 우월성으로, 경험을 통해서만 알 수 있는 분석이 어려운 개념임

② **가치중심적 접근**: 서비스품질은 만족스러운 가격에서 적정하게 제공되는 상품가치와 가격으로 정의하 수 있음

③ **상품중심적 접근**: 품질은 정밀하고 측정가능한 것으로, 개인적 취향과 욕구 선호는 고려치 않음

④ **사용자중심적 접근**: 품질은 보는 관점에 따라 달라지며, 고객의 다양한 욕구를 반영하여 서비스품질 연구에 이용함

⑤ **제조중심적 접근**: 공학적 접근법으로, 품질은 요구에 대한 합치의 정도로 정의함

THEME 08 마케팅믹스(Product) – 제품의 분류

▶ Point 1 상품관리(Product)의 개요

1. P. Kotler의 제품분류와 개발절차

① **코틀러의 상품 정의**: 코틀러(P. Kotler)가 제시하는 상품의 3가지 차원에서 핵심상품(Core Product)은 소비자가 그 상품으로부터 얻기를 원하는 다음의 편익을 의미함

　㉠ **핵심제품(Core Product)**: 가장 기초적인 차원으로 소비자들이 제품을 구매할 때 추구하는 편익으로 소비자 욕구(needs)를 충족시키는 본질적 요소

　㉡ **유형제품(Actual Product)**: 핵심제품을 구체화한 제품으로서 가시적인 성격을 지닌 제품을 의미. 물리적 원자재들의 결합, 포장(Package), 상표명, 디자인, 스타일 등이 여기에 속함

　㉢ **확장제품(Augmented Product)**: 증폭제품이라고도 하며, 유형적 제품 속성 이외의 부가적인 서비스가 포함된 제품을 의미함. 운반과 설치, 보증(Warranty), 대금지불방식, A/S 등이 이에 해당

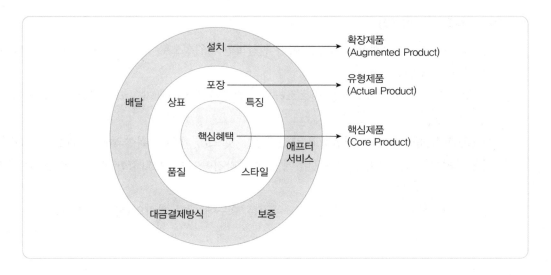

2. 신제품 개발전략과 과정

① 신제품 개발전략

㉠ 선제전략(Proactive Strategy): 신제품을 경쟁자보다 먼저 개발하는 전략

㉡ 대응전략(Reactive Strategy): 경쟁기업의 신제품 개발에 대응하여 벤치마킹하거나 더 진보한 제품을 개발하는 전략

② 신제품 개발과정

> 아이디어 창출 → 아이디어 평가 → 제품개념 개발 → 사업성 분석 → 제품개발 → 시험마케팅 → 신제품 출시

> **Point 2**　　소비재(B2C)와 산업재(B2B) ★

1. 소비재(B2C)

① **편의품**: 제품 구매 시 많은 시간이나 노력이 들지 않고, 쉽고 편리하게 구매할 수 있는 일상생활용품으로, 필수품, 충동품, 긴급품 등으로 구분

② **선매품**: 소비자가 온·오프라인 쇼핑을 통해 가격, 품질, 스타일 등에 대한 정보를 수집한 후에 최종 비교·구매하는 제품을 의미, 상권분석과 관련해 집재성 점포와 관련성이 큼

③ **전문품**(Specialty Goods): 강한 브랜드 충성도 및 관여도가 높은 상품으로 소비자가 구입을 위해서 많은 시간과 노력을 투자하는 상품을 의미

> **Tip**
>
> **전문품의 특징**
> • 특정 상표에 대해 가장 강한 상표충성도(애호도)를 보임
> • 전속적 유통경로의 구축이 더욱 바람직
> • 제품차별성과 소비자 관여도가 매우 높은 특성을 지님

④ 비탐색품(Unsought Goods): 보험이나 정신과치료처럼 소비자가 잘 모르는 제품이나 서비스로 누군가 필요성을 알려주어야 비로소 욕구가 발생하는 제품을 의미

구분	편의품	선매품	전문품
구매빈도	높음	중간	낮음
관여도 수준	낮음	비교적 높음	매우 높음
문제해결 방식	일상적 문제해결 과정	포괄적 문제해결 과정	상표충성도에 의한 구매
제품 종류	치약, 세제, 비누, 껌, 과자류	패션 의류, 승용차, 가구, 가전	고급시계, 고급오디오, 보석류
가격	저가	고가	매우 높은 가격
유통	집중적 유통	선택적 유통	전속적 유통
촉진	높은 광고지출, 빈번한 판매촉진	제품의 차별성 강조	구매자의 지위 강조

2. 산업재(B2B)

① 산업재는 소비재를 생산하기 위한 원재료, 부품, 설비 등의 산업 재화를 의미

② 산업재의 특징

　㉠ 최종 소비재를 만들기 위해 소비되는 파생수요에 해당

　㉡ 생산자와 소비자 간의 직접거래가 많음(짧은 유통경로)

　㉢ 산업재 시장의 구매자는 전문적 구매를 하며 대량으로 거래

　㉣ 산업재 수요는 소비재 수요에 비해 가격비탄력적 특성을 지님

　㉤ 산업재 구매는 소비재 구매의 경우보다 더욱 계획적·합리적 구매가 이루어짐

③ 산업재의 일반적인 마케팅경로

> • 원료공급업자 → 산업사용자(생산자)
> • 원료공급업자 → 도매상 → 산업사용자(생산자)

3. 국제표준상품 분류기준

국제표준상품 분류기준에 따라 상품을 체계적으로 분류할 때 가장 포괄적인 개념에서 가장 협소한 개념을 다음과 같이 배열

> Group → Department → Classification → Category → SKU

THEME 09 마케팅믹스(Product) – 단품관리전략과 제품믹스전략

Point 1 단품관리전략

1. 단품관리전략

① 단품(SKU)의 개념: 상품의 최소 관리단위이며, 고객이 구입하게 되는 단위 또는 묶음으로서 상품 주문 및 판매의 최소단위를 의미

② 단품관리의 기대효과: 단품관리(Unit Control)는 소매점포에서 취급하는 모든 제품의 가장 최소단위인 SKU(Stock Keeping Unit)를 기준으로, 상품의 입고·판매·재고관리를 수행하는 것을 의미

　㉠ 매장효율성 향상

　㉡ 인기상품 발견 및 품절(결품) 방지

　㉢ 적정 매장면적 관리에 따른 생산성 증가

　㉣ 책임소재의 명확성

　㉤ 작업 및 매대 생산성 증가

2. 욕조마개이론

① 욕조마개는 욕조의 물이 빠지지 않고 욕조 안의 물을 수평적으로 유지시키는 역할을 함에 착안하여, 품목별 진열량을 판매량에 비례하게 하면 상품의 회전율이 일정하게 되어 품목별 재고의 수평적인 감소가 같아지는 원리를 뜻함

② 품목별 진열량을 판매량에 비례하게 하면 상품의 회전율이 일정화되어 품목별 재고의 수평적인 감소가 같아진다는 이론

3. 단품관리: 로스(loss)의 발생원인

① 상품 로스가 발생하는 원인: 상품 운영상의 문제, 로스 관리상의 문제, 시설·장비의 문제 등으로 분류할 수 있음

② 상품 운영상의 문제: 매입 및 반품에 대한 오류

③ 로스 관리상의 문제: 로스 다빈도 상품에 대한 방지대책 미흡

④ 장비 및 시설문제: 노화된 창고로 인한 상품의 감모손실

⑤ 인간에 따른 문제: 고객 및 직원으로부터 발생하는 도난사고

Point 2 **제품믹스전략**

1. 제품믹스(Product Mix)

① 제품믹스의 개념

  ㉠ 제품믹스 또는 제품구색은 특정 판매업자가 판매용으로 시장에 제공하는 제품라인(제품계열)의 품목을 합한 것을 뜻함

  ㉡ 제품라인 또는 제품계열은 서로 밀접하게 관련된 제품들의 집합. 이들은 비슷한 기능을 수행하거나, 동일한 고객집단에게 판매되거나, 동일한 유통경로를 통해 판매되거나, 비슷한 가격대에서 판매되기 때문에 하나의 제품라인에 포함될 수 있음

② 제품믹스의 차원 ☆

  ㉠ 제품믹스의 넓이(=다양성, Width): 기업이 보유한 제품라인의 수를 말함

  ㉡ 제품믹스의 길이(Length): 각 제품라인을 구성하는 품목의 총수를 말함

  ㉢ 제품믹스의 깊이(=전문성, Depth): 제품라인 내의 각 제품이 제공하는 품목들의 수를 말함

  ㉣ 제품믹스의 일관성(Consistency): 다양한 제품라인의 최종 용도, 생산요건, 유통경로 등과 얼마나 밀접하게 관련되어 있는지를 말함

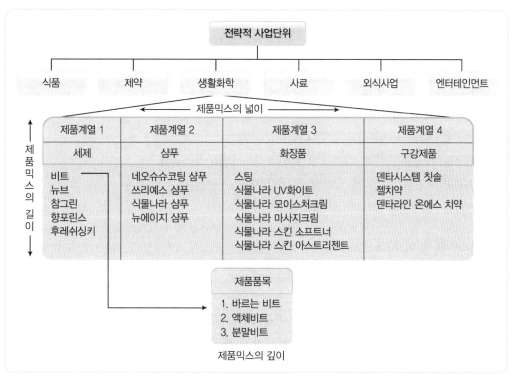

출처: 안광호, 『마케팅원론』, 학현사, 2011.

예제

다음 기업의 제품믹스의 깊이(제품의 전문성), 넓이(제품의 다양성), 길이(제품믹스의 총합)를 설명하시오.

세숫비누	세탁비누	화장품	휴지	치약
솔로 서퍼	크린업 화이트	세시봉 소렌토	콤보	후라보노 하이진
핸디	파워큐	멜로시		
	슈퍼앨 클로라	레녹스		

해설
- 제품믹스의 깊이(전문성, Depth): 특정 제품에 대한 선택의 다양성으로 각 계열별 세로에 해당하며 세숫비누 3, 세탁비누 5, 화장품 4, 휴지 1, 치약 2이다. 즉, 다양한 제품을 생산하는 이 기업은 세탁비누의 전문성이 가장 크며(가장 깊다), 휴지의 전문성이 가장 낮다(가장 얇다).
- 제품믹스의 넓이(폭, 다양성, Width): 각 계열별 가로에 해당하며 세숫비누, 세탁비누, 화장품, 휴지, 치약 등 넓이는 5이다.
- 제품의 길이(제품믹스의 총합): 각 계열별 넓이 및 깊이의 총계 3 + 5 + 4 + 1 + 2 = 15

2. 제품구색의 결정

소매점포는 점포별, 업태별 특성에 따라 적합한 상품구색의 폭(좁음, 넓음)과 깊이(얕음, 깊음)를 결정해야 함
① 편의점: 좁은 폭(넓이)과 얕은(다양한) 구색
② 전문점/카테고리 킬러: 좁은 폭(넓이)과 깊은(전문적) 구색
③ 소규모 종합점: 넓은 폭(넓이)과 얕은(다양한) 구색
④ 백화점: 넓은 폭(넓이)과 깊은(전문적) 구색

3. 제품라인의 길이 확대 전략

① 라인확장전략
　㉠ 상향확장: 고급품 시장의 성장률이 높거나 고급품의 마진이 높아서 회사가 현재의 품목보다 더 높은 품질과 가격의 품목을 제품계열에 추가하는 것을 말함
　㉡ 하향확장: 고급품만을 생산하던 회사가 현재의 품목보다 낮은 품질과 가격의 품목을 제품계열에 추가하는 것을 말함
　㉢ 쌍방확장: 회사가 현재의 제품계열 시장을 고급품 시장과 저가품 시장의 양면으로 연장하는 것을 말함

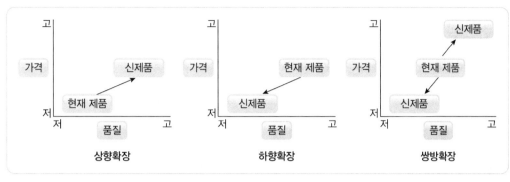

| 상향확장 | 하향확장 | 쌍방확장 |

② 라인충원전략

　　㉠ 라인확장전략 이외에 라인을 늘리기 위해 고려할 수 있는 대안이 라인충원전략임. 이는 현재
　　　의 취급품목 범위 안에서 새로운 품목을 추가하는 것

　　㉡ 라인충원전략은 과잉생산능력을 활용하여 추가 이익을 얻거나, 완전제품라인을 갖춘 시장 선
　　　도자가 되거나, 경쟁사의 진입을 봉쇄하기 위해 도입

　　㉢ 라인충원전략은 품목 간 자기잠식현상을 가져올 수 있고, 고객에게 혼란을 줄 수 있음

 Tip

> **자기잠식현상**(Cannibalization): 한 기업의 신제품이 기존 주력제품의 시장을 잠식하는 현상을 가리키는 용
> 어로, 우리나라 말로는 자기잠식이나 제살깎기라고 표현

THEME 10　마케팅믹스(Product) - 브랜드전략

Point 1　NB제품과 PB제품 ☆

1. NB제품(National Brand)

제조업체 자신이 상표명을 소유하며, 생산된 제품의 마케팅전략을 제조업자 자신이 직접 통제하는
상표전략을 의미

2. PB제품(Private Brand)

편의점, 대형마트 등 유통업자가 생산자에게 제품생산을 의뢰하고 생산된 제품에는 유통업체의 상표
를 부착하는 전략. PB는 제네릭 브랜드(Generic Brand)와 하우스 브랜드로 구분

 Tip

> **강력한 유통업체 브랜드**(PB)**의 장점**
> • 고객의 점포의 충성도 증가
> • 가격 측면에서 합리적인 상품을 선호하는 고객그룹의 확보가 용이
> • 고객애호도(충성도)를 높여 단골고객 확보에 유리
> • 총마진을 증대시킬 수 있음

3. 유사브랜드(Parallel Brand)

유통업체 브랜드(PB)의 하나로, 시장에서 선도적인 제조업체 브랜드(NB)의 상호나 상품특성 등을 매우 흡사하게 모방하는 브랜드를 칭함

▶▶ Point 2   브랜드 자산의 개념

1. 브랜드 자산(Brand Equity)

브랜드 자산(Brand Equity)이란 특정 브랜드를 가진 제품이 브랜드가 없는 제품에 비하여 획득할 수 있는 차별적인 마케팅 효과를 의미함. 이는 브랜드의 네이밍 및 상징과 관련하여 형성된 브랜드 관련 자산총액에서 부채를 뺀 것으로, 브랜드 인지도와 브랜드 연상으로 구성

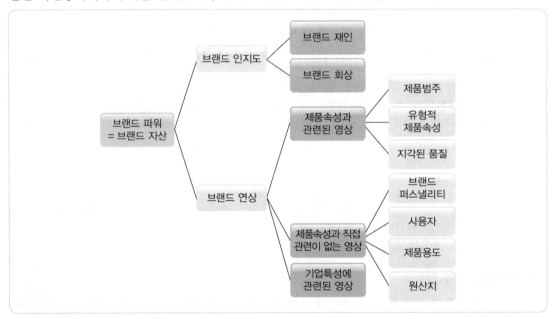

2. 브랜드 자산의 구성

① 브랜드 인지도: 소비자가 한 제품범주에 속한 특정 브랜드를 재인(Recognition)하거나 회상(Recall)할 수 있는 능력을 의미

　㉠ 브랜드 재인: 특정 카테고리에서 여러 브랜드를 제시하고 이에 대한 인지 여부의 조사를 통해 측정

　㉡ 브랜드 회상: 특정 브랜드를 기억 속에서 정확히 추출할 수 있는 능력으로 가장 먼저 떠오른 브랜드 순위에 따라 측정 가능

② 브랜드 연상: 브랜드와 관련하여 기억으로부터 떠오르는 모든 것을 의미하며 특정 브랜드에 대한 노출, 사용 경험 등이 많을수록 브랜드 연상이 강해짐. 바람직한 브랜드 연상이 되기 위해서는 브랜드가 소비자의 마음속에서 호의적이고, 강력하면서, 독특한 이미지 형성이 요구

Point 3 브랜드 개발전략

1. 브랜드 개발의 4가지 전략

① **복수상표전략**: 동일한 상품에 대해 두 개 이상의 상이한 브랜드를 설정하여 별도의 품목으로 차별화하는 전략

② **라인확장전략(=계열확장)**: 기존 제품범주 내에서 새로운 형태, 컬러, 스타일 등을 지닌 신제품에 대하여 기존 브랜드명을 함께 사용하는 전략으로, 고객들의 다양한 욕구충족, 경쟁자의 시장진입 저지 등의 장점 있음. 추가된 신제품이 해당 기업의 기존제품의 점유율을 빼앗아 '자기잠식현상'이 발생할 우려도 있음

③ **신규브랜드전략**: 기존 브랜드명의 파워가 약해지고 있다고 판단되는 경우 새로운 브랜드명을 도입하는 전략

④ **브랜드확장(Brand Extensions)** ★
- ㉠ **개념**: 높은 브랜드 가치를 갖는 특정 기존 브랜드의 네임을, 다른 제품군에 속하는 신제품 브랜드에 확장하여 사용하는 전략
- ㉡ **장·단점**

장점	• 신제품에 대한 소비자의 지각된 위험을 줄여줌으로 인한 긍정적 분위기 유도 • 신규브랜드 출시에 따른 초기 마케팅비용 절감, 동일 포장을 통한 원가절감 • 신제품이 호의적인 평가를 받게 되면 기존 브랜드의 이미지 강화 가능
단점	• 소비자의 혼란이 가중된다는 점 • 확장된 브랜드 성공이 오히려 모브랜드의 정체성을 희석시켜 자기잠식현상을 나타낼 수도 있음

📋 사례 1

브랜드확장의 성공적인 예로는 시리얼 제조회사인 켈로그가 스페셜K를 시리얼 전체 제품라인, 스낵 및 영양바, 아침식사용 쉐이크 등의 다른 영양식품라인으로 확장

📋 사례 2

애플사가 브랜드 아이덴티티와 혁신적인 디자인으로 성공을 거둔 아이맥, 아이팟, 아이패드, 아이폰에 이르기까지 다른 범주의 제품군에 브랜드 제품계열을 확장

THEME 11 제품의 수명주기(PLC) 전략

▶▶ Point 1 로저스(Rogers)의 혁신수용이론

1. 신제품 수용자별 단계

① 혁신 수용자: 교육 및 소득 수준이 높고, 사회적 활동 활발

② 조기 수용자: 의견 선도자로 유행에 민감하고 가치표현적 성격이 강하며 관여도 높음

③ 전기다수 수용자: 신중한 소비자들로 기술 자체에는 관심이 없고 실제적인 문제에 집중

④ 후기다수 수용자: 신제품 수용에 의심이 많은 집단으로 가격에 민감하고 위험회피형 집단

⑤ 최후 수용자: 최후 소비자층으로 신제품이 완전히 소비자에 의해 수용되어야만 제품구매

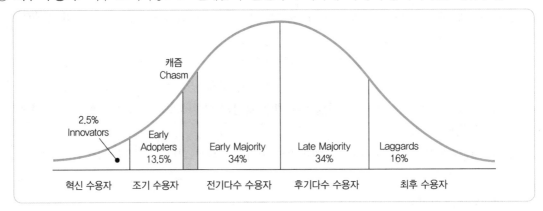

2. 캐즘(Chasm)현상

캐즘은 원래 지리학 용어로 대단절을 의미하며, 마케팅에서는 개발된 신제품이 시장 진입 초기(도입기)에서 대중화되기 전(성장기)까지 소비자들에게 선택받지 못해 일시적으로 수요가 정체되는 Time-Lag 현상을 의미

▶ Point 2 제품의 수명주기(PLC)이론 ★

1. 제품수명주기(PLC; Product Life Cycle)

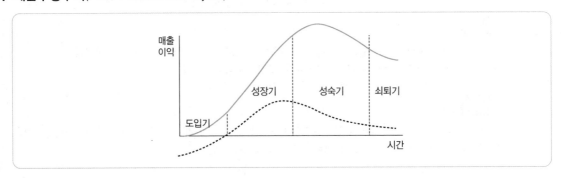

2. PLC 단계별 특징

① 도입기

 ㉠ 특징: 기본적 형태의 제품이 생산되며 소비자가 제품 정보를 가지고 있지 않고 판매가 완만하게 상승하나 제품개발비용, 광고 및 판매촉진 등의 비용이 많이 들어가 적자를 벗어나지 못함. 수요가 적기 때문에 생산량도 적고 제품의 원가도 높으며, 전반적인 제품의 수요가 적어 경쟁도 적은 편

 ㉡ 마케팅전략: 제품을 널리 인지시키고, 판매를 늘리는 것으로, 제품의 품질을 향상시키고 새로운 특성과 서비스를 추가한 변형제품, 개량제품을 출시함으로써 경쟁제품과 차별화

② 성장기

 ㉠ 특징: 수요가 급속히 늘어나고, 이익이 발생하기 시작하며 대체로 성장기 말에 최다 이익이 실현되는 경우가 많음. 경쟁제품이 나타나고 모방제품, 새로운 기능이 추가된 개량제품이 나타남

 ㉡ 마케팅전략: 상표를 강화하고 차별화를 통해 시장점유율을 확대하는 것으로, 경쟁이 심해짐에 따라 경쟁을 고려한 가격전략을 선택

③ 성숙기

 ㉠ 특징: 수요의 신장이 멈추게 되고 수요가 멈춤에 따라 생산능력은 포화상태가 되며, 이익은 절정을 지나 감소함. 경쟁을 거쳐 경쟁제품이 시장에서 점차 사라지기 시작

 ㉡ 마케팅전략: 경쟁우위를 유지하고 상표 재활성화를 통하여 수요를 늘리는 것으로, 이미지 광고를 통한 제품의 차별화를 시도하고 제품의 존재를 확인시키는 광고를 행함

④ 쇠퇴기

 ㉠ 특징: 매출이 감소하고 이익이 매우 적어지며, 경쟁제품들이 시장에서 철수하게 되어 경쟁사의 수는 감소

 ㉡ 마케팅전략: 단기수익을 극대화하는 방안을 찾는 것으로, 가능한 비용을 줄이고 매출을 유지하여 수익을 극대화함

구분	도입기	성장기	성숙기	쇠퇴기
마케팅목표	제품의 인지도 제고	시장점유율 극대화	시장점유율 방어 및 이윤극대화	철수를 위한 회수 또는 재마케팅
매출액	낮음	급성장	최대매출액	감소
이익	(−)	증가	최대	감소
제품	핵심제품 (기본사양)	제품다양성 확대	제품의 다양화 및 브랜드 강화	취약품목의 포기
가격	원가기준가격	**시장침투가격**	경쟁자기준가격	가격인하
촉진	초기 사용유도를 위한 강력한 촉진	설득을 통한 보다 다양한 소비자들에게 인지도 강화	브랜드 차별화 강조 및 상표전환 유도	최소한의 촉진 또는 재마케팅 촉진
유통	제한적 유통	개방적(집중적) 유통	집중적 유통	수익성 적은 경로의 조정 및 폐쇄

THEME 12　머천다이징(MD)

▶ Point 1　머천다이징 개념 및 전략

1. 머천다이징 개념

머천다이징(MD; Merchandising)이란 '수요에 적합한 상품 또는 서비스를 알맞은 시기와 장소에서 적정가격으로 유통시키기 위한 일련의 방법 또는 상품화 계획'을 뜻함

> **📋 Tip**
>
> **소매점 머천다이징(MD)의 매입계획에 포함되는 내용**
> * 매입자금의 확보
> * 공급업체의 선정
> * 매입조건의 검토
> * 영업수행방식의 준비

2. 머천다이징 정책(기획)

① **완전 종합형 상품정책**: 백화점처럼 종합화와 전문화를 동시에 실현하는 것
② **불완전 종합형 상품정책**: 양판점처럼 종합화를 우선적으로 실현하는 것
③ **완전 한정형 상품정책**: 전문점처럼 종합화보다는 전문화를 우선적으로 실현하는 정책
④ **불완전 한정형 상품정책**: 근린점처럼 종합화, 전문화 모두를 단념하는 정책

▶ Point 2　머천다이징 전략 ★

① **가격중심 머천다이징**: 적정가격으로 유통함에 있어서 전략적으로 저가격을 수단으로 표적고객을 공략하는 전략으로, 대형마트·카테고리 킬러 등에서 비용절감으로 저가에 제공함에 중점을 두는 방식으로 상품계획, 구매, 재고관리에 이르기까지 집중적인 관리가 요구
② **스크램블드 머천다이징(Scrambled Merchandising)**: 소매상에서 상품품목을 소비자 입장에서 취급상품을 조합하여 재편성하는 것을 말함. 취급상품의 재편성에 적용하는 관점은 제품용도, 고객층, 가격대, 브랜드, 구매동기, 구매습관별 등을 고려하여 고객의 원스톱 쇼핑을 위해 다종다양의 상품을 제공
③ **계획적 머천다이징**: 생산자와 소매점포 간에 제품계획을 통합, 조정해 나가는 상품화 계획을 의미함
④ **리스크 머천다이징(Risk Merchandising)**: 고객의 욕구를 충족시킨다는 목표 아래 유통업체와 제조업체가 서로 위험(리스크)을 분담해 상품을 개발하고, 유통업체는 이를 반품 없이 전량 판매하는 것을 뜻함

⑤ **인스토어 머천다이징**(Instore Merchandising): 소매점포가 자신의 독자적인 콘셉트를 토대로 하여 상품을 구색하고 판매하는 것을 말함

⑥ **크로스 머천다이징**(Cross Merchandising): 상품의 분류에 구애받지 아니하고 관련성이 있는 상품들을 한데 모아 진열함으로써 판매액을 향상시키는 머천다이징 방법을 의미

⑦ **세그먼트 머천다이징**: 동일한 고객층을 대상으로 하되, 경쟁업체와 다르게 그들 고객이 가장 원하는 제품과 서비스에 중점을 두거나 고객에게 제시되는 가격대에 대응하는 상품이나 품질을 차별화하는 방향을 전개하는 머천다이징을 말함

▶ Point 3   소매믹스전략과 카테고리 캡틴

1. 소매믹스전략(Retailing Mix Strategy)

① **개념**: 소매믹스(Retailing Mix)는 고객의 구매욕구를 만족시키고, 구매의사결정에 영향을 주기 위해 소매상이 활용하는 전략

② **구성요소**: 소매믹스에는 입지(Location), 상품, 커뮤니케이션, 제품가격, 인적자원 등이 해당

2. 카테고리 캡틴(Category Captain)

① **개념**

ⓘ 카테고리 캡틴(Category Captain)은 리테일러가 특정 카테고리 내에서 선호하는 특정 공급업체를 의미

ⓛ 카테고리 내의 다른 브랜드나 벤더를 대신하여 소매업체를 위한 카테고리 전문가의 역할을 하며, 소매업체와 일종의 파트너 관계를 확보, 유지하는 역할을 수행

② **소매점의 이점**: 카테고리 캡틴을 통하여 소매점은 구매협상의 노력이 절감되고, 고객정보 획득을 통한 소비자 욕구의 이해 증대로 해당 카테고리 전반의 수익이 증진

THEME 13   마케팅믹스(Price) - 가격결정과 가격차별화

▶ Point 1   제품의 가격결정

1. 가격(Price)**의 개념**

가격(Price)이란 마케팅믹스 4P 중에서 유일하게 기업의 이익과 관련이 있는 요인이며, 가장 통제가 어려운 경직적 요소인 유통(Place)과 반대로, 탄력성이 가장 높은 요인에 해당

2. 가격설정방법

① **소비자기준 가격결정**(지각가치 가격결정): 소비자의 지각된 가치에 중점을 두고 제품의 가격을 책정하는 방식

    ㉠ **부가가치 가격결정**: 제품의 부가적인 특성과 서비스 등의 추가로 제품을 차별화함으로써 경쟁자보다 더 높은 가격을 정당화하는 방법으로, Skimming Pricing이 이에 해당

    ㉡ **우수한 가치에 상응하는 가격결정**: 제품의 우수한 품질과 서비스를 잘 결합하여 적정가격을 제공하는 가격결정방법으로, EDLP와 High-Low Price가 대표적인 가격에 해당

② **경쟁자기준 가격결정**: 원가와 상관없이 경쟁자의 경쟁강도에 따라 가격이 결정되는 방식으로, 입찰가격방식(Biding), 모방가격결정방식이 있음

③ **원가기준 가격결정** : 원가기준 가격결정은 많은 경우에 적용되는 방식으로, 가격변화가 판매량에 큰 영향을 미치지 않거나 기업이 가격을 통제할 수 있는 경우에 효과적임. 여기에는 ㉠ 사전에 확정된 원가에 마진[마크업(Markup) = $\dfrac{가격 - 원가}{가격}$]을 가산하는 마크업방식과 ㉡ 사전에 원가결정이 어려워 사후적으로 원가를 계산하여 일정 마진을 고려하는 원가가산 결정방식이 있으며, ㉢ 손익분기점(Break Even Point)법과 ㉣ 목표이익을 고려하는 방식이 있음

    ㉠ **가산이익률에 따른 결정**(마크업방식): 제품 한 단위당 생산·구매비용에 대해 판매비용을 충당하고도 적정이익을 남길 수 있는 수준의 가산이익률을 결정하여 가격을 책정

> - 가격 $= \dfrac{단위당\ 원가}{1 - 가산이익률}$
> - 가산이익률(Mark-up) $= \dfrac{판매가격 - 제품원가}{판매가격}$

    ㉡ **원가가산 가격결정법**: 사전에 결정된 목표이익을 총비용에 가산하여 가격을 결정함

> 가격 $= \dfrac{(총고정비용 + 총변동비용 + 목표이익)}{총생산량}$

🛒 **Tip**

원가 계산구조
1. 직접원가 = 직접재료비 + 직접노무비 + 직접경비
2. 제품제조원가 = 직접원가(1) + 제조간접원가
3. 총원가 = 제품제조원가(2) + 판매비 및 일반관리비(판관비)
4. 제품가격 = 총원가(3) + 희망(목표)이익

    ㉢ **손익분기점**(BEP; Break Even Point)**법**: 손익분기점(BEP) 분석은 손익분기점을 파악하기 위해 비용 및 매출액 수준과 이익 사이의 관계를 분석하는 기법으로, 총수익과 총비용이 일치하게 되는 판매수량 혹은 매출액을 의미

- 손익분기점(판매량) $= \dfrac{\text{총고정비}}{\text{단위당 가격} - \text{단위당 변동비}}$

- 손익분기점(매출액) $= \dfrac{\text{총고정비}}{1 - \text{변동비율}}$

- 손익분기점 목표판매량 $= \dfrac{\text{고정비} + \text{목표이익}}{\text{가격} - \text{단위당 변동비}}$

 예제

㈜인하는 모바일을 유통하는 기업이다. 모바일 한 대의 판매가는 150만 원이고, 단위당 변동비는 120만 원이다. 그리고 ㈜인하가 모바일을 유통하는 총고정비는 6억 원이라고 할 때 ㈜인하의 손익분기점 판매량은 얼마인가?

해설

손익분기점 매출수량 $= \dfrac{\text{총고정비}}{\text{가격} - \text{단위당 변동비}} = \dfrac{6\text{억 원}}{150\text{만 원} - 120\text{만 원}} = 2{,}000$대

ㄹ 목표이익률법: 기업이 목표로 하는 수익률을 달성할 수 있도록 가격을 책정하는 방법

가격 $= \dfrac{\text{투자비용} \times \text{목표이익률}(\%)}{\text{표준생산량}} + \text{단위비용}$

Point 2   가격차별화

1. 가격차별화(Price Differentiation)

기업이 수요의 가격탄력성을 이용하여 동일상품에 대하여 세분시장 간 다른 가격을 설정하는 것을 의미하며, **가격탄력도**에 따라서 서로 다른 세분시장에 상이한 가격을 책정하여 이익을 극대화하는 가격전략

2. 가격차별화의 전제조건

① 시장 간의 분리가 가능해야 함

② 각 세분시장의 가격탄력도(E)는 상이해야 함

→ $E > 1$: 경쟁자가 많으므로 저가격전략

$E < 1$: 가격비탄력적인 시장으로 경쟁이 적으므로 고가격전략

③ 기업이 수요에 대한 독점력을 가지고 있어야 함

④ 각 세분시장 간에는 재판매가 불가능해야 함

3. 변동가격(Dynamic Pricing)

① 개념: 동일한 제품 및 서비스에 대한 가격을 시장 상황에 따라 탄력적으로 변화시키는 가격전략을 의미함. 이는 기업들이 이익극대화를 위해 사용해온 가격책정방식으로 일반적으로 e-커머스 시장에서 활발히 활용되어 왔음

② 최적화된 개인화 가격으로 발전: 최근 디지털화, 클라우드, 빅데이터 분석, 인공지능 등 ICT 기술 발달로 인해 단순 가격차별화를 넘어 개별 소비자의 상황과 취향을 고려한 최적화된 개인화 가격(Personalized Pricing)도 가능하게 하고 있음

THEME 14 마케팅믹스(Price) - 가격설정방법

▶ Point 1 신제품 가격설정전략 ★

1. 신제품 가격정책

① 시장침투가격전략: 도입기에 매출 및 시장점유율 극대화를 위해서 신제품의 가격을 낮게 책정하여 신속히 시장에 침투하고자 하는 초기 저가격전략
  ㉠ 소비자들이 가격에 대한 민감도가 높을 때(수요의 가격탄력도가 높은 경우)
  ㉡ 저가격으로 빠른 시장점유를 실현할 수 있을 때
  ㉢ 저가격전략이 경쟁사들의 시장진입을 방지할 수 있을 때

② 초기 고가격전략(Skimming Price): 신제품 도입기에 상대적으로 고가격을 책정하고 시간이 지남에 따라 가격을 내리는 가격전략
  ㉠ 독점력에 의해 당분간 경쟁사의 시장진입이 어려울 때
  ㉡ 소비자가 제품가격이 비싸면 제품품질도 높을 것으로 생각할 때
  ㉢ 고가격에도 상당수의 혁신 소비층이 그 제품을 구매하고자 할 때
  ㉣ 초기 고가격이 소량생산으로 인한 단위당 높은 생산비용을 상쇄할 수 있을 때

2. 항시저가전략과 고저가격전략

① 항시저가전략(EDLP): 규모의 경제 및 전략적인 물류비의 감소 및 상품의 빠른 회전율을 통해 가능한 가격전략
  ㉠ 경쟁자들과의 지나친 가격경쟁에서 다소 자유로울 수 있음
  ㉡ 가격변동이 적고 예측가능성이 있기 때문에 촉진비용이 절감됨
  ㉢ 안정적인 수요의 예측으로 평균재고를 감소시켜 회전율이 향상되고 이익이 커짐

② **고저가격전략**(High-Low Price): 촉진용 상품을 대량구매하여 일부는 가격인하 판매하여 저가격 이미지를 구축하고, 일부는 정상가로 판매하여 높은 이윤을 달성하고자 하는 가격정책

　　㉠ 동일한 상품으로 다양한 특성의 고객층에게 소구(Appeal) 가능

　　㉡ 기대하지 않았던 가격인하는 고객을 유인하는 요인으로 작용

　　㉢ 고가격 및 저가격제품 판매촉진을 위한 프로모션 비용 및 재고관리비용 증가

3. 재판매가격유지전략

① 재판매가격유지(Resale Price Maintenance)는 생산자가 소매상이 판매하는 소매가격을 강제적으로 통제하는 행위로, 소매상이 가격을 결정하는 판매가격표시제(Open Price)와 상반되는 가격제도. 즉, 재판매가격유지행위는 생산자가 소매상이 판매하는 소매가격을 강제적으로 통제하는 행위를 말함

② 이는 시장경제의 기본원칙인 보이지 않는 손(Invisible Hands)에 의한 가격결정을 저해하는 불공정행위에 해당

4. 오픈 프라이스(Open Price) 제도

오픈 프라이스 제도란 제품에 제조업체가 권장소비자가격 혹은 희망소비자가격 같은 기준가격을 표시하지 않고, 대신 최종 판매업자가 가격을 결정하는 방식을 말함

▶ Point 2　심리가격전략 ★

① **단수가격**(Odd Pricing): 화폐단위 이하로 가격을 책정함으로써 상대적으로 가격을 저렴하게 지각시키는 방법 **예** 100,000원보다는 99,999원으로 표기

② **관습가격**: 비용 상승에도 불구하고 오랜 기간 동안 소비자들이 습관적으로 일정금액을 지불해 왔기 때문에 기업들이 그에 따라 책정하는 가격

③ **선도가격전략**: 상품흐름이나 판매를 증진시키기 위해 정상가보다 낮은 가격으로 결정하는 전략을 말하며, 로스 리더와 로우 리더 가격전략이 있음

　　㉠ **로스 리더**(Loss Leader): 원가 이하로 판매하는 상품(미끼상품, 특매상품, 유인상품)으로 고객의 점포방문을 늘리기 위한 것이 주목적

　　㉡ **로우 리더**(Low Leader): 원가 이상이지만 정상이윤 이하로 판매하면서 고객을 점포로 유인하기 위한 것이 주목적

④ **명성가격정책**(Prestige Pricing): 고가의 제품은 고품질을 지닐 것이라는 가격 - 품질연상 효과를 이용하는 고가격전략

Tip

심리가격전략
- **유보가격**: 구매자가 어떤 상품에 대하여 지불할 용의가 있는 최고가격을 의미
- **준거가격**: 구매자가 가격이 저가인지 고가인지를 판단하는 데 기준으로 삼는 가격
- **최저수용가격**: 구매자들이 품질을 의심하지 않고 구매할 수 있는 최저가격

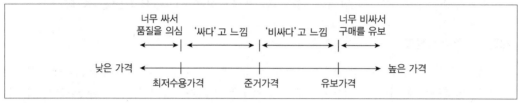

- **손실혐오**: 구매자들이 가격인하보다 가격인상에 더 민감하게 반응하는 현상
- **차등적 문턱**(JND; Just Noticeable Difference): 가격변화를 느끼게 만드는 최소한 가격변화폭을 뜻함
- **수요점화 가격 수준**: 소비자의 **소득 수준**에 따라 최하 얼마 이상 최고 얼마 미만의 가격이라면 사겠다고 생각하는 가격 범위
- **베버의 법칙**: 소비자의 가격변화에 대한 지각은 가격 수준에 따라 달라진다는 법칙. 제품크기 축소 등의 부정적 변화는 소비자들이 분간할 수 없게 JND 범위 내에서 인상하여야 하고, 낮아진 가격이나 새로운 포장지, 제품크기 확대 등 긍정적 변화는 소비자들이 분간할 수 있게 JND 범위 이상으로 결정해야 한다는 것

$$K = \frac{S_2 - S_1}{S_1}$$

K: 주관적으로 느낀 가격변화의 크기
S_1: 원래가격
S_2: 변화된 가격

▶ Point 3　　**제품믹스(결합) 가격전략**

1. 이분가격결정방식(Two-Part Tariff)

소비자가 재화를 구매하는 경우 1차적으로 기본비용을 지불하고 추가적인 사용량에 따라 2차적인 가격을 지불하도록 하는 가격결정법

예 수도·전기·지하철요금, 놀이공원 이용료 등

2. 가격계열화전략(Price Lining Strategy)

① 동일 상품군에 속하는 상품들에 다양한 가격대를 설정하는 전략으로, 소비자가 디자인, 색상, 사이즈 등을 다양하게 비교하는 선매품, 특히 의류품의 경우 자주 활용되는 가격전략
② 몇 개의 구체적인 가격만이 제시되므로 복잡한 가격비교를 하지 않아도 되어 소비자의 상품선택 과정이 단순화된다는 장점을 가짐

3. 종속제품 가격전략(Captive Pricing, 포획가격)

종속제품 가격결정방식은 본체와 함께 사용해야 하는 보완재의 가격을 책정하는 가격전략으로, 주제품을 저렴하게 판매하고, 반복구매하는 종속제품을 비싸게 판매하는 전략

🔲 면도기와 면도날, 프린터와 토너, 카메라와 필름

4. 묶음제품 가격전략(Price Bundling)

① 기본적인 제품과 선택사양, 서비스 등 보완관계에 있는 제품들을 묶어서 하나의 가격으로 제시하는 가격전략

② 묶음제품을 분리 판매할 수 있는 혼합묶음과 분리할 수 없는 순수묶음으로 구분함. 즉, 보완재(Complement Goods)끼리 묶어서 저렴한 가격으로 판매하는 가격전략에 해당

③ 유형

　㉠ 순수묶음가격(Pure Price Bundling): 상품을 묶음으로만 구매할 수 있고 개별적으로는 구매할 수 없는 방법으로, 항공, 숙박, 식사, 입장권 등이 포함된 여행패키지 상품

　㉡ 혼합묶음가격(Mixed Price Bundling): 상품을 개별적으로 구입할 수도 있고 묶음으로도 구매 가능한 방법으로, 햄버거 세트 메뉴가 대표적 사례

▶ Point 4 가격조정전략

1. 할인전략

① 현금할인: 유동성 확보를 위해서 대금을 외상이나 어음이 아닌 현금으로 지불하는 경우 가격을 깎아주는 제도

② 수량할인: 대량으로 구매하는 소비자에게 가격을 할인해 주는 가격전략

③ 거래할인: 판매, 보관, 장부정리 등과 같이 소매업자가 할 일을 대신 수행하는 중간상에 대한 보상으로 할인해 주는 전략

④ 계절할인: 계절이 지난 제품이나 서비스를 구매하는 소비자에 대해 할인해 주는 것

2. 공제(Allowance)

공제는 기존제품을 신제품으로 교환할 때 기존제품 가격을 정산하여 신제품 가격에서 공제해 주거나 보상해 주는 것을 의미

3. 판매촉진지원금(Promotion Allowances)

중간상이 제조업자를 위해 지역광고를 하거나 판촉을 실시할 경우 이를 지원하기 위해 지급되는 보조금으로, 중간상 물품대금을 지불할 때 그 금액만큼 공제하는 방식으로 행해짐

THEME 15 마케팅믹스(Promotion) - 4가지 촉진방법

▶ Point 1 촉진전략(광고와 PR)

1. 촉진전략의 개요 ☆

• 프로모션(Promotion): 제품에 대한 정보를 고객에게 알리고, 구매하도록 설득하고, 구매를 유도하는 인센티브를 제공하여 판매를 촉진하는 마케팅 활동

구분	비용	장점	단점
광고	보통	• 신속한 메시지 전달 • 도달범위가 넓고, 효과가 지속적	• 광고효과 측정이 곤란 • 정보의 양이 제한
PR (홍보)	무료	• 신뢰성이 높음 • 비용적인 부담 없음	• 통제가 어려움 • 효과가 간접적
판매촉진	비교적 고가	• 즉각적 효과 • 충동구매 유발 가능	• 효과의 지속성이 짧음 • 경쟁사 모방이 쉬움
인적판매	고가	• 고객 대면으로 피드백 높음 • 탄력적인 대응 가능, 정보수집	• 높은 비용부담 • 촉진의 속도가 다소 느림

2. 광고(Advertisement)와 PR(Public Relations)

① 광고매체의 선정기준

   ㉠ 도달범위와 노출빈도

      ⓐ **도달범위(Reach)**: '접촉범위' 또는 '도달률'이라고도 하며, 광고의 효과와 관련된 개념으로 잠재고객 가운데서 적어도 1회 이상 광고에 접촉한 세대나 개인의 비율

         예 구독 고객 100명 중 50명이 자사 광고를 접했다면 도달률은 50%

      ⓑ **노출빈도(Frequency)**: '접촉빈도'라고도 하며, 소비자에게 특정 제품의 광고에 대해서 반응을 유발하기 위해 필요한 광고의 접촉빈도

         예 광고가 100명의 고객 중 50명에게는 1번 노출되었고, 30명에게는 2번, 20명에게 3번 노출되었다면 노출빈도는 $\dfrac{(50 \times 1 + 30 \times 2 + 20 \times 3)}{100} = 1.7$

> 총접촉비율(GRP) = 도달범위(Reach) × 노출빈도(Frequency)
> (=총접촉점수) = 50% × 1.7 = 85%

   ㉡ **광고비용**: TV광고는 고가의 광고인 반면, 잡지나 신문의 경우에는 상대적으로 저렴함. 이때 비용의 기준은 총비용보다는 1,000명당 노출비용을 기준으로 함

> 📋 **Tip**
>
> CPM(Cost Per Mille): 1,000회 노출에 따른 광고비를 의미

② 광고의 장·단점

장점	• 다수의 대중을 상대로 신속하게 접근이 가능함 • 다른 매체와 비교해 고객 1인당 비용도 저렴한 편에 해당 • 접촉범위(Reach)가 넓고 광고효과의 지속성이 높음
단점	• 광고효과의 측정이 곤란하고 제공하는 정보의 양이 제한적 • 광고의 신뢰성이 낮음

③ 광고의 목적별 유형

　㉠ 정보전달형 광고: 고객가치의 전달, 시장에 신제품 소개, 이용 가능한 서비스에 대한 설명을 하는 광고

　㉡ 설득형 광고: 고객관계 유지, 소비자에게 제품을 구매할 수 있는 장소에 대하여 상기시키고, 비수요기에 소비자가 브랜드를 인지하도록 함

　㉢ 상기형 광고: 고객에게 가까운 미래에 자사제품이 필요할지 모른다고 상기시켜 주고, 브랜드 및 기업 이미지를 구축하여 제품 속성에 관한 소비자 지각의 변화를 유도

　㉣ 비교광고(Comparative Advertising): 자사의 브랜드를 다른 브랜드들과 직접 또는 간접적으로 비교하여 자사브랜드의 우월함을 입증시키려는 광고

④ PR(Public Relations)과 홍보(Publicity)

　㉠ PR(Public Relations, 공중관계)

　　ⓐ 기업이 고객뿐만 아니라 직·간접적으로 관련이 있는 대중과의 좋은 관계를 유지함으로써 좋은 기업이미지를 구축하고 나아가서 제품의 판매를 촉진하는 마케팅 커뮤니케이션

　　ⓑ PR은 홍보(Publicity)를 포함하는데 홍보보다는 넓은 의미로 사용되는 개념

　㉡ 홍보(Publicity)

　　ⓐ 기업의 활동이나 상품에 관한 정보를 신문이나 방송의 기사의 내용으로 다루게 하는 활동을 의미하며, PR보다 범위가 좁음

　　ⓑ 홍보는 비용을 들이지 않고 기업이나 제품을 매체의 기사나 뉴스로 소비자들에게 알리는 것을 말함

⑤ 광고와 PR(공중관계)의 비교

구분	광고	PR(공중관계)
비용 여부	유료	무료
신뢰성	낮음	높음
통제성	통제 가능	통제 곤란
장점	신속하고 강력한 효과	신뢰성이 높음
단점	• 효과측정의 어려움 • 정보제공의 양이 제한	• 통제가 어려움 • 효과가 간접적

⑥ 인터넷광고

　㉠ 리치미디어 광고(Rich Media Advertisement): 말 그대로 풍부하다는 의미로, 가장 일반적인 인터넷광고 형태인 배너광고에 비해 풍부한 내용을 담을 수 있는 멀티미디어형 광고임을 나타내는 인터넷광고의 용어임. 리치미디어를 표현하는 방법은 배너, 인터액티브 멀티미디어 등이 있음

　㉡ 인터액티브 배너광고(Interactive Banner): 웹사용자들이 배너광고를 클릭하여 광고주의 사이트로 이동할 필요 없이 그 배너광고 안에서 필요한 상품정보를 검색하여 바로 구매가 가능하도록 하는 광고형태로서, 인터넷의 가장 큰 장점인 거래당사자 간의 즉각적인 상호작용(Interactive)인 쌍방향성을 이용한 인터넷광고에 해당

　㉢ 액세스형 광고(Access Advertisement): 웹사이트를 무료로 개방하는 대신 관련된 광고창을 검색하게 하는 스폰서형 인터넷광고로, 많은 인터넷광고가 액세스형 광고를 활용하고 있음

　㉣ 배너광고(Banner Advertisement): 가장 일반적인 인터넷광고 형태로서 마치 생긴 모양이 현수막과 같아 붙여진 이름으로, 인터넷광고 면에 도메인과 같은 이미지를 광고할 뿐만 아니라 최근에는 동영상을 배너형태로 광고할 수 있어 광고효과를 극대화하고 있음

　㉤ 팝업 광고(Pop-up): 팝(Pop)하고 튀어나오는(Up) 웹페이지 표시방법인 팝업은 특정한 웹페이지에 접속하였을 때 새롭게 생성되어 여러 가지 사항을 안내하는 팝업창을 통하여 광고하는 기법. 팝업창은 주로 웹사이트의 트래픽을 증가시키거나 이메일 주소를 수집하기 위한 온라인 광고의 일종으로 사용

　㉥ 이밖에 e-mail 마케팅, 소셜미디어(SNS) 마케팅, SEO(검색엔진 최적화), 디스플레이 광고, 콘텐츠 마케팅, 제휴 마케팅 등 다양한 온라인 프로모션(촉진방법) 기법이 활용되고 있음

Point 2　판매촉진전략

1. 판매촉진(SP: Sales Promotion)

판매촉진은 광고, PR, 인적판매를 제외한 모든 마케팅 활동으로, 잠재고객에게 제품에 대한 정보 및 그 편익을 제공하고 감성적 구매를 유인하며 설득하는 마케팅 수단에 해당

2. 판매촉진의 효과

① **상표전환**: 판매촉진이 없었다면 A상표를 구매할 소비자가 판매촉진이 실행 중인 B상표로 구매하게 되는 현상

② **구매 가속화**: 판매촉진의 효과로 소비자가 재고가 있음에도 불구하고 판매촉진 기간 중 선호하는 제품을 미리 구매하거나 구매시점을 앞당기는 현상 또는 판매촉진에 의해 대량으로 구매하는 현상을 의미

③ **제품군 확장**: 제품에 대한 폭이나 깊이를 모두 확장하는 것으로, 일종의 신제품의 출시에 의하여 성취 가능

3. 판매촉진의 유형 ☆

① 소비자에 대한 판매촉진

　㉠ 비가격 판매촉진

프리미엄	소비자에게 혜택을 주는 판매촉진활동의 하나로, 무엇인가 가치 있는 것을 추가적으로 소비자들에게 사은품으로 제공하는 활동
시연	고객에게 상가나 쇼핑몰 같은 장소에서 제품을 직접 작동해 보게 하거나 경험할 수 있게 해줌으로써 고객의 소비욕구를 높이는 판촉
콘테스트	소비자가 추첨이나 추가적인 노력을 통해 상품이나 현금 등을 취득할 수 있는 기회를 제공하는 것
샘플링	상품에 대한 대가를 지불하지 않고 제공되는 시제품

　㉡ 가격형 판매촉진

쿠폰	소비자들이 어떤 특정 상품을 구매할 때 절약할 수 있도록 해주는 하나의 징표로 소비자에게 가격혜택을 제공하기 위한 수단
리베이트	상품을 구매하는 시점이 아니라 **구매 이후** 가격을 환불해 주는 제도
현금환불	Cash Refunds: 고객이 구매하는 장소에서 **즉시** 가격할인이 제공되는 제도
컨튜니어티	단골고객 보상제도로, 애호도가 높은 고객을 대상으로 마일리지, 적립금액 등을 적립해 주는 판매촉진수단

> 🛒 Tip
>
> **기타의 판촉활동**: 가격할인 패키지, 단골고객 보상, 구매시점(POP) 진열 등

② 유통기관(중간상인)에 대한 판매촉진

협력광고	유통업체의 광고를 지원하기 위해 공급업체가 수행하는 프로그램
중간상공제	유통업자가 제조업자를 위하여 어떤 일을 해주는 대가로 제조업자가 상품 대금에서 일부를 공제해 주는 것 • **입점 공제**(Slotting Allowances): 입점 장려금, 입점 수수료 • **구매 공제**(Buying Allowances): 가격인하 또는 물량할증 • **광고 공제**(Advertising Allowances) • **진열 공제**(Display Allowances): 진열 장려금, 매대 수수료
가격할인	• 중간상이 일시에 대량구매를 하는 경우 구매량에 따라 주어지는 현금할인 • 가격할인(Price-off)이나 정가할인(Off-list) 가능
판촉지원금	중간상이 제조업자를 대신하여 지역광고 및 판촉을 실시할 경우 이를 지원하기 위한 보조금 지급
리베이트	진열위치, 판촉행사, 매출실적 등 소매상의 협력 정도에 따라 판매금액의 일정률에 해당하는 금액을 반환해 주는 것
대금지급조건 완화	유통기관(중간상인)에게 외상거래 기간을 연장해 주거나 대금지급에 대해 할인 등을 실시하는 것을 의미

Point 3　인적판매(Personal Selling)

1. 개념

인적판매(Personal Selling)는 제품이나 서비스의 판매를 목적으로 기존의 또는 잠재고객에 대한 판매 프레젠테이션 또는 대화 등의 개인적 커뮤니케이션 판매직원이 직접 고객과 만나 제품에 대한 정보를 제공하고 구매하도록 설득하는 촉진방법을 말함

2. 인적판매의 장점

① 고객과 쌍방향 커뮤니케이션을 통해 다양한 정보제공이 가능
② 고객의 대응상황에 따라 유연하고 탄력적인 응대가 가능
③ 고객서비스 제공 및 시장·고객에 대한 정보수집 가능
④ 산업재(B2B) 촉진수단으로 적합하며, Push 방식의 대표적인 촉진방법

3. 인적판매의 단점

① 촉진수단 중 비용적인 부담이 가장 큼
② 도달범위가 좁은 한계가 있어서 촉진의 효과가 다소 느리게 나타남

THEME 16 마케팅믹스(Promotion) - 풀전략과 푸시전략

▶ Point 1 마케팅 커뮤니케이션 구성의 9요소

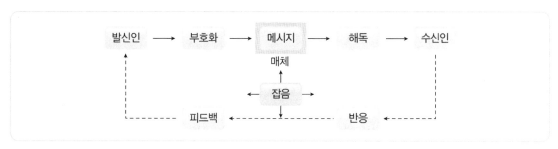

| 마케팅 커뮤니케이션 |

① **발신인**: 다른 개인 또는 단체에게 메시지를 보내는 당사자를 의미
② **부호화(Encoding)**: 전달하고자 하는 생각을 문자, 그림, 말 등으로 상징화하는 과정
③ **메시지**: 발신인이 전달하고자 하는 내용의 조합
④ **해독(Decoding)**: 발신인이 부호화하여 전달한 의미를 수신인이 해석하는 과정
⑤ **매체**: 발신인으로부터 수신인에게 메시지를 전달하는 데 사용되는 의사전달 경로
⑥ **수신인**: 메시지를 전달받는 당사자
⑦ **반응**: 메시지에 노출된 후에 일어나는 수신인의 행동
⑧ **피드백**: 수신인의 발신인에 대한 반응의 한 부분
⑨ **잡음(Noise)**: 의사전달 과정에서 계획되지 않은 왜곡이 일어나는 것으로, 수신인은 발신인이 전달하고자 하는 내용을 수신하지 못하거나 발신인의 의도와는 다른 메시지를 획득하는 것

▶ Point 2 Pull-Push 전략과 촉진예산의 책정

  ✓ Push전략은 인적판매를 수단으로 유통업자에게 촉진하는 비중이 큰 마케팅전략에 해당
밀기전략(Push Strategy)

Pull전략은 광고를 주된 촉진수단으로 하여 소비자를 직접 공략하는 마케팅전략에 해당
끌기전략(Pull Strategy)

1. 촉진전략의 방향성 ★

① 풀(Pull)전략

    ㉠ 풀전략은 소비자를 상대로 광고와 같은 적극적인 프로모션 활동을 통하여 소비자들이 제품을 직접 찾게 만드는 촉진전략

    ㉡ 광고를 주로 사용, 쿠폰, 샘플, 경품제공 등 **소비자를 대상으로 하는 판매촉진**을 활용

② 푸시(Push)전략

    ㉠ 푸시전략은 제조업자가 소비자를 향해 제품을 밀어낸다는 의미

    ㉡ '제조업자 → 도매상 → 소매상 → 최종 소비자'에게 제품을 판매하게 만드는 전략

    ㉢ 인적판매 또는 가격할인, 수량할인 등 **중간상인을 대상으로 하는 판매촉진**을 주로 활용

구분	푸시(Push)전략	풀(Pull)전략
전략의 대상	중간상인(도·소매상)	최종 소비자
전략의 진행방향	생산자 → 중간상인 → 소비자	소비자 → 중간상인 → 생산자
프로모션 방법	인적판매, 인센티브	광고, 이벤트행사
관여도 및 브랜드 충성도	낮음	높음
적용시장	산업재	소비재

2. 업태별 촉진예산 책정방식

① **목표과업법**: 커뮤니케이션 목표를 달성하기 위해 특별한 업무수행에 요구되는 예산을 결정짓는 방법으로 가장 합리적인 방법이며 상향식 접근법에 해당

② **매출액 비례(기준)법**: 예상 매출액 중 고정비율로 고객 커뮤니케이션 예산을 설정하는 방식

③ **가용예산할당법(가용자금법)**: 운영비용과 이익을 산출한 후에 사용 가능한 금액이 얼마인지에 따라 고객 커뮤니케이션 예산을 설정하는 방법

④ **경쟁사기준법**: 경쟁업체의 고객 커뮤니케이션 비용 비율과 시장점유율이 같도록 결정하는 방식

⑤ 기타의 방법으로 어림셈법(Rule of Thumb)이 있음

3. 마케팅통제(Marketing Control)

① 개념

ㄱ 마케팅통제(Marketing Control)는 마케팅절차 중 마지막 단계로 마케팅전략과 계획의 실행 결과를 측정 및 평가하고 피드백하는 통제절차

ㄴ 마케팅전략 및 계획의 실행결과를 평가하고, 마케팅목표가 성취될 수 있도록 시정조치하는 절차를 의미

② 마케팅계획의 실행과정에서 예상치 않은 일들이 발생하기 때문에 지속적인 마케팅통제가 필요

③ 운영통제는 연간 마케팅계획에 대비한 실제 성과를 지속적으로 확인하고 필요할 때마다 시정조치하는 것에 해당

④ 전략통제(Strategic Control)는 기업의 기본전략들이 시장기회에 잘 부응하는지를 검토하는 절차에 해당

Chapter

02 유통점포관리

THEME 17 점포설계와 점포 내·외부 환경관리

▶▶ Point 1 점포의 구성과 설계

1. 점포구성의 개념 및 목표

① 개념
  - ㉠ 점포란 소비자에게 제품과 서비스를 판매 또는 제공하는 상업시설물을 의미하며, 제품 및 서비스의 판매와 판매에 필요한 지원시설을 포함하는 개념
  - ㉡ 점포구성은 이러한 제품과 서비스를 수익성과 경쟁자와의 관계, 점포 콘셉트 등을 고려하여 매출액을 높일 수 있도록 배치·배열·구성하는 과정을 의미

② 목표
  - ㉠ 점포 이미지 구축: 점포설계는 점포 이미지를 연상시킬 수 있도록 해야 함. 소비자들은 점포의 외장 및 내부 인테리어를 보고 취급하는 품목들이 무엇인지에 대한 이미지가 연상될 수 있어야 함
  - ㉡ 점포의 공간생산성 제고: 점포는 판매와 구매가 이루어지는 공간이므로 공간의 생산성 및 객단가를 향상시키기 위한 점포의 Layout과 점포에서의 광고 등이 중요

2. 점포의 구성요소

① 상품의 구성과 적합한 가격대
② 점포의 입지조건
③ 점포 외관 이미지 및 내부 인테리어
④ 점포의 기본설비와 시설
⑤ 매장 배치(Layout)
⑥ 진열 및 판매수단(진열 집기, 곤돌라, 계산대 등)
⑦ 점포 및 판매원들이 풍기는 분위기

3. 점포디자인 설계 ☆

① 점포디자인 시설
  - ㉠ 전방시설: 소비자 유도기능과 선전기능을 담당하는 점포의 외관과 간판, 점두시설 및 쇼윈도 등을 의미

> **Tip**
>
> 쇼윈도(Show-Window)
> • 소비자 구매의사결정 과정상 AIDMA 원칙을 이끌어내는 시설로 고객의 시선을 외부에서 점내로 유도하는 기능을 담당
> • 형태에 따라 폐쇄형, 개방형, Shadow Box형 등이 있으며, 구매욕구 자극과 점포 이미지 표현에도 활용
> • 폐쇄형 쇼윈도는 고가의 전문품을 대상으로 고급스런 분위기를 연출하는 데 활용

  ⓒ **중앙시설**: 점포의 주요 판매시설인 쇼케이스, 진열대, 진열용구, 선반대, 조명시설 등
  ⓒ **후방시설**: 점포의 관리와 운영을 위한 지원시설로서 사무실, 작업장, 창고, 휴게실 등
 ② **점포디자인의 4대 요소**
  ㉠ **외장디자인(Exterior)**: 점두, 윈도, 간판시설, 출입구의 숫자와 크기 등
  ⓒ **내부디자인(Interior)**: 벽, 천장, 바닥, 파이프, 빔, 진열장, 창고 등의 매장 설비물
  ⓒ **진열부분**: 디스플레이, VMD, POP 광고물, 선반, 쇼케이스, 포스터, 게시판 등
  ② **레이아웃**: 고객 동선, 종업원 동선, 휴게공간, 사무실 및 지원시설 등

Point 2   점포 내·외부 환경관리

1. 점포 내부 환경관리

① 고객들의 쇼핑을 돕는 한편 구매욕구를 높이기 위해 점포의 이미지 및 취급하는 품목의 종류에 맞게 설계하고, 제품구색을 두드러지게 하기 위한 효율적인 배치가 중요
② 점포 내부는 고객의 구매심리를 적극적으로 유발할 수 있도록 구성해야 함
③ 용도에 맞는 조명 설치도 점포 분위기 및 매출액에 중요한 영향을 미침에 유의
 예 대형할인점 같은 경우에는 밝은 조명이 매출액을 높이는 데 비해, 백화점 의류·패션 매장의 경우에는 너무 밝은 조명은 매출액을 감소시킬 수도 있음
④ 시각적인 요소 이외에도 음악의 종류 및 후각을 자극하는 향기도 목표고객의 구매량에 영향을 줄 수 있으므로 유의를 요함
⑤ 간판, 포스터, 게시판, POP 등의 진열이 고객의 동선을 방해하지 않도록 관리

2. 점포 외부 환경관리

① 고객이 점포를 쉽게 인지하고 찾을 수 있도록 점포의 이미지는 상징적(Symbolic)이고 대표성 있게 디자인되어야 함
② 점포의 외관은 고객을 흡인하는 효과도 있지만, 목표고객이 아닌 고객이 방문하지 못하게 하는 역기능도 있음
③ 점포의 외관은 일반적으로 점두(Store Front)와 진열창(Show-Window)으로 구성

3. 소매점포의 공간 분류와 용도

구분	용도
고객존	고객용 출입구, 통로 계단, 고객 휴게실과 화장실
상품존	상품매입, 보관장소
직원존	사무실, 종업원을 위한 식당과 휴게실
매장존	매장, 계산대, 비상구
후방존	물류 공간, 작업 공간

Point 3　온라인 쇼핑몰 관리

1. 온라인 쇼핑몰 구성과 설계

① 비즈니스 관점의 온라인 쇼핑몰 설계: 온라인 쇼핑몰은 전자상거래에서 발전된 개념으로 인터넷을 통해 전문적으로 판매하는 온라인 상점, 경매를 통해 판매하는 경매사이트 등을 의미

　㉠ **프론트 오피스**(Front Office, 프론트 페이지): 고객이 웹사이트에 접속하면 고객이 보게 되는 사이트 화면을 말하며, 인터넷 쇼핑몰에서 고객이 물건을 검색하고 장바구니에 담고 구매하는 모든 페이지를 뜻함

　㉡ **백 오피스**(Back Office): 웹사이트를 통해 이루어지는 비즈니스를 보다 효과적으로 운영할 수 있도록 동작하는 일련의 운영 관리시스템을 지칭하는 것으로, 상품을 등록하고 마케팅을 설정하고 결제와 매출, 수익 등을 관리하는 서비스를 제공하는 페이지를 뜻함

　　예 고객관리, 트래픽관리, 거래처리, 광고관리, 콘텐츠관리, 내부시스템의 통합 등

② 기술적 관점의 온라인 쇼핑몰 설계

　㉠ **프론트 엔드(Front End)**: 서비스를 개발하는 기술적인 측면에서 뷰, 프레젠테이션 레이어를 말함. 백 엔드로부터 데이터와 기능을 제공받아서 사용자가 직접 화면(페이지)을 보고 개발할 수 있는 인터페이스를 개발함. 앱 스토어에서 구매한 디바이스에 설치해서 사용하는 앱이나 브라우저에서 접속한 페이지를 구현하는 측임

　㉡ **백 엔드(Back End)**: 프레젠테이션 레이어에 서비스를 제공하기 위하여 서버, 미들웨어, WAS, DBMS, RESTful API 등을 개발하는 측을 말함

2. 온라인 쇼핑몰 UI, UX

① 온라인 쇼핑몰 UI

　㉠ **UI(User Interface)의 개념**: 온라인 쇼핑몰 사용자들의 사용성과 편의성 지원을 목적으로 설계하고 배치하는 것, 즉 사용자 인터페이스(UI)는 사용자와 온라인 시스템 간 의사소통을 할 수 있도록 만들어진 물리적, 가상적 매개체를 의미

　㉡ **UI 디자인의 구성요소**: 화면의 레이아웃, 색상, 아이콘, 버튼, 서체 등

② **온라인 쇼핑몰 UX**: UI가 컴퓨터와 사람을 연결하는 요소라면, UX(User Experience)는 사용자가 제품이나 서비스를 체험할 때 느낄 수 있는 감정을 말하는 사용자 경험을 의미함. 즉, 인간이 느낄 수 있는 여러 가지 감각이나 행동을 말함

③ UI · UX의 발전

　㉠ **UI · UX 1.0**: 1990년대 인터넷 웹브라우저의 발전으로 UI의 중요성이 대두되었고, 텍스트 위주의 문자적 연결고리에서 그래픽요소를 접목한 GUI를 시작으로 사용자 중심의 인터페이스가 시작

　㉡ **UI · UX 2.0(2세대 웹표준)**: 웹은 본래 보편적 접근이 목적이기 때문에 동일한 언어와 규칙을 동반하기 위한 국제적 표준이 필요했으며, 웹기술의 발전을 위한 HTML, CSS 등을 도입하여 웹 접근성을 높임

　㉢ **UI · UX 3.0(3세대 스마트폰 보급화)**: 모바일 웹은 휴대성, 이동성, 개인화 등의 장점이 있음. 모바일에서 UI와 UX는 SNS 확대로 단순 시각적 디자인뿐 아니라 인지적, 감성적, 사업적, 기술적인 결합이 매우 중요해짐

　㉣ **UI · UX 4.0(4세대 웹 3.0 인공지능)**: AI, 빅데이터, 반응형 웹, IOT 등 웹 3.0 시대가 도래하면서 UX를 패턴화하고 분석하여 사용자에게 필요한 정보를 제공해 주는 시맨틱 웹 기술과, 연관 단어로 검색범위를 좁혀갈 수 있도록 스마트 파인더로 검색기능 등 알아서 반응해 주는 AI 형태로 UI · UX가 변화하고 있음

THEME **18** 점포 레이아웃(Layout)

▶ Point **1** 점포 레이아웃(Layout) 설계의 기본원칙

1. 점포 레이아웃의 개념

① 레이아웃(Layout)은 매장과 통로, 진열장 및 상품 등과 점포의 시설들이 적절한 연관성을 갖도록 배치하는 것을 말함

② 고객의 심리를 파악하고 무의식적으로 점포 안을 많이 걷게 함으로써 보다 많은 상품을 보여주고 구매하도록 하는 기술

2. 점포 레이아웃 설계의 기본원칙

① 여유 있는 동선을 확보하고, 매장 모두를 연결하여 단절이 없도록 설계

② 점포 공간의 생산성이 높도록 설계

③ 점포에 머무르는 시간이 길어지도록 고객의 동선을 극대화

④ 고객의 동선과 종업원의 동선은 교차하는 지점이 가능한 한 적도록 구성

⑤ 종업원의 동선은 가급적 보행거리가 짧도록 구성

⑥ 상품이동 동선은 고객 동선과 교차하지 않도록 구성

⑦ 충동구매 성격이 높은 상품은 고객유인을 위해 매장 전면에 배치, 매장의 안쪽에는 전문품·고가품을 배치하여 쇼핑의 쾌적성을 제공하도록 설계

3. 레이아웃의 설계 및 관리를 위한 의사결정

① 상품 및 집기의 배치와 공간 결정

② 계산대(카운터) 배치 및 공간 결정

③ 통로의 배치와 공간 결정

④ 쇼핑 공간 및 고객 동선의 결정

⑤ 상품품목을 구분한 보조통로의 배치와 공간 결정

4. 점포 내 레이아웃 관리를 위한 의사결정 순서

> 상품배치 결정 → 고객동선 결정 → 판매방법 결정 → 진열용 기구배치

●▶ Point 2　　점포 레이아웃(Layout)의 유형 ★

1. 격자형(Grid형)

① 격자형 레이아웃의 개념: 설비나 통로를 반복적인 패턴의 사각형으로 배치하고, 상품은 직선형으로 병렬 배치하여 판매 공간을 효율적으로 사용 가능하며, 재고 및 안전관리를 쉽게 할 수 있는 점과 함께 비용 측면에서도 장점이 있음

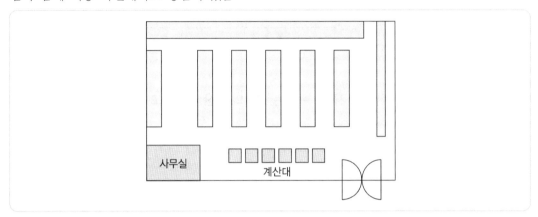

② 특징

　㉠ 효율적으로 공간을 활용해야 하는 슈퍼마켓, 편의점, 드럭스토어 등에서 활용

　㉡ 동일하게 규격화된 내부 비품들을 사용하기 때문에 **비용절감**이 가능한 형태의 반복적인 직사각 형태의 배치를 통해 '공간의 효율성 극대화' 가능

　㉢ 기둥이 많고 기둥 간격이 좁은 상황에서도 설비비용을 절감할 수 있으며, 통로 폭이 동일하므로 필요 면적이 최소화됨

　㉣ 쇼케이스, 진열대, 곤돌라 등 진열기구가 직각 상태로 배치

　㉤ 고객의 동일제품에 대한 반복구매 빈도가 높은 소매점에서 주로 활용

2. 경주로형(Racetrack)

① 경주로형 레이아웃의 개념: 부티크 레이아웃(Boutique Layout) 또는 Loop형이라 함. 주된 통로를 중심으로 여러 매장 입구가 연결되어 있어 고객들이 여러 매장들을 손쉽게 둘러볼 수 있도록 배치된 Layout 형태의 매장

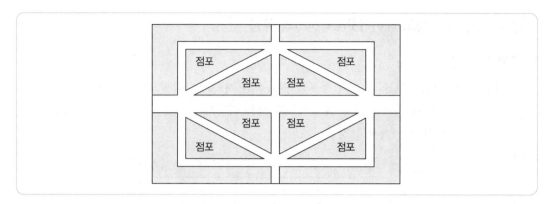

② 특징

    ㉠ 진열 제품을 최대한 노출시킬 수 있는 **공간의 생산성**이 크고, 고객들의 구매를 유발시킬 수 있는 배치형태에 해당

    ㉡ 고객이 점포 입구에서 출발하여 원형, 정사각형, 직사각형 모양의 통로를 따라 다시 점포 입구로 되돌아오게 되는 형태(고객 동선의 극대화)

    ㉢ 고객통로를 통해 매장 안으로 자연스럽게 유인하는 배치형태는 경주로형의 장점으로 경주로 배치설계는 주된 통로를 중심으로 여러 매장 입구가 연결되게 배치

    ㉣ 경주로형은 가능한 한 많은 상품들이 쇼핑객들에게 노출될 수 있도록 배치함으로써 소매점포의 공간생산성을 높여주는 배치기법

3. 자유형(Free Form)

① **자유형 레이아웃의 개념**: 프리 플로우형(Free Flow Type)이라고 하며, 원형, 타원형 등 비품과 통로를 비대칭으로 배치하여 흥미롭고도 자유로운 쇼핑을 유도하여 고객의 시선을 끄는 배치형태로, 규모가 작은 전문매장이나 여러 개의 작은 매장들이 있는 대형점포에 주로 사용

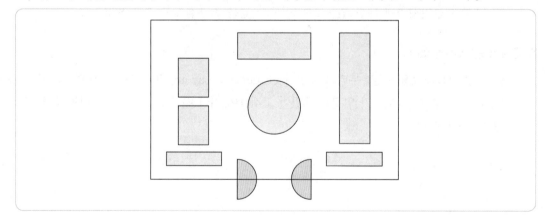

② 특징

    ㉠ 자유로운 쇼핑 분위기 속에서 고객의 시선을 끌어 **충동구매**를 유도하는 배치형태

ⓛ 소규모 전문매장이나 여러 개의 매장들이 있는 대형점포에서 주로 활용되고, 고객들에게 가장 편안히 둘러볼 수 있도록 배치하는 방법

ⓒ 고객이 자유롭게 이동하면서 모든 상품을 구경할 수 있는 백화점, 전문점, 고급의류점 같은 점포에 적합한 배치형태

ⓔ 상품이 고객에게 많이 노출되지만, 격자형(Grid형)에 비해 공간생산성은 낮음

 예제

소매업체의 점포나 상품배치 방법에 대한 설명으로 가장 적절하지 못한 것은?

① 격자형(grid) 배치는 주로 식료품과 드럭스토어(drug store)에서 배치하는 유형이다.
② 경주로형(racetrack) 배치설계는 주된 통로를 중심으로 여러 매장 입구가 연결되게 배치하는 방법이다.
③ 자유형(free form) 배치는 비품과 통로를 비대칭으로 배치하는 방법으로, 이 배치방법은 규모가 작은 전문매장이나 여러 개의 작은 매장들이 있는 대형점포에 주로 사용한다.
④ 격자형(grid) 배치는 고객들이 매장 안을 자연스럽게 둘러볼 수 있다.
⑤ 경주로형(racetrack) 배치는 충동구매를 유도할 수 있는 배치방법이다.

> **해설**
> 격자형 배치의 최대 장점은 공간의 효율성을 극대화시킬 수 있고, 이에 따라 공간활용 및 배치비용을 절감할 수 있다는 데 있다. → 생산의 효율성(×)
> ④ 고객을 매장 안으로 자연스럽게 유인하는 배치형태는 경주로형의 장점에 가깝다.
>
> 정답 ④

⊙ Point 3   점포매장의 공간계획

1. 버블계획과 블록계획

① 버블(Bubble)계획: Block계획을 세우기 전에 버블 다이어그램(Bubble Diagram)을 통하여 전반적으로 매장 공간 내에 배치되어야 할 구성요소들(매장 공간, 고객서비스 공간, 창고)을 간략하게 그려보는 계획

② 블록(Block)계획: 버블 다이어그램이 그려지면 이를 토대로 매장 공간을 평면도에 구체적으로 그려 점포의 주요 기능을 담당하는 공간의 위치와 구역을 명확히 배치하는 계획

2. 플래노그램(Planogram)

점포매장 내 상품의 종류 및 상품별 배치방법을 통하여 매장의 수익성을 극대화시킬 수 있도록 시스템으로 만든 매장 내 **진열관리 프로그램(지침서)**을 의미. 플래노그램은 점포의 선반마다, 통로마다 어디에 어떻게 제품들을 진열해야 사람들이 더 많이 사가게 만들 수 있을지 정의해 줌

3. 골든존(황금구역)

① 의의: 상품이 잘 팔리는 황금구역은 수직형 곤돌라의 경우 약 70~140cm 범위로, 이곳은 고객의 시야에 잘 띄고 상품을 구매하기 쉬운 높이이며, 매출액이 가장 높은 진열장소

② 특징

ㄱ 황금구역에 배치하는 상품: 중점판매상품, 계절상품, 캠페인상품, 광고상품

ㄴ 판매수량 측면이나 매출액, 그리고 수익성 측면에서 기여도가 높은 상품

ㄷ PB상품보다는 브랜드 인지도가 높은 NB상품이 집중 진열되는 공간

4. 매장의 공간 배치

① 고가의 전문매장, 가구매장 등은 고층이나 고객혼잡도가 낮은 건물 안쪽에 배치하는 것이 바람직함

② 충동구매를 일으키는 상품은 점포 전면에 진열, 배치하는 것이 좋음

③ 층수가 높은 점포는 층수가 높을수록 그 공간가치가 낮아짐(층별 효용비 낮음)

④ 넓은 바닥면적이 필요한 상품은 통행량이 적은 곳에 배치하는 것이 타당함

Tip

> **고객의 인식관리:** 매장 혼잡성 관리전략 중 하나로 서비스 혼잡장소나 대기시간이 있는 곳에 고객이 무료하게 기다리는 경우 더 길게 느껴지므로 이를 관리하기 위한 프로그램이 '고객 인식관리'라 할 수 있음

5. 점포에서의 활동 역할에 따른 공간구성

① 매장 공간: 소비자에게 상품정보 전달 및 판매와 결제를 도와주는 공간

② 인적판매 공간: 판매원이 상품을 보여주고 상담을 하기 위한 공간

③ 서비스 공간: 휴게실, 탈의실과 같이 소비자의 편익을 위하여 설치되는 공간

④ 판촉 공간: 판촉 상품을 전시하거나 보호하는 공간

⑤ 진열 판매 공간: 상품을 진열하여 셀프 판매를 유도하는 곳

⑥ 판매 예비 공간: 판매를 지원하기 위해 마련한 공간을 의미

THEME 19 점포 디스플레이(Display)

Point 1 디스플레이의 개념

1. 진열(Display)의 의의

점포 내 판매설비 및 조명, 쇼윈도의 위치에 따라 상품을 배치하여 고객으로 하여금 구매욕구를 자극시키는 기법으로, 상품 이미지의 차별화는 고객의 수와 매출액을 증가시키고, 점포 내 종업원의 판매의욕을 증진시키는 기능을 담당

2. 진열(Display)의 효과

① 다른 점포와 차별화 효과가 있음
② 점포와 상품의 이미지를 높임
③ 고객으로 하여금 상품을 선택하기 쉬운 매장으로 만듦
④ 진열상품에 대한 구매욕구를 향상시킴으로써 보다 충동적인 소비를 유발

3. 진열의 기본조건(상품진열의 품목 구성절차)

> 레이아웃(Layout) → 그룹핑(Grouping) → 조닝(Zoning) → 페이싱(Facing)

① 레이아웃(Layout, 공간의 배치): 고객과 종업원의 동선, 공간의 효율성과 생산성 등을 고려하여 공간적으로 알맞은 장소에 배치
② 그룹핑(Grouping, 연관 상품의 묶음): 개별 상품 중에서 공통점이 있는 품목이나 관련 상품끼리 묶는 과정. 고객의 쇼핑관점에서 상품 탐색과 선택 시의 의사결정 기준을 고려해서 구성하며, 그 후에 상품의 배치를 결정
③ 조닝(Zoning, 그룹핑한 품목의 공간 설정): 그룹핑(Grouping)한 품목을 어느 위치에 배치할 것인가를 결정하고, 그룹핑한 제품군을 매출액과 연관성 등에 따라 공간 할당을 정하는 절차
④ 페이싱(Facing, 페이스 수와 진열 위치 결정)
  ㉠ 페이스(Face): 상품이 진열을 통해 소비자에게 보여지는 정면 부분으로, 상품의 얼굴을 소비자에게 정면으로 향하도록 진열
  ㉡ 페이싱(Facing): 특정 상품을 가로로 몇 개 진열하는가를 의미하며, 그 진열량 모두를 페이스의 수, 혹은 페이싱이라고 함

Point 2 상품 디스플레이 원칙

1. 광고의 원칙

① 광고의 기본원칙(AIDA, 소비자의 심리작용 순서)

A(Attention, 주의) → I(Interesting, 흥미) → D(Desire, 욕구) → A(Action, 행동)

② 광고의 원칙(AIDMA)

A(Attention, 주의) → I(Interesting, 흥미) → D(Desire, 욕구) → M(Memory, 기억) → A(Action, 행동)

2. 상품진열의 원칙(AIDCA)

A(Attention)	중점 제품을 효과적으로 진열하여 주목을 끌게 함
I(Interesting)	상품의 세일즈 포인트를 강조하여 소비자의 흥미를 유발
D(Desire)	상품을 구매해서 소유하고 싶다는 욕망을 불러일으킴
C(Conviction)	구매에 대한 확신을 부여하고 구입으로 인한 만족감을 강화
A(Action)	충동적인 구매행위를 일으키게 하여 클로징함

Point 3 상품 디스플레이 종류 ☆

1. 상품진열의 종류

① 분류 진열(Classification Display): 상품들을 상품계열에 따라 품목별로 분류하여 진열하는 방식으로, 특히 슈퍼마켓이나 대형할인점에서 주로 채택하는 진열방식

② 수직적 진열(Vertical Display): 점포의 벽이나 곤돌라를 이용하여 상품을 수직으로 진열하는 방식. 고객 시선의 흐름을 수직화하여 상품을 효과적으로 보이게 하며, 고객의 눈에 띄기 쉬움

③ 아이디어지향적 진열: 시범적으로 실제 사용처와 유사하게 배치했을 때 어떻게 보일지를 상호 보완되는 품목들과 함께 진열하여 고객들의 구매욕구를 높이는 진열방식

④ 전면 진열: 소매업체가 상품을 효과적으로 진열하는 동시에 효과적인 보관까지 하기는 어려울 때 고객의 시선을 끌기 위해 상품 전체를 노출시키는 진열방식

⑤ 적재 진열: 창고형 마트에서 주로 사용하며 통조림, 라면 같은 제품을 높이 쌓아 놓고 파는 진열방식

⑥ 수평 진열: 가로 방향의 진열이며 파노라마식 진열이라고도 함

⑦ 점블 진열(Jumble Display, 벌크 진열): 점블이란 상품을 아무렇게나 너저분하게 뒤섞는다는 뜻으로, 할인점이나 슈퍼의 한 편에 상품들을 아무렇게나 쌓아 놓아 특가품이라는 인식을 주어 충동구매를 조장하는 진열방법. 주로 저가격, 저마진 상품에 적용

⑧ **섬 진열(Island Display):** 사방이 고객을 향하게 배치하는 진열법으로 매장 내에 하나의 진열대만을 독립되게 진열하는 방법. 주 통로와 인접한 곳 또는 통로 사이에 징검다리처럼 쌓아 두는 진열방식으로, 주로 정책상품을 판매하기 위해 활용

⑨ **쇼케이스 진열:** 쇼케이스란 진열을 목적으로 상점 내에 설치하는 상자형 구조물로 쇼케이스에 판매상품을 진열하여 구매욕구를 유발시키는 진열방법. 윈도형, 카운터형, 섬형 등이 있음

⑩ **개방형 진열(Open Display):** 고객이 상품을 자유롭게 선택할 수 있도록 진열

⑪ **주제별 진열(=테마별 진열)**

    ㉠ 제품을 계절별, 행사별, 테마별로 특별한 분위기 및 콘셉트에 맞추어 진열하는 방식

    ㉡ 계절(바캉스나 스키 시즌 등)이나 특별한 이벤트(발렌타인데이나 크리스마스 등)에 따라 제품을 진열

    ㉢ 판매를 촉진하고 쇼핑을 더욱 즐겁게 함

⑫ **라이프스타일별 진열(Lifestyle Display):** 상품을 사용하는 주체의 특정 상황이나 환경을 설정하여 진열하는 방식

2. 선반진열의 종류

① **샌드위치 진열:** 진열대 내에서 잘 팔리는 상품 곁에 이익은 높으나 잘 팔리지 않는 상품을 진열해서 판매를 촉진하는 진열방식

② **라이트업(Right up) 진열:** 좌측보다 우측에 진열되어 있는 상품에 시선이 머물기 쉬우므로 우측에 고가격, 고마진, 대용량의 상품을 진열하는 방식

③ **전진입체 진열:** 상품 인지가 가장 빠른 페이스 부분을 가능한 한 고객에게 정면으로 향하게 하는 진열방식으로, 적은 양의 상품을 갖고도 풍부한 진열감을 연출 가능

④ **브레이크업(Break up) 진열:** 진열라인에 변화를 주어 고객 시선을 유도하여 상품과 매장에 주목률을 높이고자 하는 진열방식

⑤ **트레이팩 진열:** 하단 부분을 파렛트 또는 받침대로만 처리하고 진열 상품의 박스 하단 부분을 트레이 형태로 커트해 박스째 쌓아 올려 진열하는 방식

3. 페이싱 관련 진열 종류

① **페이스 아웃(Face out):** 고객들에게 상품의 전면 디자인이 잘 보이도록 진열하는 방식

② **슬리브 아웃(Sleeve out):** 의류를 집어 들기 쉽게 상품의 옆면이 잘 보이도록 진열하는 방법

③ **쉘빙(Shelving):** 종적인 공간효율을 개선시키고 진열선반의 높이가 낮을 때는 위에서 아래로 시선을 유도하는 페이싱

④ **폴디드 아웃(Folded out):** 동일한 품목이지만 색상과 원단 패턴이 다양한 상품에 주로 적용되며, 접은 부분이 정면에 보이도록 진열하는 방법

4. 엔드매대(End Cap) 진열

① 개념

㉠ 고객들이 이동하는 통로에 직접 매대를 노출시켜 충동구매를 유도하는 전략을 뜻함

㉡ 테마 상품 또는 소비자들에게 인지도가 있는 상품을 진열하여 매출액을 극대화시키는 진열방법

㉢ 계산대에서 정면으로 보이는 곤돌라 엔드로 매장 내 최고의 위치이며, 쇼핑을 마치고 계산하기 위해 출구 쪽으로 가려는 고객을 멈추게 하여 다시 통로로 유도

② 특징

㉠ 고객이 3면에서 상품을 보는 것이 가능한 매대로 노출의 장점 극대화

㉡ 매장에서 가장 눈에 잘 띄며 손으로 집기 편함

㉢ 커트 진열을 통해 질량감 있는 연출이 가능

③ 엔드매대의 활용

㉠ 신학기, 명절, ○○데이, 계절행사, 테마행사를 제안하는 공간으로 활용

㉡ 관심 상품을 곤돌라에 진열하여 주 판매대인 곤돌라로 고객 유인

㉢ 전단, 광고상품, 행사상품 등을 진열하여 판매촉진수단으로 활용

㉣ 인지도가 높은 고마진 상품을 진열하여 매출액 상승 유도 가능

THEME 20 　비주얼 머천다이징(VMD)과 POP 광고

▶ Point 1 　비주얼 머천다이징(VMD)

1. 비주얼 머천다이징(Visual Merchandising)

① 비주얼 머천다이징(VMD)은 점포에서는 상품진열의 시각적인 호소력이 매출에 크게 영향을 준다는 사실을 전제로 상품을 보다 효과적으로 표현해 소비자의 구매를 자극하려는 전략

② 상품의 진열이나 장식을 연구하여 매장을 연출하고, 소비자에게 시각적으로 어필하는 것으로 인스토어 머천다이징(Instore Merchandising) 방법 중 하나에 해당

③ 상품의 기획의도, 상품의 잠재적 이윤뿐만 아니라, 포장형태나 인테리어와의 전체 조화 등을 중점적으로 고려하여 이루어짐(일관성과 전체적인 조화가 가장 중요함)

④ 비주얼 머천다이징은 기업의 독자성을 표현하고 타 경쟁점과의 차별화를 위해 상품 진열에 관해 시각적 요소를 반영하여 연출하고 관리하는 전략적인 활동

⑤ 비주얼 머천다이징은 상업 공간에 적합한 특정 상품이나 서비스를 조합하고, 판매증진을 위한 시각적 연출계획으로 기획하고 상품·선전·판촉 기능을 수행

2. VMD의 구성요소 ⭐

비주얼 머천다이징의 구성요소인 VP(Visual Presentation)는 상점의 콘셉트를 부각시키기 위해 쇼윈도 또는 테마 공간 연출을 통해 브랜드 이미지를 표현하기 위해 활용되며, VP(Visual Presentation), PP(Point of sale Presentation), IP(Item Presentation)로 구분됨. VP는 보여주기, PP는 판매유도, IP는 판매의 기능이라고 할 수 있음

VP (Visual Presentation)	• VP는 연출과 테마의 종합표현으로 점포와 상품 이미지를 보여주는 기능, 즉 상점의 콘셉트(Concept)를 부각시키기 위한 상점 토털 이미지화 작업을 말함 • VP는 점포나 매장 입구에서 유행, 인기, 계절상품 등을 제안하기 위한 진열 • 고객의 시선이 닿기 쉬운 곳에 구성하여 고객의 무의식적인 구매충동을 자극하도록 구성
PP (Point of sale Presentation)	• 상품진열계획의 포인트 전략으로, 고객의 시선이 머무르는 곳에 볼거리를 제공하여 고객이 상품에 관심을 갖도록 유도하는 것 • PP는 어디에 어떤 상품이 있는가를 알려주는 진열
IP (Item Presentation)	• IP는 개개의 상품을 분류하고 정리하여 보기 쉽고 쇼핑하기 쉽게 진열하여 상품에 대한 새로운 정보를 지속적으로 제공함으로써 판매촉진을 도모하는 작업 • IP는 고객이 하나의 상품에 대한 구입 의사결정을 돕기 위한 진열

3. 컬러 머천다이징에서의 색채 배열 기준

① 맑은 색에서 탁한 색 순으로, 밝은 색에서 어두운 색 순으로, 옅은 색에서 짙은 색 순으로 배열
② 왼쪽에서 오른쪽으로 배열, 왼쪽에서 오른쪽으로 품목별·디자인별·스타일별 순서로 정리하고 진열

4. 점포의 비주얼 머천다이징 요소

① 점두, 출입구, 건물 외벽 등의 점포 외장
② 매장 인테리어, 조명, 현수막 등의 점포 내부
③ 진열 집기, 트레이, 카운터 등 각종 집기
④ 종업원의 복장, 머리카락, 청결 등의 위생상태

▶ Point 2　POP(Point of Purchase) 광고

1. POP 광고의 개념

① POP 광고는 소비자들이 구매시점에 구매욕구에 영향을 미치는 표지판, 모빌, 장식판, 현수막, 선반광고, 제품의 모조품, 전시나 진열, 포스터, 바닥광고, 점포 내 음성광고 등을 말함
② POP는 소비자가 구매하는 시점에서 판매를 촉진하는 수단으로서, 소비자에게 보다 직접적인 커뮤니케이션 메시지를 전할 수 있다는 장점이 있음

2. POP 광고의 역할 ☒

① POP 광고는 소비자에게 이성적인 구매욕구가 아닌 충동구매 욕구를 자극하는 역할

② 소매점포 내에서 자사제품이 다른 제품과 비교해 가능한 유리한 조건을 제시하여 고객들에게 흥미를 유발시키고 최종적으로 구매와 연결되도록 함

③ POP 광고는 점포 내 진열의 일부로서 판매촉진을 위해 실시하기도 하지만 점포 이미지 형성에도 영향을 미침

④ POP는 소비자를 유인하는 수단이 될 뿐만 아니라 광고를 상기시키는 역할을 수행

3. POP 광고 시 유의점

① 광고 POP물은 사인(Sign)물처럼 단기간 사용되기에 강렬한 인상을 줄수록 바람직함

② 판촉 POP의 메시지는 알기 쉽고 명확해야 하며, 디자인도 복잡하지 않아야 함

③ 상품 POP는 헤드라인, 보디 카피, 그리고 그래픽으로 구성

Chapter

03 상품판매와 고객관리

THEME 21 상품판매기법

> **Point 1** 상품구색계획

1. 상품구색계획

① 카테고리(상품군): 고객들이 서로 대체할 수 있다고 생각하는 상품품목들을 모아 놓은 것을 의미
② 카테고리 관리(CM; Category Management)
  ㉠ 개념: 유통업체와 공급업체 간 분리되어 있는 머천다이징과 재고관리 등의 기능을 모두 통합하는 것
  ㉡ 목적: 특정 브랜드나 특정 제품이 아닌, 전체 상품 카테고리의 판매와 이익을 극대화하기 위한 관리로, 특정 카테고리 관리의 성패는 매입담당자가 책임

2. 카테고리 캡틴(Category Captain)

리테일러가 특정 카테고리 내에서 선호하는 특정 공급업체(Vendor)를 의미. 이를 통해 소매점은 구매협상의 노력이 절감되고, 고객에 대한 이해 증대로 해당 카테고리 전반의 수익이 증진됨

> **Point 2** 판매관리

1. 판매관리의 개념

① 최근 고객관계를 중시하는 고객지향적 관점에서의 판매가 중시되고 있음
② 고객지향적 관점의 판매란 판매자와 소비자 모두 만족할 수 있도록 잠재고객의 요구와 욕구를 발견하여 활성화시키고, 그것을 효과적으로 충족시키도록 도와주는 커뮤니케이션 기술

2. 판매원의 판매활동 유형

판매원의 판매활동은 상품과 대금의 교환을 실현시키는 활동이며, 고객이 상품과 서비스를 구매하도록 설득하는 활동으로 다음의 2가지 행동으로 구분 가능
① **고객지향적 판매행동**: 판매원이 제품을 판매할 때 고객과 장기지향적인 관계를 유지하기 위해 고객의 필요와 욕구에 초점을 두고 고객이 만족스러운 구매결정을 할 수 있도록 마케팅 콘셉트를 수행하는 판매활동

② **판매지향적 판매행동**: 제품을 구매함으로써 얻게 되는 여러 이점을 설명하고 고객이 어느 정도 사고 싶은 마음이 있는지 파악하는 행동

③ **고객화(Customization) 접근법**: 개별 소비자의 구매성향에 맞게 차별화된 고객서비스를 조정하는 방법. 다양한 제품과 서비스 제공을 통해 고객을 설득시킬 수 있는 직접적 판매활동

④ **표준화(Standardization) 접근법**: 전체 고객집단에 대하여 동일한 고객서비스를 제공하는 판매활동

3. 판매원의 역할

① **정보전달 기능**: 판매종업원은 소비자에게 상품에 대한 정보를 제공하는 역할을 함. 이를 위해서는 대상 상품 및 기업에 대한 정보전달 능력이 요구

② **커뮤니케이션 기능**: 상품판매원들은 고객과의 접점에 있는 동시에 기업의 이미지를 전달하는 커뮤니케이션 기능을 담당

③ **정보취득 기능**: 고객에게 상품에 대한 정보 전달 및 고객을 설득하는 동시에 고객의 다양한 욕구를 파악하고 이를 기업에 전달하는 기능

④ **고객상담 기능**: 고객의 라이프스타일을 파악하여, 고객생애가치를 향상시키는 역할을 담당

⑤ **클로징 기능**: 최종적으로 고객의 구매욕구를 충족시키면서 판매가 만족스럽게 잘될 수 있도록 하는 마무리 기능을 담당

4. 상품판매 과정의 7단계

가망고객 발견 → 사전 준비 → 고객접촉 → 설명과 시연 → 이의처리 → 계약 → 후속조치

 Tip

> **롱테일 법칙**: 크리스 앤더슨이 주장한 롱테일(Long Tail)이란 파레토 법칙을 그래프에 나타냈을 때 꼬리처럼 긴 부분을 형성하는 하위 20%의 부분을 일컫는다. 종전 파레토 법칙은 80:20 중 상대적으로 중요성이 적은 20% 부분을 무시하는 경향이 있었다. 그러나 인터넷과 새로운 유통·물류 기술의 발달로 인해 이 부분도 경제적으로 의미가 있을 수 있게 되었다. 예컨대, 롱테일 법칙을 경제적으로 잘 활용한 사례로 아마존의 다양한 서적 판매가 있다.

5. 판매서비스의 구분

① **거래계약의 체결을 지원하는 거래**: 거래계약의 체결 또는 완결을 지원하는 거래 지원서비스를 뜻함

　　㉠ 상품의 구매와 사용방법에 관한 정보 제공

　　㉡ 충분한 재고 보유와 안전한 배달을 보장하는 주문처리

　　㉢ 명료하고 정확하며 이해하기 쉬운 청구서를 발행하는 대금청구

　　㉣ 고객이 단순하고 편리한 방식으로 대금을 납부하게 하는 대금지불

② 고객가치 증진 서비스

    ㉠ 구매과정에서 고객이 지각하는 가치를 향상시키는 서비스를 뜻함

    ㉡ 친절한 접객서비스와 쾌적한 점포 분위기 제공

6. 판매원의 행동기법

① 고객이 몇 가지 대안 중 어느 한쪽을 선택하도록 유도

② 고객이 제품 또는 서비스를 구매함으로써 얻게 되는 다양한 장점을 설명

③ 고객이 어느 정도 사고 싶은 마음이 있는지 파악할 수 있는 질문을 통해 파악

④ 고객에게 어필할 수 있는 주요 이익을 요약 설명

7. 셀프서비스를 활용한 상품판매의 특징

① 판매원 감소에 따른 소매점의 판매비 절감(고객에게 전달되는 상품정보 면에서 문제가 됨)

② 소매점의 영업시간의 유연성 증가

③ 직원의 숙련도와 상관없는 비교적 균일한 서비스 제공

④ 구매과정에 대한 고객의 자기통제력 향상

THEME 22 고객관계관리(CRM) - CRM의 개념 및 기대효과

▶▶ Point 1   **고객관계관리(CRM)의 개념** ★

1. 고객관계관리의 개념 및 특징

① 개념

    ㉠ **고객관계관리(CRM; Customer Relationship Management)**: 마케팅인식에 있어서 종전의 기업 중심적인 마케팅사고에서 벗어나 Data를 기초로 한 개별 고객의 욕구를 파악하여 맞춤형 서비스를 제공함으로써 고객의 생애가치를 극대화시킬 수 있는 마케팅전략

    ㉡ 고객과의 장기적 관계 구축을 바탕으로 하여 고객의 평생가치(CLV; Customer Lifetime Value)의 극대화 제고를 위한 전략에 해당

    ㉢ 데이터베이스에 의한 1 : 1 마케팅(고객 맞춤형)이라는 개별고객의 관리를 통하여 기존고객의 이탈을 방지하고 충성도(Loyalty)를 높임

    ㉣ RFM 분석, MCIF 분석, LTV 분석, 고객실적 평가법(HPM) 등의 데이터 마이닝 기법 활용

② CRM의 특징

    ㉠ 신규고객 창출도 중요하지만 이에 앞서 기존고객이 이탈하지 않도록 유지관리에 중점

ⓛ 단기적인 이익창출보다는 장기적인 고객의 생애가치 극대화를 통한 이익창출에 중점
ⓒ 기업의 마케팅 성과지표가 시장점유율 향상보다는 고객점유율(이용률) 향상
ⓔ 기존고객과의 관계를 충성도 높은 옹호자 관계에서 동반자 관계로 확장
ⓜ 고객충성도의 향상으로 애호고객의 구전을 통한 신규고객을 창출
ⓗ CRM의 관심영역의 확장내용으로 고객 확보와 고객을 발굴(교차판매, 상향판매)

2. CRM 도입의 기대효과

① 기존사업의 수익 향상

ⓐ 기존고객 유지 및 신규고객 확보(고객 수 증대)

ⓛ 고객생애가치 제고

ⓒ 고객 확보비용 감소: 데이터 분석을 통해 우량 잠재고객을 탐색하여 마케팅 자원낭비 예방

ⓔ 고객 유지비용 감소: 수익성 낮은 고객의 유지비용을 절감 → 매출액당 유지비용 감소

② CRM을 통한 신규사업 진출

구분	CRM 도입의 기대효과
마케팅 기회분석	• 수익 및 고객생애가치(CLV) 증대 • 신규고객 유치 및 기존고객 활성화 • 고객생애주기상 결정적 시점에 효과적 마케팅 활동 진행 가능
마케팅관리	• 시장 변화 및 고객의 니즈에 맞는 상품 개발 • 고객 니즈 변화에 대한 신속한 파악 및 대응
고객서비스	• 고객충성도(Loyalty) 증대 • 고객유지율 및 고객만족 증대 • 교차판매와 상향판매의 기회 증대 및 활용

3. 고객관계관리의 발전단계

시장경쟁이 심화되고 고객의 욕구가 다변화됨에 따라 시장을 세분화해 목표고객을 공략하는 마케팅의 시대가 도래

구분	매스마케팅	고객만족	Database 마케팅	CRM
고객에 대한 기업의 관점	수동적 구매자	선택적 구매자	개별화, 다양화된 욕구 지닌 구매자	파트너 관계
고객과의 관계	전체 시장에 일방적 관계	고객만족도 중시 일방적 관계	그룹화된 고객과의 일방적 관계	개별 고객과 쌍방향 의사소통

📋 Tip

매스마케팅과 CRM의 비교

구분	매스마케팅	CRM
마케팅 대상	불특정 다수	개별 고객
마케팅 특징	대량 마케팅	1:1 맞춤형 마케팅
추구하는 목적	단기적 이익극대화	장기적 고객생애가치 극대화
의사소통 방향	일방적 의사소통	쌍방향 의사소통
성과평가 지표	시장점유율	고객점유율
촉진수단	Push 마케팅	Pull 마케팅

 Point 2 **고객관계관리(CRM)의 구축절차 및 고객의 발전단계**

1. CRM의 구축절차 및 실행단계

① CRM의 구축절차

> 현황 파악 → 기반 구축 → 고객 이해 → 설계 → 개발 → 실행 → 검토

② CRM의 실행단계 및 고객관리단계

> 대상고객 선정 → 고객 니즈 분석 → 가치창조 → 가치제안 → 성과평가

㉠ 1단계(신규고객 획득): 세분화 이후 마케팅믹스를 통해 잠재고객을 신규고객으로 확보

㉡ 2단계(기존고객 유지): 확보된 고객은 유지관리 정책을 통해 이탈을 방지하고 단골고객으로 발전시키는 노력

㉢ 3단계(기존고객의 충성도 향상): 단골고객 차원을 넘어 자사의 교차판매와 상향판매 등 자사의 다른 제품들도 이용할 수 있는 단계의 옹호자고객, 더 나아가 파트너십 구축

2. 고객의 발전단계

> 불특정 다수(Suspect) → 잠재고객(Potential Customer) → 구매고객(Customer) → 단골고객(Client) → 옹호자고객(Advocator) → 동반자고객(Partnership)

📋 Tip

신규고객 창출 과정: 잠재고객 → 선별고객 → 가능고객 → 최상가능고객 → 신규고객

3. 핵심고객(Key Account)의 특징

① 대량구매를 하거나 구매점유율이 높음

② 구매과정에서 기능적으로 다양한 분야(생산, 배송, 재고 등)의 사람이 관여됨

③ 지리적으로 분산된 조직단위(상점, 지점, 제조공장 등)를 위해 구매

④ 전문화된 지원과 특화된 서비스(로지스틱스, 재고관리 등)가 필요

⑤ 효과적이고 수익성 높은 거래의 수단으로 구매자와 판매자 간의 장기적 협력관계를 요구

THEME 23 고객관계관리(CRM) – 운영단계 및 성과척도

▶ Point 1   CRM의 운영단계 및 CRM의 구현

1. CRM의 프로세스에 따른 운영단계

① **CRM의 분석적 단계**: CRM의 분석적 단계에서는 데이터 웨어하우스나 데이터 마트로부터 유용한 CRM 정보를 가지고 데이터 마이닝 기술을 통해서 수집·분석하여 모델을 설정하는 단계

② **CRM의 운영적 단계**: 운영적 단계에서는 전사적 자원관리(ERP)의 고객접촉 관련 기능을 강화시키고 CRM의 데이터 웨어하우스나 데이터 마트가 지닌 요소들을 통합함으로써, 고객과의 접점에서 종업원들이 서비스를 수행할 수 있도록 지원하는 기능에 중점을 단계

③ **CRM의 협업적 단계**: 활용적 단계라고도 하며, 데이터 웨어하우스나 데이터 마트에 해당하는 것으로서 개별고객 및 고객그룹의 특성에 따라 효과적인 유통경로 등의 최적의 서비스를 제공하고, 우수고객에 대한 서비스상품을 선정하여 주고 상품의 Cross-Selling, Up-Selling 기회를 활용하며 고객접촉 후 평가 및 기록을 하는 단계

CRM 시스템의 종류	특징
분석적 단계의 CRM	Data Mart로부터 Data Mining을 통해 OLAP 등을 이용하는 백오피스 지향적인 CRM
운영적 단계의 CRM	고객과의 접점에서 영업 및 마케팅 서비스를 수행할 수 있도록 지원하는 프론트 오피스 지향적인 CRM
협업적 단계의 CRM	분석 CRM과 운영 CRM을 통합한 의미이면서, 인터넷과 콜센터, 모바일 등 고객과의 다양한 접점을 지원하는 CRM

 Tip

> **분석적 단계의 CRM**: CRM의 기반이 되는 데이터의 효과적인 분석을 다루는 영역으로 데이터 웨어하우스, 데이터 마트, 데이터 마이닝, OLAP와 같은 요소를 고려

2. CRM의 구현 ☆

① **고객자산**: 현재의 고객과 잠재적 고객의 고객생애가치를 현재가치로 할인해 모두 합한 것을 극대화

② **고객생애가치(CLV)**

ㄱ 한 고객이 한 기업의 고객으로 존재하는 전체 기간 동안 기업에게 제공할 것으로 추정되는 미래 현금흐름의 현재가치 또는 재무적인 공헌도의 총합계. 매출액이 아니고 이익을 의미

ㄴ 고객의 생애가치는 고객의 이용실적, 고객당 비용, 고객의 이탈가능성 및 거래기간 등을 통해 추정할 수 있음

③ **Cross-Selling**: 교차판매전략이라 하며, 기존고객과의 지속적이고 장기적인 관계를 유지하고 나아가 확대시키는 마케팅 활동으로서, 특정 상품 구매 이외의 보완관계에 있는 관련 상품도 구매하도록 유도하는 전략

④ **Up-Selling**: 확장판매 또는 상향판매전략이라고 하며, 기존고객에게 특정 품목에 대해 기존 구매한 제품보다 고급화된 신상품을 홍보하여 구매하도록 유도하는 마케팅전략

⑤ **고객점유율**: 특정 고객이 하나의 제품 카테고리에서 구매하는 총량 중 자사제품이 차지하는 비율을 의미

> **예** 甲이 아이스크림을 평생 1,000개를 먹는다는 가정하에, 그중에 A회사 제품을 100개 구입한다면 A회사의 고객점유율은 10%가 된다.

⑥ **RFM 분석**: 고객이 최근에(Recency), 얼마나 자주(Frequency), 얼마치의 금액(Monetary)을 구매했는가를 분석

⑦ **고객실적평가법(HPM; Historical Profitability Measurement)**: 과거로부터 현재까지 고객의 구매실적을 분석하여 기업의 수익에 어느 정도나 기여해 왔는가를 평가

3. 고객생애가치(CLV)의 특징

① 고객생애가치는 관계 마케팅의 여러 가지 효익을 계량적으로 정리한 개념

② 한 시점에서의 가치가 아니고 고객과 기업 간에 존재하는 관계의 전체적인 가치

③ 매출액이 아닌 이익을 의미

④ 고객의 이탈률이 낮을수록 고객생애가치는 증가

⑤ 고객생애가치를 산출함에 있어서 기업은 어떤 고객이 기업에게 이롭고 유리한 고객인가와, 그 고객과 앞으로 어떤 관계를 가지도록 하는 것이 합리적인가를 파악 가능

Point 2 CRM의 성과척도 및 CRM의 구축효과

1. CRM의 성과척도

① 신규고객 획득 및 기존고객 유지비율

② 고객생애가치의 증감

③ 교차판매(Cross-Selling)를 통한 고객획득비율

2. 유통기업의 CRM 구축효과

① OLAP(Online Analytical Processing) 활용: 데이터 웨어하우스(DWH)에 축적되어 있는 고객정보를 적시에 사용 가능

② 데이터 마이닝 기법 활용: 사업부별로 필요한 다양한 자료를 분석할 수 있고 이를 통해 매출액 향상에 기여

③ 개별고객의 대량고객화(Mass Customization): 고객별 마케팅 수행 및 효과적인 고객관리가 가능

④ 효과적인 마케팅 프로그램 개발로 인한 프로모션의 적시성 향상

3. CRM 적용을 통한 수행성과 개선 가능 분야

① 고객이탈에 대한 조기경보시스템 운영

② 다양한 접점의 고객정보의 수집 및 분석

③ 서비스 차별화를 위한 표적고객의 계층화

④ 영업 인력의 영업활동 및 관리의 자동화

04 마케팅조사와 평가

THEME 24 마케팅조사 - 조사설계 및 조사방법

▶ Point 1 마케팅조사의 개념

1. 마케팅조사의 개념

마케팅조사(Marketing Research)는 관련이 있는 사실들을 찾아내고, 분석하며, 가능한 조치를 제시함으로써 마케팅 의사결정을 지원하는 활동을 의미

2. 마케팅조사의 방법과 절차 ★

① 마케팅조사의 절차

> 조사목적 정의(문제 정의) → 조사 설계 → 조사 실시 → 자료분석 및 결과해석 → 전략수립 및 실행 → 실행결과 평가

> 🗒 Tip
>
> **조사목적의 정의**: 마케팅조사 문제를 정의하고 문제를 해결하는 데 필요한 정보를 결정하는 마케팅조사의 첫 번째 절차로, 조사의 목적, 관련 배경 정보, 필요한 정보, 의사결정 시 마케팅관리자에 의해 어떻게 사용될지 여부를 고려

② **마케팅조사 설계**: 마케팅조사 목적 달성을 위한 자료를 수집·분석하는 기본지침으로, 조사 문제의 성격을 규명하고 해결을 위하여 수집되어야 할 자료의 종류, 수집방법 및 분석방법, 표본설정 및 표본추출에 관한 계획을 수립

∥ 마케팅조사의 진행절차 ∥

분류	특징
탐색조사	• 조사하는 문제가 별로 알려지지 않은 경우, 조사자가 통찰과 아이디어를 얻거나 마케팅 의사결정과 관련된 변수를 파악하기 위해 사용 • 특정 조사설계를 확정하기 전에 예비적으로 수행되는 경향이 많으므로 탄력성이 있어야 하며, 상세한 조사설계가 요구되지는 않음 예 문헌조사, 전문가 의견조사, 케이스스터디
기술조사	가장 널리 이용되고, 주로 서베이법, 패널조사법 등을 이용함 • 특정 집단의 특성을 묘사하는 것 • 마케팅 현상에 대한 예측 • 특정 상황의 발생빈도 조사 예 특정 제품 소비자의 인구통계적 특성, 신규 판매원의 채용을 위한 향후 3년간 매출액 예측, 특정 상권 내 거주자의 제반 구매특성
인과조사	• 마케팅 현상에 대한 이해와 여건의 변화가 미치는 영향을 파악하기 위하여 인과관계의 규명이 중요하며, 실험법을 활용함 • 인과관계를 분석하는 데 필요조건은 인과관계에 직접 관련된 원인변수 이외의 다른 변수들이 결과변수에 영향을 주지 않도록 통제하는 것 예 제품의 가격을 10% 인상할 경우 판매에 미치는 영향, 광고가 판매에 미치는 영향

▶ Point 2   자료수집방법

1. 자료의 수집 순서

① 자료의 종류 ★

1차 자료	당면하고 있는 조사를 위해 직접 수집된 자료. 관찰조사, 설문조사, 실험조사 등
2차 자료	다른 목적을 위해 수집된 자료이기 때문에 목적에 맞게 수정·보완하여 사용해야 함 예 회사의 회계자료, 판매기록, 정부기관 발표자료, 연구기관 보고서

② 수집순서: 2차 자료 → 1차 자료

 Tip

디지털 마케팅의 자료수집	
1차 데이터	디지털 마케팅에서 기업 웹사이트나 모바일 앱 등 다양한 고객과의 접점에서 직접적 상호작용을 통해 자체적으로 수집한 자사 데이터
2차 데이터	다른 기업이 보유한 데이터로서, 직접적인 경쟁관계가 아닌 경우 파트너십을 통해 고객데이터를 공유하는 경우를 뜻함
3차 데이터	고객데이터를 수집·가공하여 대중에게 공개적으로 판매하는 데이터를 말함. 1·2차 데이터에 비해 매우 큰 규모의 고객데이터에 접근할 수 있음

2. 자료수집방법

① **표적집단면접법**(FGI): 6~12명 정도의 면접대상자들을 한자리에 모이도록 하고 주제에 숙련된 진행자를 중심으로 그 주제와 관련된 토론을 하도록 함으로써 자료를 수집하는 방법

② **패널조사법**(Panel Research): 관련 패널(전문가)들로 회의를 반복적으로 소집하고 의견을 수렴하는 자료조사 방법으로, 비용이 적게 들고 이용이 용이하나 의견이 편중될 가능성이 있음

③ **투사법**(Projection): 조사의 목적을 숨기고 조사하는 간접적인 방법으로서, 응답자의 내면의 세계에 숨겨진 어떤 관심사에 대한 동기, 신념, 태도, 감정 등을 나타내도록 질문하는 비체계적이고 간접적인 방법. 연상기법(단어연상), 어떤 단서 자극을 보고 그림이나 이야기를 산출하도록 하는 구성기법, 미완성된 자극을 제시하여 완성하도록 하는 완성기법(문장완성), 특정 사진이나 그림 등을 선택하도록 하는 선택기법, 피실험자의 최종적 결과보다 산출하는 과정을 중요시하는 표현기법(인형놀이) 등이 활용

④ **갱서베이**(Gang Survey/Hall Survey): 자료조사자가 직접 신제품 또는 광고카피 등과 같은 보조물(시제품, 사진, PPT)을 이용하여 조사목적에 대해 상세한 설명을 하며, 자료수집 과정에서도 환경통제가 가능하여 질 높은 자료수집이 가능하고 정보유출을 방지할 수 있음

⑤ **민족지학적 연구**(Ethnographic Research): 마케팅 관련하여 지역 소비자들이 실제로 제품이나 서비스를 활용하는 방식에 관하여 생생하고 구체적인 직접 관찰을 통해, 어떤 제품을 선호하고, 어떤 제품에 대해 효용을 느끼는지를 연구하는 정성적인 조사방법

⑥ **A&U 조사**(Attitude and Usage Research): A&U 조사 또는 서베이(Survey) 조사는 가장 널리 이용되는 마케팅조사의 하나로, 조사원들이 표본으로 선정된 응답자들로부터 설문지 등을 이용해 정보를 수집·분석하는 것

⑦ **심층면접법**(Depth Interview): FGI에 비해 마케팅 조사자와 응답자가 자유롭고 심도 있는 질의응답을 진행하는 면접조사법

THEME 25 마케팅조사 – 조사자료의 분석

▶▶ Point 1 표본의 추출

1. 표본추출방식 ☆

① 비확률 표본추출

표본추출방법	개념	사례
할당표본추출	모집단의 특성(나이, 성별 등)을 기준으로 이에 비례하여 표본을 추출함으로써 모집단의 구성원들을 대표하도록 하는 추출방법으로, 비확률 표본추출방법 중 가장 정교한 기법	10대, 20대, 30대, 40대, 50대 이상으로 구분하고 각 집단의 구성비율에 대해 사전적인 정보를 가지고 있는 경우 그 비율에 따라 표본을 추출
판단표본추출	표본의 조사목적에 가장 적합하다고 판단되는 특정 집단을 표본으로 선정하는 방법	신제품을 출시하기 전 제품의 시장잠재력을 가장 잘 반영할 것으로 판단되는 특정 도시를 선택하는 것
편의표본추출	조사자의 편의 또는 임의대로 표본을 선정하는 방법	신제품을 테스트하기 위해서 지원자를 대상으로 조사

② 확률 표본추출

표본추출방법	내용
단순무작위 표본추출	일정수의 표본을 난수표를 이용해 무작위 추출
체계적무작위 표본추출	모집단이 주기적으로 변동가능성이 있는 경우 처음에는 무작위로 추출하다가 그 이후에는 일정한 체계를 가지고 추출하는 방식
층화표본추출	모집단을 통제변수에 의해 배타적이고 포괄적인 소그룹으로 구분한 다음 각 소그룹별로 단순무작위로 추출하는 방식
군집표본추출	모집단을 동질적인 여러 소그룹으로 나눈 다음 특정 소비 그룹을 표본으로 선택하고 그 소그룹 전체를 조사하거나 일부를 표본추출하는 방식

▶▶ Point 2 조사자료의 측정

1. 척도(Scale)

① 척도의 종류

ㄱ 명목척도: 단순히 측정대상의 특성을 분류하거나 확인할 목적으로 숫자를 부여하는 경우로 정보의 제공량은 가장 적음

　　예 남자 1, 여자 2 또는 서울 1, 인천 2, 경기 3, 부산 4와 같이 양적인 크기와는 무관하게 범주를 구분하는 척도

ⓛ 서열척도: 측정대상의 특성이나 속성에 대한 정도에 등급을 부여하는 척도로 정확하게 정량화하기 어려운 소비자의 태도, 선호도 등의 측정에 이용

　　예 좋아하는 브랜드: 1 스타벅스, 2 투썸플레이스, 3 마호가니, 4 이디야

ⓒ 등간척도: 속성에 대한 순위를 부여하되 순위 사이의 간격이 동일한 척도를 의미하며, 측정의 기본단위가 일정한 간격을 갖는 온도계 눈금, 학년, 각종 지수에 활용

　　예 제품만족도에 대해 매우 만족 5, 만족 4, 보통 3, 불만족 2, 매우 불만족 1로 평가

ⓔ 비율척도: 등간척도가 갖는 특성에 추가적으로 측정값 사이의 비율계산이 가능한 척도로 키, 몸무게, 소득수준, 매출액 등 **사칙연산이 가능**하고, **정보의 수준이 가장 높음**

② 여러 척도의 종류

ⓖ 어의차이척도: '의미차별화척도'라고도 하며, 척도의 양 끝에 특정 대상의 속성을 나타내는 상호 상반되는 형용사를 제시하고 대상의 특성에 대해 응답자가 가지고 있는 생각을 측정하는 척도측정방법

ⓛ 리커트척도(Likert Scale): 마케팅 설문조사 등에 많이 활용되는 척도법의 하나로, 5점 척도가 많이 쓰이며 7점, 9점 척도도 사용

2. 자료의 분석기법

① 회귀분석(Regression Analysis): 하나 또는 두 개 이상의 독립변수(원인변수)가 특정한 하나의 종속변수(결과변수)에 미치는 영향의 정도와 방향을 파악하기 위해서 사용되는 분석방법. 다중공선성에 주의를 요함

$$y = a + b_1 x_1 + b_2 x_2 + \cdots\cdots + b_k x_k + e$$

② 분산분석(ANOVA) ★: 어떤 독립변수의 값을 서로 다른 3 이상의 세분시장 또는 목표집단에 대해 서로 다르게 했을 때, 집단들 간에 특정 변수의 평균값에 서로 차이가 있는지를 검정하는 통계기법

 Tip

t-검증: t-검증(Test)은 두 집단 간 평균을 비교하는 통계방법으로, 표본이 정규분포, 등분산성, 독립성을 만족할 경우 적용

③ 요인분석(Factor Analysis): 변수들 간의 상관관계를 고려하여 내재된 유사 요인들을 추출해 내는 분석방법

　예 수학·통계·영어·중국어·테니스·스쿼시 과목으로 구성된 경우, 수학·통계는 수리능력과 상관관계가 있으며, 영어·중국어 과목은 언어능력과 상관관계가 있을 것이라고 분석하는 방법

④ **컨조인트분석(Conjoint Analysis, 결합분석)**: 제품을 구매할 때 소비자가 중요시하는 제품 속성의 선호도를 측정하고 각 속성 수준에 대해 소비자들이 부여하는 효용을 파악하여 최상의 신제품을 개발하는 데 사용하는 방법

⑤ **군집분석(Cluster Analysis)**: 개인 또는 여러 개체 중에서 유사한 속성을 지닌 대상을 몇 개의 집단으로 그룹화한 다음 각 집단의 성격을 파악함으로써 데이터 전체의 구조에 대해 이해하고자 하는 탐색적 분석기법이며, 유사한 특성을 갖는 조사대상자들을 묶어주는 통계기법으로 '시장세분화'에 사용하는 효용을 파악하여 최상의 신제품을 개발하는 데 사용하는 방법

⑥ **상관관계 분석(Correlation Analysis)**: 가격의 변화와 이에 따른 수요량 변화 등과 같은 관계와 같이 상호 영향을 미칠 수 있는 두 변수들 간의 연관성의 정도를 측정하는 기법

THEME 26   마케팅 성과평가방법

▶ Point 1   유통마케팅 성과평가

1. 유통업 성과측정 도구

① **효율성**: 투입 대비 산출 비율로, 일정한 비용으로 가능한 한 많은 산출물을 획득하거나, 일정한 산출을 얻기 위해 소요되는 비용을 가능한 한 최소로 하는 것을 의미

② **효과성**: 목표지향적 성과측정치로, 목표시장이 요구하는 서비스 성과를, 기업이 얼마나 제공하였는가를 나타냄. 효과성은 비용이 얼마나 투입되었는가보다는 목표로 하는 서비스 성과가 얼마나 달성되었는가를 평가의 기준으로 함

③ **수익성**: 재무적 효율성을 나타내는 지표로서 투자수익률, 유동성, 영업레버리지, 이익증가율 등이 포함

 Tip

유통마케팅 성과평가방법
일반적으로 유통마케팅 성과평가도구에는 크게 재무적 방법과 마케팅적 방법 등을 사용하고 있으며, 재무적 방법과 마케팅적 방법을 상호 보완적으로 사용하는 경우 신뢰성 있는 결과도출이 가능
• **재무적 방법**: 회계자료를 기초로 한 평가방법으로 재무제표를 이용하여 과거의 성과를 평가할 수 있는 기법
• **마케팅적 방법**: 고객들로부터 수집된 과거 성과데이터를 토대로 미래의 성과를 예측하는 기법

2. 유통업의 성과평가

① 재무비율분석(전략적 수익모형)

② 주요 재무비율

㉠ 유동성비율: 기업의 재무적 위험을 측정하는 비율로 기업의 단기채무에 대한 지급능력을 나타내는 비율을 의미

$$유동성비율 = \frac{유동자산}{유동부채} \times 100$$

㉡ 레버리지비율: 기업의 타인자본에 대한 의존도를 나타내는 비율. 유동성비율과 함께 기업의 재무적 위험을 측정하는 대표적인 비율에 해당하며, '안정성비율'이라고 함

구분	개념	공식
부채비율	일반적으로 타인자본인 총부채를 자기자본으로 나눈 비율을 의미	$부채비율 = \frac{유동부채 + 고정부채}{자기자본} \times 100$
이자보상비율	영업이익을 지급이자로 나눈 비율	$이자보상비율 = \frac{영업이익}{지급이자} \times 100$

㉢ 활동성비율: 매출액을 해당 자산의 가치로 나눈 회전율로서 자산의 현금화 속도를 의미하며, 자산의 이용도라고도 함

구분	개념	공식
매출채권 회전율	매출액을 매출채권으로 나눈 회전수로서, 기말의 매출채권 잔액이 1년간의 영업활동을 통하여 매출액으로 회전되는 속도를 의미	$매출채권회전율 = \frac{매출액}{매출채권}$
평균 회수기간	매출채권을 1일 평균매출액으로 나눈 것(매출채권회전율의 역수)	$평균회수기간 = \frac{매출채권}{1일 \ 평균매출액}$
재고자산 회전율	1년 기간 동안에 발생한 상품의 매입·판매의 순환 횟수를 의미	$재고자산회전율 = \frac{매출액}{평균재고자산}$

㉣ 수익성비율: 기업 경영활동에 따른 종합적인 영업의 결과로 나타난 성과를 측정하는 비율

구분	개념	공식
매출액 순이익률	당기순이익을 매출액으로 나눈 비율로서, 당기순이익이 매출액에서 몇 %를 차지하는가	$매출액순이익률 = \dfrac{당기순이익}{매출액} \times 100$
총자산 순이익률	당기순이익을 총자산 또는 총자본으로 나눈 비율로서, 총자본순이익률 또는 투자수익률(ROI)이라고도 함	$총자산순이익률 = \dfrac{당기순이익}{총자산} \times 100$
자기자본 순이익률	당기순이익을 자기자본으로 나눈 비율(ROE)로서, 자기자본의 효율적 이용도를 측정	$자기자본순이익률 = \dfrac{당기순이익}{자기자본} \times 100$

③ **GMROI(재고투자총이익률)와 기타 수익률 공식** ★: GMROI는 매출액이익률과 재고자산회전율의 산정을 통해 기업 전반의 영업성과를 측정

㉠ GMROI를 통하여 각 척도의 구성요소를 분석함으로써 상품계열의 수익성을 향상

㉡ 상이한 이익과 마진구조를 가진 상품 간 성과 비교가 가능

㉢ 기업의 단기뿐만 아니라 장기적인 투자의 수익성 및 수익회수에 대한 지표로 활용

㉣ 매장의 진열대에서 제거 또는 추가되어야 할 상품에 대한 의사결정의 기준 제공

• 재고투자총이익률(GMROI) $= \dfrac{총이익}{평균재고자산} \times 100 = \dfrac{총이익}{매출액} \times \dfrac{매출액}{평균재고자산} \times 100$

  $= 매출액이익률 \times 재고자산회전율$

• 판매면적당 매출총수익률(GMROS) $= GMROI \times 재고밀도$

  $= \dfrac{총이익}{평균재고자산} \times \dfrac{평균재고자산}{판매공간면적} \times 100 = \dfrac{총수익}{판매공간면적} \times 100$

• 순이익률($=$ 매출액순이익률) $= \dfrac{당기순이익}{매출액} \times 100$

• 자산수익률(ROA) $= \dfrac{순이익}{총자산} \times 100$

예제

어느 소매점은 지난 한 해 동안 2억 7천만 원의 순매출 실적을 기록했다. 이 소매점의 지난 해 총자산은 9천만원, 취득원가로 계산한 연평균 재고액은 3억 6천만 원, 매출원가는 1억 8천만 원이었다. 이 소매점의 지난 해 재고총이익률(GMROI; Gross Margin Return on Inventory Investment)은 얼마인가?

해설

$$재고자산투자수익률(GMROI) = \frac{총이익}{평균재고자산} \times 100 = \frac{총이익}{매출액} \times \frac{매출액}{평균재고자산} \times 100$$

$$= \frac{2억7,000 - 1억8,000}{3억6,000} \times 100 = 25\%$$

정답 25%

Point 2　유통경로의 평가척도

1. 제품별 직접이익(DPP; Direct Product Profit)의 개념

① 소매업체의 제품 수익성을 평가하는 중요한 측정도구 중의 하나로 회계상 손익계산서를 유통기업에 맞추어 수정하는 평가방법

② 각 경로 대안의 제품 수익성(직접 제품 이익)을 평가하여 직접 제품 이익이 가장 높은 경로 대안을 선택

③ 구매자 입장에서 특정 공급자의 개별 품목 혹은 재고관리단위(SKU; Stock Keeping Unit) 각각에 대해 평가하는 방법

④ 제품평가에 있어서 고정비용을 제외하는 반면, 제품별 영업활동이나 상품머천다이징활동에 의해 발생하는 직접비용만을 분석대상으로 함

2. 온라인(Online) 유통마케팅 성과지표

① 클릭 수(Clicks): 광고가 클릭된 횟수

② 노출 수(Impressions): 광고가 사용자에게 표시된 횟수

③ CPC(Cost Per Conversion): 전환 건수당 비용으로, 총지급가격을 전환 수로 나눈 값

④ CPM(Cost Per Mille): 1,000건당 노출비용으로, 광고를 1,000번 표시하기 위해 지급하는 가격

⑤ CTR(Click Through Ratio): 클릭률, 광고가 발생한 클릭 수를 광고가 게재된 횟수로 나눈 값

⑥ CPA(Cost Per Action): 행동당 비용을 말하며, 사용자가 광고를 클릭한 후 특정 행동(구매, 회원가입 등)을 완료할 때 광고주가 지불하는 비용

⑦ CVR(Conversion Rate) : '전환율'이라고 하며, 웹사이트 방문자 중에서 원하는 목표를 달성한 비율을 말함. 측정방법 → (전환 수 / 방문자 수) × 100

⑧ 히트(Hit) 수 : 사용자가 웹페이지에 접속할 때마다 서버에 발생하는 요청 수

⑨ 페이지 뷰(Page View) : 방문자(Visitor)가 조회한 페이지의 수

⑩ 세션(Session) : 웹사이트 로그 분석에 있어서 사이트 내에서 일정 시간 동안 있었던 지속적인 움직임을 하나의 단위로 정해 그 수를 측정한 것

3. 유통경로의 정성적 및 정량적 평가척도

정성적 평가척도	정량적 평가척도
• 경로조정 및 갈등의 정도	• 단위당 총유통비용
• 경로역할에 대한 의견의 차이 정도	• 단위당 총운송비용
• 경로리더십의 개발 정도	• 재고부족 방지비용
• 경로에 대한 몰입의 정도	• 재고부족비율
• 신기술의 유입 정도	• 주문처리의 오류 횟수
• 새로운 시장의 개척 정도	• 거래중단 유통업체의 수와 비율
• 정보의 획득 정도	• 부실채권비율
• 상표 간 경쟁의 정도	• 주문의 크기
• 기업과 고객집단과의 관계 정도	• 고객컴플레인 횟수

📋 Tip

성과평가 지표
- **효과성**(Effectiveness) : 목표의 달성 여부에 중점을 둠. 하나의 경로시스템이 표적시장에서 요구하는 서비스 산출을 얼마나 제공하였는가를 측정하는 것에 중점을 두는 목표지향적 성과기준
- **형평성**(Equity) : 유통시스템에 의해 제공되는 혜택이 여러 세분시장에 어느 정도 골고루 배분되는지를 측정하는 성과기준
- **효율성**(Efficiency) : 투입 대비 산출의 관계에 중점을 둠. 일정한 비용에 의해 얼마나 많은 산출이 발생하였는가를 측정하는 기준

🔵 **Point 3**   **유통경로의 갈등관리**

1. 유통경로 갈등의 개요

경로갈등에는 유통경로 내의 다른 레벨에 있는 구성원 간에 발생하는 수직적 갈등과, 같은 수준의 경로상에 있는 구성원 간에 발생하는 수평적 갈등(대형마트와 재래시장 간의 경쟁관계), 제조업자가 두 개의 다른 경로를 이용하는 경우 발생하는 복수경로갈등이 발생할 수 있음

 Tip

수직적 갈등 : 유통경로상의 전·후방에 위치한 구성원 간의 갈등관계로, 예를 들면 제조업자가 만든 NB상품과 유통업자 상품인 PB상품 간의 경쟁관계를 수직적 갈등이라 할 수 있음

2. 유통경로 갈등의 원인

① 유통경로구성원 간의 서로 상반된 목표

② 경로구성원 간의 역할과 권리의 불일치

③ 경제전망에 대한 인식의 차이

④ 중간상들의 제조업자에 대한 지나친 의존도

3. 갈등 해결을 위한 방법

① 경로구성원 공동의 추구목표 설정

② 제3자의 중재, 조정에 맡기는 방법

③ 경로구성원들이 상대에게 인력을 상호교환하는 방법

④ 거래상대방의 의사결정에 자신의 대표를 참여시키는 호선

4. 공급업체에 대한 평가

① ABC분석: 파레토법칙에 의해 관리대상을 A, B, C그룹으로 나누고, 매출액 또는 기여도 등이 가장 높은 A그룹을 최중점 관리대상으로 선정하여 집중관리함으로써 관리효과를 제고

　㉠ 개별 단품에 대해 안전재고 수준과 상품가용성 정도를 결정하는 데 사용

　㉡ 상품성과의 척도로는 공헌이익, GMROI(마진수익률), 판매량 등이 많이 활용

　㉢ 소매업체들이 기여도가 높은 상품관리에 집중해야 한다는 시사점 제공

　㉣ 소매업체 매출의 80%는 대략 상위(A등급) 20%의 상품에 의해 창출됨을 의미

② 다중속성방식: 다중속성방식은 공급업체들의 계열별 공헌이익을 가중평균 계산하여 성과를 측정하는 방법으로 정량적 객관성을 특징으로 함

 예제

다중속성방식 사례: 가장 우수한 공급업체를 선정하시오.

점검사항	점검사항 중요도	A업체	B업체	C업체	D업체
납기준수	0.4	5	6	7	8
상품품질	0.6	7	4	6	3

해설

업체별로 점검사항에 대한 가중치에 업체별 평점을 고려해 평가한 결과 평점이 가장 높은 C업체가 선정됨

• A업체=0.4×5+0.6×7=6.2　　• B업체=0.4×6+0.6×4=4.8

• C업체=0.4×7+0.6×6=6.4　　• D업체=0.4×8+0.6×3=5.0

정답 **C업체**

05 디지털마케팅(Digital Marketing)

THEME 27 디지털마케팅과 온라인 쇼핑몰

Point 1 디지털마케팅의 개요

1. 디지털마케팅의 개념

디지털마케팅(Digital Marketing)은 Online 기반 디지털 기술을 사용하여 상품 및 서비스를 홍보하는 마케팅으로 온라인 마케팅 또는 웹 마케팅이라 함. 페이스북, 인스타그램, 틱톡 등 인터넷을 활용한 소셜미디어를 이용한 마케팅 활동이 현재 기업의 주된 활동수단이 되고 있음

2. 디지털마케팅의 종류

① 이메일 마케팅(E-mail Marketing): 이메일-뉴스레터, 이벤트, 할인 등을 이메일을 통해 고객에게 알리는 방법. 이메일을 구독하는 고객들에게 원하는 정보를 제공해 관심을 유발하고, 고객들이 제품을 구매하거나 서비스를 이용할 수 있도록 유도하는 마케팅기법

② 콘텐츠 마케팅(Content Marketing): 콘텐츠를 제작해 불특정 다수에게 상품·서비스를 알리는 방법으로 블로그, 유튜브, 팟캐스트 등에서 다양한 형태의 콘텐츠를 이용하여 고객과 양방향 의사소통함. 장기적 관점에서 잠재고객 발굴에 따른 마케팅 효과 제고됨

③ 모바일 마케팅(Mobile Marketing): 개인화된 모바일 기기를 통한 마케팅으로 모바일 앱 광고, 모바일 SMS 광고 등이 있으며 개인화된 메시지 전달이 가능함. 모바일 기기를 통해 위치 등 실시간 개인정보 수집이 가능하여 타깃고객 설정이 가능하다는 장점이 있음

3. 디지털마케팅의 장점

① 기존 촉진수단과 비교할 때 촉진비용 절감효과가 큼
② 마케팅 효과의 측정 및 추적이 용이
③ 타깃층에 대한 인구통계학적 분석의 장점
④ 소비자와의 즉각적인 양방향 의사소통 가능

4. 온라인 구매결정과정

① 기존 구매결정과정(AIDA)

> 인지(Attention) → 흥미(Interest) → 욕구(Desire) → 행동(Action)

② 온라인 구매결정과정: 일본의 광고대행사 '덴츠'사가 구축한 모델로 'AISAS'라 함

> 인지(Attention) → 흥미(Interest) → 검색(Search) → 행동(Action) → 공유(Share)

5. 디지털마케팅 시장의 환경적 특징

① 시장 참가자의 다양성과 역동성 및 새로운 가치의 창출
② 소비로 인한 즉각적인 만족감이 지연
③ 시장세분화 심화 및 강력한 네트워크 효과 발생
④ 중개상을 거치지 않고 소비자들에게 직접 판매할 수 있는 기회 제공
⑤ 시장 참가자들 간 협력과 경쟁의 공존

 Tip

중개 소멸(Disintermediation): 가치사슬상의 유통을 담당하는 조직들이나 비즈니스 단계들이 점차 제거

6. 온라인 기반 비즈니스 모델

① 공동구매(Group Buy): 소셜커머스의 한 유형으로서 관심지역의 서비스 혹은 온라인상의 상품 및 서비스를 일정 인원 이상이 공동구입 시 상품가격 할인 폭이 높아지는 형태의 비즈니스 모델
② 플래시 세일(Flash Sale): 한정된 수량을 일정 시간 동안만 선착순 할인 판매하는 것으로 항상 세일을 하되 입고된 상품이 소진되면 자동적으로 세일이 종료되는 비즈니스 모델

▶ Point 2 **웹사이트 및 온라인 쇼핑몰 구축**

1. 웹사이트 구축절차

웹사이트 구축 시 순차적으로 ① 적절한 웹사이트 주소등록, ② 웹호스팅 서비스에 등록, ③ 사이트 디자인, ④ 사이트 홍보 수행이 진행

2. 웹사이트 사용자 경험에 대한 이해(UI/UX)

① UI(User Interface)
  ㉠ UI(사용자 환경)는 사용자 화면(환경)이라는 의미로, 사용자와 모바일, 컴퓨터 간 상호작용하는 환경을 뜻함. User들이 IT 기기를 작동하기 위해 접촉하는 매개체인 컴퓨터 조작 시 나타나는 아이콘 디자인, 모양 및 텍스트 등의 구동화면도 이에 해당
  ㉡ UI의 설계방향

직관성	컨트롤, VIEW 부분을 나누어 첫 사용에도 사용법을 쉽게 인지할 수 있음
일관성	다양한 부분에 걸쳐 사용편의성이 일관적이라면 학습하기가 용이
효율성	사이트에 익숙해진 다음에 더 효율적으로 사용할 수 있다면 가장 좋음

② UX(User Experience)

　㉠ UX(User Experience)는 사용자가 제품이나 서비스를 체험할 때 느낄 수 있는 감정을 말하는 사용자 경험으로 사이트 방문자의 전반적인 경험을 뜻함

　㉡ 사용자 경험(UX)은 사용자 인터페이스(UI)에 의해 발전된 것으로 단순히 아름답게 보이는 것이 아니라 인간이 인지하지 못하는 Needs를 발견하고 공감하기 위한 수단을 말함

3. 온라인 쇼핑몰의 개념 및 장·단점 ★

① 개념: 온라인 쇼핑몰(Online Shopping Mall)은 인터넷 등을 이용하여 상품을 매매할 수 있도록 만든 가상의 매장으로, 다수의 제3자로부터 상품이나 서비스의 정보를 제공받는 일종의 전자상거래 사이트를 의미

② 장·단점

구분	소비자 측면	기업 측면
장점	• 다양한 제품구색에 따른 선택의 용이성 • 구매활동의 시간 및 비용 절감 • 저렴한 가격으로 구매 가능 • 구매행위의 편의성 증대 • 제품의 비교 및 선택 용이 • 다양한 검색 및 활용 가능	• 무한한 제품 전시 공간 • 효율적 경영, 전 세계 소비자를 대상 • 광고, 유통, 물류비(단계생략) 등 절감 • 고객의 소비성향 파악이 용이 • 고객서비스의 개선 • 새로운 마케팅전략 수립 가능
단점	• 보안과 신뢰 수준 한계 • 판매자와 고객 간의 직접적 접촉이 불가능 • 배송, 보증 등의 문제점 • 정보의 지나친 홍수에 따른 제품 선택의 어려움	

4. 온라인 쇼핑몰의 기능과 결제시스템

① 온라인 쇼핑몰의 기능

　㉠ 제품 카테고리화: 원하는 제품을 찾기에 용이하게 설계

　㉡ 검색기능(상세페이지): 제품 정보, 가격, 리뷰 등을 알 수 있음

　㉢ 장바구니: 선택한 제품을 결제 전 정리하고 모아봄

　㉣ 주문 및 결제기능: 제품의 주문서를 작성 후 결제를 함

　㉤ 회원가입 및 로그인: 개인정보를 관리하고 과거 주문기록 추적

　㉥ 리뷰 및 평가기능: 다른 사용자들이 제품을 선택할 때 참고

　㉦ 배송 추적기능: 주문한 제품의 발송 후 상태를 추적

　㉧ 고객 지원기능: 문의사항이나 문제해결을 할 수 있는 서비스 제공

② 온라인 쇼핑몰 결제시스템

　㉠ PG사: PG(Payment Gateway)는 일반적인 전자결제 서비스를 의미하며, 인터넷 쇼핑몰에서 상품 및 서비스를 구매하는 고객들의 신용카드 및 기타 결제수단을 중계하는 서비스를 뜻함

> **Tip**
>
> PG사 결제시스템 장·단점
>
> | 장점 | • 보안성이 뛰어남
• 플랫폼과 쉬운 통합이 가능
• 시간과 공간의 제약이 없음 |
> |---|---|
> | 단점 | • 수수료 외 부가세 발생
• 모든 업종에 적용이 어려움(진입장벽이 높음)
• 특정 카드사와 제휴가 어려움 |

    ⓛ 에스크로(Escrow)

      ⓐ 에스크로는 상거래 시 판매자와 구매자의 사이에 신뢰할 수 있는 중립적인 제3자가 중개하여 금전 또는 물품 거래를 하도록 하는 서비스를 말함

      ⓑ 에스크로는 보통 거래의 안전성을 확보하기 위해 이용되며, 사기 방지 및 안전성 보장이라는 장점이 있기 때문에 보통 사기가 많이 일어나는 중고거래 플랫폼에서 에스크로 기반의 결제시스템을 구축하고 있음

    ⓒ 간편결제: 간편결제는 카드와 은행 계좌에서 돈을 꺼내 간편결제 서비스 계좌에 돈을 충전해 놓고 온라인으로 결제하는 방식으로 네이버페이, 카카오페이, 삼성페이 등이 이에 해당

5. 검색엔진 마케팅과 검색엔진 최적화(SEO) ☆

  ① 검색엔진 마케팅(Search Engine Marketing)

    ㉠ 검색엔진 마케팅은 네이버, 구글, 야후 등의 검색엔진을 활용해 광고를 집행하는 마케팅기법으로 검색엔진 광고와 검색엔진 최적화를 통해 실행

    ㉡ 검색엔진 결과 페이지에 자사 사이트의 가시성(Visibility)을 증가시켜 사이트를 홍보하는 온라인 마케팅방법으로, '키워드 광고'가 대표적임. 검색엔진 광고를 통해 상품이나 서비스를 검색 결과 사이트 상단에 노출할 수 있음

  ② 검색엔진 최적화(SEO; Search Engine Optimization)

    ㉠ 검색엔진 최적화(SEO)는 검색엔진을 사용자 편의성에 맞추어 최적화하여 검색엔진 상단에 자사의 사이트를 노출시키는 것을 의미

    ㉡ SEO를 통해 자사 사이트를 상단에 노출시켜 마케팅 효과 및 매출액 제고를 꾀할 수 있음

    ㉢ SEO를 통해 마케팅 효과 및 매출액 제고를 꾀할 수 있다는 장점이 있음

    ㉣ SEO는 '**특정 키워드**' 검색에 대한 필요성을 느끼는 사용자들이 대상이 된다는 점에서 불특정 다수를 대상으로 하는 일반 검색과는 차이점이 있음

6. 웹사이트 보안

우수한 보안기능의 웹 디자인은 모든 디지털 자산의 일관된 브랜딩을 촉진할 수 있으며, 웹사이트의 검색엔진 최적화 설계, 뛰어난 UX 제공, 전환율 향상(클릭 수, 등록)에 도움을 줌

Tip

보안 관련 참조
유통정보 THEME 11. Point 2. 전자상거래의 안전과 개인정보 보호
           THEME 12. Point 2. 전자상거래 보안원칙

THEME 28 소셜미디어 마케팅과 성과측정

▶ Point 1 소셜미디어 마케팅

1. 소셜미디어 플랫폼의 개요

① 소셜미디어 플랫폼(Social Media Platform)

　㉠ 개념: 소셜미디어 플랫폼은 사용자가 콘텐츠를 만들고 공유하면서 온라인 네트워크에 연결하는 온라인 환경을 뜻하며 페이스북, 트위터, 인스타그램, 유튜브 등이 대표적임

　㉡ 기대효과: 커뮤니케이션의 연결, 정보제공과 업데이트, 자기표현과 개인 브랜딩, 비즈니스 관계의 형성, 사회적 운동과 영향력 표출

② 소셜커머스(Social Commerce)

　㉠ 최근 인스타그램, 유튜브, 틱톡과 같은 소셜미디어 플랫폼에는 소비자가 앱에서 나가지 않고도 제품을 검색하고 쇼핑할 수 있는 쇼핑 기능이 있으며, 이를 소셜커머스라고 함

　㉡ 소셜커머스는 소셜미디어와 온·오프라인 미디어를 포함한 소셜네트워크를 활용한 전자상거래의 일종

　㉢ 대표적인 형태는 공동구매형으로 일정 인원 이상이 구매할 것을 전제로 판매자와 가격에 대해 협상을 한 후 소셜 네트워크 서비스(SNS)를 통해 홍보하고 구매자를 모집하는 형태로 이루어짐

2. 소셜미디어 마케팅

① 개념: 페이스북, 인스타그램 등의 소셜미디어를 통해 소셜미디어 사용자들의 반응과 관심을 받을 수 있도록 각 채널에 최적화된 다양한 콘텐츠를 기획·제작하고, 잠재고객 또는 고객들과 활발하게 소통하며 상품이나 서비스를 알리고 정보를 공유하는 온라인 마케팅을 의미

② 소셜미디어 마케팅 절차

> 최적 플랫폼 선정 → 적합한 콘텐츠 기획 → 콘텐츠 제작 → 캠페인 추적 → 캠페인 결과 평가

③ 소셜미디어의 유형

SNS 플랫폼	가장 일반적 유형으로 사용자들이 프로필을 생성하고 친구, 동료 등과 연결할 수 있는 플랫폼. 페이스북이 대표적임
마이크로블로킹 플랫폼	유저들이 짧은 글이나 업데이트를 작성하고 공유하는 플랫폼. 트위터가 대표적이며 글자 수 제한이 있음
이미지 공유형 플랫폼	유저들이 사진·이미지를 업로드하고 공유할 수 있는 플랫폼. 인스타그램이 대표적임
비디오 공유형 플랫폼	동영상을 업로드하고 공유할 수 있는 플랫폼. YouTube가 대표적임. 시청자들은 동영상을 시청하고 구독, 좋아요, 댓글 등으로 상호작용
전문 네트워크 플랫폼	비즈니스·직장 관련 정보를 공유하고 커뮤니티와 네트워킹을 할 수 있는 플랫폼. Linked-in이 대표적임

3. 소셜미디어 광고

소셜미디어 광고는 소셜미디어 플랫폼을 통해 광고를 기획하여 제작하고 이를 페이스북, 트위터, 인스타그램 등을 통해 송출하는 광고방식을 의미

4. 인바운드 마케팅과 아웃바운드 마케팅

① 인바운드 마케팅(Inbound-Marketing)
 ㉠ 개념: 인바운드 마케팅은 잠재고객이 관심을 가질 만한 콘텐츠를 제공하여, 고객이 자사 사이트나 전화를 통한 문의를 하거나 영업소를 방문하게 하여 신규고객을 창출하는 기법
 ㉡ 사용방법: 블로그 게시물 작성, 소셜미디어 마케팅, 유튜브 마케팅, 콘텐츠 마케팅 등을 통해서 고객의 구매욕구를 자극하는 방법 활용
② 아웃바운드 마케팅(Outbound-Marketing)
 ㉠ 개념: 아웃바운드 마케팅은 잠재고객의 관심을 끌기 위해 기업이 먼저 소비자에게 e-메일, 텔레마케팅 등을 통해 적극적이고 설득적인 메시지를 전달하는 마케팅기법
 ㉡ 사용방법: e-메일 마케팅, 텔레마케팅, 광고, 직접 마케팅 등을 통해 정보를 적극적으로 전달하고 마케팅조사에도 활용할 수 있음
③ 양자의 비교

구분	인바운드 마케팅	아웃바운드 마케팅
고객니즈	명확함	불명확함
방향성	고객이 먼저 접촉(고객 → 기업)	기업이 먼저 접촉(기업 → 고객)
구매가능성	높음	낮음
고객예측	어려움	용이함
일정관리	어려움	용이함

Point 2 데이터 분석과 성과측정

1. 디지털마케팅의 효과적인 분석도구

① Google Analytics
　　㉠ 웹사이트 트래픽 및 사용자 행동을 모니터링하고 분석하는 데 사용
　　㉡ 페이지뷰, 이탈률, 유입경로, 변환율 등을 추적하여 마케팅 캠페인의 성과측정 가능

② Google Search Console
　　㉠ 웹사이트의 검색엔진 최적화(SEO) 관련 성과평가 및 개선에 사용
　　㉡ 검색엔진 인덱싱 상태, 사이트링크 등을 모니터링하여 검색엔진의 가시성 향상

③ 소셜미디어 분석도구
　　㉠ 페이스북, 트위터 등 소셜미디어 플랫폼의 성과추적, 소셜미디어 전략을 평가에 활용
　　㉡ 좋아요, 공유, 댓글 등의 상호작용을 분석하고, 타깃 고객들의 통계 제공

④ 이메일 마케팅 분석도구
　　㉠ 이메일 마케팅 캠페인의 성과를 추적하고 이메일 수신자의 행동 분석
　　㉡ 이메일 전송 후 열람률, 링크클릭률, 구독행동 등 모니터링하여 전략 최적화에 활용

2. 효과적인 분석도구와 측정지표

① **전환율(Conversion Rate)**: 웹사이트 방문자 중에서 원하는 목표를 달성한 비율
　　• **측정방법**: (전환 수 / 방문자 수) × 100
　　• **활용**: 구매, 가입, 다운로드 등의 목표달성 여부를 평가

② **마케팅 투자수익률(MROI)**: 마케팅에 투자된 비용 대비 이로 인해 발생한 이익의 비율
　　• **측정방법**: (발생이익 / 마케팅투자액) × 100
　　• **활용**: 특정 마케팅 캠페인의 효과를 평가하고 수익성을 확인

③ **경로분석**: 고객이 상품이나 서비스를 찾아 구매하는 과정을 이해하기 위한 분석
　　• **활용**: 마케팅 채널 중 가장 효과적인 수단을 결정하고, 고객의 경로를 최적화

④ **이메일 마케팅**
　　• **전송률**: 전송된 이메일 중 실제로 받은 이메일 비율
　　• **열람률**: 이메일을 열어본 사용자의 비율
　　• **클릭률**: 이메일 내 링크를 클릭한 사용자의 비율

⑤ **트래픽 및 사용자 행동 측정**
　　• **페이지 뷰**: 웹사이트 페이지 조회 횟수
　　• **이탈률**: 웹사이트를 떠난 사용자의 비율
　　• **세션(Session)**: 사용자의 활동 단위로 측정되는 시간
　　• **평균 세션시간**: 사용자의 평균 방문시간

⑥ 콘텐츠 효과
- 컨버전율: 원하는 목표를 달성한 사용자의 비율
- 바운스율: 웹사이트에 들어와서 즉시 떠난 사용자의 비율
- 측정방법: (바운스한 세션 수 / 전체 세션 수) × 100
- 소비자 피드백: 댓글, 평가, 리뷰 등을 통한 사용자 의견

▶ Point 3   마케팅 퍼널(Funnel) 모형

1. 개념

① 퍼널은 '깔때기'를 뜻하며, 마케팅 퍼널은 상품을 인지하고 구매까지 나아가는 과정 중에서 실제 유입자 수가 줄어드는 현상이 깔때기 모양을 닮은 데서 기인한 용어
② 온라인상의 고객이 웹이나 앱 서비스에 접속한 후 상품을 구매하기까지의 일련의 경로를 단계별로 나누어 시각화한 모델을 뜻함
③ 온라인상에서 설계된 퍼널을 통해 기업은 각 단계마다 고객의 전환 및 이탈을 확인할 수 있기 때문에 해당 단계에 적합한 전략들을 수립하는 것이 가능
④ 온라인상의 마케팅 퍼널은 기존 소비자의 구매 여정을 새롭게 설계하는 것이 아니라 신규고객의 유입시점부터 구매, 재구매까지의 고객행동을 단계별로 세분화함으로써 어느 단계에서 이탈자가 많은지 파악하고, 그에 대한 개선방안을 피드백함에 있음

2. 마케팅 퍼널 모델(TOFU-MOFU-BOFU 전략)

① TOFU(Top of the Funnel): 퍼널 상단, 브랜드를 발견하는 단계
  ㉠ 마케팅 채널(인스타, 유튜브 등)에서, 어떤 광고 소재에 대해 고객들이 열광하는지, 잠재고객 한 명을 유입하는 비용이 효율적인지 등 고려하는 단계
  ㉡ **지표**: 일간(월간) 방문자 수, 광고조회 수 대비 클릭률(CTR), 마케팅비용 대비 유입 수 등

② MOFU(Middle of the Funnel): 방문자가 구매자가 되기 직전까지의 단계

    ㉠ 자사 브랜드(사이트)에 방문한 고객의 관심대상, 구매 니즈를 경청하고 질문하는 것이 중요

    ㉡ **지표**: 프로모션 진행 시 전환율(Conversion Rate), 실험별 전환율 개선도 등

③ BOFU(Bottom of the Funnel): 구매자가 충성고객이 되는 단계

    ㉠ 이 단계의 주요 목표는 구매를 완료하고 브랜드 충성도를 끌어올리는 것으로, 자사 브랜드를 구매하고, 더 나아가 재구매 및 지인 추천을 하는 정도까지 나아가는 것이 중요

    ㉡ **지표**: 상세페이지에서 구매 단계까지의 전환율, 마케팅비용 대비 매출 등

4 과목

유통정보

Chapter

01 유통정보의 이해

▶▶ Point 1   정보와 자료, 지식과의 관계

1. 정보와 자료, 지식 개념

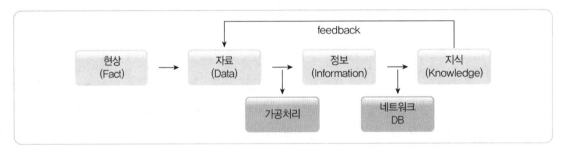

① **정보(Information)의 개념**
   ㉠ **개념**: 정보란 관찰이나 측정을 통해 수집된 자료(Data)를 실제 문제해결에 도움이 될 수 있도록 해석하고 정리한 것을 뜻함
   ㉡ 피터 드러커는 관련성과 목적성이 부여된 사실들을 정보라고 하였음
   ㉢ 일반적으로 정보는 이전에 수집한 데이터를 재가공한 특성을 갖고 있음
   ㉣ **정보의 효용**

시간효용 (Time Utility)	정보는 의사결정자가 필요로 하는 시기에 제공되어야 정보의 효용은 높아짐
장소효용 (Place Utility)	정보에 쉽게 접근할 수 있을 때에 정보의 효용은 높아짐. 인터넷과 온라인 시스템은 시간효용과 장소효용을 최대화하는 정보시스템
소유효용 (Possession Utility)	정보소유자는 다른 사람에게 정보가 흘러가는 것을 통제할 수 있을 때 정보의 가치를 높게 인식
형태효용 (Form Utility)	정보형태가 의사결정자의 요구에 보다 밀접하게 부합될수록 정보의 효용은 높아짐

② **자료(Data)의 개념**
   ㉠ **개념**: 자료는 수, 영상, 단어 등의 형태로 된 단위로, 연구나 조사 등의 바탕이 되는 재료를 말하며, 특정 사실을 나타내는 수치라 할 수 있음
   ㉡ **1차 자료와 2차 자료**: 1차 자료는 현재 당면한 문제를 해결하기 위해 직접 조사한 자료를 뜻하

며, 2차 자료는 비용과 시간 단축을 위해 기존자료를 간접적으로 수집한 것을 말함

③ **지식(Knowledge)의 개념**

　⊙ **개념**: 어떤 특정 목적의 달성에 유용하도록 정보를 추상화하고 일반화한 것으로, 정보가 동종의 정보끼리 집적되고 일반화된 형태로 정리되면 지식으로 발전

　ⓒ 지식은 상황정보, 경험, 규칙, 가치가 포함되어 체계화된 결과로 인과, 원인관계를 형성하여 새로운 가치를 창출해 낸 또 다른 사실임

　ⓒ 일반적으로 데이터에서 정보를 추출하고, 정보에서 지식을 추출

　ⓐ **형식지와 암묵지**: 형식지(Explicit Knowledge)란 문서화, 매뉴얼로 데이터베이스화된 지식을 말하며, 암묵지(Tacit Knowledge)는 개인이 경험과 노력으로 체화된 지식을 말함

Ⅰ 자료와 정보, 지식과의 관계 Ⅰ ★

구분	자료	정보	지식
구조화	쉬움 낮은 구체성	단위 필요 통합된 구체성	어려움 높은 추상성
부가가치	적음	중간	많음
객관성	객관적	가공 필요	주관적
적용범위	협소함	특정 상황에 적합	가장 넓음

2. 바람직한 데이터가 갖추어야 할 특성

① **정확성**: 정보는 정확한 자료에 근거하여 실수나 오류가 개입되지 않아야 하고, 자료의 의미를 편견의 개입이나 왜곡 없이 정확하게 전달해야 함

② **관련성**: 정보는 의사결정과 관련성이 있어야 함. 즉, 목적에 정보가 부합되어야 함. 관련성은 양질의 정보를 취사선택하는 기준이 됨

③ **경제성**: 정보 산출 비용이 적정하여, 정보 획득 비용보다 정보로 인한 가치창출이 커야 함

④ **신뢰성**: 신뢰성은 원천자료의 수집방법과 관련이 있는 것으로, 정보는 신뢰할 수 있어야 함

⑤ **완전성**: 정보는 그 내용에 필요한 것이 충분히 내포되어 있어야 함. 완전성은 문제해결에 필요한 정보가 완비된 정도를 의미하는 것으로, 정성적 가치판단 기준의 하나

⑥ **단순성(간편성)**: 정보는 가급적 복잡하지 않고 단순해야 함. 정보가 지나치게 복잡하거나 상세하면 불필요한 정보에 불과

⑦ **적시성**: 아무리 양질의 정보라도 필요한 시간에 이용자에게 제공되어야 함. 즉, 정보는 필요로 하는 시간에 제공될 때 비로소 그 진가를 발휘하게 되는데, 이는 정보가 그 자체에 시간적 효용이 더해짐으로써 그 가치가 높아짐을 의미

⑧ **입증가능성**: 정보는 입증할 수 있어야 하는데, 이는 같은 정보에 대해 여러 정보원을 체크함으로써 살펴볼 수 있음. 입증 가능성은 증거성이라고도 하는데, 정보의 정확성을 확인할 수 있는 정도를 의미

⑨ 통합성(Integration): 동일한 데이터는 조직의 전체에서 한 번만 정의되고, 이를 여러 다른 영역에서도 참조·활용할 수 있어야 한다는 속성을 의미

▶ Point 2 정보화 사회

1. 정보혁명의 특징

① 디지털과 인터넷의 보급: 현재의 정보기술의 혁명은 디지털과 네트워크(또는 인터넷)라는 두 가지 요소를 통해 대량의 정보를 처리하는 것으로 규정할 수 있음. 그리고 그 배경으로 지적할 수 있는 것은 정보이론·사이버네틱스 또는 정보과학이라는 새로운 종합적 학문영역의 발전과 컴퓨터의 발달

② IT 기술의 발달: 컴퓨터의 등장과 발전으로 계산과 제어, 통신의 기술은 ITC 분야의 큰 발전을 가져왔고, 최근 AI를 기반한 산업 전반으로 확대되고 있음

③ 지식기반 경제의 등장: OECD의 정의에 의하면 지식기반 경제는 '지식과 정보의 생산·분배·소비에 직접적으로 기초하고 있으면서, 고기술 투자와 고기술 산업, 고숙련 노동 및 그와 연관된 생산성 이득 등이 증가하는 추세를 보이는 경제'

④ 빅데이터: 전 세계적으로 몇 년간 페이스북 등 소셜 네트워크 서비스나 기기 간 통신을 이용한 센서 네트워크, 그리고 기업의 IT 시스템에서 발생하는 대량 데이터의 수집과 분석, 즉 이른바 빅데이터의 활용이 활발해지고 있음

2. 산업혁명

① 1차 산업혁명
  ㉠ 18세기 중엽 영국에서 시작된 기술혁신과 사회·경제구조의 변화
  ㉡ 노동에서 분업이 이루어지기 시작하였고, 전문성이 강조되기 시작

② 2차 산업혁명: 19세기 말 미국과 독일을 중심으로 진행된 기술혁신

③ 3차 산업혁명: 20세기 중반 컴퓨터, 인터넷의 발명으로 촉진되어 일어난 정보혁명

 Tip

3차 산업혁명의 특징
- 컴퓨터와 같은 전자기기 활용을 통해 업무 프로세스 개선을 달성
- 업무 프로세스에 대한 부분 자동화가 이루어졌고, 네트워킹 기능이 프로세스 혁신을 위해 활성화되기 시작
- 노동에서 분업이 이루어지기 시작하였고, 전문성이 강조되기 시작

3. 제4차 산업혁명 ☆

① 2016년 세계경제포럼(WEF; World Economic Forum)에서 화두로 등장하였으며 인공지능, 사물인터넷, 빅데이터, 모바일 등 첨단 정보통신기술이 경제·사회 전반에 융합되어 혁신적인 변화가 나타나는 차세대 산업혁명

② 디지털 혁명에 기반하여 물리적 공간, 디지털적 공간 및 생물학적 공간의 경계가 더욱더 모호해
지게 되어 이들 간의 기술 융합을 통한 새로운 공간 생성 시대 도래

③ 과학기술적 측면에서 '모바일 인터넷', '클라우드(Cloud) 기술', '빅데이터', '사물인터넷(IoT)' 및
'인공지능(AI)', '옴니채널' 등이 주요 변화 동인으로 꼽힘

④ 초연결(Hyper Connectivity)과 초지능(Super Intelligence)을 특징으로 하기 때문에 기존 산업
혁명에 비해 더 넓은 범위(Scope)에 더 빠른 속도(Velocity)로 크게 영향(Impact)을 끼침

⑤ 생산요인인 토지, 노동, 자본 중 노동의 가치가 토지와 자본에 비해 중요도가 작아지는 특징이
있음

4. 정보화 사회에서 기업환경의 변화

① 글로벌 시장체제로의 전환으로 인해 기업 간 경쟁 심화
② 소비패턴의 다양화·고급화(다품종, 소량생산, 다빈도배송)
③ 제품수명주기(PLC) 단축
④ 지식집약 사회로의 전환
⑤ 글로벌화에 따른 기업 간 전략적 제휴의 증대

5. 정보화 사회의 문제점

① 소수의 정보독점(집중화)에 의한 독재
② 정보과잉 현상의 발생
③ 정보범죄 증가 및 프라이버시의 침해
④ 정보격차로 인한 국가 간의 불평등 심화

THEME 02 정보와 유통혁명

Point 1 유통혁명의 개요

1. 유통혁명의 개념

전통적인 '생산자 → 도매상 → 소매상 → 소비자'로 이어지는 유통경로가, 소매상의 지배력이 강화되
어 도매상은 본래의 존재 이유를 점차 잃어가고 있다고 보는 도매상 무용론이 이러한 변화를 유통혁
명이라고 표현

2. 유통혁명 시대의 특징

구분	유통혁명 이전의 시대	유통혁명 시대
관리핵심	개별 기업관리	공급체인관리(SCM)
경쟁우위요소	비용, 품질	정보, 시간, 유연성
기술우위요소	신제품 개발	정보, 네트워크
고객·시장	불특정 다수	특화 고객
조직체계	독립적·폐쇄적 조직	유연하고 개방적인 팀 조직 (애드호크라시)
이익의 원천	수익 제고	가치창출

3. 유통혁명 시대의 유통업체 발전전략

① 불특정 다수를 위한 고객전략에서 특화된 고객전략으로의 전환
② 비용중심의 운영전략에서 시간중심의 운영전략으로의 전환
③ 개별 기업중심의 경영체제에서 통합 공급체인 경영체제로의 전환
④ 유통업의 기본개념을 제품유통 위주에서 정보유통 위주의 전략으로의 전환
⑤ 기술우위의 기본개념을 신제품 개발 위주에서 정보시스템 및 네트워크 위주의 전략으로의 전환

> **Point 2**   디지털 경제하에서의 유통업 패러다임 변화

1. 디지털 경제의 개념

전통적 2차 산업인 제조업에서 컴퓨터 및 정보통신기술을 이용한 정보화 산업으로 산업의 혁신적 변화를 주도하여 사회 전체의 효율성과 생산성을 극대화하는 경제구조를 뜻함

2. 디지털 경제하 유통업의 패러다임 변화 ★

① **수확체증의 법칙**: 생산요소의 투입을 늘렸을 때 생산량이 생산요소의 증가율보다 큰 비율로 증가하는 것을 말함. 정보화 시대에 수확체증의 법칙이 적용되는 전형적인 분야는 지식집약적 산업이 대표적임

 Tip

> **메트칼프(Metcalfe)의 법칙**: 수확체증의 법칙으로 인하여 일정 숫자 이상의 사람이 해당 네트워크를 이용하면, 그 네트워크의 효용은 기하급수적으로 상승한다는 법칙

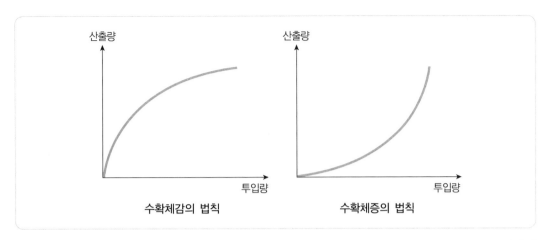

② **무형자산의 중요성 부각**: 자산의 의미도 유형자산(Tangible Assets)에 국한하지 않고 무형자산 (Intangible Assets)으로까지 확대되고 있음

③ **네트워크 시대**: "네트워크의 가치는 가입자 수에 비례해 증대하고, 어떤 시점에서부터 그 가치는 비약적으로 높아진다."는 메트칼프(Metcalfe)의 법칙이 적용

④ **구매자 주도 시장**: 인터넷의 양방향성이라는 특성으로 인해 구매자는 복수의 판매자를 비교하고 가격협상까지 할 수 있는 구매자 주도 시장으로 변화하고 있음

⑤ **지식기반 경쟁**: 유형의 제품이 창출하는 가치에서 무형의 콘텐츠 또는 지식·아이디어가 중요 경쟁원천으로 자리하고 있음

⑥ **거래비용의 감소**: 제품단위당 이윤은 감소할 수 있으나, 거래비용이 낮아져 소비자 수요가 확대되고, 제품의 판매량이 증가함으로써 오히려 전체적으로는 이윤이 증가

⑦ **퓨전 유통 확산**: 유통업태 간의 컨버전스(Convergence)를 의미하는 퓨전 유통이 확산추세를 보임

3. 디지털 경제 법칙

① **무어의 법칙**: 18개월마다 반도체의 성능은 2배로 증가하나 가격은 불변이라는 법칙

② **메트칼프의 법칙**: 수확체증의 법칙으로 인하여 일정 숫자 이상의 사람이 해당 네트워크를 이용하면, 그 네트워크의 효용은 사용자 수의 제곱에 비례하여 기하급수적으로 상승한다는 법칙

③ **서프의 법칙**: 데이터베이스가 인터넷에 연동되어 조회 및 입력이 가능할 때 데이터베이스의 가치가 급증한다는 것을 나타내는 디지털 경제 법칙

④ **단절의 법칙(Chasm)**: 무어의 법칙, 메트칼프의 법칙, 서프의 법칙 등이 결합되어 기존의 사회와는 전혀 다른 모습의 사회가 대두되는 상황

⑤ **코스(Coase)의 법칙**: 디지털 경제 시대에서는 인터넷 활용으로 거래비용이 감소하여 기업 내부의 기능이 통합 및 축소되어 조직의 복잡성이 감소하고 기업 규모가 감소한다는 이론

⑥ **롱테일 법칙**: 파레토 법칙에 반하여 하위 80%가 상위 20%보다 더 큰 가치를 만든다는 것으로, 2004년 크리스 앤더슨이 주장한 이론(역파레토 법칙)

4. 디지털 경제 시대 기업의 대응전략

① 대량고객화(Mass Customization)에 대응

 Tip

> **대량고객화**: 데이터베이스를 기초로 개별 맞춤화된 상품과 서비스의 대량생산을 통해 비용을 낮춰 경쟁력을 창출하는 새로운 생산과 마케팅 방식

② 온라인·오프라인의 융합 및 고객 니즈에 맞는 콘텐츠의 통합

③ 리얼타임 고객만족 제공 및 가시성(Visibility) 강화

④ 고객관계관리를 위한 양방향 커뮤니케이션 강화

⑤ 고객 스스로 원하는 가치창출이 가능하도록 프로슈머화(Prosumer) 지원

⑥ 크라우드소싱(Crowd-Sourcing) 확대

 Tip

> **크라우드소싱**(Crowd-Sourcing)
> • 기업활동의 전 과정에 소비자들이 참여할 수 있도록 일부를 개방하고 참여자의 기여로 기업활동능력이 향상되면 그 수익을 참여자와 공유하는 집단지성 참여전략
> • 이전에는 해당 업계의 전문가들이나 내부자들에게만 접근을 허용하였던 지식을 대중에게 공유하고, 제품이나 서비스의 새로운 개발 혹은 업그레이드 과정에 전문가뿐만 아니라 비전문가나 외부전문가들의 적극적인 참여를 유도하는 것을 의미

5. 파괴적 혁신(Disruptive Innovation)

기존의 제품이나 서비스를 혁신적으로 개선하여 새로운 시장을 창출하는 혁신을 말함. 기존제품이나 서비스를 혁신적으로 개선함으로써 새로운 고객층을 확보하거나, 새로운 수익원을 창출하는 것

예 넷플릭스, 우버, 에어비앤비 등

THEME 03 정보와 의사결정시스템

▶ Point 1 의사결정의 이해

1. 의사결정의 개념과 절차

① 개념: 의사결정이란 조직의 특정한 문제를 해결하기 위한 여러 가지 대체적 행동과정 중에서 가장 바람직한 행동과정을 선택하는 논리적 과정으로, 의사결정은 조직의 모든 계층에서 이루어짐

② 절차: 문제에 대한 인식 → 대체안의 탐색 → 대체안의 평가 → 대체안의 선택

2. 의사결정 수준에 따른 분류 ☆

① 전략적 의사결정

　㉠ **전략(Strategy):** 거시적, 비일상적, 비정형적, 비구조적, 장기적인 계획으로 기업의 미래와 직결된 의사결정으로 최고관리층에서 이루어짐

　㉡ 주로 기업의 외부문제에 관련된 것으로, 시장상황에 따라 '어떤 제품을 어느 정도 생산할 것인가', '어느 제품에 어느 정도의 자원을 투입할 것인가' 하는 데 대한 기본적인 의사결정

　㉢ 전략계층은 조직 외부 및 범 산업적 영역에서 발생하는 정보를 수집하고 분석하여 의사결정을 내려야 하는 경우가 많음

② 관리적 의사결정

　㉠ **관리(Management):** 운영 결과에 의해 수집된 정보를 포괄적으로 분석한 사항에 대한 의사결정(기업의 주요 활동)

　㉡ 최대의 과업능력을 산출하기 위해서 기업의 자원을 조직화하는 문제에 대한 의사결정으로, 조직기구에 관한 결정과 자원의 조달과 개발에 관한 결정을 포함

　㉢ 관리계층은 중간관리자, 임원 등이 속하며, 의사결정 유형은 준구조적인 형태로 간헐적으로 우발적인 형태의 의사결정을 수행해야 할 때가 있음

③ 운영적(업무적) 의사결정

　㉠ **운영(Operation):** 미시적, 일상적, 반복적, 정형적, 구조적이며 단기적인 기업활동에 관한 의사결정(일상적 업무절차)

　㉡ 기업자원의 효율성 극대화를 위한 의사결정으로 현행 업무의 수익성을 최대로 하는 것을 목적으로 하고, 각 기능 및 제품라인에 대한 자원 배분, 일정계획화, 통제 등을 그 내용으로 함

　㉢ 운영계층의 의사결정은 대부분 단기적이고, 그날그날의 운영정보를 주로 다룸

Tip

계층별 의사결정의 유형과 특징

계층	의사결정의 유형	특징
최고관리층	전략적 의사결정	총자원의 제품시장 기회 할당, 예산결정 등의 중요 장기 계획
중간관리층	관리적 의사결정	자원의 조직화 · 조달 · 개발
하위관리층	운영적 의사결정	주요 기능 분야에 자원을 할당하고 일정계획을 수립하는 단기 결정

3. 전략적 의사결정의 오류

① **정박효과(Anchoring Effect)**: 어떤 고정관념에 사로잡혀 상황을 제대로 인식하지 못한 나머지 제대로 된 판단을 하지 못하는 현상을 의미

② **확증편향**: 사실의 진위를 가리거나 문제를 해결할 때 자신의 신념과 일치하는 정보만을 취하고 상반되는 정보는 무시하는 무의식적 사고 성향

③ **멘탈 어카운팅**: 사람들이 돈의 원천이 어디인지, 돈이 어디에 쓰이는지에 따라 같은 돈이라도 그 크기나 가치를 다르게 여기는 현상을 의미

④ **매몰비용 오류**: 투자에 소요되는 기간이나 금액이 예정보다 훨씬 초과해서 경제적 가치가 없어졌는데도 계속해서 투자하는 경우를 의미

⑤ **현상유지 선호**: 대부분의 기업은 기존사업의 매각이 가치창출의 중요한 수단임을 인식하면서도 매각을 꺼리게 되는데, 이러한 현상유지 선호가 항상 나쁜 것은 아니지만 보다 좋은 기회를 놓치게 되는 경우가 많음

Point 2   유통정보시스템의 중요성

1. 유통정보시스템(CIS)의 개요

① **개념**: 기업의 유통활동 수행에 필요한 정보의 흐름을 통합하는 기능을 통해 전사적 유통 또는 통합유통을 가능하게 하는 동시에 유통계획, 관리, 거래처리 등에 필요한 데이터를 처리하여 유통관련 의사결정에 필요한 정보를 적시에 제공하는 정보시스템

Tip

물류정보시스템(LIS): 고객의 주문이 발생하는 시점부터 고객이 주문한 상품을 전달받는 과정에서 발생하는 총체적인 업무처리과정을 통합하는 정보시스템

② **정보시스템의 구성요소**: David and Olson이 제시한 정보시스템을 구성하는 요소에 따르면 하드웨어, 소프트웨어, 데이터베이스, 네트워크, 사람이 필수적 구성요소에 해당

⊙ **하드웨어**: 물리적인 컴퓨터 장비로 입력장치(키보드, 마우스, 스캐너, 마이크 등)와 처리장치 (연산장치와 제어장치), 출력장치(프린터, 모니터), 기억장치로 구성

ⓛ **소프트웨어**: 컴퓨터 작업을 통제하는 프로그램들로, 운영체제와 유틸리티 등 시스템 소프트웨어는 컴퓨터의 운영을 통제하고, 워드나 엑셀 등 응용 소프트웨어는 특정 업무를 지원

ⓒ **데이터베이스**: 체계화된 메타 데이터의 집합체로 고객·시장·제품 등의 필수적인 기초정보들이 수집되어 있음

ⓡ **네트워크**: 시스템·고객·기업 간의 사이를 연결시켜 주는 역할을 함. 즉, 연결역할로 다양한 정보수집, 신속한 의사결정, 전 세계시장으로의 진출을 가능하도록 함

ⓜ **인적자원(사람)**: 시스템을 관리·운영·유지하는 모든 사람들을 포함하며, 시스템의 성패를 결정하는 주체로 시스템 분석가, 프로그래머, 컴퓨터 운용요원, 데이터 준비요원, 정보시스템 관리요원, 데이터 관리자 등으로 구성

2. 유통정보시스템이 유통경로에 미치는 영향

① **재고관리의 용이**: 정보기술을 이용한 재고관리는 제조업체의 생산계획과 도·소매상의 구매계획에 도움을 줌으로써 고객들의 대기시간을 단축하고 재고의 절대량과 안전재고량 등 재고량을 줄이는 데 기여

② **물류관리(운송)의 용이**: 주문 및 처리시간의 단축뿐만 아니라 신속하고 저렴한 운송방법을 제시함으로써 고객서비스의 향상과 물류비용의 절감을 가져옴

③ **머천다이징 관리의 향상**: 소비자의 구매성향과 구매습관을 쉽게 파악할 수 있게 됨에 따라 소비자들이 쉽고 편리하게 구매할 수 있도록 최적의 제품구색을 갖출 수 있게 됨

④ **촉진관리의 용이**: 촉진활동의 성과가 객관적인 자료에 의해 과학적으로 평가할 수 있게 되었으며, 새로운 촉진기술을 제공해 줌으로써 더 효과적인 촉진관리가 가능해짐

3. 유통정보시스템 도입의 이점 ☆

① 고객과 공급업체 간 정확한 정보교환을 통해 효율성 제고
② 주문으로부터 배달까지의 시간을 단축시킬 수 있어 고객서비스 수준 향상
③ 주문, 선적, 수취의 정확성을 꾀할 수 있음
④ 주문이 빠르게 전송·처리되므로 리드타임 단축
⑤ 인건비의 절감을 꾀할 수 있음
⑥ 유통망 가시성 확보를 통한 불확실성 감소
⑦ 가시성 문제를 최소화하여 시장 수요와 공급을 조절

4. 유통정보시스템의 설계 및 구축과정

① 설계단계

> 경로시스템에 있어 핵심 의사결정 영역의 확인 → 의사결정이 이루어지는 각 수준(제조, 도매, 소매)의 확인 → 의사결정을 내리기 위해 필요한 정보(매장, 재고, 인력)의 확인 → 유통정보를 제공하는 방법과 시스템 운영환경의 확인 및 설계 → 잡음 요소 규명 및 유통정보를 보완할 수 있는 프로그램 확인

② **구축과정**: 유통정보시스템은 '기획단계 → 개발단계 → 기술적 구현단계 → 적용단계'를 거쳐 구축

  ㉠ **기획단계**: 유통정보시스템이 효율적으로 개발되고 현업에 적용될 수 있는 환경을 조성하며, 지침을 제공하는 단계

  ㉡ **개발단계**: 기획단계에서 조성된 환경을 중심으로 사용자요구사항을 분석하고 사용자 인터페이스를 반영하여 유통정보시스템을 설계하는 단계

  ㉢ **기술적 구현단계**: 유통정보시스템이 추구하는 목표와 제시된 시스템 설계를 컴퓨터 시스템으로 실현하는 단계로, 데이터베이스 구축, 소프트웨어와 하드웨어 수요의 결정, 연계 네트워크의 결정, 시스템 통제수단의 결정, 사용자 환경의 구현, 시범서비스의 개발, 시스템 구축 등의 순서로 이루어짐

  ㉣ **적용단계**: 사용자를 위한 사용지침서(매뉴얼)의 개발은 마지막 적용단계에서 이루어짐

③ **유통정보시스템의 개발단계**: 주요 유통기능 및 유통기능 수행자의 결정 → 각 유통기능 수행에 필요한 마케팅 정보의 결정 → 정보 수집자, 사용자 및 전달방법의 결정 → 잡음(Noise) 요소의 규명 및 이의 제거 방안 결정 순으로 수행

④ **유통정보시스템의 개발절차**

  ㉠ 정보 활용목적에 대한 검토

  ㉡ 정보 활용주체에 대한 결정

  ㉢ 필요정보에 대한 정의

  ㉣ 정보제공 주체 및 방법에 대한 결정

  ㉤ 유통정보시스템 개발

5. 유통정보시스템을 위한 데이터베이스 구축 시 필요 데이터

① **조달물류 관련 데이터**: 원자재, 부자재, 입찰, 외상, 매입 등의 데이터

② **상품/생산 관련 데이터**: 생산계획, 비용, 공정, 품질관리, 상품 디자인 데이터

③ **판매물류 관련 데이터**: 재고, 출하, 창고관리, 운송, 하역 등 관련 데이터

④ **판매/영업 관련 데이터**: 수요예측, 판매수당, 주문 및 견적, 외상매출 데이터

⑤ **고객서비스 관련 데이터**: 고객 불만처리대장, 고객성향 및 고객서비스 기록

⊙ Point 3   **의사결정지원시스템(DSS)**

1. 개념

① DSS는 기업경영에서 당면하는 여러 가지 의사결정 문제를 해결하기 위해 복수의 대안을 개발하고, 비교·평가하며, 최적안을 선택하는 의사결정 과정을 지원하는 정보시스템을 말함

② 의사결정을 위한 정보를 제공해주는 시스템으로 의사결정권이 있는 사용자가 빠르게 판단할 수 있게 도움

③ 의사결정지원시스템의 의사결정 품질 개선을 위해 딥러닝(Deep Learning)과 같은 고차원적 알고리즘(Algorithm)이 활용

2. 의사결정지원시스템의 분류

① **중역정보시스템(EIS)**: 중역(또는 임원)들이 자신들의 경영기능을 수행하고 경영목적을 달성하는데 필요한 주요 정보를 인식하고, 신속하고 신뢰 있게 조회할 수 있도록 지원되는 컴퓨터 정보전달 및 통신시스템

② **전문가시스템(ES)**: 기획 및 상위 관리계층의 의사결정지원(DSS)을 구성하는 시스템으로, 특정 영역의 지식을 체계적으로 컴퓨터에 저장함으로써 많은 사람이 적은 비용으로 전문가의 지식을 이용할 수 있도록 만든 소프트웨어

③ **거래처리시스템(Transaction Process System)** : 실무를 담당하는 하위 운영관리자를 지원하는 시스템으로, 컴퓨터를 통해 기능적이고 구조적이며 반복적인 업무처리를 수행하는 데 활용

📃 Tip

그룹의사결정지원시스템(GDSS; Group Decision Support System): 그룹 의사소통 및 집단 의사결정을 보다 효과적으로 지원하기 위해 구축되는 시스템을 말하며, 같은 시간에 다른 장소에서 3인 이상이 하는 전화회담(Conference Calls)을 이용

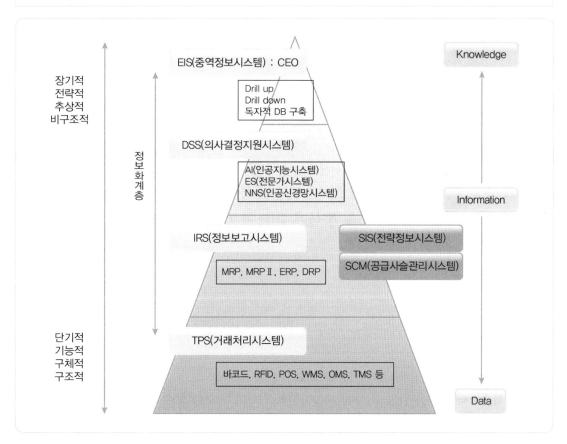

THEME 04 지식경영과 프로세스(SECI 모형)

▶ Point 1 지식경영의 개요

1. 개념 ★

① 지식경영(Knowledge Management)이란 사회가 보유한 지식의 활용이나 새로운 지식의 창출을 통해 수익을 올리거나 미래에 수익을 올릴 수 있는 역량을 구축하는 모든 활동

② 기업을 둘러싼 환경이 급변함에 따라 이에 적극 대응하기 위한 지속적인 혁신과 함께 이를 가능하게 하는 지식의 중요성이 커짐에 따라 피터 드러커(Peter Drucker)와 노나카 이쿠지로(Nonaka Ikujiro) 등에 의해 제창된 개념

③ 조직구성원 개개인의 지식이나 노하우를 체계적으로 발굴하여 조직 내 보편적인 지식으로 공유함으로써, 조직 전체의 문제해결능력을 비약적으로 향상시키는 경영방식

 Tip

> **지식경영 관련 학자**
> • **캐플란 & 노튼**(1992): 재무적 지식뿐만 아니라 비재무적 지식을 활용해 경영성과를 측정하는 균형성과표를 제시
> • **위그**(1986): 지식경영을 지식 및 지식 관련 수익을 극대화시키는 경영활동이라 정의
> • **노나카**(1991): 지식경영을 형식지와 암묵지의 순환과정을 통해 경쟁력을 확보하는 경영활동이라고 정의
> • **베크만**(1997): 지식경영을 조직의 역량, 업무성과 및 고객가치를 제고하는 경영활동이라고 정의
> • **스베이비**(1998): 지식경영을 무형자산을 통해 가치를 창출하는 경영활동이라고 정의

2. 지식경영의 중요성

① 지식경영은 프로젝트 지식을 재활용할 수 있도록 유지하는 기회를 제공하고 있음

② 복잡하고 중요한 의사결정을 빠르고, 정확하고, 반복적으로 수행할 수 있도록 지원

③ 조직의 효율성과 효과성 향상을 위해 지식을 기반으로 혁신하여 경쟁할 수 있기 때문

④ 대화와 토론을 장려하여 효과적 협력과 지식공유를 위한 단초를 제공하기 때문

⑤ 지식노동자 **개인의 암묵적 지식을 형식지로 변환시켜** 조직의 구성원이 공유해야 빠르게 변화하는 경쟁환경에 대응할 수 있기 때문

3. 학습조직이론

① **개념**: 학습조직이란 정보와 지식을 창조하고, 습득하고 전달하는 데 익숙하여 이 새로운 지식과 통찰을 바탕으로 조직의 행동을 변화시키는 데 능숙한 조직을 말함

② **구축 조건**

　　㉠ 학습 결과에 대한 측정이 가능해야 함

　　㉡ 학습조직을 구축할 때 지식관리는 자신의 업무와 관련하여 수행되어야 함

　　㉢ 아이디어 교환을 자극할 수 있도록 조직 내의 장벽을 없애야 함

ⓔ 학습목표를 명확히 하고 학습포럼 등의 프로그램이 활성화되도록 지원 필요

ⓜ 자율적인 환경을 만들어 창의력을 개발하고 학습에 도움이 되는 환경 조성 필요

③ 학습조직에서 추구하는 학습목표의 속성

  ㉠ 미래의 기회를 창출할 수 있어야 함

  ㉡ 기업목표 및 직무와 연계되어야 함

  ㉢ 업무의 전체 흐름을 파악하는 데 기여해야 함

  ㉣ 학습목표는 미래지향적이고 구체적이어야 함

> **Tip**
>
> P. Senge의 학습조직이론의 핵심적 5요소
> - 시스템적 사고
> - 개인의 지적 숙련
> - 사고모형
> - 비전의 공유
> - 팀 학습

④ 지식경영자

  ㉠ **지식경영자(CKO)의 개념**: 조직의 지식경영과 지식관리를 책임지는 경영자

  ㉡ **지식경영자의 역할**

    ⓐ 기업과 구성원들에게 새로운 지식을 전달하고 분배하여 지식을 기업경영에 효율적으로 활용

    ⓑ 지식경영과 관리에 대한 학습을 장려하여 조직의 경쟁력을 근본적으로 늘리고 전략과 비전 제시

    ⓒ 조직 내 지식경영과 지식관리를 총지휘하는 고급 임원으로, 조직 내부 구성원들이 보유한 전문지식을 발굴하여 효과적으로 활용

    ⓓ 지식경영을 위한 지식공유시스템의 기반을 구축하여 사내 지식 활용을 위한 지식문화 조성 등의 업무를 총괄지휘하며, 각종 정보수집부터 어떤 종류의 지식이 조직의 경쟁우위 강화에 필요한지 등을 결정

⑤ 지식근로자

  ㉠ 자신의 일을 끊임없이 개선·개발·혁신하여 부가가치를 올리는 지식을 소유한 사람으로, 정보를 나름대로 해석하고 이를 활용해 부가가치를 창출해 낼 수 있는 노동자를 의미

  ㉡ 풍부한 지적재산, 투철한 기업가정신, 평생학습 정신, 강한 창의성, 비관료적인 유연성 등을 갖추었으며, 평생직장인보다는 평생직업인이라는 신념을 지닌다는 특징이 있음

4. 경쟁우위와 지능화 수준에 따른 지식경영 분석기술의 발전단계

리포트 → 스코어카드와 대시보드 → 데이터 마이닝 → 빅데이터

▶ Point 2 　지식경영 프로세스

1. 지식의 변환과정 ★

① SECI 모형의 개념

　㉠ 노나카 이쿠지로는 1990년대 중반 '지식창조이론'을 최초로 제시하였고, 이는 기업조직 내에서 지식이 창출되는 과정 및 창조적 지식개발 능력을 제고하는 조직형태와 적용방향 등을 설명하는 데 유용한 이론

　㉡ 지식변환과정은 개인, 집단, 조직의 차원으로 나선형으로 회전하면서 공유되고 발전해 나가는 창조적 프로세스로, 지식변환과정은 순차적으로 진행되며 밀접하게 연결되어 있음

　㉢ 지식변환은 암묵지와 형식지의 상호작용으로 원천이 되는 지와 변환되어 나온 결과물로서의 지의 축을 이루는 매트릭스로 표현

　㉣ 지식변환과정은 직선적이 아닌 복합상승 작용이 나타나는 나선형 프로세스로 진행

　㉤ 지식변환은 지식 획득, 공유, 표현, 결합, 전달하는 창조 프로세스 메커니즘을 지칭

② 형식지와 암묵지: 1960년대 과학철학자인 폴라니(Michael Polanyi)는 지식을 형식적 지식(Explicit Knowledge)과 암묵적 지식(Tacit Knowledge)으로 구분하였고, 이로부터 지식경영의 개념이 등장하기 시작함. 형식적 지식(형식지)이란 말, 즉 언어로 표현할 수 있는 명시적·객관적·논리적인 지식을 의미함. 반면, 암묵적 지식(암묵지)은 개인적인 경험에 의해 얻어지는 지식으로, 말로 표현하기 어려운 직감적인 지식을 말하며 노하우, 체화된 경험 등을 의미

암묵지 (Tacit Knowledge)	• 개인의 머릿속에 체화되어 있는 지식으로 지적 자본이라고도 함 • 비구조적이며 고착성 지식에 해당 • 매우 개인적이며 형식화가 어려움 • 주관적, 인지적, 경험적 학습에 관한 영역에 존재 • 조직에서 명시적 지식보다 강력한 힘을 발휘하기도 함 • 경쟁기업이 쉽게 모방하기 어려운 지식으로 경쟁우위 창출에 기반이 됨
형식지 (Explicit Knowledge)	• 구체적이거나 체계화된 것으로 공식적이고 체계적인 문서, 언어, 매뉴얼로 전달 가능한 지식 • 구조적이며 유출 가능한 지식에 해당 • 암묵지보다 이성적(객관적)이며 기술적인 지식에 해당 • 논리적 추론 및 계산에서 생기는 인식

③ **지식의 변환과정**: 지식의 창조는 암묵지를 어떻게 활성화, 형식지화하여 활용할 것인가의 문제라고 볼 수 있음. 암묵지와 형식지를 활용한 지식창조 프로세스 순서는 다음과 같음

　㉠ **사회화(공동화)**: 경험을 통해 말로 설명하기 어려운 지식을 생각 속에 공유하는 과정으로, 이 과정을 통해 창출되는 지식(암묵지 → 암묵지)

　㉡ **표출화(외재화)**: 암묵지를 형식지로 표출하는 과정으로, 이 과정을 통해 창출되는 지식은 개념지로, 개인이나 집단의 암묵지가 공유되거나 통합되어 그 위에 새로운 지식이 만들어지는 단

계에 해당(암묵지 → 형식지)

ⓒ **연결화(종합화)**: 개인과 집단이 각각의 형식지를 합쳐서 새로운 지식을 창출하는 과정으로, 이 과정을 통해 창출되는 지식은 시스템지에 해당(형식지 → 형식지)

ⓔ **내면화(내재화)**: 형식지가 암묵지로 변화되는 과정으로, 이 과정을 통해 창출되는 지식은 일상 지로 문화, 노하우, 기능적 스킬 등이 있음(형식지 → 암묵지)

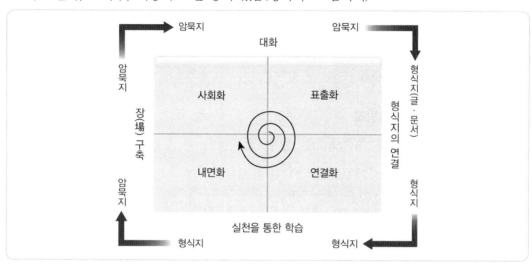

2. 지식 포착 기법

① **인터뷰**: 개인의 암묵적 지식을 형식적 지식으로 전환하는 데 사용하는 기법

② **현장관찰**: 관찰대상자가 문제를 해결하는 행동을 할 때 관찰, 해석, 기록하는 프로세스

③ **브레인스토밍**: 비판을 허용하지 않는다는 가정으로 둘 이상의 구성원들이 자유롭게 아이디어를 생산하는 비구조적 접근방법

④ **스토리**: 조직학습을 증대시키고, 공통의 가치와 규칙을 커뮤니케이션하고, 암묵적 지식의 포착, 코드화, 전달을 위한 뛰어난 도구

⑤ **델파이 방법**: 다수 전문가의 지식 포착 도구로 사용되며, 일련의 질문서가 어려운 문제를 해결하는 데 대한 전문가의 의견을 수렴하기 위해 사용

3. 지식경영시스템의 효과

① 시장정보의 축적, 제품·서비스 향상, 지식의 활용성 증대, 그리고 지식의 공유 등을 통해 기업의 경쟁력을 강화할 수 있음

② 공간과 시간을 뛰어넘는 Click and Morta 유형의 기업 기반이 될 수 있음

③ 지식공유가 활성화됨에 따라 사내 전문가 그룹이 형성되고 관심 분야 토론 등을 통한 새로운 지식의 창조능력이 증대

④ 지식베이스를 중심으로 축적된 지적 자산이 기업의 자산평가에 반영되어야 할 핵심 무형자산이 됨

⑤ 학습효과의 향상, 지속적인 지식창조활동 등을 통해 조직의 지식능력을 높일 수 있음

4. 지식경영시스템의 역할

① 조직 내 구성원들의 지식을 집약하고, 이를 바탕으로 새로운 지식 창출을 유도
② 조직 내 구성원들을 지식화시켜 기업의 잠재적 경쟁력을 향상시킴
③ 지식을 XML 데이터 형태로 저장함으로써 비즈니스 간 데이터 교환비용을 절감해 줌
④ 구성원 간의 지식개인화를 강화하여 Pull 솔루션을 통해 가장 빠른 지식유통망을 확보해 줌
⑤ 기존 시스템의 데이터, 이메일, 파일시스템, 웹사이트 등 외부지식을 유기적으로 통합하여 기업
지식의 기반 확대에 기여

5. 지식 체계화를 위한 분류방식

① 도서관형 분류: 알파벳, 기호로 하는 분류
② 계층형 분류: 대분류, 중분류, 소분류로 분류
③ 인과형 분류: 원인과 결과 관계로 분류
④ 요인분해형 분류: 계층 트리(Tree)로 지식의 개념 구성요소를 구조화한 것
⑤ 시계열적 분류: 시계열적으로 과거, 현재, 미래의 사상·의의의 변화를 기술
⑥ 네트워크형 분류: 의미 네트워크에 기반하여 공간적으로 의미를 구성

THEME 05 **지식관리시스템(KMS)**

Point 1 **지식관리시스템의 개요**

1. 지식관리시스템의 개념

① 지식관리시스템(KMS; Knowledge Management System)은 조직 내의 인적 자원들이 축적하고
있는 개별적인 지식을 체계화하여 공유함으로써 기업경쟁력을 향상시키기 위한 기업정보시스템
② 지식관리시스템 구축으로 기업 간 협업이 가속화되어 경쟁우위를 구축할 수 있음

 Tip

스튜어트(Stewart)의 지식자산 특성
1. **개념**: 지식자산의 유형으로 고객 자산, 구조적 자산, 인적 자산 등이 있다.
2. **지식자산 유형**
   • **고객 자산**: 고객브랜드 가치, 기업이미지 등
   • **구조적 자산**: 조직의 경영시스템, 프로세스 등
   • **인적 자산**: 구성원의 지식, 경험 등. 특히 구조적 자산으로 외재적 존재 형태를 갖고 있는 것은 형식지라 할
     수 있음

2. 지식관리시스템과 지식경영과의 관계

① 지식관리시스템은 지식의 저장과 검색을 위한 기능을 제공
② 지식관리시스템의 도입은 조직 운영의 효율성과 효과성 측면에서 업무성과를 개선해 줌
③ 기업에서는 지식관리 중요성이 대두됨에 따라 최고지식관리책임자(CKO)를 선임하고 있음
④ 기업에서 지식경영을 통한 경쟁력 확보를 위해서는 SECI 모델이 제시하는 것처럼 지식을 사회화하고 결합하여 공유해야 함
⑤ 기업에서 이용하는 지식관리시스템의 이용성을 높이기 위해서는 동기부여 측면에서 보상시스템을 구축해야 함

3. 지식관리시스템 구축의 이유

① 기업들은 최선의 관행(Best Practice)을 공유할 수 있음
② 기업들은 노하우 활용을 통해 제품과 서비스의 가치를 개선할 수 있음
③ 기업들은 경쟁우위를 창출하기 위한 지식을 용이하게 활용할 수 있음
④ 기업들은 경영혁신을 위한 적절한 지식을 적절히 포착할 수 있음
⑤ 기업들은 기업과 기업 간 협업이 증가되어 경쟁우위 구축에 유리함

● Point 2　지식관리시스템의 구축

1. 지식관리시스템의 구축 프로세스

> 지식의 창출 → 지식의 공유 → 지식의 저장 → 지식의 활용

① **지식의 창출(획득)**: 지식은 그 특성상 지식 창출의 명확한 경로를 밝혀낼 수 없는 한계를 지니고 있기 때문에 단순하고 보편적인 방법을 통해 지식을 창출할 수 있는 가능성을 높이는 것이 지식의 창출과정에서 가장 중요한 성공요건이 됨
② **지식의 공유**: 민주적이며 열린 조직문화가 선행되어야 하고, 수직적인 조직구조보다는 수평적 조직구조가 지식경영을 위해 바람직하며, 성과측정을 통해 개인을 평가할 수 있는 성과시스템이 연공서열에 의한 제도보다 바람직한 모델이 됨
③ **지식의 저장**: 정보기술의 발전과 함께 지식을 저장하고 활용할 수 있는 다양한 도구들이 선보이고 있으며 그 성능에 있어서도 이전에는 불가능해 보이던 수준의 업무까지 가능하게 됨
④ **지식의 활용(전달)**: 아무리 가치 있는 지식이라도 사용하지 않고, 새롭게 가치를 부여하지 않으면 쉽게 진부화되며, 지식은 사용할수록 그 가치가 증폭되는 특성을 지니고 있으므로 조직구성원들의 지식 사용을 적극 권장하고 지원해야 함

2. 지식관리시스템의 6단계 사이클 ★

> 지식의 생성(생산) → 지식의 포착 → 지식의 정제 → 지식의 저장 → 지식의 관리 → 지식의 유포

① **지식 생성**: 사람들이 일하는 방식을 새롭게 바꾸고 노하우를 개발하는 과정에서 창조
② **지식 포착**: 개인으로부터 창출된 암묵지 중 조직 전체에 공유될 만한 지식을 탐색
③ **지식 정제**: 지식 포착으로 획득한 지식 중 공유할 지식을 추출 후 정제
④ **지식 저장**: 유용한 지식은 사람들이 접근할 수 있도록 합리적인 형태로 저장
⑤ **지식 관리**: 잘 보관되어야 하고 적절성과 정확성을 입증하기 위한 검토가 수행되어야 함
⑥ **지식 유포**: 필요로 하는 사람이 언제 어디서든지 유용한 형태로 사용할 수 있도록 제공

3. 지식관리시스템의 구현 절차

목표 설정 및 문제 정의 → 지식관리 프로세스 구축 → 지식기반 창출 및 지식관리시스템에 저장
→ 지식 활용 증대를 위한 업무처리 프로세스 구축

4. 효율적 지식베이스 시스템이 되기 위한 조건

① 대량의 지식의 고속 탐색 및 갱신이 요구
② 추론 기능과 유연한 지식 조작 기능이 요구
③ 지식의 표현은 이해하기 쉬운 표현법이 요구
④ 고도의 인간–기계 인터페이스(Man-Machine Interface) 기능이 요구
⑤ 분석과 결합, 통합을 위하여 정량적 데이터뿐만 아니라 정성적 데이터들 또한 구조화하는 변환과
정을 거쳐 저장·유통되어야 함

5. 유통업체에서 지식관리시스템 활용을 통해 얻을 수 있는 효과

① 동종업계의 다양한 우수 사례를 공유할 수 있음
② 지식을 획득하고, 이를 보다 효과적으로 활용함으로써 기업 성장에 도움이 됨
③ 중요한 지식을 활용해 기업 운영에 있어 경쟁력 확보 가능
④ 지식 네트워크를 구축할 수 있고, 이를 통해 새로운 지식을 얻을 수 있음
⑤ 지식관리시스템이 구축되면 기업과 기업 간 협업이 가속화되어 경쟁우위 구축 가능

Point 1 바코드의 개요

1. 개념 및 역사

① 개념

　㉠ 바코드(Bar Code)는 스캐너가 판독할 수 있도록 고안된 굵기가 다른 흑백 막대를 조합시켜 만든 코드로, 주로 제품의 포장지에 인쇄되며 표준형과 비표준형으로 구분

> 📋 Tip
>
> 바코드를 인쇄할 때 흑백 색상뿐만 아니라 컬러 색상으로 할 수 있음

　㉡ 바코드는 굵기가 다른 흑색의 바와 공간으로 상품의 정보를 표시하고 광학적으로 판독할 수 있도록 부호화한 것으로, POS 시스템의 효과적인 이용을 위한 중요한 구성요소

② 바코드의 발전사: 1973년 미국에서 **UPC 도입** → 1988년 영국·프랑스·독일 등 **EAN코드 도입** → 1988년 한국 EAN 가입(KAN 880코드 부여받음) → 2002년 UPC 사용국들이 EAN에 가입 → 2005년 **GS1(국제표준코드) 통합**: GTIN(Global Trade Item Number, 국제거래단품식별코드) 적용

③ GS1(국제표준코드)

　㉠ 현재 사용 중인 GS1 시스템은 제품, 운송 단위, 위치, 서비스를 고유하게 식별함으로써 글로벌 다업종 공급사슬을 효율적으로 관리하게 해주는 일체의 표준을 의미

　㉡ 식별(Identify), 인식(Capture), 공유(Share)는 GS1 국제표준기구의 3대 사상임

　㉢ 공유표준

　　ⓐ GDSN(Global Data Synchronization Network): 거래파트너 간의 표준화된 제품 정보 전송 및 정보의 지속적인 동기화를 도와주는 정보망

　　ⓑ GPC(Global Product Classification): 속성에 따라 제품을 그룹화할 수 있도록 도와주는 표준화된 분류체계

　　ⓒ GDM(Global Data Model): 전 세계의 제품 데이터 거래를 단순화하고 조화시켜 원활한 제품 구매를 위해 제품 콘텐츠를 활용하도록 도움

　　ⓓ GS1 Digital Link: 바코드에 입력된 상품 식별코드를 숫자들의 배열형태가 아닌 웹 주소 형식으로 표시하여 소비자들이 온라인으로 상품정보를 확인할 수 있도록 함

ⓔ GS1 Web Vocabulary: 검색 결과에서 더 정확하고 상세한 제품정보를 보여줌으로써 제품 판매를 재고할 수 있도록 도와줌

ⓕ GS1 Mobile Ready Hero Images: 웹사이트, 특히 모바일기기에 제품 이미지를 배치하는 가이드라인을 제공

2. 바코드의 구조

① Quiet Zone: 바코드의 시작문자의 앞과 멈춤문자의 뒤에 있는 공백부분을 가리키며, 바코드의 시작 및 끝을 명확하게 구현하기 위한 필수요소

② 시작·멈춤문자(Start·Stop Character)

㉠ 시작문자는 심벌의 맨 앞부분에 기록된 문자로 데이터의 입력 방향과 바코드의 종류를 스캐너에 알려주는 역할을 함

㉡ 멈춤문자는 바코드의 심벌이 끝났다는 것을 알려줌

③ Interpretation Line: 바코드가 인식되지 않으면 수동으로 입력할 수 있도록 육안으로 식별 가능한 숫자·문자 등이 적혀 있는 바코드의 위아래 부분을 말함

④ 검증코드(Check Digit): 바코드에는 결제 시에 스캔이 잘못되어 엉뚱한 값을 치르지 않도록 방지하는 장치인 '체크숫자(Check Digit)'가 있음. 메시지가 정확하게 읽혔는지 검사하는 기능을 담당

⑤ Bar/Space: 바코드는 가장 간단한 넓고 좁은 바와 스페이스로 구성되어 있으며, 이들 중 가장 좁은 바/스페이스를 'X'디멘션이라 함

3. 바코드의 장·단점

장점	단점
• 제작이 용이하고 도입비용이 저렴	• 바코드는 정보의 변경과 추가가 불가능
• 데이터 입력 간소화 가능	• 바코드는 쓰기가 불가능
• 인건비와 관리유지비 절감 가능	• 바코드가 파손된 경우 잘 읽지를 못함
• 표시가 용이하고 응용범위가 광범위함	• 제품에 대한 충분한 정보수집에 한계
• 신속한 데이터 수집이 가능	

▶ Point 2 　　바코드의 구성 및 종류 ★

1. 바코드의 구성

① 우리나라 KAN(Korea EAN)코드는 대한상공회의소 유통물류진흥원에서 부여

② 바코드의 일반적 특징

㉠ 주로 제조업자나 중간상에 의해 부착

ⓛ 바코드의 막대는 흑백 색상으로 구성되어 있으나, 바코드 인쇄 및 바코드 스캐너는 다양한 색상 인식이 가능

ⓒ 최대규격은 표준규격의 200%까지, 최소치에서의 세로 길이는 1.8cm까지 사용하도록 권장

ⓔ 최소치는 표준규격의 80%를 기준으로 하지만, 경우에 따라 그 이하로의 규격도 가능하나 계산대(POS)에서 판독 불가능한 경우를 대비해야 함

③ **코드의 구성**: 한국에서 주로 사용하는 한국의 표준코드는 KAN이며 백화점, 슈퍼마켓, 편의점 등 유통업체에서 최종 소비자에게 판매되는 상품에 사용하며, 표준형(KAN-13)과 단축형(KAN-8)이 있음

ⓐ KAN-13 표준형 바코드

    ⓐ KAN-13 표준형(A): 13자리로 구성되고, 우리나라의 **국가식별코드는 880(3자리), 제품 제조업체코드는 4자리, 상품품목코드는 5자리, 검증코드(체크디지트)는 1자리**로 구성

 Tip

> **코드 설명**
> - **첫 3자리**(국가코드): GS1 본부가 각국에 부여하는 코드. 대한민국은 880
> - **업체코드**(4~6자리): 대한상공회의소 유통물류진흥원에서 유통표준코드 회원으로 가입한 업체에게 부여함. 일반적으로 6자리(B형) 코드가 부여되나, 업종에 따라 4자리(A형) 혹은 5자리 코드가 부여되는 경우 있음
>   - **의약품코드**(4자리): 의약품을 제조하거나 판매하는 업체에게 부여
>   - **의료기기코드**(5자리): 의료기기를 제조하거나 판매하는 업체에게 부여
> - **상품코드**(3자리): 일반적으로 업체코드를 소유한 기업이 자사의 상품에 부여함. 코드 부여 시 000부터 001, 002 등 번호를 순서대로 할당
> - **체크디지트**(1자리): 코드체계의 마지막에 위치하는 1자리의 숫자로 코리안넷에서 자동으로 계산됨. 체크디지트는 상품식별코드를 구성하고 있는 데이터가 올바르게 구성되었는지 확인하는 오류측정기능을 함

    ⓑ KAN-13 **표준형(B)**: 제조업체 수 증가에 따라 제조업체코드를 6자리로 늘림

ⓛ **단축형(KAN-8)**: 국가코드(3) + 제조업체코드(3) + 상품코드(1) + 검증코드(1)

ⓒ 표준형(KAN-13)은 표준형A와 B가 있으며, 표준형A는 의류 등 **다품목 취급업체**에 부여하는 코드이며, 표준형B는 식품, 화장품, 잡화 등 **소스 마킹**을 요하는 업체에 부여함

 Tip

> **소스 마킹과 인스토어 마킹** ★
> - **소스 마킹**(Source Marking): 바코드 부착 방법의 하나로, 제조업체에서 직접 바코드를 붙이는 것을 말함. 해당 상품의 정보를 나타내는 바코드를 상품의 포장이나 용기에 인쇄하는데, 한국의 경우 코드관리기관인 유통물류진흥원에서 표준바코드를 부여받아 사용
> - **인스토어 마킹**(Instore Marking): 대형마트나 슈퍼마켓에서 과일이나 농산물에 주로 사용되는 것은 인스토어 마킹. 인스토어 마킹은 소매업체에서 상품 하나하나에 자체적으로 설정한 바코드 마킹을 의미. 이는 소스 마킹을 사용할 수 없는 생선, 정육, 채소나 과일 등 청과물에 제한적으로 사용

2. 통합된 국제바코드 ☒

→ **GS1 국제표준 바코드** = [GTIN: 상품식별코드(번호체계) + EAN/UPC 바코드 형태]

① GS1-13(EAN/UPC 계열)

㉠ EAN-13(표준형 바코드)

ⓐ 표준형 상품식별코드(GTIN-13)가 GS1-13 바코드에 입력되며, '소매상품'에 가장 일반적으로 사용되는 바코드

ⓑ GS1-13 바코드는 슈퍼마켓이나 대형마트 등 일반 유통매장에서 사용

ⓒ GS1-13 바코드는 표준크기로부터 최대 200% 확대하여 출력 가능하며, 축소할 때에는 전체 배율을 고려하여 줄여야 함

㉡ EAN-8(단축형 바코드): KAN-8과 동일, 단축형 상품식별코드(GTIN-8)를 나타낼 때 사용하는 바코드로, EAN-13 적용이 어려운 **소형 물품**의 식별에 제한적으로 사용

표준형 바코드(EAN-13) 심볼로지	단축형 바코드(EAN-8) 심볼로지
8 801234 567893 국가표시 제조업체코드 자체상품코드 검증코드	880 1 234 6 1 2 3 4 1. 국가코드 (880은 한국) 2. 제조업체코드 3. 자체상품코드 4. 검증코드

❙ EAN/UPC 심볼로지 ❙

② ITF-14(표준물류 바코드)

㉠ GTIN-14(표준물류 식별코드) + ITF-14(바코드 심벌) = ITF-14 바코드

㉡ 주로 **골판지상자**에 직접 바코드를 인쇄하여 사용되는 국제표준물류 바코드로 생산공장, 물류센터 등에서 입·출하 시 **동일상품**의 물류 단위를 인식하는 데 사용

㉢ ITF-14는 소매점 계산대를 거치지 않는 상품의 GTIN 바코드에만 사용

㉣ 표준사이즈를 기준으로 50~200%까지 축소, 확대하여 사용 가능

③ EAN-128(GS1-128): 18자리

㉠ 상대적으로 바코드 규격이 크기(大) 때문에 파렛트, 컨테이너 등 물류 단위에 사용

㉡ 주로 비소매품에 적용, GS1 응용식별자 SSCC(Serial Shipping Container Code)를 입력하면 다음과 같은 SSCC가 입력된 GS1-128 바코드가 생성

㉢ 바코드에 추가정보(일련번호, 유통기한, 단위 등)를 나타내야 할 경우 주로 GS1- 128 바코드를 사용

ITF-14 심볼로지	EAN-128(GS1-128) 심볼로지

1 89 31234 56789 4	(01) 04601234567893

✎ Tip

출판물 국제표준도서번호(ISBN)
유통분류번호(3) + 국가코드(2) + 발행자번호 및 서명식별(7) + 검증번호(1)

3. 바코드의 인쇄 위치

① 일반적인 경우 가장 최적의 바코드 인쇄 위치는 상품 뒷면의 오른쪽 아래 사분면임, 바코드 주위에 적정한 여백이 있어야 하며, Edge Rule을 따라야 함

② 하나의 포장지에 각기 다른 GTIN을 입력한 2개의 바코드를 부착해서는 안 됨. 묶음상품은 개별상품의 바코드가 보이지 않게 하고 별도의 바코드를 부착해야 함

③ 바코드는 구석, 접지면, 주름진 곳, 이음매, 기타 고르지 않는 부위는 피하여야 하며, 가능한 매끄러운 표면에 인쇄

④ 형태가 원통형인 경우 해당 제품을 똑바로 세웠을 때 지면과 수직이 되도록 인쇄하는 것이 바람직함. 직경이 작은 굴곡면이라면 반드시 지면과 수직이 되도록 인쇄

⑤ 불규칙한 포장 형태인 경우: 두꺼운 종이, 블리스터 팩 또는 오목한 상품 등은 가능한 평평한 부분을 찾아 인쇄

⑥ 대형상품: 바코드를 앞면과 뒷면에 각각 인쇄하여 계산의 편의성을 제공

4. 2차원 바코드 QR 코드

① 개념 및 분류

㉠ 개념: 2차원 바코드는 데이터를 구성하는 방법에 따라 크게 매트릭스 코드(Matrix Bar Code)와 다층형 바코드(Stacked Bar Code)로 구분된다. 매트릭스 코드에는 QR Code, Maxi Code, Data Matrix 등이 있고, 다층형 바코드에는 PDF-417, Code 49 등이 있음

㉡ 2차원 바코드의 종류

Code Name	QR Code	Maxi Code	Data Matrix	PDF - 417	Code 49
바코드 모양 (Symbol)					

QR 코드

1. 개념

　1994년 일본의 도요타 자동차의 자회사 덴소 웨이브(DENSO WAVE)에서 데이터를 빠르게 읽는 데 중점을
　두고 표준화하여 개발 보급한 기술

2. 특징

　• 360° 어느 방향에서나 빠르게 데이터를 읽을 수 있음

　• 기존 바코드 기술과 비교할 때, 대용량 데이터의 저장이 가능하고, 고밀도 정보표현이 가능

　• 일부 찢어지거나 젖었을 때 오류를 복원하는 기능이 포함

　• QR 코드는 데이터 양에 따라 다양한 크기로 생성될 수 있음

　• 바이너리(Binary), 제어 코드를 포함한 모든 숫자와 문자를 처리할 수 있음

② 특징

　㉠ 한국어뿐만 아니라 외국어도 코드화 가능

　㉡ 1차원 바코드에 비해 좁은 영역에 많은 데이터를 표현할 수 있음(1차원 바코드: 30자, 2차원
　코드: 최대 3,000자)

　㉢ 2차원 바코드는 오류 정정기능이 내장되어 있어 코드가 오염된 경우 데이터 복원 가능

　㉣ 1차원 바코드의 경우 바코드가 손상·누락된 경우, 하단에 판독 가능한 문자가 있으나, 2차원
　바코드에는 데이터 판독불가 시 백업 기능이 없음

　㉤ 문자, 숫자 등의 텍스트는 물론 그래픽, 사진 등 다양한 데이터를 담을 수 있음

　㉥ QR 코드는 일본이 개발했으며, 나머지는 전부 미국에서 개발

5. 마킹의 일반 규정

① 바코드의 크기: 최소 축소치는 표준규격(가로 3.73cm, 세로 2.63cm)의 80%, 최대치는 표준규격
　의 200%까지 가능함. 최소 축소치에서의 세로 길이는 1.8cm까지 사용하도록 권장

② **여백**: 바코드 리더기는 바코드의 좌우 여백 부분을 통해 바코드의 시작과 종료를 알 수 있기 때문에 바코드 좌우에 반드시 밝은 여백이 있어야 판독이 가능

③ **바탕색**: 바코드의 바탕은 흰색으로 하여야 하고, Bar의 색상은 흑색, 군청색, 진한 녹색, 진한 갈색 등을 사용할 수 있음 → 붉은색, 노란색, 오렌지색 Bar는 불가

④ 제작 완료된 바코드 원판(필름 마스터)에는 항상 상하 좌우 4곳에 코너마크가 표시되어 있음

6. 바코드 인쇄 가이드라인

우리나라의 경우 현재 대한상공회의소 '유통물류진흥원'에서 바코드 부여 및 인쇄에 대한 가이드라인을 제시하고 있음

① **소매상품**: 상품의 뒷면 우측 하단에 바코드를 인쇄하는 것이 원칙

② **바코드 위치**: 일반적으로 상품의 가장자리에서 8~100mm의 거리를 유지

③ **상품이 원통형인 경우**: 가능한 바코드를 세워서 인쇄

④ **상품이 매우 얇은 경우**: 일반적으로 상품의 윗면에 바코드를 인쇄

⑤ **대형상품의 경우**: 앞면과 뒷면 2개의 바코드를 인쇄

⑥ **묶음상품의 경우**: 하나의 포장지에 각기 다른 GTIN을 입력한 2개의 바코드를 부착해서는 안 됨

⑦ 구석, 접지면, 주름진 곳, 이음매, 기타 고르지 않는 부위는 피하여야 하며, 가능한 매끄러운 표면에 인쇄

THEME 07 　판매시점 정보관리시스템(POS)

▶ Point 1 　POS의 개요

1. POS의 개념

① POS, 즉 판매시점(Point of Sales) 정보관리시스템은 주로 소매점포의 판매시점에서 수집한 POS 데이터를 통해 재고관리, 제품생산관리, 판매관리를 효율적으로 하려는 정보 의사소통방법을 의미

② POS 시스템은 치열해지고 소비자의 구조적 변화에 의한 상품서비스의 다양화 등 시장환경의 변화에 따라 소비자 동향에 대한 신속·정확한 파악의 필요성(상품관리·고객관리)으로 소스 마킹(Source Marking)의 보급과 함께 많이 도입되고 있음

2. POS 시스템의 기능 및 도입효과 ☆

① 기능

　㉠ **단품관리**: 상품을 제조회사별·상표별·규격별로 구분하여 각 상품정보를 수집·가공·처리하는 과정에서 단품(SKU)관리가 가능. 이를 위해 바코드가 상품에 부착되어 있어야 함

ⓒ **판매시점에서의 정보입력**: 상품에 인쇄되어 있는 바코드를 신속하고 정확하게 자동으로 판독함으로써 판매시점에서 정보를 곧바로 입력할 수 있음

ⓒ **정보의 집중관리**: 입력된 모든 데이터는 각종 정보로 가공되어 전략적 의사결정에 활용됨. 단품별 정보, 고객정보, 매출정보, 그 밖의 판매와 관련된 정보를 수집하여 집중적으로 관리할 수 있음

② **도입효과**

제조업체에 대한 효과	• 단위별 판매동향에 대한 정보수집과 이를 기초로 한 정보분석 • POS 자료와 기타 자료의 교차분석으로 자사제품의 시장정보 및 경쟁력을 파악 • 생산계획 및 보충계획을 효율적으로 세울 수 있음
소매업체에 대한 효과	• 체크아웃의 처리속도가 크게 빨라지고, 오퍼레이션 교육비 감소 • 오류등록을 최대한 방지할 수 있음 • ABC 재고분석이 가능하여 단품관리에 유리 • 전자주문시스템과 연계하여 신속한 주문이 가능 • 상품구색의 적정화에 따른 매출 증대

3. POS 시스템의 3요소

① **POS 터미널(POS Terminal)**: 매장의 계산대마다 설치되어 있는 것으로 금전등록기의 기능 및 통신기능을 갖춘 컴퓨터 본체와 모니터, 그리고 스캐너로 구성됨. 영수증을 발행하고 인쇄

② **스캐너(Scanner)**: 상품에 인쇄된 바코드를 자동으로 판독하는 장치로, 고정 스캐너(Fixed Scanner)와 핸디 스캐너(Handy Scanner)로 구분

③ **스토어 컨트롤러(Store Controller)**: 매장의 호스트컴퓨터로 매장에서 판매가 이루어지면 판매자료가 스토어 컨트롤러로 전송되며, 스토어 컨트롤러는 자동으로 판매파일, 재고파일, 구매파일 등을 갱신하고 기록하여 저장

4. POS 데이터의 분류

① **상품 데이터와 고객 데이터**

ⓒ **상품 데이터**: 얼마나 많은 양의 상품이 판매되었는가에 관한 금액자료와, 구체적으로 어떤 상품이 얼마나 팔렸는가에 대한 단품자료로 구분해서 수집·분석

ⓒ **고객 데이터**: 어떤 집단에 속하는 고객인가에 대한 고객층자료와 고객 개개인의 구매실적 및 구매성향 등에 관한 개인자료로 구분하여 수집·분석

② **점포 데이터와 패널 데이터**

ⓒ **점포 데이터(Store Data)**: 특정 점포에서 팔린 품목, 수량, 가격 그리고 판매시점의 판촉 여부 등에 관한 자료

ⓒ **패널 데이터(Pannel Data)**: 각 가정 단위로 구매한 품목의 수량, 가격 등에 대한 자료

5. POS 데이터의 분석과 활용

① 분석 내용 ★

POS 데이터의 분석 내용	POS 데이터 분석의 활용
• 매출분석 • 고객정보 분석 • 시계열분석 • 상관관계 분석	• **상품정보관리**: 매출관리, 상품구색, 판촉 등 • **고객속성정보**: 성별, 연령, 상품이력정보, RFM • **재고관리와 자동발주**: 단품관리, 재고관리 • **인력관리 활용**

② 활용단계

　㉠ **1단계**: 기본적인 보고서만 활용하는 단계로, 부문별·시간대별 매출액 보고서, 품목별·단품별 판매량 조회 등이 이루어지는 단계

　㉡ **2단계**: 상품기획 및 판매장 효율성 제고에 활용되는 단계로, 판촉분석, 선반진열의 효율성 분석, 손실분석, 재고회전율 분석, ABC분석 등이 행해짐

　㉢ **3단계**: CAO(Computer Assisted Ordering) 재고관리 단계로, 판매정보를 분석하여 발주량을 자동으로 추출

　㉣ **4단계**: 마케팅 단계로, 상품정보와 고객정보를 결합해서 판매 증진을 위한 다이렉트 마케팅을 실시

　㉤ **5단계**: 전략적 경쟁 단계로서 POS 데이터를 경쟁업자 데이터와 결합해서 전략적 경쟁수단으로 활용

 Tip

CAO(Computer Assisted Ordering): CAO는 POS 데이터를 통해 얻어지는 상품정보를 분석해 자동으로 생산 및 판매를 위한 발주정보를 제공해 주는 시스템을 말한다. CAO는 EDI 기반 정보시스템이기 때문에 유통업체와 제조업체가 규격화된 표준문서를 사용해야 하고, 인프라가 다를 경우 EDI 문서를 표준화해야 하며, 유통업체와 제조업체 간 데이터베이스가 다를 때도 동기화가 요구됨. 이를 위해서는 표준화된 전자문서교환이 가능하도록 EDI와 같은 소프트웨어를 통한 데이터베이스의 변환이 요구됨

THEME 08 EDI(전자문서교환)와 QR(신속대응) 시스템

> **Point 1** EDI의 개요

1. EDI의 개념

① 기업 간 교환되는 서식이나 기업과 행정관청 사이에서 교환되는 행정서식을 일정한 형태를 가진 전자메시지로 변환처리하여 상호 간에 합의한 통신표준에 따라 컴퓨터와 컴퓨터 간에 교환되는 전자문서교환시스템을 의미

② 유통거래, 원격 교육, 원격 행정업무, 홈쇼핑 및 홈뱅킹 등 다방면에 걸쳐 이용할 수 있는 전자통신방식을 의미하며, 통신망은 보안의 취약성 보완 측면에서 VAN 통신망을 이용

2. EDI의 목적

단순히 종이서류를 추방(Paperless)하는 데 있는 것이 아니라, 상품 수·발주에서의 착오를 줄이고 처리시간을 단축하며, 데이터의 이중 입력이나 문서작성 등의 번거로움을 줄여 유통업무 효율화를 기하는 데 그 목적이 있음

3. EDI 도입의 효과 및 문제점 ☆

① EDI 도입의 효과

    ㉠ 서류 없는(Paperless) 업무환경 조성으로 오류 감소 및 비용절감

    ㉡ 내부업무처리 절차의 개선

    ㉢ 주문사이클 단축, 재고관리비의 감소

    ㉣ 사무인력의 생산성 향상(업무처리시간 단축)

    ㉤ 고객의 요구에 효율적으로 대응

    ㉥ 물류정보의 신속한 유통에 따른 정보관리 강화

    ㉦ 데이터의 입력에 소요되는 시간과 오류를 줄일 수 있음

    ㉧ 주문기입 오류로 인해 발생되는 문제 및 지연을 없앰으로써 데이터 품질향상

    ㉨ 웹 EDI는 사용자가 특정 문서의 구조를 만들어 사용할 수 있기 때문에 타 업무 프로그램과의 연계가 용이

② EDI 시스템의 문제점

    ㉠ 주문내용을 변경하는 데 유연성이 떨어짐

    ㉡ EDI 도입이 안 된 곳은 서류를 통해 의사소통해야 함

    ㉢ 전송되는 정보에 관한 보안·통제의 문제가 있음

    ㉣ 여러 부서 사이에 상당한 수준의 협조가 요구됨

    ㉤ EDI는 표준화된 전자문서를 활용하므로 사용자가 가공하기 어려움

Point 2   유통과 EDI

1. 유통부문 EDI 서비스 내용

서비스	내용
거래정보	수·발주거래정보의 교환, 그 밖의 거래정보의 교환
전자결제	대금청구, 대금지급, 자동이체, 자금조회
본·지사정보	주문·판매·판매동향분석 관련 정보교환
신상품정보	유통되는 신상품의 정보수집 및 교환
기타	전자우편, 팩스, 부가서비스

2. XML/EDI

① 고객 간 발생하는 상품거래 과정에서 데이터의 전자적 교환을 활용, 영업, 수·배송 물류, 입출금, 생산연계 등의 광범위한 활동을 포함하며, XML/EDI는 이러한 활동을 통합적으로 지원하는 데이터의 교환방식 및 시스템 프레임워크(Framework)를 의미

② 데이터 전달에 초점을 둔 전통적인 EDI의 범위를 확대하여 전자상거래에 필요한 프레임워크를 제공한다는 면에서 전통적인 EDI에서 발전한 개념

> **Tip**
>
> 발전순서: Paper Document → EDI → EDI + VAN → XML/EDI

3. VAN(부가가치통신망)

① VAN(Value Added Network)은 통신사업자로부터 통신회선을 임차하거나 또는 통신사업자가 직접 보유한 통신회선에 정보처리기능을 결합하여 부가가치를 부여한 정보서비스를 제공할 수 있도록 구축된 통신망을 뜻함

② 단순한 전송기능은 물론 그 이상의 정보의 축적이나 가공·변환처리 등의 부가가치를 부여한 음성 또는 데이터 정보를 제공해 주는 광범위하고 복합적인 서비스의 집합으로 보안에 강하여 EDI 적용 시 함께 활용

③ 기존 VAN 기반의 EDI에 비해 웹 EDI, 즉 최근 활용되고 있는 인터넷 기반의 EDI의 통신비용은 VAN의 경우보다 매우 낮아 기업들이 인터넷에서 EDI 역량을 구축하고 있는 추세

 Point 3   QR(Quick Response) 시스템 ☆

1. QR(Quick Response)의 개념과 유용성

① 개념: 소비자 중심의 시장환경에 신속히 대응하기 위한 시스템으로서 생산에서 유통에 이르기까지 표준화된 전자거래체제를 구축하여, 기업 간의 정보공유를 통한 신속·정확한 납품, 생산 및 유통기간의 단축, 재고의 감축, 반품로스의 감소 등을 실현하게 됨

② 유용성: QR 시스템은 정보 흐름과 상품 흐름 사이의 통합된 고리로서, 대립관계에 있는 섬유의 유통업과 제조업이 협조하여 제조와 판매 사이를 직접 연결하는 정보 네트워크를 구축하여 파트너십을 형성

2. QR 시스템의 특징

① QR 시스템은 가장 먼저 의류 분야에 적용된 SCM에 해당
② EAN, POS, EDI 등의 정보기술을 활용
③ 섬유, 의류산업에서 활용되고 있음
④ 생산업체와 유통업체의 유기적인 상호협력이 필요
⑤ 제품 공급사슬상의 효율성 극대화 및 소비자 만족 극대화 제고를 목표로 함
⑥ 소매업자와 제조업자가 시장변화를 감지할 수 있음

3. QR 시스템의 도입효과

① 즉각적인 고객서비스를 통해 서비스의 질 향상 및 업무의 효율성과 소비자 만족 극대화
② 제품개발의 짧은 사이클화 이룩
③ 소비자 욕구에 신속대응하는 제품을, 정량에, 적정가격으로, 적정장소로 유통 가능케 함
④ 리드타임을 단축시키고 안전재고 감소
⑤ 상품 회전율 상승 및 상품 로스율 감소

4. QR의 성공요건

① 인적 요소
　㉠ 유통채널 업체 간 상호 협력하는 파트너십 구축
　㉡ 경영자의 고객 중심 사고로의 전환
　㉢ 소량 다품종 생산을 위한 종업원의 다기능화
　㉣ 생산자, 소비자, 유통업자 등의 이익 공유
② 비인적 요소
　㉠ 생산유통 단계에서의 효율화를 통한 낭비의 제거
　㉡ 전자문서교환(EDI), 소스 마킹, 정보 데이터베이스 등의 정보처리기술의 활용

| QR과 ECR의 비교 |

구분	QR	ECR
주체	제조업체	유통업체, 소매업체
요구사항	신속한 대응	효율적인 고객 대응
출현	1985년 섬유 및 의류업계 중심	1993년 식품, 잡화, 슈퍼마켓 중심
핵심	생산자 사이에 걸쳐 있는 유통경로상의 제약조건 및 재고를 줄임으로써 제품 공급체인의 효율성 극대화	제조업체 및 유통업체가 공급체인의 문제점을 개선하도록 협력관계 구축을 통하여 상호 이익 추구

THEME 09 데이터관리 Ⅰ

▶ **Point 1** 데이터 웨어하우스(Data Warehouse)

1. 데이터 웨어하우스의 개념

① W. H. Inmon은 데이터 웨어하우스를 경영자의 의사결정을 지원하는 주제 중심적(Subject-Oriented) 이고 통합적(Integrated)이며, 비휘발성(Nonvolatile)이고, 시간에 따라 변화(Time-Variant)하 는 데이터의 집합이라 정의

② Data Warehouse는 기업이 다년간의 활동을 통해 축적된 기업 내부 데이터와 기업활동을 위해 축적된 외부 데이터를 의사결정에 필요한 주제 영역별로 통합하여 다양한 방법으로 데이터를 분 석·활용하기 위한 통합정보시스템을 의미

③ 기업 내의 여러 부문에 널려 있는 개별 시스템들을 활용목적별로 통합하여, 마케팅이나 상품진열 방식 등의 의사결정에 유용한 정보를 보관해 놓은 대형 전자정보창고라고 할 수 있음

 Tip

파일의 데이터 계층구조: 비트(Bit) → 바이트(Byte) → 필드(Field) → 레코드(Record) → 파일(File)

2. 데이터 웨어하우스의 특징

① **주제지향성**: 데이터 웨어하우스는 고객, 제품 등과 같은 중요한 주제를 중심으로 그 주제와 관련 된 데이터들로 조직

② **통합성(일관성)**: 기존 운영시스템의 대부분은 데이터의 많은 부분이 중복됨으로써 하나의 사실에 대해 다수의 버전이 존재하지만 데이터 웨어하우스에서는 이러한 데이터들이 전사적인 관점에서 통합됨

③ **비휘발성**: 데이터는 일단 적재가 완료되면 일괄처리 작업에 의한 갱신 이외에는 DB에 삽입이나 삭제 등의 변경이 수행되지 않는다는 읽기 전용의 특징이 있음

④ **시계열성**: 데이터 웨어하우스는 시계열성(시간성) 또는 역사성을 지님. 즉, 일, 월, 연 회계기간 등과 같은 정의된 기간과 관련되어 저장

⑤ **접근가능성**: 데이터 웨어하우스는 컴퓨터 시스템이나 자료구조에 대한 지식이 없는 사용자들이 쉽게 접근할 수 있음. 조직의 관리자들은 그들의 PC로부터 데이터 웨어하우스에 쉽게 연결될 수 있어야 함

3. 데이터 웨어하우징(Data Warehousing)

① 개념: 데이터 웨어하우징은 데이터 웨어하우스에 있는 데이터들로부터 적합한 의사결정을 위한 데이터를 구축하고 활용하는 일련의 과정으로, 전사적인 아키텍처상에서 의사결정을 지원하기 위한 환경을 구축하는 것을 의미

② 데이터 웨어하우징의 특징

　㉠ 데이터 웨어하우징의 용도: 개방형 시스템 도입으로 여러 부문에 흩어져 있는 각종 기업정보를 최종 사용자가 쉽게 활용하여, 신속한 의사결정을 할 수 있도록 흩어져 있는 방대한 양의 데이터에 쉽게 접근하고 이를 활용할 수 있게 하는 기술

　㉡ 데이터 웨어하우징의 특징

　　ⓐ 주체 중심적 구조, 비갱신성, 통합된 내용, 시간에 따라 변화되는 값의 유지

　　ⓑ 데이터 웨어하우징의 구성요소: 기존 데이터의 변환·추출·통합과정, 데이터 웨어하우스에 로딩(Loading) 관리과정, 미들웨어, 사용자들의 액세스 과정

　　ⓒ 데이터는 의사결정지원을 위해 합리적인 정보만을 포함하는 세부 주제별로 조직화되며, 한 번 입력되면 사라지지 않으며, 데이터 웨어하우징 관련 응용프로그램들이 실시간으로 운영되진 않지만, 실시간 처리 역량은 구비되어 있음

4. 데이터 마이그레이션(Migration)

① 개념: 데이터 마이그레이션은 운영에 미치는 영향을 최소화하면서 안전하고 정확하게 스토리지 데이터를 선택, 준비, 추출, 변환한 후 다른 컴퓨터 저장시스템으로 이동시키는 프로세스

② 데이터 마이그레이션 기본단계: 데이터 선택 및 추출 → 데이터 변환 → 데이터 로드

▶ **Point 2**　데이터 마트

1. 데이터 마트의 개념 ⭐

① 소규모의 데이터를 추출하여 분석할 수 있도록 만든 부서 단위의 데이터 웨어하우스로, 데이터 웨어하우스 구축의 높은 비용 대비 낮은 비용으로 창출할 수 있음

② 주로 전략적 사업단위(SBU)나 부서를 위해 설계된 작은 규모의 데이터 웨어하우스를 말함

③ 기업 규모의 데이터 웨어하우스보다는 범위를 좁게 설정하여 구축한 시스템으로, 기업 전체보다는 특정 사업부문의 요구에 더 적합하고, 단위정보 수준의 변천과정보다는 의사결정지원 정보전달을 최적화하며, 요약하거나 샘플 데이터 관리에 초점을 맞추는 시스템

④ 관련된 기존 시스템의 정보를 추출, 변환, 저장하는 과정을 거쳐 업무 담당자 목적에 맞는 정보만을 모아 관리할 수 있도록 지원

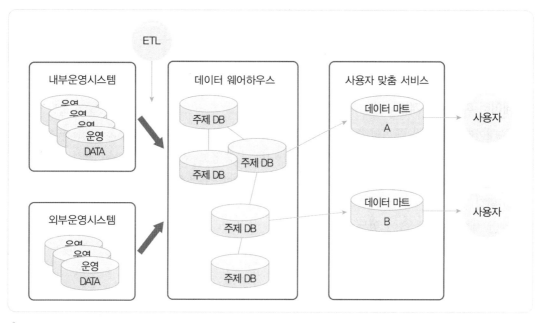

 Tip

데이터 웨어하우스와 데이터 마트의 역할: 데이터 웨어하우스와 데이터 마트의 역할은 흔히 유통업에 비유. 거래처리시스템이 데이터라는 상품을 생산하는 곳이라면, 데이터 웨어하우스는 이를 소비자들에게 판매하기 위해 체계적으로 분류해서 저장하고 분배하는 기능을 수행하는 도매상으로, 데이터 마트는 도매상과 소비자 사이에 위치하는 소매상으로 비유할 수 있음. 소비자들은 일상적으로 필요한 대부분의 물품들을 소매상으로부터 쉽고 빠르고 간편하게 구매할 수 있음

2. ETL(Extract, Transform, Load)

① ETL은 수집된 자료를 표준화시키거나 변환하여 목표 저장소에 저장할 수 있도록 도와주는 기술에 해당

② 데이터 웨어하우징 시스템에서 데이터는 데이터 웨어하우스에 입력되고, 내용물은 정보로 변환되며, 정보는 사용자가 이용 가능하도록 해줌. 내·외부 원천으로부터 데이터가 수송되는 영역에서 데이터의 추출(Extract), 변환(Transform), 적재(Load) 등의 프로세스가 일어나는데, 이를 약자로 ETL이라고 함

㉠ **추출**(Extract): 소스데이터 중 이행 대상 데이터를 변환 가능한 상태로 추출하는 작업

㉡ **변환**(Transform): 추출된 소스데이터를 타깃에 맞도록 가공하는 작업

㉢ **적재**(Load): 타깃에 맞추어 변환된 데이터를 실제 타깃에 Load함

 Tip

검증: 추출 → 변환 → 적재된 작업이 정상적으로 완료되었는지 확인하는 작업

THEME 10 데이터관리 Ⅱ

▶ Point 1 데이터 마이닝(Data Mining)

1. 데이터 마이닝의 개념 ☆

① 데이터 마이닝은 데이터 속에 숨어 있는 정보를 추출하여 연관 규칙(Association Rule), 신경망 (Neural Network) 등을 이용하여 분석하며, 유통정보 분석에 이용하는 과정

② 대량의 실제 데이터로부터 잠재되어 드러나지 않은 유용한 정보를 찾아내는 것

③ 특징

　㉠ 데이터 속에 숨어 있는 정보를 추출

　㉡ 인공신경망, 귀납규칙 등을 이용하여 분석

　㉢ 유통정보 분석에 많이 이용

　㉣ 숨겨진 상관관계 및 트렌드를 발견하기 위해 대규모 데이터를 분석

2. 데이터 마이닝의 기법

전통적 통계기법인 연관 규칙 분석이나, 순차적 패턴 분석과 같은 군집분석 등이 있으며, 의사결정나무 모형이나 전문가시스템 모형, 신경망과 같은 인공지능형 기법이 있음

3. 데이터 마이닝의 프로세스

① 데이터 추출(Sampling): 아무리 분석 도구가 좋아도 전체 자료를 모두 분석하는 데에 많은 시간과 비용이 소요되거나, 자료가 너무 많아 분석이 불가능할 경우에는 전체 자료를 대표할 수 있는 표본자료를 추출하여 사용

② 데이터 탐색(Exploring): 자료를 분석하기에 앞서, 추출된 자료의 전반적인 형태를 파악하는 단계로, 관심 있는 변수 특성에 따른 자료분포를 탐색하고, 시간과 연관된 자료는 시간에 따른 자료의 변화추이를 알아보는 것이 필요

③ 데이터 교정(Modifying): 전반적인 자료의 형태를 살펴본 후에 모형 개발에 필요한 변수를 선정하고, 필요한 경우 기존의 변수들을 이용하여 새로운 변수를 생성

④ 모형화(Modeling): 정보를 추출하고 모형을 개발하는(Modeling) 단계이며, 분석도구를 직접 적용하여 보는 단계로서 데이터 마이닝의 핵심단계

⑤ 모형평가(Assessing): 마이닝 도구를 이용하여 얻어진 모형의 설명력과 신뢰성 및 타당성에 관하여 평가

4. 데이터 마이닝 기법과 적용 ☆

① 연관성 분석(장바구니 분석): 교차판매(Cross-Selling), 매장진열, 첨부우편, 사기적발 등에 활용

② **군집분석**: 대규모의 전체, 개인 또는 개체 중에서 서로 유사한 것들을 몇몇의 소규모의 집단(군집)으로 그룹화하여, 각 집단의 성격을 파악함으로써 **데이터 전체 구조에 대한 이해를 돕고자 하는 탐색적인 분석**방법(인구통계학적 정보수집 → 집단분류 → 군집분석)

③ **의사결정나무**: 의사결정 규칙을 도표화하여 관심의 대상이 되는 집단을 몇 개의 소집단으로 분류하거나 예측

④ **인공신경망**: AI의 딥러닝을 통해 기업의 주가지수, 기업신용평가 등 내용분류 및 예측

 Tip

인공신경망 모형
1. 개념
   인간이 경험으로부터 학습해 가는 두뇌의 신경망 활동을 모방한 것
2. 특징
   • 자신이 소유한 데이터로부터의 반복적인 학습과정을 거쳐 패턴을 찾아내고 이를 일반화
   • 고객의 신용평가, 불량거래의 색출, 우량고객의 선정 등 다양한 분야에 적용
   • 신경망 분석은 질적 변수와 양적 변수에 관계없이 모두 분석이 가능하며 예측력이 우수하지만 결과에 대한 분류와 예측 결과만 보여주고, 결과 생성의 원인과 이유를 설명하기가 어려움

 Tip

머신러닝: AI의 하위 집합으로, 많은 양의 데이터를 제공하여 명시적으로 프로그래밍하지 않고 신경망과 딥러닝을 사용하여 시스템이 자율적으로 학습하고 개선

⑤ **텍스트 마이닝**: 반·비정형적이고 비구조적인 대량의 텍스트 데이터에서 특징을 추출하고, 추출된 특징으로부터 유용한 정보를 발견해 내도록 하는 기술

⑥ **오피니언 마이닝**: 웹사이트와 소셜미디어에 나타난 여론과 의견을 분석하여 유용한 정보로 재가공하는 기술. 텍스트를 분석하여 네티즌들의 감성과 의견을 통계·수치화하여 객관적인 정보로 바꿀 수 있는 기술. 정보를 바꿀 수 있는 기술로, 문서에 나타난 의견의 극성을 분석하는 감성분석이 중요

⑦ **웹콘텐츠 마이닝**: 웹사이트를 구성하는 페이지 내용 중 유용한 정보를 추출하기 위한 기법

⑧ **세분화(Segmentation)**: 유사한 제품과 서비스 또는 유사한 고객군으로 분류하는 기법

⑨ **개별화(Personalization)**: 인구통계학적 특성, 구매기록 등과 같은 데이터에 기반해 상품판매를 위한 개인화된 시장을 만들어 판매를 지원하는 기능

5. 데이터 마이닝의 활용

① 기업들이 좀 더 효율적인 CRM을 위하여 데이터 마이닝을 통해 자사의 고객에게 가장 적합한 모형을 찾아내어 마케팅에 적용하고 있음

② 데이터 분석을 통한 판매량 예측, 원인과 결과 분석, 특성에 따른 고객분류 또는 집단화하는 데 사용

Tip

데이터 마이닝 기법과 CRM에서의 활용
• 군집화 규칙 - 제품 카테고리(그룹핑)에 활용
• 분류 규칙 - 고객이탈 수준 등급분류에 활용
• 순차 패턴 - 로열티 강화 프로그램에 활용
• 연관 규칙 - 매장 내 진열 및 상품 패키지 구성 정보에 활용

Point 2 데이터 거버넌스

1. 개념

① 데이터 거버넌스는 조직 내에 있는 데이터를 정확하고, 안전하고, 쉽게 사용할 수 있게끔 만드는 모든 사람과 절차, 기술, 시스템을 의미
② 또한 데이터가 조직 내에서 가능한 한 많은 가치를 제공하도록 하기 위한 데이터의 효과적인 획득, 관리 및 활용과 관련된 관행, 정책 및 역할의 집합을 의미

Tip

데이터댐: 우리나라의 유무형 자산이나 문화유산, 국가행정 정보 등의 공공정보를 데이터화하여 수집·보관하고, 필요한 곳에 사용할 수 있도록 하는 것

2. 데이터 거버넌스가 필요한 이유

① 조직의 자원인 데이터를 안정적으로 보장하는 프로세스에 해당
② 조직 전체에서 고품질 정보를 사용할 수 있도록 지원
③ 데이터를 기반으로 의사결정을 내릴 수 있음
④ 데이터 거버넌스는 최근 비즈니스의 디지털 혁신을 주도
⑤ 일관되고 공통적인 절차와 책임을 통해 비즈니스가 어떤 이점을 얻을 수 있는지 제시
⑥ 데이터 거버넌스의 존재로 데이터의 신뢰성이나 효력이 유지되며, 데이터를 쉽게 찾을 수 있어 구성원들의 일상적 업무환경을 용이하게 함

3. 데이터 거버넌스 시스템 구현의 이점

① **우수한 비즈니스 의사결정지원**: 데이터 거버넌스를 통해 의사결정자는 정리되고 안정적인 데이터에 액세스할 수 있고, 이를 통해 일관되고 자신감 있는 결정을 내릴 수 있음
② **인력 효율성 증대**: 조직 전체에서 사용할 수 있는 표준화된 데이터를 통해 중복작업을 피할 수 있고, 조직의 전반적인 효율성을 높임
③ **데이터 보안**: 데이터 거버넌스는 데이터에 대한 더 높은 수준의 책임을 생성하며, 이를 통해 데이터 침해 또는 데이터 오용가능성이 줄어듦

④ 데이터 수익화: 기업은 수집 및 생성된 데이터를 최대한 활용하여 신뢰성 있고 표준화되고 분류된 데이터를 새로운 수익원으로 사용할 수 있음

⑤ 데이터 관련 위반 방지: 고도로 성숙한 데이터 거버넌스 프레임워크를 통해 모든 데이터 자산을 처리, 관리 및 소유하게 됨

THEME 11 개인정보 보호와 프라이버시

▶ Point 1 개인정보의 보호

1. 「개인정보 보호법」상 개인정보 보호원칙

① 개인정보 보호원칙 ★: 「개인정보 보호법」상 개인정보 보호 원칙(제3조), 개인정보 보호 중심 설계 (Privacy by Design) 원칙, AI 윤리기준(2020. 12, 과기정통부)의 핵심요건 등을 기반으로 AI 서비스 개발·운영 시 개인정보 보호의 기본이 되는 원칙을 도출

ⓐ 목적에 필요한 최소정보의 수집 및 처리 목적의 명확화

ⓑ 목적 범위 내에서 적법하게 처리, 목적 외 활용 금지

ⓒ 처리 목적 내에서 정확성, 완전성, 최신성 보장

ⓓ 권리침해 가능성 등을 고려하여 안전하게 관리

ⓔ 개인정보 처리 내역의 공개 및 정보주체의 권리보장

ⓕ 사생활 침해를 최소화하는 방법으로 처리

ⓖ 익명 및 가명 처리의 원칙

ⓗ 개인정보처리자의 책임준수, 신뢰 확보 노력

② 정보주체의 권리

ⓐ 개인정보의 처리에 관한 정보를 제공받을 권리

ⓑ 개인정보의 처리에 관한 동의 여부, 동의 범위 등을 선택하고 결정할 권리

ⓒ 개인정보의 처리 여부를 확인하고 개인정보에 대한 열람 및 전송을 요구할 권리

ⓓ 개인정보의 처리 정지, 정정·삭제 및 파기를 요구할 권리

ⓔ 개인정보의 처리로 인하여 발생한 피해를 신속하고 공정한 절차에 따라 구제받을 권리

ⓕ 완전히 자동화된 개인정보 처리에 따른 결정을 거부하거나 그에 대한 설명 등 요구할 권리

> 🛒 Tip
>
> 개인정보 오남용을 막기 위해 기업이 지켜야 할 규칙
> 1. 정보를 제공하는 고객에게 특정 목적 외에는 사용하지 않을 것이며, 다른 목적으로 사용 시에는 개인의 동의 없이는 사용하지 않을 것임을 알려줘야 한다.
> 2. 개인정보 수집의 원래 목적과 관련 없는 정보는 수집해서는 안 된다.
> 3. 기업은 허용된 기간만큼만 개인정보를 보관해야 한다.
> 4. 수집된 정보는 허용된 사람에게만 접근 가능하도록 해야 한다.

2. OECD 개인정보 보호 8원칙

① 수집제한의 원칙: 개인정보는 적법하고 공정한 방법을 통해 수집되어야 함

② 정보 정확성의 원칙: 이용목적상 필요한 범위 내에서 개인정보의 정확성, 완전성, 최신성이 확보되어야 함

③ 수집목적 명확화의 원칙: 개인정보는 수집과정에서 수집목적을 명시하고, 명시된 목적에 적합하게 이용되어야 함

④ 이용제한의 원칙: 정보주체의 동의가 있거나, 법 규정이 있는 경우를 제외하고 목적 외 이용되거나 공개될 수 없음

⑤ 안전확보의 원칙: 개인정보의 침해, 누설, 도용 등을 방지하기 위한 물리적, 조직적, 기술적 안전조치를 확보해야 함

⑥ 공개의 원칙: 개인정보의 처리 및 보호를 위한 정책 및 관리자에 대한 정보는 공개되어야 함

⑦ 개인참가의 원칙: 정보주체의 개인정보 열람·정정·삭제 청구권은 보장되어야 함

⑧ 책임의 원칙: 개인정보 관리자에게 원칙 준수 의무 및 책임을 부과해야 함

3. AI 관련 개인정보 보호 6대 원칙

① 적법성: 개발, 운영 시 개인정보의 처리 근거는 적법·명확해야 함

② 공정성: 사생활 침해와 사회적 차별 등이 발생하지 않도록 유의

③ 안전성: 개인정보는 안전하게 관리

④ 책임성: 개인정보의 처리에 대한 책임을 명확히 함

⑤ 투명성: 개인정보의 처리 내역을 알기 쉽게 공개

⑥ 참여성: 개인정보 처리에 대한 정보주체의 의견을 수렴하고, 권리를 보장

▶ Point 2   전자상거래의 안전과 개인정보 보호

1. 에스크로(Escrow)

① **개념**: 전자상거래의 안전성을 높이기 위해 거래대금을 제3자에게 맡긴 뒤 물품배송을 확인하고 판매자에게 지불하는 제도로, 구매자의 결제대금을 공신력 있는 사업자(에스크로 사업자)가 물품 배송을 확인하고 판매자에게 지불하는 제도. 전자상거래에서 발생 가능한 허위주문, 미배송 등의 피해를 방지하기 위한 매매 보호서비스

② **장점**: 구매자는 구매물품의 미배송 등에 따른 피해를 사전예방할 수 있으며, 쇼핑몰은 소비자에게 신뢰감을 줌으로써 매출 증대의 효과를 기대할 수 있음

2. SSL(Secure Sockets Layer)

① 인터넷 프로토콜이 보안 면에서 기밀성을 유지하지 못한다는 문제점을 극복하기 위해 Netscape 가 개발한 것으로, 인터넷 상거래 시 요구되는 개인정보와 신용카드 정보의 보안유지에 **가장 많이 사용**되고 있는 프로토콜. 최종 사용자와 가맹점 간의 지불정보 보안을 담당

② SSL은 정보보안 소켓계층으로 신용카드의 정보도용을 방지하기 위하여 개인정보인 카드번호 등을 암호화하여 주는 기술

3. SET(Secure Electronic Transaction)

① SET는 전자결제(지불) 프로토콜로서, 사이버캐시 방식을 발전시킨 것임. 카드이용자와 신용카드 회사, 상점 등이 연계하여 신용카드 결제를 효과적으로 처리하는 방식

② SET는 표준으로 인정을 받았으나 사용의 번거로움, 처리시간의 지연, 고비용 등으로 현재 **거의 활용되지 않고 있음** ☆

③ SET는 인터넷과 같은 개방 네트워크에서 안전한 카드결제를 지원하기 위하여 개발된 전자결제 프로토콜

④ SSL은 사용자 지불정보가 상점에 노출되나, SET는 상점에 지불정보가 노출되지 않음

⑤ 조작가능성 측면에서 SSL은 상점 단독으로 가능하나, SET는 다자 간의 협력이 필요

4. 쿠키(Cookies)파일

① 쿠키는 사용자가 방문한 웹사이트에서 사용자의 브라우저에 전송하는 작은 텍스트 조각으로, 쿠키 파일에는 PC 사용자가 인터넷을 사용한 기록들이 남게 됨

② 쿠키가 있으면 웹사이트에서 사용자 방문에 관한 정보를 기억하여 다음번 사이트 방문 시 번거로운 작업을 피하고 더 유용하게 사이트를 활용할 수 있음

③ 보안에 사용되는 쿠키 및 기타 기술 덕분에 사용자를 인증하고, 사기를 방지하며, 사용자가 서비스와 상호작용할 때 사용자를 보호할 수 있음

5. 블록체인(Block Chain)

① 데이터 분산처리 기술로 모든 사용자가 모든 거래내역 등의 데이터를 분산·저장하는 기술을 통칭하며, 비트코인의 거래 보안 기술로 시작

② 누적된 거래내역 정보가 중앙기관인 은행 서버에 집중되지 않고, 온라인 네트워크 참여자의 컴퓨터에 똑같이 거래원장 저장, 추가적인 거래가 일어나면 각 참여자의 승인을 받도록 함

③ 장부 자체가 인터넷상에 개방돼 있고 수시로 검증이 이뤄지기 때문에 해킹이 원천적으로 불가능한 장점이 있음

📋 Tip

암호화 방식

비밀키 암호화 기술	공개키 암호화 기술
암호화 속도가 빠름	암호화와 복호화 시 많은 시간이 소요
안전성을 위해 키(Key)를 자주 바꿔야 함	상대적으로 키 변화의 빈도가 적음
네트워크 사용자가 증가함에 따라 관리해야 하는 키의 개수가 증가	네트워크 사용자가 증가해도 상대적으로 관리해야 하는 키의 개수는 적음
상대적으로 키 분배가 어려움	안전한 키 분배가 용이

● Point 3 프라이버시(Privacy)

1. 개인정보 프라이버시(개인정보 자기결정권)

① 프라이버시는 개인이나 집단에 관한 정보를 다른 사람들에게 선택적으로 공개할 수 있는 권리

② 사생활의 비밀 내지는 자유와 유사한 소극적 개념으로 이해되던 프라이버시는 미연방대법원(1977)이 프라이버시에 관해 ㉠ 자신의 중요한 문제에 대해 자율적이고 독자적으로 결정을 내리고자 하는 이익 및 ㉡ 사적인 사항이 공개되는 것을 원치 않는 이익을 포괄한다고 정의하여, 개인정보에 대한 정보주체의 통제권으로서의 '정보 프라이버시(Informational Privacy)' 개념이 비로소 공식적으로 인정

2. 유통업체의 개인정보 활용 증대에 따른 소비자의 프라이버시 침해

① 유통업체가 지나치게 많은 개인정보를 수집하는 것에 대한 우려가 나타날 수 있음

② 유통업체의 정보시스템에 저장된 개인정보에 권한이 없는 부적절한 접근에 대한 우려가 나타날 수 있음

③ 유통업체에서의 인가받지 못한 개인정보에 대한 2차적 이용에 따른 우려가 나타날 수 있음

④ 유통업체가 보유하고 있는 개인정보의 의도적 또는 사고적인 오류에 대해 적절하게 보호되고 있는지에 대한 우려가 나타날 수 있음

3. 프라이버시 관련 데이터 3법의 주요 내용

데이터 이용을 활성화하기 위해서 개선이 필요한 「개인정보 보호법」, 「정보통신망 이용촉진 및 정보
보호 등에 관한 법률」(이하, 정보통신망법), 「신용정보의 이용 및 보호에 관한 법률」(이하, 신용정보법)
등 3가지 법률을 데이터 3법이라 함

법명	주요 내용
개인정보 보호법	• 가명정보 개념 도입 및 동의 없이 사용 가능한 목적 범위 구체화 • 가명정보 이용 시 안전장치 및 통제수단 마련 • 개인정보 관리·감독을 개인정보 보호위원회로 일원화
신용정보법	• 금융 분야 빅데이터 분석 이용을 법적 근거 명확화 • 신용정보 통합 조회(마이데이터) 도입 및 금융 분야 규제 정비 • 신용 주체자의 본인정보 통제 기능 강화
정보통신망법	• 온라인 이용자들의 개인정보 규제 감독권을 개인정보 보호위원회로 이관

4. 마이데이터(My Data)

① 마이데이터는 데이터 3법 발의 이후 개인데이터의 관리와 활용 권한이 정보주체인 개인에게 있음
   을 강조하는, 개인데이터 활용체계의 새로운 패러다임이라 할 수 있음
② 개인이 자신의 정보를 적극적으로 관리·통제하는 것은 물론 이러한 정보를 신용이나 자산관리
   등에 능동적으로 활용하는 일련의 과정을 말함
③ 마이데이터는 은행 계좌, 신용카드 내역 등의 금융데이터 주체는 금융사가 아닌 개인이며, 개인
   의 동의하에 여러 금융사에 흩어진 금융 내역을 통합관리할 수 있는 방안을 토대로 진행되는 사업
   을 말하기도 함
④ 마이데이터를 이용하면 각종 기관과 기업 등에 분산되어 있는 자신의 정보를 한꺼번에 확인할 수
   있으며, 업체에 자신의 정보를 제공해 맞춤 상품이나 서비스를 추천받을 수 있음. 국내에서는 시
   범 서비스를 거쳐 2022년 1월 5일부터 전면 시행
⑤ 개인데이터의 관리 및 활용체계를 기관 중심에서 사람 중심으로 전환한 개념

04 전자상거래(e-Business)

 **Point 1**　전자상거래(e-Business)의 개요

1. 개념

전자상거래는 일반 소비자뿐만 아니라 거래와 관련된 공급자, 금융기관, 정부기관 등과 같이 거래에 관련되는 모든 기관과의 비즈니스 행위를 말함. 생산자·중개인·소비자가 디지털 통신망을 이용하여 상호 거래하는 시장으로, 실물시장과 대비되는 가상시장을 통칭

> 📋 **Tip**
>
> **일반상거래 대비 전자상거래의 특성**
> • 고객과 대화형 비즈니스 모델로의 변이가 가능
> • 인터넷 비즈니스는 시간적, 공간적 제약 없이 실시간으로 운영 가능
> • 재고부담을 최소화하면서 기술 개발과 마케팅에 더 많은 투자
> • 동시다발적 비즈니스 요소가 성립하며, 포괄적 비즈니스 모델에 의한 운영이 가능

2. e-비즈니스의 특징

① 인터넷과 웹을 이용한 거래로 조직과 개인 간에 디지털 방식으로 수행
② e-비즈니스 확대로 유통경로상 생산자의 파워는 줄고 소비자의 파워가 증대
③ 정보 공개를 통한 오픈 경영 실시
④ 고객 데이터베이스를 기반으로 한 고객 맞춤형 서비스가 가능해짐
⑤ 모든 업무환경이 인터넷을 통해 이루어지므로 업무 통합현상이 나타남
⑥ 인터넷 효과를 통해 정보 비대칭 및 정보 불균형 문제를 감소시킴

3. 비즈니스 모델의 개발: 비즈니스 모델 캔버스

① 개념: 비즈니스 모델 캔버스(BMC; Business Model Canbas)는 비즈니스에 포함되어야 하는 9개의 주요 사업 요소를 한눈에 볼 수 있도록 만든 그래픽 템플릿을 말함

② 구성요소(9요소)

가치전달	1. 고객 세그먼트	고객세분화라 하며, 기업이 도달하고 서비스를 제공하고자 하는 다양한 사람 또는 조직 그룹
	2. 가치제안	고객의 문제를 해결해 주는 것 또는 고객 니즈를 충족해 주는 것
	3. 채널	기업이 가치제안을 전달하기 위해 고객 세그먼트와 소통하고 도달하는 방식
	4. 고객관계	기업이 특정 고객 세그먼트와 맺는 관계의 유형
가치생산	5. 수익원(+ 수익모델)	회사가 각 고객 세그먼트에서 수익을 창출하는 방식으로 판매, 임대, 수수료, 특허사용 계약 등
	6. 핵심자원	비즈니스 모델을 작동시키는 데 필요한 가장 중요한 자산을 뜻함
	7. 핵심활동	회사의 가치제안을 실행하는 데 가장 중요한 활동. 생산활동, 문제해결, 플랫폼 유지 및 보수 등
	8. 핵심파트너	비즈니스 모델을 작동시키는 공급업체 및 파트너의 네트워크를 말함
	9. 비용구조	비즈니스 모델을 운영하기 위해 발생하는 모든 비용

4. e-비즈니스 모델

① 비즈니스 모델 가치제안

　㉠ 가치제안(Value Proposition)이란 e-비즈니스를 통해 제공되는 제품 및 서비스에 대해 고객이 가질 수 있는 관심과 매력을 말함

　㉡ 가치제안은 e-비즈니스 모델의 핵심요소이며, e-비즈니스 모델을 구축하는 출발점에 해당

② 비즈니스 모델 유형: e-비즈니스 모델(e-Business Model)이란 인터넷과 웹을 기반으로 한 비즈니스 모델을 말함

　㉠ B2C(Business to Consumer): 개인 소비자들을 대상으로 제품 및 서비스 판매를 의미

　㉡ B2B(Business to Business): 기업 간의 제품 및 서비스 판매를 의미. 원자재 및 부품의 조달·유통 등을 처리하는 전자적 거래로 EDI, Extranet, 전자자금이체 등을 활용하며, e-비즈니스 유형 중 **80% 이상을 차지하는 가장 큰 규모의 전자상거래**

　㉢ C2C(Consumer to Consumer): 소비자들 간의 직접 거래를 의미

　㉣ C2B(Consumer to Business): 소비자가 개인 또는 단체를 구성하여 상품의 공급자나 생산자에게 가격, 수량, 서비스 조건을 제시하고 구매하는 역경매 형태의 비즈니스 모델

　㉤ B2G(Business to Gorvernment): 기업과 정부 간 전자상거래로, 정부조직에서 인터넷과 같은 전자적 매체를 통해 기업으로부터 필요한 물품을 조달하거나 법인세·부가가치세 등을 징수하는 것 등이 이에 해당

③ 폴 티머스의 가치사슬에 의한 비즈니스 모델 중 중요 유형

　㉠ 전자상점(e-Shop): 가장 기본적인 형태의 비즈니스 모델로, 기업이나 점포의 웹사이트를 이용한 마케팅 모델

ⓛ **전자조달(e-Procurement):** 인터넷을 이용해 입찰 및 협상을 통해 재화나 용역을 구매하는 모델로, 대부분 B2B 전자상거래의 모델임. 구매자 측면 공급선 선택폭 확대, 품질개선, 구매 소요비용 절감효과

ⓒ **전자경매(e-Auction):** 경매대상이 되는 제품·서비스 정보를 멀티미디어로 제공, 경매 입찰기능뿐만 아니라 계약, 대금결제, 배달기능 추가 가능한 사업모델

ⓔ **중개시장형:** 다양한 모델이 존재, 기존 오프라인 기업들의 웹 마케팅 외주 경향 증가에 따라 떠오르는 모델(제3장터)

④ Rappa의 9가지 비즈니스 모델

ⓐ **제휴수수료 모델:** 다른 웹사이트들과 제휴하여 고객에게 언제 어디서든 구매할 수 있는 기회를 제공하는 사업모델. 주 수입원은 제휴 사이트를 통한 구매 수수료 등

ⓛ **회비 모델:** 신문이나 잡지 '구독'과 같이 사용자들이 유료로 자사의 사이트에 가입하도록 유도, 사용자들이 콘텐츠 사용을 위해 지불하는 가입비가 주 수입원, **'콘텐츠의 품질'**이 중요

ⓒ **중개형:** 구매자와 판매자를 한곳에 모아 시장을 창출하여 거래를 할 수 있도록 지원, 중개인은 성사된 거래에 수수료를 부과함으로써 수입을 확보

ⓔ **정보중개형:** 고객 및 고객의 구매습관 정보를 수집하여 이를 가공 판매하는 형태. 고객 관련 정보는 무료의 인터넷 접속 및 서비스 제공을 통해 확보, 정보판매액이 수익의 원천

ⓜ **제조형:** 제조업자가 인터넷을 통해 중간상인 없이 직접 최종 소비자에게 제품·서비스를 직접 전달하는 형태. 비용절감, 유통망관리가 핵심요인(판매이익이 수익의 원천)

ⓗ **커뮤니티형:** 사용자들이 자사의 사이트에 커뮤니티를 생성할 수 있도록 지원하여 사업을 전개, 광고, 정보중개, 포털 서비스 등을 제공하여 수익원을 확보, 이용자의 충성도에 기초한 비즈니스 모델

ⓢ **가격지향형:** 저렴한 가격을 강점으로 한 비즈니스 모델(대량판매, 거래비용 절감)

ⓞ **편의지향형:** 쉽게 구매할 수 없거나 가격비교가 어려운 상품에 대한 편의성 제공을 통해 개발한 모델 예 Amazon, Barns & Noble 등의 서점

ⓩ **맞춤지향형:** 고객 개개인의 니즈에 적합한 1대 1 마케팅을 장점으로 하여 개발한 모델

5. e-비즈니스 수익의 원천 ☆

① **개념:** e-비즈니스 수익 원천이란 비즈니스의 결과로 얻어지는 수익창출의 방법

② **수익의 원천:** 광고수수료, 서비스 수수료, 거래수수료, 판매수익, 판매중개 수수료 등이 있으며, 일반적으로 수익모델들은 하나의 웹사이트에 복합적으로 적용

ⓐ **광고수익모델:** 광고를 게재시켜 주고 광고주들로부터 광고료를 수수하는 형태

ⓐ 웹 사용 초기, B2C 포털 사이트에서 주로 사용하기 시작해 대부분의 웹사이트로 보편화

ⓑ 광고수수료 책정 기준, 광고의 크기, 웹사이트 방문자 수, 노출시간

Tip

> 배너광고: 네트워크에 의한 수확체증 효과를 얻을 수 있는 가장 빠른 방법으로, 멀티미디어 기술을 이용해 밀접한 관련이 있거나 인지도가 높은 웹사이트에 자사의 광고를 끼워 넣은 형태

ⓒ 판매수익모델: 제품이나 서비스를 고객에게 직접 판매하여 수익을 창출하는 형태

- 판매수익모델 유형
  - 제품을 판매하는 유형: 인터넷 쇼핑몰
  - 웹사이트를 통해 서비스를 제공하는 유형: 서비스 이용료를 수익 원천으로 하는 모델
    콘텐츠 서비스, 이메일, 커뮤니티, 메신저, 홈페이지 개설, 웹하드와 같은 기능성 서비스

ⓒ 구독 모델(Subscription Model): 사용빈도나 양과는 관계없이, 가입하여 일정기간 단위로 콘텐츠를 비롯한 다양한 서비스를 제공하는 모델. 콘텐츠의 높은 부가가치 및 차별화 필요

ⓔ 거래수수료 수익모델

ⓐ 자사의 웹사이트를 통해 거래당사자들이 거래할 수 있는 환경을 제공하고, 거래성사 시 거래금액의 일부를 수수료로 받는 모델

ⓑ 경매 중개업체: 옥션, 주식 중개업체: E-Trade

ⓜ 판매중개 수익모델(=제휴수익모델): 인터넷 업체 간에 전략적 제휴에 의한 사전계약에 의해 구현되는 수익모델. 고객이 자사의 웹사이트에 링크된 타사의 쇼핑몰에서 구매한 경우, 타사로부터 구매액의 일정 비율을 받는 방식

ⓗ 무료/유료 수익모델: 기본적인 서비스나 콘텐츠는 무료로 제공하여 고객을 유인, 유료 서비스 구독료를 지불하는 고객으로 변환시키는 형태

 Tip

전자상거래 판매시스템 관련 용어
- **상향판매**(Up-Selling): 고객들이 구매하고자 하는 제품에 대해, 보다 고품질·고가의 상품을 고객들에게 제시해 주는 마케팅기법
- **역쇼루밍**(Reverse Showrooming): 고객들이 오프라인에서 제품에 대한 정보를 얻고 구매는 온라인을 통해 실행하는 행위
- **교차판매**(Cross-Selling): 한 기업이 여러 제품을 생산하는 경우, 고객의 데이터베이스를 이용하여 기업이 제공하는 다른 제품의 구매를 유도하는 전략
- **옴니채널**(Omni-Channel): 온라인과 오프라인 채널을 통합함으로써 보다 개선된 쇼핑환경을 고객들에게 제공
- **프로슈머**(Prosumer): 소비자 중 제조·생산과정에 영향을 미치는 자

▶ Point 2 　전자상거래 보안원칙

1. 전자상거래 보안의 4원칙 ★

① 기밀성(Confidentiality): 수신자 이외에는 데이터 보안유지를 하기 위해 특정 보안체계를 통해 데이터의 비밀성을 유지하는 것으로 인가된 사용자만 접근 가능

② 무결성(Integrity): 데이터의 변조를 방지하여 전달하는 것으로, 인터넷을 통해 송·수신된 정보가 송·수신 과정에 승인되지 않은 다른 사람에 의한 위·변조를 방지하는 것

③ 인증(Authentication): 송신자와 수신자의 진위를 파악하는 것으로, 통신시스템에서 서명이나 이메일이 실제로 정확한 곳에서 전송되어 오는지 확인하는 것

④ 부인방지(Non-Repudiation): 데이터를 송·수신한 자가 송·수신 사실을 추후에 허위로 부인하는 것을 방지하기 위해 송·수신 증거를 제공하는 것을 의미

2. 인터넷 보안문제와 해결책(보안방법)

발생문제	해결책(보안방법)
처리 중인 데이터를 가로채서 허가 없이 변경하는 경우	암호화
사용자가 부정행위를 위해 자신의 신분을 위장할 경우	인증
허가받지 않은 사용자가 네트워크에 접근하는 경우	방화벽

3. 옵트 아웃과 옵트 인

① 옵트 아웃(Opt out): 전자상거래 이용 고객이 기업에서 발송하는 광고성 메일에 대해 수신거부 의사를 전달하여 더 이상 광고성 메일을 받지 않을 수 있는 것

② 옵트 인(Opt in): 개인정보 수집을 허용하기 전까지 데이터 수집을 금지하는 것. 유통업체가 수행하는 마케팅 활동 중 소비자가 특정 유형의 개인정보 처리에 대해 구체적이고, 명시적이며, 사전적 동의를 표시하는 별도의 조치를 취한 경우에만 개인정보를 수집해서 활용하는 유형을 의미

4. 전자상거래 관련 용어

① 피싱(Phishing): 개인정보를 탈취하기 위해 금융 관련 사이트나 구매 사이트 등과 동일하거나 유사한 형태의 웹사이트를 만들고 이를 사칭하여 중요정보를 남기도록 유도하는 형태의 공격기법

② 파밍(Pharming): 사용자들로 하여금 진짜 사이트로 오인하여 접속하도록 유도한 뒤에 개인정보를 훔치는 컴퓨터 범죄

③ 바이럴 마케팅(Viral Marketing): 이메일이나 다른 전파 가능한 매체(블로그, 카페 등)를 통해 자발적으로 어떤 기업이나 기업의 제품을 홍보하기 위해 널리 퍼뜨리는 마케팅기법으로, 컴퓨터 바이러스처럼 확산된다고 해서 바이러스(Virus) 마케팅이라고도 함

④ 스미싱(Smishing): SMS와 피싱(Phishing)의 합성어로, 휴대폰의 텍스트 메시지를 이용해 바이러스를 주입시켜 개인정보를 빼내거나 다른 휴대폰으로 바이러스를 확산시키는 새로운 해킹기법

5. 전자상거래를 위협하는 요소

① 바이러스: 자체 복제되며, 특정 이벤트로 트리거되어 컴퓨터를 감염시키도록 설계된 컴퓨터 프로그램

② 트로이 목마: 해킹 기능을 가지고 있어 인터넷을 통해 감염된 컴퓨터의 정보를 외부로 유출하는 것이 특징

③ 애드웨어(Adware): 인터넷 광고주들이 컴퓨터 사용자의 동의 없이 광고를 보여줄 수 있도록 하는 것

④ 웜: 자체적으로 실행되면서 다른 컴퓨터에 전파가 가능한 프로그램

⑤ 스파이웨어: 이용자의 동의 없이 또는 이용자를 속여 설치되어 이용자 몰래 정보를 빼내거나 시스템 및 정상 프로그램의 설정을 변경 또는 운영을 방해하는 등의 악성행위를 하는 프로그램

⑥ 랜섬웨어: 사용자의 동의 없이 시스템에 설치되어서 무단으로 사용자의 파일을 모두 암호화하여 인질로 잡고 금전을 요구하는 악성 프로그램

Chapter

05 유통혁신을 위한 정보자원관리

THEME 13 ERP 시스템

Point 1 ERP의 개념 및 효과

1. ERP의 개념 ★

① ERP(Enterprise Resource Planning)는 회계, 인사관리, 구매, 생산, 유통 같은 **기업 내 여러 부서 간 경영정보를 통합하여 신속한 의사결정을 지원하는 시스템**. 최근 클라우드 기반의 ERP 솔루션을 통해 각 지점 및 온라인 Global 서비스가 가능하도록 발전하고 있음

② ERP는 1960년대의 자재소요계획(MRP)이 1980년대의 제조자원계획(MRPⅡ)을 거쳐 발전된 시스템

③ ERP는 기업의 목표를 달성하기 위한 일련의 활동을 한정된 자원을 이용하여 효율적으로 수행할 수 있도록 하는 경영혁신기법 중 하나에 해당

2. ERP의 효과

① 통합된 업무의 효율성으로 생산성 극대화 및 인건비와 재고관리비, 물류비 절감

② 고객 주문에 대한 빠른 회답 및 배송과 같은 고객서비스의 질적 제고

③ 수요예측, 생산계획 및 납품일정계획을 통한 고객서비스 증대

④ 의사결정 시간 단축 및 온라인 분석기능을 통해 정확한 의사결정 가능

⑤ 통계데이터에 의한 기업환경 변화에 사전 대처 가능

Point 2 ERP의 요소기술 및 시스템 구축

1. ERP 시스템 요소기술

① 클라이언트/서버시스템

② 객체지향기술

③ 개방형 시스템

④ 데이터 웨어하우스

⑤ 인터넷기술

2. ERP 구축 단계

분석 단계	현재의 업무를 파악하여 요구사항을 정리(AS-IS) → 향후 진행업무의 범위 및 일정을 고려하여 세부적인 목표와 일정 도출
설계 단계	분석단계 정리 내용에 대한 개선 계획 설계 → 향후(TO-BE) 구현될 ERP 시스템의 세부 UI, 기능, 예상 결과물을 정리
구현 단계	설계한 ERP 솔루션을 각 모듈별 개발 → 테스트를 통해 검증 → 구현 완료 후 시험 운영을 통해 오류 검증 → 향후 유지보수 일정 수립

• ERP 구축 비용의 영향 요인: ERP 시스템 구축 범위, 도입하려는 ERP 모듈 수, ERP 시스템 이용자 수, ERP 시스템 구축 프로젝트 추진 기간

THEME 14 · CRM 시스템

Point 1 · CRM의 개요

1. 개념

CRM은 개별고객에 대한 상세한 정보를 토대로 그들과의 장기적인 관계를 구축하고 충성도를 높여 고객생애가치(CLV)를 극대화하여 장기적인 고객관계 형성을 위해 도입

 Tip

전통적인 CRM과 소셜 CRM의 차이점: 소셜(Social) CRM은 완전히 새로운 것이 아니고, 기존의 전통적인 CRM이 SNS의 발전에 따라 적극적인 고객의 참여정보를 기반으로 진화한 형태

구분	전통적인 CRM	소셜 CRM
역할	고객서비스 담당자	모든 직원이 참여
기능	프로세스 중심	대화 중심
접근	고객과의 접점 관리	커뮤니티 관리
가치	고객과의 주기적인 접촉	지속적인 고객 관여
모델	간단한 고객과의 거래관계	광범위하고 복잡한 관계

2. CRM 시스템을 구축하는 이유

① 고객과의 장기적인 관계 형성 및 고객이탈 방지
② 거래 업무 효율화와 수익 증대
③ 의사결정 향상을 위한 고객에 대한 이해 활성화
④ 우수한 고객서비스 제공 및 확고한 유통 경쟁우위 점유

⑤ 신규고객 창출 및 기존고객 유지를 통한 비용절감

⑥ 맞춤 서비스의 제공

3. CRM 고객관리 추적 지표

판매지표	제품당 신규 판매 건수, 판매요청 건수, 유효한 판매기회 건수
고객서비스 지표	일별 평균 서비스요청 건수, 평균 고객불만 처리시간, 서비스요청 건수 등
마케팅 지표	신규고객 유치율, 기존고객 유지율, 유지된 고객 수, 잠재적 고객 수, 마케팅 캠페인당 반응 건수, 고객만족도 수준 등

4. CRM 구축절차

현황 파악 → 기반 구축 → 고객 이해 → 설계 → 개발 → 실행 → 검토

🍀 **Tip**

> **유통업체에서의 CRM 시스템 활용**
> 1. 의의
>   • 유통업체에서는 CRM 시스템을 활용해서 신규고객 창출, 기존고객 유지, 충성고객 개발에 활용
>   • CRM 시스템은 단기적인 측면보다는 장기적인 측면에서 매출 증대를 위해 활용
> 2. **유통업체의 CRM 활용 장점**
>   • 고객 데이터에 대한 다양한 분석을 통해 고객에 대한 이해도를 향상
>   • 유통업체의 경쟁우위 창출에 도움을 제공
>   • 유통업체의 판매, 서비스, 영업 업무 수행에 도움을 제공

 Point 2　　CRM의 요소기술(정보처리/관리기술) ★

1. OLAP(Online Analytical Processing): 온라인 분석시스템

① 개념: 최종 사용자가 **다차원 정보**에 직접 접근하여 대화식으로 정보를 분석하고 의사결정에 활용하는 과정과 시스템을 말함. 예를 들어 사용자가 자사의 매출액을 지역별·상품별·연도별로 알고 싶을 경우 활용할 수 있는 분석도구

　⊙ OLAP는 OLTP(Online Transaction Processing), 즉 온라인 거래처리에 상대되는 개념으로, OLAP 분석을 위해 활용되는 **정보의 형태는 다차원적**임

　ⓒ OLAP와 데이터 마이닝의 차이점: OLAP는 방대한 데이터를 다양한 관점과 차원을 통해 제시함으로써 의미 있는 형태로 해석할 수 있는 틀을 제공하는 반면, 데이터 마이닝은 한발 더 나가 군집화, 규칙추론, 최적화 분류 등 인공지능적 요소를 가미하여 특정 변수를 예측하고 변수들 간 규칙을 파악하는 데 초점이 있음

② 분석기능(Analysis Skill)

㉠ 피보팅: 분석 차원을 분석자의 필요에 따라 변경해서 볼 수 있는 기능

㉡ 필터링: 걸러서 원하는 자료만을 추출하기 위해서 이용되는 기능

㉢ 분해(Slice and Dice): 다양한 관점에서 자료를 분석 가능하게 하는 기능

㉣ 드릴링: 데이터의 깊이와 분석 차원을 마음대로 조정해 가며 분석하는 기능

- 드릴 다운(Drill down): 요약 자료의 상세정보를 확인하게 하는 기능
- 드릴 업(Drill up): 드릴 다운과는 반대로 사용자가 정보를 분석하는 것을 말함

㉤ 리포팅: 리포트 작성을 지원하는 기능

 Tip

CRM 데이터 분석
- In-Bound 분석: 고객으로부터의 걸려온 전화 문의, 인터넷 조회, 영업소 방문 등의 내용을 바탕으로 기존고객의 피드백이나 불만제기 내용 등을 분석, 가망고객 발굴
- Out-Bound 분석: 조사대상 고객에게 피드백이나 불만제기 내용 등을 직접 문의하여 분석하는 것

③ OLAP와 OLTP의 비교

구분	OLAP	OLTP
데이터의 구조	단순(사업분석에 적합)	복잡(운영시스템 계산에 적합)
데이터의 갱신	주기적/정적	순간적/동적
데이터의 내용	배치(Batch)성 데이터	실시간 데이터
데이터의 특성	주제 중심	거래 중심
데이터의 사용법	고도로 비구조화된 분석처리	고도로 구조화된 연속처리

④ OLAP와 데이터 웨어하우스

㉠ OLAP 서버는 데이터 웨어하우스 환경에서 **사용자에게 다차원 정보를 제공**하는 분석용 데이터 마트로 정의할 수 있음

㉡ OLAP는 데이터 웨어하우스보다 더 상세한 데이터까지 보유할 수 있으므로 데이터 웨어하우스를 대체하는 개념이 아니며, 보완하는 개념

㉢ OLAP 시스템은 사용자에게 일관되고 신속한 응답속도를 제공하기 위해 다차원 정보를 물리적인 공간에 잠시 저장할 수 있으며, 데이터 웨어하우스(혹은 데이터 마트)로부터 실시간적으로 다차원 데이터 구조를 생성할 수 있고, 또한 두 가지 기법을 병행할 수도 있음

2. 데이터 웨어하우스

데이터 웨어하우스는 사용자의 의사결정을 지원하기 위해 기업이 축적한 많은 데이터를 사용자 관점에서 주제별로 통합하여 별도의 장소에 저장해 놓은 데이터베이스로서, 사용자들이 자신의 업무를 보다 효과적으로 수행할 수 있도록, 그리고 정확한 정보에 근거한 의사결정을 할 수 있도록, 가능한 모든 정보의 저장소를 만드는 데 목적이 있음

3. 데이터 마이닝(Data Mining)

① **개념**: 데이터 웨어하우스 등 대용량의 데이터베이스로부터 패턴이나 관계, 규칙 등을 발견하여 유용한 지식 및 정보를 찾아내는 과정이나 기술로, 데이터 분석을 통한 판매량 예측, 원인과 결과 분석, 특성에 따른 고객분류 또는 집단화하는 데 사용하는 기술

② **고객정보 분석에 활용되는 데이터 마이닝 기법**

ㄱ **연관성 분석**: 데이터 안에 존재하는 품목 간의 연관성 규칙 발견

ㄴ **회귀분석**: 하나의 종속변수가 설명(독립)변수들에 의해서 어떻게 설명 또는 예측되는지를 알아보기 위해 변수들 간의 관계를 적절한 함수식으로 표현하는 통계적 방법

ㄷ **군집분석**: N개의 개체들을 대상으로 P개의 변수를 측정하였을 때 관측한 P개의 변수값을 이용하여 N개 개체들 사이의 유사성 또는 비유사성의 정도를 측정하여 개체들을 가까운 순서대로 군집화하는 통계적 분석방법

ㄹ **의사결정나무**: 의사결정 규칙을 나무구조로 도표화하여 분류와 예측을 수행하는 분석방법

③ **지식발견 접근방법을 위한 데이터 마이닝의 기능**: 분류(Classification), 예측(Prediction), 연관성(혹은 연합, Association), 순차패턴(혹은 배열, Sequence Pattern), 클러스터(혹은 군집, Cluster)로 나눌 수 있음

ㄱ **분류**: 가장 많이 활용되는 데이터 마이닝 작업기능으로 새로운 대상의 특징들을 조사하고 이를 미리 정해진 class 중 하나로 지정하는 것을 말하며, 의사결정트리, 신경망분석, 회귀분석 등을 통해 구현

ㄴ **예측**: 분류, 순차패턴과 유사하나 주로 어떤 흐름을 분석하고 이를 토대로 향후의 변화를 예측하는 데 이용

ㄷ **순차패턴**: 다양한 사건들 중 어떤 규칙성을 가지고 시차적으로 일어나는 사건의 패턴을 발견하는 것으로, 한 상품이 판매 후 이어서 판매될 가능성이 높은 상품을 판별하는 데 활용

ㄹ **연합(=연관성)**: 일반적으로 교차판매를 위해 사용되며, 다양한 사건들 중 2가지 이상의 사건이 동시에 일어날 가능성 및 연관성 있는 패턴을 발견하는 것을 말함

ㅁ **클러스터(군집)**: 여러 가지 다른 특성을 가지는 전체 데이터를 동질성을 가진 몇 개의 하위 군집/세그먼트로 나누는 것으로 군집분석과 신경망을 통해 구현

4. 데이터 큐브(Data Cube)

① **개념**: 데이터 큐브는 일반적으로 데이터를 쉽게 해석하는 데 사용되며, 큐브의 모든 차원은 특정 특성(예 일일/월간/연간 매출액)을 나타냄. 데이터 큐브에 포함된 데이터를 사용하면 데이터상의 모든 고객, 판매대리점, 제품 등과 관련된 모든 수치를 분석할 수 있고 이를 통해 추세분석과 효율성 분석 등에 활용할 수 있음

② **유형**: 관계형 데이터베이스 모델을 사용하는 관계형 OLAP와 다차원 배열로 패턴화된 구조를 기반으로 활용되는 다차원 OLAP가 있음

> **Tip**
>
> 맵리듀스(MapReduce): Google에 의해 고안되어 대용량 데이터 처리를 위한 병렬처리 기법의 하나로, 대용량 데이터를 분산처리하기 위한 목적으로 개발된 프로그래밍 모델임. 맵리듀스는 임의의 순서로 정렬된 데이터를 분산처리(Map)하고 이를 다시 합치(Reduce)는 과정을 거침

5. BI(Business Intelligence)

고객관리를 최적화하기 위해 활용되는 기술로, 의사결정자에게 데이터 마이닝이나 OLAP 등의 분석 도구를 통하여 적절한 시간, 적절한 장소, 적절한 방식으로 필요한 정보를 제공해 의사결정을 지원

▶ Point 3   고객충성도 프로그램

1. 고객충성도의 개념 ☆

① 고객충성도 또는 고객애호도란 한 기업의 제품 및 서비스에 대한 고객의 재구매의 정도와 구매한 상표에 대하여 갖는 애착 또는 애정의 정도를 의미하며, 충성도에는 행동적 충성도와 태도적 충성도가 있음

② 재구매율이 높은 고객을 충성도가 높은 고객, 즉 충성고객이라고 하는데, 충성도가 높은 고객은 재구매율이 높을 뿐만 아니라 가격에 덜 민감하게 반응

③ 고객충성도가 높은 고객이 많으면 많을수록 기업은 더 많은 수익을 창출할 수 있기 때문에 기업은 고객충성도를 높이고 지속적으로 구매를 유지할 수 있도록 해야 함

④ 고객충성도 프로그램에는 마일리지 프로그램과 우수고객 우대 프로그램 등이 있음

⑤ 고객충성도 프로그램은 단기적 측면보다는 장기적 측면에서 운영되어야 유통업체가 고객경쟁력을 확보할 수 있음

⑥ 고객충성도 프로그램 운영에 있어 금전적 혜택보다는 비금전적 혜택을 제공하는 것이 유통업체 측면에서 보다 효율적임

2. 고객충성도 프로그램의 필요성

① 기존고객의 이탈을 방지하기 위한 것으로, 고객이 원하는 제품 및 서비스의 품질, 고객의 기호 등을 파악하여 고객만족을 고려함으로써 고객과의 장기적 관계 구축을 위해 필요

② 자사의 고객에게 보상으로 특정 인센티브를 제공하거나 수익성이 높은 상품의 재구매율을 높이기 위해 고객의 기여도에 따른 인센티브 제공

③ 고객충성도 프로그램을 수행하는 이유는 충성고객을 확보하려는 것뿐만 아니라 고객과 고객의 상품구입정보를 수집하기 위함

Tip

> **머천다이징**(Merchandising): 고객충성도 프로그램 유형의 하나로 상품에 보조적인 서비스, 예를 들면 반지 구입 시 이름을 새겨주는 서비스 등을 부가시키는 방법으로, 상품 자체에 고객의 기호에 맞는 부가가치를 첨부시키는 서비스 제도

3. 정보기술

① e-CRM

  ㉠ e-CRM은 웹사이트를 방문하는 고객들의 로그파일을 분석해서 고객의 성향에 맞는 제품이나 콘텐츠를 실시간으로 추천해 주는 일종의 일대일(One-to-One) 마케팅 솔루션

  ㉡ 이를 위해 다양한 정보를 수집하고 분석하여 활용하는데, 고객이 인터넷을 서핑하면서 만들어 내는 고객의 '웹 로그'는 고객의 성향을 파악할 수 있는 훌륭한 정보가 됨

② 웹 로그 분석(Web Log Analysis)

  ㉠ 웹 로그(Web Log)

    ⓐ 웹사이트에 방문한 고객의 흔적(Log)인 유입자명, 유입경로 등 누가, 언제, 무엇을, 어디서, 어떤 경로로, 어떤 페이지를 방문했는지 등을 분석할 수 있는 도구로 이를 통해 고객의 성향을 파악할 수 있음

    ⓑ 웹사이트 방문자가 웹브라우저를 통해 사이트 방문 시, 브라우저가 웹서버에 파일을 요청한 기록과 시간, IP에 관련된 정보, 웹사이트에서 수행한 작업 등에 대한 기록

    ⓒ e-CRM은 단 한 명의 고객까지 세분화하여 고객의 개별화된 특성을 파악하고 이들 고객에게 맞춤 서비스를 제공하는 데 목적을 두고 구현함. 이를 위해 다양한 정보를 수집하고 분석하여 활용하는데, 고객이 인터넷을 서핑하면서 만들어 내는 고객의 웹 로그(Web Log)는 고객의 성향을 파악할 수 있는 훌륭한 정보가 됨

  ㉡ 액세스 로그(Access Log)

    ⓐ 액세스 로그란 방문자가 웹 브라우저를 통해 웹사이트에 방문할 때 브라우저가 웹서버에 파일을 요청한 기록을 시간과 IP 등의 정보와 함께 남기는 것

    ⓑ 액세스 로그는 웹사이트의 트래픽에 대한 가장 기초적인 정보를 제공하며, 서버로부터 브라우저에 파일이 전송된 기록이므로 Transfer Log라고도 함

    ⓒ 웹 마이닝(Web Mining): 웹사이트의 방문객이 남긴 자료인 웹 로그를 근거로 웹의 운영 및 방문 행태에 대한 정보를 분석하는 것

③ e-CRM의 성공적 도입을 위한 발전 전략

  ㉠ 다양한 커뮤니케이션 수단을 활용하여 고객접촉 경로의 다양화가 필요

  ㉡ 소비자의 트렌드를 분석하는 서비스 구사

  ㉢ 고객의 입장에서 꼭 필요한 콘텐츠 구성

  ㉣ 개인의 특성에 맞는 맞춤 서비스로 타사와의 차별화 전략

㉺ 커뮤니티, 오락 등 콘텐츠의 다양화를 통한 활성화 전략

∥ CRM의 분류 ∥

CRM 시스템의 종류	특징
분석 CRM	Data Warehouse, Data Mining, OLAP 등의 툴을 이용하는 백오피스 지향적인 CRM
운영 CRM	고객과의 접점에서 영업 및 마케팅 서비스를 수행할 수 있도록 지원하는 프론트 오피스 지향적인 CRM
협업 CRM	분석 CRM과 운영 CRM을 통합한 의미이면서, 인터넷과 콜센터, 모바일 등 고객과의 다양한 접점을 지원하는 CRM

THEME 15 공급사슬관리(SCM)

▶ Point 1 SCM의 개념과 필요성

1. SCM의 개념 ☆

① SCM(Supply Chain Management)은 가치사슬 개념을 기초로 원재료 조달, 생산, 조립, 유통에 이르는 관련 집단을 하나의 단위로 보고 물류와 정보의 흐름을 체계적으로 관리하여 **공급사슬 전체 흐름을 최적화**하여 효율성을 제고하는 기법

② SCM은 원재료 구매에서 최종 고객까지 전체 물류 흐름을 계획, 실시, 통제하는 통합적 관리기법임. 경쟁력 강화를 위해 기업 내부시스템을 공급자, 고객 등 외부시스템과 통합시키는 전략에 해당

③ 공급사슬 전체, 즉 제품·부품의 생산자로부터 사용자에 이르는 공급체인에 대하여 불필요한 시간과 비용을 절감하려는 관리기법

④ 최근 SCM은 6시그마, 제약이론(TOC; Theory of Constraints) 등의 영향으로 계속 진화하고 있음

 Tip

> **제약조건이론**: 제약조건이론은 SCM의 생산스케줄링의 핵심 엔진 중 하나로 활용됨. 제약경영을 통해 공급체인 전체의 최적화를 추구하는 기법. SCM을 통한 기업의 비용절감, 시스템 최적화의 목표를 달성

2. SCM의 필요성

① 각국 간 교역 증대, 교통규제 완화에 따른 운송비 절감 등으로 인한 공급경로 확대로 리드타임이 길어지는 현상에 능동적으로 대처하기 위해서

② 채찍효과로 알려진 정보의 왜곡과 재고과잉현상을 예방하기 위해서

③ 고객의 다양한 욕구에 맞춘 다품종·소량·다빈도 공급체계를 갖추기 위해서

④ 생산과 재고관리의 불확실성을 줄이고 고객만족도를 높이기 위해서

⑤ 치열한 국제경쟁에서 살아남을 수 있는 경쟁력을 갖추기 위해서

⑥ 인터넷, EDI 및 ERP와 같은 정보통신기술의 발전으로 인해 공급망관리를 통한 기업 간의 프로세스 통합이 가능하게 됨

3. SCM의 변화 방향

① 공급자 중심에서 고객 중심으로: 비용보다는 유연한 대응력, 즉 민첩성이 핵심요인
② 재고에서 정보로: 실질 수요에 대한 더 나은 가시성(Visiblity) 확보가 중요
③ 푸시(Push)에서 풀(Pull)전략으로: 생산자 중심에서 소비자 주문 또는 구매를 근거로 하는 풀 관행으로 이동
④ 운송과 창고관리에서 엔드투엔드 파이프라인 관리 강조: 가시성과 시간 단축 중요
⑤ 기능에서 프로세스로: 급변하는 환경에 다기능적이고 시장지향적인 프로세스에 초점

4. SCM 도입 효과

① 안전재고량 감소
② 수요와 공급의 불확실성 감소
③ 공급업체에 자재 품목별로 분리하여 주문 가능
④ 수주 처리기간의 단축
⑤ 제조업체의 생산계획이 가시화되어 공급업체의 자재 재고 축소 가능
⑥ 채찍효과의 감소로 유통경로 전체의 효율성 제고
⑦ 정보의 가시성 증가

▶ Point 2 SCM의 유형 ★

1. 산업별 SCM의 유형

① 신속대응(QR; Quick Response): QR은 미국의 패션 산업이 공급사슬의 흐름을 개선하기 위해 소매업자와 제조업자의 정보공유를 통해 효율적인 생산과 공급사슬 재고량을 최소화시키려는 전략
　㉠ QR 도입으로 기업은 **리드타임의 감소**, **재고비용의 감소**, 판매 증진 등의 기대효과 증가
　㉡ QR의 핵심은 유통업체가 제조업체에게 판매된 의류에 대한 정보를 매일 정기적으로 제공함으로써 제조업체로 하여금 판매가 부진한 상품에 대해서는 생산을 감축하고 잘 팔리는 상품의 생산에 주력할 수 있도록 하는 데 있음
② 효율적 소비자 대응(ECR; Efficient Consumer Response)
　㉠ ECR은 식료품 제조업체와 슈퍼마켓과 같은 유통업체가 효율적 소비자 대응 활동을 통해 보다 저렴한 가격으로 상품을 제공하고 **고객만족도**를 높이기 위한 협력
　㉡ 공급사슬을 기존의 Push방식에서 Pull방식으로 변화시키고, POS 시스템 도입 등 자동적으로 제품을 충원하는 전략

- 신선식품부문(EFR; Efficient Food service Response)
- 의약품부문(EHCR; Efficient Healthcare Consumer Response)

구분	QR	ECR
주체	제조업체	유통업체, 소매업체
요구사항	신속한 대응	효율적인 고객 대응
출현	1985년 섬유 및 의류업계 중심	1993년 식품, 잡화, 슈퍼마켓 중심
핵심	생산자 사이에 걸쳐 있는 유통경로상의 제약조건 및 재고를 줄임으로써 제품 공급체인의 효율성 극대화	제조업체 및 유통업체가 공급체인의 문제점을 개선하도록 협력관계 구축을 통하여 상호 이익 추구

2. 기타의 SCM 추진 유형 ☆

① 크로스도킹(CD; Cross Docking)
  ㉠ 크로스도킹은 1980년대 미국의 Wal-Mart가 식품의 신선도 저하 방지를 위해 최초로 도입한 시스템으로, 창고나 물류센터에서 수령한 제품을 재고로 보관하지 않고 즉시 운송할 준비를 하는 물류시스템을 의미
  ㉡ 크로스도킹이 도입되면 물류센터는 보관거점의 기능에서 탈피할 수 있고, 물류센터에서 제품이 머무르는 시간을 줄여 고객서비스를 개선할 수 있는 장점이 있음
  ㉢ 크로스도킹을 실현하기 위해서 ASN(Advanced Shipping Notice, 사전출하지시서)과 JIT(Just in Time) 환경이 필요

② CRP(Continuous Replenishment Program)
  ㉠ CRP는 지속적인 상품보충 또는 연속적 재고보충으로, 유통공급망 내의 주문량에 근거한 상품의 판매 데이터를 근거로 하여 적절한 양을 항시 보충해 주는 시스템
  ㉡ CRP는 공급업자와 소매업자 간에 POS 정보를 공유하여 별도의 주문 없이 공급업자가 제품을 보충할 수 있음
  ㉢ 연속 재고보충 계획전략(CRP)은 e-SCM 추구전략 중, 고객이 상품을 주문한 후 상품을 받을 수 있기를 기대하는 도착시간인 고객허용 리드타임이 실제로 공급업체로부터 유통경로를 거쳐 고객에게 배달되는 총시간인 공급 리드타임보다 짧은 경우에 활용할 수 있는 전략

③ CPFR(Collaborative Planning, Forecasting and Replenishment): **협력적 계획, 예측 및 보충 시스템**은 판매·재고 데이터를 소비자 수요예측과 주문관리에 이용하고, 제조업체와 공동으로 생산계획에 반영하는 등 제조와 유통업체가 예측·계획·상품보충을 공동으로 협업하는 업무 프로세스로 최근 각광받고 있는 SCM 공급 측면 응용기술

> **Tip**
>
> [활용예] 월마트는 점포가 위치한 해당 지역의 고객정보를 많이 가지고 있고, 모기약 공급사인 워너램버트사는 자사의 제품정보에 강점을 가지고 있다. 따라서 이들을 이용한 CPFR로 알려진 새로운 프로그램을 도입하여, 월마트의 수요예측 정확성이 크게 향상되었다.

④ **공급자주도 재고관리**(VMI; Vendor Managed Inventory)

　㉠ VMI는 지속적 상품보충(CRP) 기법의 하나로, 유통업체가 제조업체에게 판매와 재고에 관한 정보를 제공하면, 제조업체가 이를 토대로 과거 데이터를 분석하고 수요를 예측하여 상품의 적정 납품량을 결정하는 시스템

　㉡ POS(Point of Sales) 판매정보가 실시간으로 공급업체에 제공되어 판매, 생산정보의 동기화로 생산계획수립의 안정화와 공급의 안정화를 도모

　㉢ VMI의 기대효과: 비즈니스 가치 증가, 고객서비스 향상, 재고 산정의 정확성 향상, 재고회전율 증가, 공급자와 구매자의 공급사슬 운영의 원활화

⑤ **연기**(Postponement)**전략**: 공장에서 제품을 완성하는 대신 시장 가까이로 제품의 완성을 지연시켜 소비자가 원하는 다양한 수요를 만족시키는 전략적 지연을 의미

▶ Point 3　SCM의 구축

1. SCM을 위한 정보기술

SCM을 위한 정보기술로는 데이터 웨어하우스, 데이터 웨어하우징, 데이터 마이닝 등이 있고, SCM이 효율적으로 활용되기 위해서는 EDI에 기반을 둔 POS가 구축되어야 함

2. SCM 프로세스의 구축

① **고객관계관리**(CRM) **프로세스**: 공급사슬에서 유통업자 또는 직판모델 보유 제조업자가 고객과 접촉하는 프로세스. 이 프로세스는 고객의 상품에 대한 반응을 즉각적으로 파악 가능

② **공급자관계관리**(SRM) **프로세스**: 다양한 제품을 위한 공급자의 선정, 가격과 배송조건에 대한 협상, 공급자의 수급계획의 공유, 재고보충 주문의 발주 등 공급자와 사용기업의 정보 및 프로세스 흐름의 가시성 제고

③ **고객서비스관리 프로세스**: 고객이 상품에 대한 구입계약을 할 경우, 공급사슬에서는 유통업자에서 제조업자, 원재료 공급자에 이르기까지 정보가 제공

④ **제조흐름관리 프로세스**: 주문에 의한 생산방식을 이용, Push방식에서 Pull방식으로 변화된 시스템을 이용하므로 원재료 조달비 절감, 생산비 절감, 재고비 절감 등이 가능

⑤ **주문관리 프로세스**: 제품이 제조업체에서 유통업체에 이르기까지의 물류관리에 관련된 프로세스로, 지속적인 제품 충족을 통해서 재고 결품을 방지하고, 상품을 적시에 조달하는 효율적인 재고관리를 통해 재고비용을 절감시키는 역할을 함

▶ Point 4 　채찍효과(Bullwhip Effect) ★

1. 채찍효과의 개념

채찍효과(Bullwhip Effect)는 공급사슬에서 최종 소비자로부터 멀어져 상류로 갈수록 정보가 지연되거나 왜곡되어 수요와 재고의 불안정이 확대되는 현상

2. 발생원인

채찍효과의 주요 원인으로는 여러 부문에서의 ① 중복적인 수요예측, ② 일괄주문(Batch Order)에 의한 주문량의 변동 폭 증가, ③ 결품에 대한 우려로 경쟁적인 주문 증대에 의한 가수요, ④ 고가 또는 저가정책에 의한 선행 구입, ⑤ 긴 리드타임 등을 들 수 있음

3. 해결 방안

① 공급사슬 전반에 걸쳐 수요 정보를 집중화하고 공유하여 불확실성 제거
② 안정적인 가격을 유지할 수 있는 상시저가(EDLP; Every Day Low Pricing)전략 활용
③ 공급사슬 구성원 간 정보의 실시간 공유
④ 주문 리드타임(Lead Time)과 주문이 처리되는 데 소요되는 정보 리드타임 단축
⑤ 정보가 공유되고 공급사슬상에서 재고가 관리되기 위한 전략적 파트너십 구축

THEME 16 　SCM 전략과 정보시스템

▶ Point 1 　SCM 전략

1. 수요의 불확실성에 따른 공급사슬전략

① 효율적 공급사슬과 대응적 공급사슬
　㉠ 효율적 공급사슬(Efficient Supply Chain)
　　ⓐ 개념: 효율적 공급사슬은 제조기업 중 제품수명주기가 길어 수요가 안정적이고 예측 가능한 경우 비용절감 및 효율적 운영을 위해 취하는 공급사슬기법
　　ⓑ 특징: 저비용을 위한 재고의 최소화, 높은 가동률을 통한 낮은 비용
　㉡ 대응적(반응적) 공급사슬(Responsive Supply Chain)
　　ⓐ 개념: 공급사슬 유형 중 의류와 같이 제품수명주기가 짧고 고객의 수요 변동성이 큰 경우, 시장수요 변화에 대해 민감하고 유연하게 반응하도록 설계된 공급사슬
　　ⓑ 주요 목표: 재고품절, 시즌 말 가격할인 등을 최소화하기 위해 예측 불가능한 수요에 신속하게 대응하는 것

‖ 효율적 공급사슬과 대응적 공급사슬 비교 ‖

구분	효율적 공급사슬	대응적 공급사슬
주요 목표	최저가격으로 예측 가능한 수요에 효율적으로 공급	예측 불가능한 수요에 신속하게 대응
제품디자인	비용 최소화를 달성할 수 있는 제품디자인 성과극대화	제품 차별화를 달성하기 위해 모듈(Module) 디자인 활용
가격전략	저가격, 저마진	고가격, 고마진
재고전략	높은 재고회전율과 재고 최소화	부품 및 완제품 안전재고 유지
생산전략	높은 가동률	유연한 생산능력
공급자전략	비용과 품질	속도, 유연성, 신뢰성, 품질
리드타임 초점	비용 증가 없이 리드타임 단축	비용이 증가되더라도 리드타임 단축

② 리스크풀링 전략(Risk Pooling Strategy)

　㉠ 리스크풀링: 여러 지역의 수요를 한곳에서 통합적으로 관리하면 수요의 불확실성이 상대적으로 감소하게 된다는 것을 말함

　㉡ 기업은 분산 운영되던 물류거점을 통합관리함으로써 적은 양의 재고로도 수요의 불확실성에 효과적으로 대응할 수 있게 됨

　㉢ 리스크풀링 효과로 인해 기업은 안전재고가 감소하고 관련 물류비 절감효과 발생

2. 지연전략(Postponement Strategy) ★

① 개념

　㉠ 지연전략이란 생산 프로세스에서 제품들이 서로 차별화되는 시점을 가능한 한 판매시점에 가깝게 지연시키는 전략으로, 연기 또는 유예전략이라 함

　㉡ 제품에 대한 변동성이 큰 경우, 공장에서 제품을 완성하는 대신 시장 가까이 이동해 제품의 완성을 최대한 지연시켜 소비자가 원하는 다양한 수요를 만족시키기 위한 전략

　㉢ 지연전략은 고객의 수요를 제품설계에 반영하기 위해 완제품 형태가 아닌 반제품 형태로 제품의 완성을 최대한 지연시키는 전략

② 유형

　㉠ 투기전략: 수요예측에 의해 표준화된 제품을 생산 후 시장에 가까운 입지에 보관하는 전략

　㉡ 제조지연전략: 특정된 제품으로 구체화하지 않고 범용적 사용이 가능한 상태로 유지

　㉢ 물류지연전략: 생산된 제품을 전략적 위치에 집중하여 재고로 유지, 주문 이후 완성품으로 조립하는 전략

Point 2 SCM과 정보시스템

1. 공급사슬계획(SCP; Supply Chain Planning)

① 공급사슬계획(SCP)은 SCM을 구축하고 있는 소프트웨어 구성요소 중 의사결정과 계획수립을 지원하는 것으로 수요예측, 생산계획, 생산일정계획 및 재고보충계획 등이 있음

② 전략적 계획수립, 수요예측 및 자동재고보충을 위한 CPFR(Collaborative Planning, Forecasting and Replenishment), 협력업체와 생산계획을 공유하는 APS(Advanced Production Scheduling), 유통기관 수요배분을 위한 DRP(Demand Resource Planning) 등

2. 공급사슬실행(SCE; Supply Chain Execution)

공급사슬실행(SCE)은 주문처리 및 SCM을 통합적으로 실행·관리하기 위한 OMS, WMS, TMS 등으로 구성되며 공급자 선정, 수·배송 업체 선정, 재고수준 결정, 채널 간 정보공유 등의 의사결정을 담당

3. SCP와 SCE의 비교

SCP(Supply Chain Planning)	SCE(Supply Chain Execution)
• 수요계획(Demand Planning)	• 주문관리(OMS)
• 생산계획(Manufacturing Planning)	• 창고관리(WMS)
• 재고계획(Inventory Planning)	• 운송관리(TMS)
• 재고보충계획(Replenishment Planning)	• 공급자 선정 및 배송업체 선정
• 스케줄링(Scheduling)	• 재고수준 및 채널 간 정보공유 수준

Point 3 SCM의 성과측정 ☆

1. 공급사슬운영참조(SCOR; Supply Chain Operations Reference)

① 개념: SCOR은 공급사슬 프로세스의 모든 범위와 단계를 포괄하는 참조모델로 공급사슬의 회사 내부기능과 기업 간 공급사슬 파트너 사이의 의사소통을 위한 언어로서, 공통의 공급사슬 경영프로세스를 의미

② 기본관리 프로세스의 성과지표: SCOR 모델에서는 **계획(Plan), 조달(Source), 제조(Make), 배송(Deliver), 반품(Return)**의 5가지 기본관리 프로세스를 가지고 있음

> **Tip**
>
> 1. 균형성과표(BSC; Balanced Score Card): 균형성과표(BSC)는 **재무적 지표뿐만 아니라 고객, 내부 프로세스, 학습·성장** 등 4분야에 대해 측정지표를 선정해 평가한 뒤 각 지표별로 가중치를 적용해 산출하며, **비재무적 성과까지 고려**하고 성과를 만들어 낸 동인을 찾아내 관리하는 것이 가장 큰 특징
> 2. 균형성과표의 특징
>   - 캐플란과 노튼에 의해 정립된 이론
>   - 재무적 관점은 정량화된 수치로 표현하는데 재무적 측정지표들을 이용
>   - 시장점유율, 고객확보율, 고객수익성 등은 대표적인 고객 관점에서 목표와 측정지표를 제시
>   - 지식경영과 가장 밀접한 관점은 학습 및 성장 관점으로 다른 관점에서 설정한 목표치를 달성할 수 있도록 중요한 기반을 제공
>   - 성과 측정을 하는 이유는 보다 나은 공급사슬을 설계하고, 잘못된 부분의 성과를 개선하기 위해서임

③ SCOR은 내부적 관점(기업 측면)에서는 비용과 자산 측면을, 외부적 관점(고객 측면)에서는 유연성, 반응성, 신뢰성을 통하여 SCM의 추진성과를 측정

▶ Point 4 e-SCM

1. e-SCM의 개념

① IT를 활용하여 물자의 흐름을 한눈에 파악할 수 있도록 구축된 SCM으로, 공급사슬은 기업의 물자·정보·자금 등이 가치사슬을 따라 이동하면서 부가가치를 창출하는 과정
② 인터넷 기반의 e-SCM을 위해서는 SCM의 계획수립, 공급사슬 관계의 설정과 협력체제 구축, SCM 솔루션(ERP, SCP/SCE, EC 등)의 통합 등 필요
③ e-SCM을 위한 정보시스템으로 대표적인 것은 지속적 상품보충(CRP), 자동발주시스템(CAO), 크로스도킹(Cross Docking), 전사적 자원관리(ERP) 등

2. e-SCM의 목표

① 디지털 환경으로 등장한 새로운 패러다임에 부합할 수 있도록 원재료, 부품, 정보 흐름을 리엔지니어링하는 것
② 디지털 기술을 활용하여 판매, 원재료, 구매, 제조, 물류 등을 동기화하는 것
③ 이를 통해 고객에 대한 대응능력을 높이고 새로운 서비스를 제공하여 고객만족도를 높이는 것

3. e-SCM의 기대효과

① 원자재·시간·인력 등에서의 낭비요인 제거
② 적절한 상품·수량·장소·시간 등(7R)으로 서비스함으로써 물류의 품질 제고
③ 실시간 조달 및 리드타임의 단축
④ 거래·투자비용의 최소화

⑤ 자동보충을 통한 재고감축

⑥ 고객 맞춤형 서비스 제공(Customization)

⑦ 수평적 사업기회의 확대

THEME 17 신융합기술의 개념 및 활용 Ⅰ

▶ Point 1 빅데이터

1. 빅데이터의 개념

① 빅데이터는 기존 데이터베이스의 능력을 넘어서는 대량의 정형화된 자료뿐만 아니라 비정형의 데 이터 집합까지 포함하는 데이터로부터 가치 있는 정보를 추출하고 결과를 분석하는 기술

② 비정형화된 데이터 분석에 더 큰 포커스를 맞추며, 타당성(Validity), 신뢰성(Veracity) 확보가 유용한 가치창출을 보장할 수 있음

③ 유통업체에서 보다 탁월한 의사결정을 위해 활용하는 비즈니스 애널리틱스(BA; Business Analytics) 중 하나로 고차원적 의사결정을 지원하는 기술

2. 빅데이터의 특성(3V, 7V)

① 3V

㉠ 규모(Volume): 데이터의 크기

㉡ 다양성(Variety): 다양한 종류의 데이터를 수용할 수 있는 특성

㉢ 속도(Velocity): 데이터를 빠르게 처리·분석할 수 있는 능력

② 7V

㉠ 가치(Value): 빅데이터 분석을 통해 얻을 수 있는 비즈니스적 유용성

㉡ 신뢰성(Veracity): 분석된 데이터에 부여할 수 있는 신뢰의 정도

㉢ 정확성(Validity): 특정 의사결정을 내리는데 타당성 있는 데이터인지 판단하는 속성

㉣ 휘발성(Volatility): 데이터가 얼마나 오래 저장되고, 타당하게 활용될 수 있는지 여부

3. 빅데이터의 형태별 분류 ☆

① 정형데이터(Structured Data): 데이터를 다루는 사람이라면 흔하게 보게 되는 형식의 데이터로 구조화된 관계형 데이터베이스(RDB), 스프레드시트, CSV 등이 이에 해당

예 고객정보, 상품 판매수량과 같이 일정한 형식에 맞춰 저장되는 자료집합

② 비정형데이터(Unstructured Data): 형태가 없으며, 연산도 불가능한 데이터를 말하며, 소셜데이터(트위터, 페이스북), 영상, 이미지, 음성, 텍스트(word, PDF) 등이 이에 해당

　　예 트위터, 페이스북 같은 SNS 정보, YouTube 콘텐츠, 음원, PDF 문서 등

 Tip

비정형적 데이터를 자동으로 수집하는 기술: 웹크롤링(Web Crawling), 센싱(Sensing), RSS리더(Reader), 로그수집기

③ 반정형데이터(Semi-Structured Data)

　　㉠ 형태(Schema, Meta Data)가 있으며, 연산이 불가능한 데이터를 말하고, XML, HTML, JSON, LOG 형태 등이 있음

　　㉡ 이 중 JSON(JavaScript Object Notation)은 데이터를 저장하거나 전송할 때 많이 사용되는 경량의 DATA 교환 형식으로, JSON 표현식은 사람과 기계 모두 이해하기 쉬우며 용량이 작아 최근 JSON이 XML을 대체해서 데이터 전송 등에 많이 사용

　　예 인터넷 기사, 서적의 텍스트파일, HTML5 등

4. 빅데이터 분석기술

① 회귀분석: 관찰된 연속형 변수들에 대해 두 변수 사이의 모형을 구한 뒤 적합도를 측정해 내는 방법으로, 시간에 따라 변화하는 데이터나 변수들의 어떤 영향 및 가설적 실험, 인과관계 모델링 등의 통계적 예측에 이용될 수 있음

② 기계학습: 훈련 데이터(Training Data)를 통해 학습된 속성을 기반으로 예측 및 분류하는 알고리즘을 연구하는 분야를 머신러닝(Machine Learning, 기계학습)이라 하며, 인공신경망은 그 한 분야에 해당

③ 오피니언 마이닝(Opinion Mining): 웹사이트와 소셜미디어에 나타난 여론과 의견을 분석하여 유용한 정보로 재가공하는 기술. 텍스트를 분석하여 네티즌들의 감성과 의견을 통계·수치화하여 객관적인 정보로 바꿀 수 있는 기술

④ 텍스트 마이닝(Text Mining): 반·비정형적이고 비구조적인 대량의 텍스트 데이터에서 특징을 추출하고, 추출된 특징으로부터 유용한 정보를 발견해 내도록 하는 기술로서 자연어를 분석하고, 자연어 속에 숨겨진 정보를 파악하는 데이터 분석기법

⑤ 그로스해킹(Growth Hacking): 전자상거래 환경에서 다양한 고객정보, 구매정보 등 폭넓은 데이터를 정교한 빅데이터 분석을 활용해 상품과 서비스에 대한 개선사항을 지속적으로 분석하고, 분석 결과를 사업화에 반영하는 지속 가능 마케팅방법

5. 노에스큐엘(NoSQL)

① NoSQL은 Not only SQL의 약자이며, 비관계형 데이터 저장소로 기존의 전통적인 방식의 관계형 데이터베이스와는 다르게 설계된 데이터베이스

② 대용량 빅데이터 처리를 위한 비관계형 데이터베이스 관리시스템(DBMS)으로, 테이블–컬럼과 같은 스키마 없이 분산 환경에서 단순 검색 및 추가 작업을 위한 키 값을 최적화함

③ 데이터 항목을 클러스터 환경에 자동적으로 분할하여 적재하며, 스키마 없이 데이터를 상대적으로 자유롭게 저장

④ 간단한 API Call 또는 HTTP를 통한 단순한 접근 인터페이스를 제공

Point 2 비즈니스 애널리틱스

1. 개념

① 기업 경영활동의 효율성을 높이기 위해 지원되는 비즈니스 도구로, 데이터 분석 위주의 비즈니스 인텔리전스(BI)에 통계 기반의 예측기능을 부가한 소프트웨어를 말하고, 비즈니스 애널리틱스(BA)는 비즈니스 인텔리전스(BI)·데이터 웨어하우스(DWH)·분석 관련 SW를 총칭

② 비즈니스 애널리틱스(BA)는 웹사이트의 실적을 높이고 온라인 비즈니스의 성공을 돕는 효율적인 웹사이트 분석도구의 솔루션을 뜻함

2. 발전방향

① 비즈니스 애널리틱스 기술은 초기 리포트에서 **스코어카드와 대시보드를 거쳐** 데이터를 분석하여 가치 있는 정보를 찾아내는 데이터 마이닝(Data Mining) 단계에서, 2010년대 이후에는 테라바이트 이상의 크기를 가진 **빅데이터를 분석하는 수준**에 이르고 있음

② **비즈니스 애널리틱스** 분야는 데이터의 양이 엄청나게 늘어나게 되고 여기에 덧붙여 기사, 블로그, 이메일, 소셜 데이터 등을 통해 트렌드나 감성을 분석하여 기업 비즈니스 계획에 반영하기 위해 비정형데이터 분석 역시 큰 폭으로 확장되고 있음

3. 유형 ★

① **리포트(Reports)**: 비즈니스에서 요구하는 정보를 포맷화하고 조직화하기 위해 변환시켜 표현하는 것을 말함

② **스코어카드(Scorecards)**: 비즈니스 단위 또는 조직의 전략적 목표를 반영하도록 설계된 것으로, 스코어카드의 정보는 목표를 실제 결과와 비교하여 목표의 충족도를 식별하게 도와줌
예 총매출, 평균이탈률, 광고노출 수, 최대대기시간 등으로 측정

③ 대시보드(Dashboards): 데이터 분석 결과에 대한 이용자 이해도를 높이기 위한 데이터 시각화 기술

 창고관리시스템(WMS)에서 창고환경과 물품별 재고현황 등을 실시간으로 한 화면에서 파악할 수 있도록 하는 사용자 인터페이스(UI) 기능을 하는 것

④ 데이터 마이닝(Data Mining): 대규모 데이터를 분석하여 숨겨진 상관관계 및 트렌드를 발견하는 기법

⑤ 알림(Alert): 특정 사건이 발생했을 때 이를 관리자에게 인지시켜 주는 자동화된 기능

⑥ 쿼리(Queries): 데이터베이스로부터 정보를 추출하는 주요 메커니즘에 해당

📋 Tip

지식경영 분석기술의 발전단계: 리포트 → 스코어카드와 대시보드 → 데이터 마이닝 → 빅데이터

4. 분석기술

① 기술분석(Descriptive Analytics): 과거에 발생한 일에 대해 소급 분석

② 예측분석(Predictive Analytics): 애널리틱스를 이용해 미래에 발생할 가능성이 있는 일을 예측

③ 진단분석(Diagnostic Analytics): 특정한 일이 발생한 이유를 이해하는 데 도움을 제공

④ 처방분석(Prescriptive Analytics): 성능개선 조치에 대한 대응 방안을 제시

▶ Point 3 인공지능(AI)

1. 인공지능(AI; Artificial Intelligence)

① 개념

㉠ 컴퓨터 시스템이 인간의 언어나 지능을 모델링해 주는 기술을 의미하며, 인간과 유사하게 사고하는 컴퓨터 지능을 일컫는 포괄적 개념에 해당함. 2000년대 알파고(AlphaGo), 왓슨(Watson) 등이 등장하였고 최근에는 오픈 AI에서 개발한 Chat GPT가 이슈화되었음

㉡ 인공지능은 인간 전문가가 가지는 시간적·공간적 한계를 뛰어넘을 수 있도록 전문지식을 저장하여 상황에 적절한 의사결정을 내리도록 도움을 줌

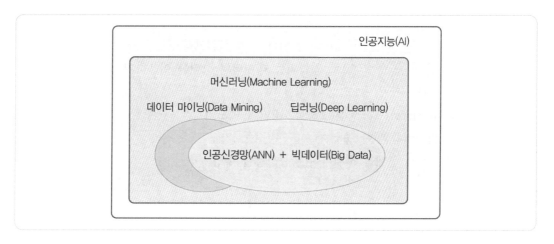

② 종류

    ㉠ 생성형 AI: 비정형 딥러닝 모델을 사용하여 사용자 입력을 기반으로 콘텐츠를 생성하는 인공지능의 일종임. 이용자의 특정 요구에 따라 결과를 능동적으로 생성하는 인공지능 기술을 통칭

       예 Chat GPT

    ㉡ 대화형 AI: 사용자가 대화할 수 있는 챗봇 또는 가상 상담원 등의 기술을 의미하며, 대용량 데이터, 머신러닝 및 자연어 처리를 이용하여 인간의 상호작용을 모방할 수 있도록 지원함으로써, 음성 및 텍스트 입력을 인식하고 다양한 언어로 해당 의미를 변환하는 기술

2. 딥러닝(Deep Learning)

① 개념: 컴퓨터가 여러 데이터를 이용해 마치 사람처럼 스스로 학습할 수 있도록 하기 위해 인공신경망(ANN; Artificial Neural Network)을 기반으로 구축한 기계 학습기술. 딥러닝은 인간의 두뇌가 수많은 데이터 속에서 패턴을 발견한 뒤 사물을 구분하는 정보처리 방식을 모방해 컴퓨터가 사물을 분별하도록 기계를 학습

> • 지도학습의 일종인 인공신경망 기반의 학습 모델
> • 지도 + 비지도학습(+ 강화학습)
> • 많은 양의 데이터를 학습하여 뛰어난 성능을 가진 머신러닝의 한 분야
> • 기계가 비정형데이터로부터 특징 추출 및 판단까지 가능

② 딥러닝의 종류

    ㉠ CNN(Convolutional Neural Network): 합성곱 신경망

       ⓐ 이미지 분석을 위해 기계를 학습시키는 딥러닝 알고리즘

       ⓑ 지도학습(분류 Classification) + 비지도학습

    ㉡ DBN(Deep Belief Network): 심층신뢰 신경망

    입력층과 은닉층으로 구성된 RBM을 블록처럼 여러 층으로 쌓인 형태로 연결된 신경망(딥러닝의 일종)

ⓒ RNN(Recurrent Neural Network): 순환 신경망

ⓐ 순서를 가진 데이터를 처리하기 위한 딥러닝 알고리즘

ⓑ 음성, 문자 등 순차적으로 입력되는 데이터의 상태를 이용하여 결과값을 예측

ⓒ 자연어 처리(챗봇 등)에 많이 활용

ⓔ LSTM(Long Short-Term Memory): 장단기 메모리

ⓐ RNN 알고리즘의 한 종류

ⓑ 기울기 소멸 문제를 해결하여 학습성능을 향상

▶ Point 4   RFID 기술 ★

1. RFID(Radio Frequancy Identification): 무선주파수인식

① **개념**: RFID는 판독기를 이용하여 태그(Tag)에 기록된 정보를 판독하는 무선주파수 인식기술로, 바코드와는 달리 제품의 원산지 및 중간이동과정 등 다량의 데이터를 저장할 수 있음

② **구성요소**

㉠ RFID 리더: 주파수 발신 제어 및 태그로부터 수신된 데이터를 해독하는 장치

㉡ IC Chip: RFID 태그 내를 구성하는 요소로 정보를 기억하는 중요한 부품

㉢ 태그: 사물에 부착되어 사물을 인식할 수 있도록 필요한 정보를 저장하고 있는 장치

> 📋 **Tip**
>
> | 태그의 종류 | |
> |---|---|
> | 능동형 | 자체 전원(배터리) 있음. 수동형에 비해 큰 크기, 장거리 인식 가능 |
> | 수동형 | 수신된 전파 통해 전류 생성, 크기는 작은 편, 짧은 인식 거리 |
> | 반수동형 | 배터리 내장하고 있음. 판독기로부터 수신할 때까지 미작동해 장시간 사용 |

㉣ 호스트: 리더로부터 발생하는 대량의 태그자료를 처리하고 분산되어 있는 리더 시스템들을 관리하는 기능

㉤ 컨트롤러: 개별 컴퓨터를 제어·통제하는 컴퓨터 및 통신기기를 말하며, 본부와 통신하는 역할을 담당

③ **도입효과**

㉠ 재고의 가시성(Visibility) 제고 및 재고 절감

㉡ 입출고 리드타임의 단축 및 검수 정확도 향상

㉢ 도난 등 상품 손실 절감

㉣ 반품·불량품 조회 및 제품 추적성 제고

㉤ 작업의 효율성 증가

④ 특징

    ㉠ 바코드에 비해 가격이 비싸지만 원거리 및 고속이동 시에도 인식이 가능

    ㉡ 이동 중에도 인식이 가능할 뿐만 아니라, 다수의 태그(Tag)를 동시에 인식 가능

    ㉢ RFID의 주파수 대역은 용도에 따라 저주파 대역과 고주파 대역이 있고, 국가별로 사용하는 주파수 상이함

    ㉣ 반영구적인 사용이 가능(수동형)하고, 데이터의 신뢰도가 높음

    ㉤ 직접 접촉하지 않아도 데이터를 인식할 수 있을 뿐만 아니라 한 번에 인식 가능한 데이터 처리량이 바코드에 비해 상대적으로 큼

    ㉥ 읽기만 가능한 바코드와 달리 읽고 쓰기가 모두 가능

    ㉦ 태그는 냉온, 습기, 열 등의 열악한 환경에서도 사용

┃ 바코드와 RFID의 비교 ┃

구분	바코드	RFID
인식방법	광학식(Read Only)	무선(Read/Write)
정보량	수십 단어	수천 단어
인식거리	최대 수십 cm	3~5m
인식속도	개별 스캐닝	수십~수백 개/초
관리레벨	상품그룹	개별 상품(일련번호)

⑤ RFID 주파수 대역별 특징

    ㉠ 용도 면에서 고주파수일수록 중장거리용으로 사용

    ㉡ 제작크기와 관련해 고주파수일수록 RFID 태그를 소형으로 만들 수 있음

    ㉢ 저주파수일수록 시스템 구축비용이 저렴

    ㉣ 저주파수일수록 장애물의 영향을 덜 받음

    ㉤ 인식속도 측면에서는 저주파 대역보다 고주파 대역이 빠름

    ㉥ 환경영향과 장애물에 대해서는 고주파 대역이 더 많은 영향을 받음

⑥ RFID의 작동원리

> IC칩 태그에 정보입력 및 대상에 부착 → 게이트, 계산대 등에 부착된 리더기에서 발사된 주파수가 태그에 접촉 → 리더기에서 데이터 해독 및 호스트 컴퓨터 전달 → 주파수에 입력된 데이터 안테나로 전송 → 안테나는 전송받은 데이터를 변조 후 리더로 전달 → 리더기는 데이터 해독 후 Host 컴퓨터로 전달

2. EPC(Electronic Product Code)

① RFID Tag의 IC칩에 등록되는 전자상품 식별코드. 동일한 상품이라도 모든 개체를 개별적으로 식별할 수 있는 일련번호가 추가되었다는 점이 기존 바코드 번호와 다른 점

② EPC 구조

    ㉠ Header: EPC코드의 전체 길이

ⓒ EPC Manager: GS1이 할당하며 숫자(0~9)와 문자(A~F)를 조합하여 업체코드를 할당

ⓒ Object Class(상품분류번호 – 상품품목): 사용업체가 품목단위에 부여

ⓒ Serial Number(일련번호 – 최종 개별 제품)

③ EPC의 특징

ⓐ 위조품 방지기능

ⓒ 유효기간 관리

ⓒ 동일품목에 포함되는 모든 개별 상품까지 식별 가능

ⓒ 상품 추적기능

ⓒ 상품별 재고관리 가능

▶ Point 5 사물인터넷(IoT)과 비콘

1. 사물인터넷(IoT)

컴퓨터 및 네트워크 기술의 발전을 바탕으로 사람 간 연결(Internet of People)을 지원하던 인터넷을 확장해 실세계를 구성하는 모든 개체를 인터넷의 구성원으로 받아들여 정보를 공유

2. 비콘

비콘(Beacon)은 블루투스 기반으로 근거리 내에 감지되는 스마트 기기에 각종 정보와 서비스를 제공할 수 있는 무선통신 장치. 좁은 의미에서는 IT 기술 기반의 위치 인식 및 통신 기술을 사용하여 다양한 정보와 데이터를 전송하는 근거리 무선통신 장치

THEME 18 신융합기술의 개념 및 활용 II

▶ Point 1 블록체인과 핀테크

1. 블록체인(Block Chain) ★

① 개념

ⓐ 블록체인은 비트코인의 기반 기술로, 원장을 금융기관 등 특정 기관의 중앙서버가 아닌 P2P(Peer to Peer, 개인 간) 네트워크에 분산해 참가자가 공동으로 기록하고 관리하는 기술

ⓒ 공공거래장부 또는 분산원장으로 불리는 데이터 분산처리 기술로, 네트워크에 참여하는 모든 사용자가 모든 거래내역 등의 데이터를 분산·저장하는 기술을 지칭

② 특징

    ㉠ 신용 기반이 아니라 시스템으로 네트워크를 구성하며, 중앙시스템이 존재하지 않는 완전한 탈중앙 시스템

    ㉡ 장부에 해당되는 블록체인은 누구에게나 공유·공개되어 투명성 보장

    ㉢ 독특한 구조적 특징에 기인하여 데이터의 무결성 보장

    ㉣ 분산된 장부는 네트워크에 참여한 각 노드들의 검증과 합의 과정을 거쳐 데이터 일치에 도달

    ㉤ 제3자가 거래를 보증하지 않고도 거래당사자끼리 가치를 교환할 수 있음

> **▧ Tip**
>
> DID(분산 식별자)
> - 블록체인 기술 기반으로 구축한 전자신분증 시스템
> - 개인정보를 중앙서버가 아니라 개인 스마트폰, 태블릿 등 개인 기기에 분산시켜 관리
> - 위·변조가 불가능한 블록체인상에는 해당 정보의 진위 여부만 기록
> - 정보를 매개하는 중개자 없이 본인 스스로 신분을 증명할 수 있음

③ 종류

    ㉠ **프라이빗 블록체인(Private Block Chain)**: 미리 정해진 조직이나 개인들만 참여할 수 있는 폐쇄형 블록체인 네트워크. 프라이빗 블록체인은 서비스 제공자의 승인을 받아야만 참여할 수 있도록 구축되는 형태

    ㉡ **퍼블릭 블록체인(Public Block Chain)**: 누구든지 자유롭게 참여할 수 있는 개방형 블록체인 네트워크

    ㉢ **컨소시엄 블록체인(Consortium Block Chain)**: 허가받은 사용자만 접근이 가능한 블록체인 네트워크

④ 활용

    ㉠ 신속, 간결한 국제무역 물류

    ㉡ 공급사슬 내에서의 투명성과 제품의 추적가능성

    ㉢ 스마트 계약으로 인한 물류업의 프로세스 자동화

    ㉣ DHL 물류 분야의 블록체인 활용, Wal-Mart는 제품추적성, 안전성 확보에 활용

    ㉤ 블록체인 기술에 기반하여 가상화폐인 비트코인(Bitcoin)에 활용

2. 핀테크(FinTech)

① **개념**: 핀테크(FinTech)는 Finance(금융)와 Technology(기술)의 합성어로, 금융과 IT의 융합을 통한 금융서비스 및 산업의 변화를 통칭

② **활용**

    ㉠ **모바일뱅킹과 앱카드**: 모바일, SNS, 빅데이터 등 새로운 IT 기술 등을 활용하여 기존 금융기법과 차별화된 금융서비스를 제공하는 기술 기반 금융서비스 혁신에 활용

    ㉡ 바코드 기술은 핀테크 기술에 결합되어 다양한 모바일 앱에서도 활용되고 있음

ⓒ 유통업체들은 고객의 온·오프라인 시장에서 구매상품 대금결제에 핀테크(FinTech)와 같은 첨단 금융기술을 도입

▶ Point 2 클라우드 컴퓨팅과 가상현실(VR) 및 증강현실(AR)

1. 클라우드 컴퓨팅

① 클라우드 서비스(Cloud Service): 클라우드 서비스는 영화, 사진, 음악 등 미디어 파일, 문서 주소록 등 사용자의 콘텐츠를 서버에 저장해 두고 스마트폰이나 스마트TV를 포함한 어느 기기에서든 다운로드 후 사용할 수 있는 서비스

② 클라우드 컴퓨팅(Cloud Computing)

ㄱ 개념: 클라우드 컴퓨팅은 정보가 인터넷상의 서버에 영구적으로 저장되고, 데스크톱·태블릿 컴퓨터·노트북·넷북·스마트폰 등의 IT 기기 등과 같은 클라이언트에는 일시적으로 보관되는 컴퓨터 환경

ㄴ 장점

ⓐ 클라우드 컴퓨팅 도입으로 컴퓨터 시스템 유지·보수 등 관리비용 절감

ⓑ 서버의 구매 및 설치 비용, 업데이트 비용 등 절감

ⓒ 시간 및 비용 절감뿐만 아니라 에너지 절감으로 친환경 활동에 기여

ㄷ 유형: 클라우드 서비스에는 SaaS, PaaS, IaaS의 3가지 유형이 있으며, 이들의 공통점은 클라우드 컴퓨팅을 기반으로 서비스를 제공한다는 것임. 기업들은 비즈니스 전략에 따라 이들 중 가장 적합한 클라우드 서비스를 선택해 효율적인 기업운영을 도모하는 데 활용할 수 있음

ⓐ SaaS(Software as a Service): 서비스 이용자가 인터넷 연결만으로 언제 어디서나 접근 및 사용이 쉬운 소프트웨어 응용프로그램에 대한 액세스를 제공. 대표적인 SaaS는 고객관계관리(CRM) 서비스

ⓑ PaaS(Platform as a Service): 사용자가 신속하게 애플리케이션을 개발하고 테스트, 배포하기 위한 플랫폼(환경)을 제공하는 클라우드로, 파이썬, 자바 등과 같은 다양한 프로그래밍언어를 지원

ⓒ IaaS(Infra-structure as a Service): 사용자 입장에서 가장 유연한 서비스로 서버, 스토리지 및 네트워킹을 포함한 가상화된 물적 인프라(Infra)를 제공하는 클라우드로 SaaS, PaaS보다 더 넓은 확장성과 자율성을 지님

③ 그리드 컴퓨팅(Grid Computing)

ㄱ 분산 병렬 컴퓨팅의 한 분야로 원거리 통신망(WAN)으로 연결된 서로 다른 기종의 컴퓨터들을 하나로 묶어 가상의 대용량 고성능 컴퓨터를 구성하는 기술을 지칭

ㄴ 거대 데이터 집합 분석과 날씨 모델링 같은 대규모 작업을 수행하는 네트워크로 연결된 컴퓨터 그룹을 의미

2. 가상현실(VR)과 증강현실(AR)

① **가상현실**(Virtual Reality): 어떤 특정한 환경이나 상황을 컴퓨터로 만들어서, 그것을 사용하는 사람이 마치 실제 주변 상황·환경과 상호작용을 하고 있는 것처럼 만들어주는 인간-컴퓨터 사이의 인터페이스를 말하며 인공현실, 사이버 공간, 가상세계, 인공환경 등으로 불림

Tip

> **가상화**(Virtualization): 하나의 실물 컴퓨팅 자원을 마치 여러 개인 것처럼 가상으로 쪼개서 사용하거나, 여러 개의 실물 컴퓨팅 자원들을 묶어서 하나의 자원인 것처럼 사용하는 것으로, 이때 컴퓨팅 자원(리소스)이란, CPU, 메모리, 스토리지, 네트워크 등 컴퓨터를 구성하는 요소들을 말함

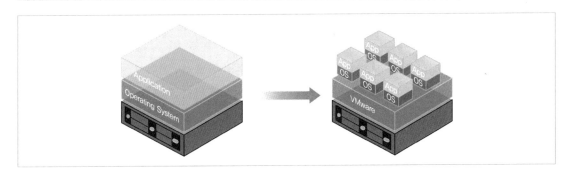

② **증강현실**(Augmented Reality)
 ㉠ 현실 세계에 3차원 가상물체를 겹쳐 보여주는 기술로, 사용자가 눈으로 보는 현실 세계에 가상의 물체를 겹쳐 보여주는 기술
 ㉡ 현실 세계에 실시간으로 부가정보를 갖는 가상세계를 합쳐 하나의 영상으로 보여주므로 혼합현실(MR; Mixed Reality)이라고도 함

▶ Point 3 로보틱스와 자동화

1. RPA(로보틱 처리 자동화기술) 개념

① RPA(Robotic Process Automation)는 사람이 컴퓨터로 하는 반복적인 업무를 로봇 소프트웨어를 통해 자동화하는 기술
② 인간을 대신하여 수행할 수 있도록 단순 반복적인 업무를 알고리즘화하고 소프트웨어적으로 자동화하는 기술로, 물리적 로봇이 아닌 S/W 프로그램으로 사람이 하는 규칙기반 업무를 기존의 IT 환경에서 동일하게 할 수 있도록 구현하는 것

2. 유통업에서 RPA의 활용

① 유통업체에서는 판매시점 상품관리를 위한 데이터의 입력 및 작업 보고서에 대한 자동 입력을 위해서 RPA 기술을 활용

② 유통업체에서 일단위 및 월단위 업무 마감 처리를 자동화하기 위해서 RPA 기술을 활용 중

③ RPA 기술은 유통업체의 단순하고 반복적인 업무를 체계화해서 소프트웨어로 구현하여 일정한 규칙에 의해 자동화된 프로세스를 따라 업무를 수행하도록 되어 있음

▶ Point 4 기타의 신융합기술

1. 드론(Drone)

① 개념: 드론(Drone)은 개인이 무선전파로 조종할 수 있는 무인항공기를 말하며, 카메라·센서·통신시스템 등이 탑재돼 있으며 25g부터 1,200kg까지 무게와 크기, 용도 등이 다양

② 구성

　㉠ 드론의 원격 탐사 및 사진측량: 전자광학 센서, 초분광 센서, 적외선 센서 등

　㉡ 탑재 컴퓨터: 드론을 운영하는 브레인 역할을 하는 컴퓨터로 드론의 위치, 모터, 배터리 상태 등 확인 가능

　㉢ 드론 모터: 드론의 움직임이 가능하도록 지원하고, 배터리는 모터에 에너지 제공

　㉣ 드론 임무장비: 드론 비행을 하면서 특정한 임무를 하도록 관련 장비를 장착

　㉤ 드론 프로펠러 및 프레임: 드론이 비행하도록 프레임워크를 제공

　㉥ 드론의 항법센서: 가속도 센서, 지자기 센서, GPS 센서 등

③ 활용: 드론은 군사용으로 처음 제작되었으나, 최근 긴급구조 활동 지원, 고공 항공촬영, 고객이 주문한 상품의 가정배달(Home Delivery) 등으로 그 사용범위가 확대되고 있음

2. 메타버스(Metaverse)

① 메타버스(Metaverse)는 초월 또는 가공을 뜻하는 그리스어 메타(Meta)와 현실 세계 또는 우주를 뜻하는 유니버스(Universe)의 합성어

② 즉, 메타버스는 ICT 기술이 현실같이 구현한 가상세계로, 아바타를 이용하여 가상이 현실이 되는 가공의 환경을 의미

③ 메타버스의 구분: 가속연구재단(ASF; Acceleration Studies Foundation)은 메타버스 서비스를 정보표현 형태(외부 환경 정보와 개인/개체 중심 정보)와 공간활용 특성(현실공간과 가상공간)에 따라 4가지로 구분

　㉠ 증강현실

　㉡ 라이프로깅: 라이프로깅은 개인 및 개체들에 대한 현실생활의 정보를 가상세계에 증강하여 정보를 통합 제공하는 메타버스 유형

　㉢ 거울세계: 거울세계는 가상세계에서 외부의 환경정보를 통합하여 서비스를 제공하는 메타버스 유형으로 실제 세계의 디지털화라 할 수 있음

　㉣ 가상세계: 가상세계는 가상공간에서 다양한 개인 및 개체들의 정보를 제공하는 메타버스 유형

3. 3D프린팅

① 3D프린팅이란 프린터로 입체적인 물체를 만드는 기술을 말하며, 잉크를 사용하는 통상적인 프린터와 달리 플라스틱을 비롯한 경화성 소재를 써서 입체적인 3차원 모델링 파일을 출력하는 데 활용

② 3D프린팅은 다품종 소량생산 및 개인 맞춤형 제작이 용이하도록 지원하는 신기술로 2000년대까지 단순 제품 모형 및 시제품 제작 등에 일부 활용되어 왔음

③ 최근 기술 진보 및 경제성 확보 등으로 광범위한 영향력을 가지게 되었고, 재료로는 플라스틱, 파우더, 왁스, 고무, 금속 등 기술의 발달과 더불어 다양해지고 있음

4. 챗봇(Chatbot)

① 챗봇(Chatbot)은 인공지능 로봇 프로그램을 통한 가상대화 시스템으로, 기본적으로 대화형으로 요청을 취합하고, 그에 대한 응답을 해주는 기능을 함

② 기업의 입장에서는 고객을 1대 1로 만날 수 있는 맞춤형 마케팅 채널이며 매우 효율적인 CS 처리 채널 중 하나에 해당

5. 플랫폼(Platform)

① 플랫폼은 유통데이터를 활용한 다양한 비즈니스 모델을 수행할 수 있도록 지원하기 위해 온라인에서 생산과 소비 유통이 한곳에서 이루어지는 '양면시장(Two-Sided Market)' 개념의 장(場)을 지칭하는 용어

② 비즈니스에서 여러 사용자 또는 조직 간의 관계를 형성하고 비즈니스적인 거래를 형성할 수 있는 정보시스템 환경으로, 자신의 시스템을 개방하여 개인은 물론 기업 모두가 참여하여 원하는 일을 자유롭게 할 수 있도록 환경을 구축하여 참여자들 모두에게 새로운 가치와 혜택을 제공해 줄 수 있는 시스템을 의미

6. BYOD(Bring Your Own Device)

① 개인이 보유한 스마트기기를 회사 업무에 활용하는 것을 의미하며, 회사 업무에 직원들 개인 소유의 태블릿PC, 노트북 등의 기기를 활용하는 것을 말함. 2009년 인텔이 처음 도입

② BYOD 업무환경 조성으로 직원들이 업무용과 개인용으로 구분하여 여러 기기를 가지고 다녀야 하는 불편이 없고, 회사의 기기 구입비용 절감 등의 효과가 있음

7. 시맨틱 웹(Semantic Web)

시맨틱 웹이란, 모든 디바이스가 정보의 뜻을 이해하고 논리적인 추론까지 할 수 있는 지능형 기술로 사람의 머릿속에 있는 언어에 대한 이해를 컴퓨터 언어로 표현하고 이것을 컴퓨터가 사용할 수 있게 만드는 것임. 이 기술은 웹페이지에 담긴 내용을 이해하고 개인 맞춤형 서비스를 제공받아 지능화된 서비스를 제공하는 웹 3.0의 기반이 됨

유통·물류일반관리 제1과목 / 제2권 분석 제상과목 / 유통마케팅 제3과목 / 유통정보 제4과목

> 📑 **Tip**
>
> 1. Web 3.0의 발전과정
>   - Web 1.0: 월드와이드웹(WWW)은 User가 디렉토리 검색을 통해 정보를 받는 웹 상태
>   - Web 2.0: 참여, 공유, 개방형 플랫폼 기반으로 정보를 함께 제작하고 공유하는 것
>   - Web 3.0(웹 3.0): AI와 블록체인을 기반으로 맞춤형 정보를 제공하고 데이터 소유를 개인화하는 3세대 인터넷을 지칭함. 기존에 사용하던 서비스에서 인공지능을 통해 개인 맞춤형 정보를 얻고, 블록체인을 통해 개인의 정보 소유 및 보안을 강화하는 지능형 웹 기술
> 2. Web 3.0의 목표
>   - 온라인 검색과 요청들을 각 사용자들의 선호와 필요에 따라 맞춰 재단하는 것이 웹 3.0의 목표
>   - 웹 3.0을 실현하기 위해서는 블록체인, 인공지능, AR·VR, 분산 스토리지 네트워크 등의 기반 기술이 필요, 사용성을 높여야 실효성이 있을 것으로 봄

8. 디지털 전환

디지털 관련 모든 것(All Things About Digital)으로 인해 발생하는 다양한 변화를 동인으로 기업의 비즈니스 모델, 전략, 프로세스, 시스템, 조직, 문화 등을 근본적으로 변화시키는 디지털 기반 경영전략 및 경영활동

9. 소셜리스닝(Social Listening)

기업들이 소셜미디어 플랫폼에서 이루어지는 브랜드, 제품, 산업, 또는 특정 주제와 관련된 온라인 대화, 토론, 언급에 관심을 가지고 데이터 수집·분석을 통해 고객의 니즈를 파악하고 통찰력을 얻는 활동을 수행하고 있는데, 이러한 활동을 가리키는 용어

10. 비식별화(De-identification)

데이터값 삭제, 총계 처리, 데이터 마스킹 등을 통해 개인정보의 일부 또는 전부를 삭제하거나 대체함으로써 다른 정보와 쉽게 결합하여도 특정 개인을 식별할 수 없도록 하는 조치